JN067198

k-punk

All rights reserved
Text copyright © Mark Fisher 2018
Foreword copyright © Simon Reynolds 2018
Introduction copyright © Darren Ambrose 2018

This edition published in the UK and USA in 2018 by Repeater Books,
an imprint of Watkins Media Limited
www.repeaterbooks.com
Japanese translation rights arranged with Watkins Media Limited, London, through Tuttle-Mori Agency, Inc., Tokyo

MARK FISHER

マーク・フィッシャー評論選集

夢想のメソッド——本・映画・ドラマ

著 マーク・フィッシャー
序文 サイモン・レイノルズ／訳 坂本麻里子＋高橋勇人

K-PUNK

The Collected and Unpublished
Writings of Mark Fisher 2004 – 2016
Edited by Darren Ambrose
Foreword by Simon Reynolds

ele-king books

MARK FISHER

K-PUNK

マーク・フィッシャー評論選集

夢想のメソッド——本・映画・ドラマ

目次

序文　サイモン・レイノルズ　009
編者からのはしがき　ダレン・アンブローズ　021
なぜKか？　041

第一部
夢を見るためのメソッド：本　045
本のミーム　047
空間、時間、光、必要なもののすべて――『J・G・バラード特集』（BBC4）についての考察　056
私はなぜロナルド・レーガンをファックしたいのか　062
移動遊園地の色鮮やかなスウィング・ボート　071
退屈の政治学とは？（バラードのリミックス二〇〇三）　077
あなたのファンタジーになりたい　087
ファンタジーの道具一式：スティーヴン・マイゼルの「非常事態（State of Emergency）」　096

J・G・バラードの暗殺　103
不安と恐怖の世界　108
リプリーのグラム　120
夢を見るためのメソッド　130
アトウッドの反資本主義　134
トイ・ストーリーズ：あやつり人形、人形、ホラー・ストーリー　146
ゼロ（Zer0）・ブックスの声明　151

第二部
スクリーン、夢、幽霊：映画とテレビ　153

ひとさじの砂糖　155
あの人は僕の母さんじゃない　161
ナイジェル・バートン、起立しなさい　168
ポートメイリオン：理想の生き方　173
ゴルゴタの丘の唯物主義　180

この映画じゃ僕は感動しない 184
第三帝国ロックンロールの恐怖とみじめさ 192
我々はすべて欲しい 199
ゴシックなオイディプス王：クリストファー・ノーランの『バットマン ビギンズ』における主体性と資本主義 205
夢を見るとき、我々は自分たちをジョーイだと夢見るのか？ 223
クローネンバーグの『イグジステンズ』の覚書 234
撮影したから自分で思い出す必要はない 242
マルケルの幽霊と第三の道のリアリティ 245
反アイデンティティ政治 251
「あなたは昔からずっとここの管理人です」：オーバールック・ホテルの幽霊的空間 260
カフェ・チェーンと捕虜収容所 275
理由なき反抗 282
廃墟のなかの歴史家ロボット 289
『マイク・タイソン THE MOVIE』評 294
「彼らは彼らの母親を殺した」：イデオロギーの症状としての『アバター』 299
雇用不安と父権温情主義 303

贈り物を返品すること：リチャード・ケリーの『運命のボタン』 313
社会への貢献 323
「とにかく気楽に構えてエンジョイしましょう」：ＢＢＣに登場した被投性（Geworfenheit） 330
『スター・ウォーズ』は最初から魂を売り飛ばしていた 336
ジリアン・ウェアリングの『Self Made』評 339
バットマンの政治的な右派転向 344
敵は誰かを思い出せ 348
善悪の彼岸：『ブレイキング・バッド』 356
階級の消えたテレビ放送：『Benefits Street』 362
味方してしまう敵：『ジ・アメリカンズ 極秘潜入スパイ』 369
手放す方法：『LEFTOVERS／残された世界』、『ブロードチャーチ ～殺意の町～』、『ザ・ミッシング ～消えた少年～』 375
英国風刺の奇妙な死 381
『ターミネーター：新起動／ジェニシス』評 390
名声が建てた家：『セレブリティ・ビッグ・ブラザー』 394
アンドロイドを憐れんで：『ウエストワールド』のねじれた道徳観 400

凡例

・本書はMark Fisher, *k-punk: The Collected and Unpublished Writings of Mark Fisher (2004–2016)*, Repeater Books, 2018のうち、サイモン・レイノルズによる序文、編者ダレン・アンブローズによるはしがき、マーク・フィッシャーによる「なぜＫか?」」、第一部および第二部を訳出したものである。第三部以降は別巻にて続刊。
・翻訳は、文末に特記なき場合はすべて坂本麻里子によるものである。
・原文の太字の箇所および大文字で記されている箇所（略語を除く）はゴシックで、原文のイタリックで記されている箇所（作品名を除く）は傍点で示した。
・原注は【　】で示し、各文章の最後にまとめて掲載。
・訳注は〔　〕で示し、本文中に挿入。
・作品名に関して、書籍・劇場映画・ドラマは、邦訳のあるもの・日本でも公開／放送されているものは邦題を優先し、未訳のもの・日本未公開／未放送のものは原題のまま掲げている。ただし、原題とかけ離れている場合は原題も追記。その他のテレビ番組は原則原題のままとした。
・音楽作品に関して、〝　〟は曲名を、『　』はアルバム名を指す。

序文

おかしなことだけれど、僕がマークの精神と遭遇したのは、彼と実際に会ったのよりもずっと前のことだった。ある意味、僕は彼について知るようになる前に、彼を知っていた。

まずは説明させてほしい。一九九四年、僕は『メロディ・メイカー』にD‐ジェネレーション〔※degeneration：悪化、退化〕についての記事を書いた。そのマンチェスター出身のコンセプト満載の一団にマークはいた。でも、僕は他のメンバーであるサイモン・ビデルと電話越しに話したにすぎない。D‐ジェネレーションのアイディアに僕はとても関心があったので、誰がグループにいるかとか、そういった類の基本的なジャーナリストの段取りを踏むなんて、僕はまったく考えもしなかったのだ。それから十年後、僕は自分が事実上マークについて書いていたのだと知ることになった。マークがこのことをメールで恥ずかしげに打ち明けてくれたのだ。彼の言う通り、黄ばんだ切り抜きをめくると――D‐ジェネレーションは『メロディ・メイカー』のアドヴァンス・セクションの「今週のイチオシ」に選ばれている――、マークは写真のど真ん中にいた。彼はマンチェスター的なボブ風の髪型をしており、その両目は読者を睨めつけている。鋭く、不吉な眼光とともに。

D‐ジェネレーションは音楽雑誌の利益になるようなバンドのひとつで、ある類の批評家にとってのマタタビのようなものだった。そのコンセプトの枠組みは痛快かつ扇動的、サウンドそのものはその宣伝文句よりもわずかに遅れをとっていた。その記事を読み直し、D‐ジェネレーションの

EP『Entropy in the UK』を長い年月を経て初めて聴いてみると、マークに固有の思考の多くがもうすでにはっきりと存在しているのに魅了される。彼の世界観にはパンクの中心性がある。D－ジェネレーションは自らの音楽を「パンクの幽霊に取り憑かれたテクノ」と形容した（ジョニー・ロットンが一九七八年のウィンターランドのライヴの去り際に放った「ever get the feeling you've been cheated?（騙されていた気分はどうだい?）」をサンプリングした〝The Condition of Muzak〟のなかで、文字通り、彼の嘲笑がリフへと変わっていく）。英国性への愛憎もある。国民特性の健全で芸術性のかけらもない反知性主義な側面を嫌い（〝Rotting Hill〟は映画版『Lucky Jim』の「Merrie England? England was never merry!（喜ばしいイギリス？　そうであったことなんかない！」をサンプリングしている）、ザ・フォール、ウィンダム・ルイス、マイケル・ムアコックらを含む陰湿で芸術的な逸脱した伝統を愛した（それら全てはD－ジェネレーションのプレス・リリースで参照されている）。レトロなものに対するマークの辛辣な軽蔑の初期段階における証拠もある。〝73／93〟はD－ジェネレーションが言うところの「ノスタルジアの陰謀」を標的にしている。さらには憑在論の明滅するエクトプラズマ的前兆さえもある。憑在論は音楽と思考と感受性の二一世紀における潮流であり、マークはそれを雄弁に支持したのである。

けれども、こういった詳細をこえて、啓発的で予兆的なのは、遭遇そのものの構造である。まず音楽ジャーナリストがいて（この場合、僕を指す）、アイディアを備えたグループを貪欲に探している。そしてついにそれを見つけ（この場合、D－ジェネレーション）、自身も批評家のように思考する音楽家たちとの象徴的な同盟を組む。ジャーナリスト側へとマークが渡ったとき、彼はそうやって作動してきた。ベリアル、ザ・ケアテイカー、ジュニア・ボーイズやその他のアーティストたちと彼が結んだ実りある関係において、音楽―理論家、そして音楽―実践者間で相互に強化されるフィードバック・ループが働いていた。活動における二つの領域の境界線は溶解した。批評家とアーティストの両者が同等にシーンに貢献し、前進、反作用、脱線、衝突の弁証法へとそれを突き動かしていった。

八〇年代の英国の音楽誌（主に『NME』）で育ち、（主に『メロディ・メイカー』と『ワイアー』に）生き残ったその手法とスピリットによって、九〇年代へとさらに拍車がかかったマーク・フィッシャーは、おそらく、預言者としての音楽批評家という、消えゆく種の最後のひとりだった。その主要なミッションは、最先端の同定とそれに代わって人々を改宗することだった。同時にその一方では、否定性のレーザー・ビームを指揮し、歩まれている誤った経路を失墜させ、我々の時代における本当の音楽のための空間を開けた。だが、新しさとラディカルさの武装された賞賛の声を発するのと並行して、救世主のごときこの批評家は、音楽に対しても課題をも作った。リスナーと読者たちに対しても。

マーク・フィッシャーは彼の世代で最高の音楽ライターになった。でも、それは数ある彼の業績の一分野でしかない。マークの素晴らしい執筆はポピュラー音楽に隣接する諸芸術にも及んだ。テレビ、サイエンス・フィクション、主流映画などである（映画は特に大衆向け《パルプ》のものだ。CGで膨れ上がった『キング・コング』の二〇〇五年のリメイクのようなものまで彼が頻繁にチェックしていたのには毎度驚かされたものだった。何かサルヴェージできるものがそこにはあったのだ。彼の「パルプ・モダニズム」という概念に援用できそうな何かが）。また、視覚芸術、写真、文学、ハイブロー映画など、マークのハイ・カルチャーについての執筆も魅惑的だった。加えて、彼は政治、哲学、メンタル・ヘルス、インターネット、ソーシャル・メディアについても鋭く書いていた（接続された孤独、気を逸らされた退屈さの独自な影響力ついての、デジタル・ライフの現象学である）。そして最も重要なことに、マークはこれらの多くについて——時にはその全てについて——しばしば同時に書いていた。遠く離れた分野を繋ぎ止め、美学的な細部へと生き生きとした注意力でズームインし、可能な限りの広範囲の視野へと再度ズームアウトすることにより、『Sapphire and Steel』〔※一九七九〜八二年放送のファンタジー・ドラマ。『わが人生の幽霊たち』冒頭で論じられる〕といったテレビ番組における形而上学や、ジョイ・ディヴィジョンの楽曲に潜んでいる精神分析的真実、ベリアルのアルバムやキューブリック映画の布地に縫い込まれた政治的反響をマークは突き止めていた。彼の主題は人間の生についての全てだったのだ（彼は自分自身のことをヒューマニストとも生気論者とも呼ばなかったのだけれど）。その野心は莫大で、ヴィジョンは総合的だった。

ブログである『k-punk』、『ワイアー』、『ファクト』、『フリーズ（Frieze）』、そして『ニュー・ヒューマニスト』といった雑誌、さらには〈ゼロ〉や〈リピーター〉の書籍において、マークがあたかも旅をしているような感覚。それが彼の執筆におけるエキサイティングなことだった。そのアイディアの数々はどこかへと向かい、思考の巨大な殿堂はその建設の過程にあった。マークがそのシステムを組み立てているように思われ、そこには高まる畏怖の念さえも感じられた。その仕事が厳格で博識な一方で、その意図された読者層や、純粋にそれが目的でなされた活動という意味において、学術的ではない、という感覚もあった。マークの散文における切迫感は、言葉は本当に物事を変えうるという心情から来ていた。彼の執筆によって、あらゆることがもっと有意義に感じられ、それは溢れんばかりの重要性で満たされていった。マークを読むことは恍惚感がともなう、ある種の依存だった。

その奇妙で完全に遭遇とも言い切れないD－ジェネレーションとの出会いの後、「マーク・フィッシャー」という名前と初めて出会したのは、CCRUとして知られる謎の存在から発せられた、際立つデザインが施された定期刊行物における執筆者署名だった。その冊子を送ってくれたのは彼らだったか、それとも共通の友人であるコジュウォ・エシュンが関心を向けさせてくれたかは、思い出せない。当初からマークの作品は目立っていた。ウォーリック大学哲学部の界隈とゆるく繋がった擬似的学術組織であるサイバネティック・カルチャー・リサーチ・ユニットの出力のほとんどは、故意に外部から隔絶されており、学術的というよりも実験的なフィクションの方に近かった。そのページ上でのたうち回るようなマークの散文もまた学術的ではなかったが、つねに明晰だった。まぁ、我々全員が当時そうであったように、彼は難解な造語と鞄語に目がなかった。黙示録的な真剣さとそのトーンの切迫感がありつつも、活気ある言葉との戯れがそのなかにはあった。けれども、マークは自身の文章を必要以上に高密度にも難解にもすることがほとんどなかった。そしてこのことがそのキャリア全体を特徴づけていくことになるのだ。自らのアイディアや取り組む問題はあまりに重要なため、難読化することなどできないと信じる真の伝達者としての熱意が彼にはあった。なぜ理解に至る経路を邪魔するのか。より不可解で難解な彼の興味のいくつかが示したであろう、学者や大学出の者たちが占める狭い分野を超えて読者層が広がったのは、このことに起因していると僕は確信している。彼は誰をも見下しはしなかったし、彼は自分の読者たちを常に招き入れ、彼とともに引っ張っていった。

僕がマークに初めて会ったのは一九八八年のことで、学術雑誌『Lingua Franca』を説得して、CCRUや反逆的研究機関の同胞であるオーファン・ドリフト（O[rphan] D[rift>]）についての長めの記事を自分に任せてもらったのだった。テクストの錯乱的な奇妙さに比べると、対面でのCCRUは驚くほど柔和で、まぁ、ブリティッシュだった。しかし、ここでもまた、マークの包み隠さない強烈さは同志たちよりも少し目立っていた。ジャングルという音楽ジャンルのサイバーパンク的美学から社会主義の虚弱化にいたる全てを長々と辛辣に語るとき、彼の手が情熱で震えていたのを覚えている。物腰が柔らかい話し方だったものの、人並外れた演説の才能や、発展途中の雄弁家のオーラは、すでに垣間見えていたのだ。

その後、マークと僕は、CCRUメンバーのスティーヴ・グッドマンakaコード9が発足したポストレイヴ音楽理論サイト、『Hyperdub』の寄稿者としてオンラインで肩を並べることになった。けれど、我々の友情が大きく芽生えたのは、マークがブログ論争に身を投じた二〇〇三年、僕が自分の『Blissblog』を立ち上げた数ヶ月後に『k-punk』が始まった時期だった。驚異的なスピードで、イギリスのかつての週刊音楽誌にとても近いものが、オンラインで自律的に再構築していったのだ。もしくは、僕はこう考えるのもいいと思った。これは亡命中の音楽誌であり、生き残っている印刷物たち（そのときまでに『NME』としてまかり通っていたものや、『Q』のような月刊誌）にはもはや見出せない、過ぎ去りし最高の側面の全ての再起動である、と。まぁ、原稿料がもらえたわけではなかったけれど。しかし、二〇〇〇年代初期のブログ・シーンにおいて、音楽は特権的な位置を占めつつも、映画、テレビ、フィクション、政治もその混合物に泡立っていた黄金時代のロック誌にかつてあった幅広い視点が、奇跡的に、そして予想外に復活していた。

「それは音楽についてだけではなかったし、音楽は音楽についてだけでもなかった」。ハイ・カルチャーへのアクセスが制限されていた労働者階級のマークのような少年が多感な頃に、『NME』が意味していたものを、マークはそう説明している。「あれはこちら側に要求してくる媒介だった」。同じことはブログ界隈にも当てはまっていた。その人口を構成する独学者、独立研究者、（マークのように）幻滅した学者、各種変わり種たちが理論を形成し、誤用するための概念や分析ツールを求め、名だたる思想家たちの作品を荒らし回った。戯言や暴言で生計が立てられない代償として、ブログ・プラットフォームはさらなる力を与えた。驚異的な反応速度であり、フォーマットの柔軟性（長大な論考から、短い思考爆弾までもブログすることができた）、画像、音声、映像を使用して文章を示す。そして何よりも、音楽誌でのみ垣間見えた相互的で集合的なブログの側面（音楽誌面上の、読者投稿のページにおける、週ごとにこぞって議論するライターたち、燃え盛るファンジンの反逆者たちの定期的な投稿）があった。ブログ界隈は真のネットワークだったのだ。

情熱を湧き立てながら、『k-punk』はすぐにコミュニティのハブになった。マークはダイナモであり、読み手を扇動し、関与を要求するようなアイディアを放り投げていた。彼は崇拝の的になったのだ。ある種の触媒である。彼はまた優れたホストであり、『k-punk』のコメント欄のサロン的なエネルギーを統率し、議論を促し、ことの次第が幾分か荒々しくなると論争を鎮めもした（そしてそれは不可避に起こっていた）。そして、その友好的に気難しいスピリットは、マシュー・イングラム（僕たちのコミュニティにおける他のハブだった『Woebot』の主催者）とマークが共同で立ち上げたメッセージ・ボード『Dissensus』を特徴づけることになった。いくつかの点において、このコメント欄とメッセージ・ボードのスレッドでマークはその真価を発揮した。議論し、時に同意し、けれども常に対話者の観点から議論を構築し、会話をさらに進めていていった。彼の最も優れた洞察と発言のいくつかは、このやり取りから生じている。それらは、彼らの時間の取り止めもない錯綜と絡み合った貴重なものであり、数えきれない意見交換と交流によって、彼の精神は闊達に、楽しげに自身を誇示した。

二〇〇〇年代初期から中期にかけての間ずっと、僕は愉快に混乱した状態にずっといた。自分が影響を与えた誰かが、僕に影響を与えるようになったのだ。毎朝パソコンの電源を入れるのに、ある種の鋭い興奮を覚え、即座にマークがどのようなアイディアの戦いをこちらに挑んできたのかをチェックしに向かったものだった。そこに遅れを取ってはいけないというはっきりとした気持ちがあった。僕たちはよく、遠距離のダブルアクトとして機能していた（ロンドンのマーク、そしてニューヨークの僕との間には五時間の時差があった）。僕らの一方が、どちらかが書いた何かを選んだ。それは補完的（complementary）で賞賛しあう（complimentary）ような関係で、前後に受け渡されるバトンのようでありつつも、お互いを尊重した意見の相違もかなり頻繁に起こった。もちろん、他者もそこに加わり、言うなれば、全方位的な飛び入り参加だった。

それが協力的な試みであったのと同時に、ブログ回路と、とりわけマークと僕の対話において、そこには競争の底流も流れていた（その他多くの分野における書き手たちにとっても、これが当てはまるのは間違いない）。裏をかかれ、引けを取り、絶え間ない努力を迫られるような、自分にとってはまれな感覚があった。僕たちのいくつかのやり取りにおいて、物事をより手厳しく、白黒をつけるように見るアドヴァンテージがマークにはあり、一方で僕には、微妙な色合いに着目し、反対の意見のために言われなければいけない事柄があると認識する傾向があった。それは実生活における美徳であるかもしれないが、執筆においては自らの攻撃を確実に緩めてしまうものだ。

マークは「ニヒル化（nihilation）」の広大な資源にアクセスすることができた。この彼の用語は、批評家もしくはアーティストにおける、他の手段を拒否し、それらに歴史の掃き溜めを宣告せんとする無慈悲な衝動を指す。（この冷淡性は彼の活字ペルソナの特徴だったと付け加えるべきだろう。対面では彼は寛大でオープンだった）。即興演奏家のジョン・ブッチャーは、この心構えを、二〇〇八年の『ワイアー』誌でのインタヴューでアーティストの観点から説明している：

ここで、この音楽は他の音楽とは反対に位置している。全てがすっきりとは共存していない。自分がこうするように選択した事実は、私はどこかで誰かがやっていることを評価しないということを暗示している。私の活動は誰かの活動の価値へと疑問を投げかける。これが私たちの音楽的思考と意思決定を形成しているものだ。


フィッシャーとブッチャーにとって、「反対」への厳格さはシリアスさを示しており、何が問題なのかを、あるいは差異は問われる価値があることを表す記号である。何に増しても、音楽と文化をガタガタと音を立てながら前へと進めたのは、この否定的な能力、つまり信用を傷つけ何かを捨て去る意思の力であって、水で薄めた寛容性でも何でもありのポジティヴさでもない。もし音楽作りが「能動的な批評」の一形態であるのなら、批評はある種、音楽への無音の貢献だとも同様に捉えられるだろう。

この文章を書く前、自分の考えをまとめて頭を空っぽにするために、僕は散歩に出かけた。南カリフォルニアの光輝く美しい二月の朝には、どこか英国的な感覚が漂っていた。強めのそよ風が巨大な雲を空全体に流し、刺す太陽の光が縫うふわふわとした白さは、イギリスのところどころ曇った夏の日々を連想する、どこか奇妙な資質を作り出していた。ロサンゼルスのあちこちをマークに見せてあげられたら良かったと思う。この街の別の側面を、である（彼はLAという街に対していくぶん固まった考えを持っていて、その大部分はマイケル・マン『ヒート』とボードリヤール『アメリカ』に由来するものだった！）。それから、マークが愛していたサフォークの海岸風景を是非案内してほしかった。

けれども、僕たちが物理的に同じ場所に居合わせた時間はあまりにも短かった。実際に会った回数は一桁くらいだろう。マークと僕は知り合ってからのほとんどの時間を違う大陸ですごした。そのせいで友情にはある種の純粋さが生まれ、そのほぼ全てが書き言葉によるものだった。メールやブログ間ディベート、メッセージ・ボードを介した精神的な親交はあったけれど、実際にはあまり会うことはなかった。

つまり、ここで僕が書いたことは、公人としての、ひとりの人間としてのマークの部分的な描写でしかない。僕たちはお互いのことをヴァーチャルな同僚で非公式の共作者として認識していた（僕たちは何も共同で執筆したことはなかったが、ハードコア連続体、憑在論、全般的な反レトロ論争など、様々な共同キャンペーンにおける統一戦線を形成した）。特に、僕は彼の読み手のひとりとして彼のことを知っていた（もう一度書くが、自分のファンだった誰かのファンになるのはとても困惑する体験だった）。しかし、僕はその他多くのマーク・フィッシャーが存在することを知っている。教師マーク、編集者マーク、息子、配偶者、父親マーク。僕が彼と遭遇したほとんどは高尚な対話の領域であり――大抵は頭に血が上った対話だった――、もっと飾らない日常的な彼の多くを見るには至らなかった。そういう他のマークたちをもっとよく知っていたら良かったと思う。遊んでいるマーク、笑うマーク、リラックスしているマーク、家族といるマーク。

生前のマークと最後に会ったのは二〇一二年の九月、オランダのティルブルフの音楽フェスティヴァル、インキュベートでのことだった。そのフェスティヴァルのテーマには「Do it yourself」が掲げられていた。僕は基調講演をおこない、ＤＩＹイデオロギーのある側面を巡り、それが文化的理想としての有益さを失ってしまったかを問うた。マークはそこに続き、予定していた内容を急遽取りやめ、新しいトークを即興し、僕の議論を発展させた。それが実時間かつ実空間だったことを除いて、古き良きブログの日々のようだった。僕は事前に書かれた文章をときにアドリブを交えて話したのに対して、マークは完全にぶっつけ本番で話し、脳内の強力な兵器庫からテーマを引き出し、新たな思考を生み出し、電気的な繋がりを作っていた。そのパフォーマンスには、彼の同僚性と精神的敏捷性の両方があった。後になって、マークはそれをスタンドアップ・コメディのルーティーンに例えていた。団体と個人たちが彼の講演を録画しユーチューブに上げるのは問題だとも彼は言った。なぜなら人々が彼の題材に過度に親密になってしまう可能性があるからだ。でも、僕はそれが問題になるだろうとは想像できなかった。マークは洞察と全体像の尽きることない源泉であり、新鮮な知覚と独自な表現、記憶に残る金言や鋭利なアフォリズムで溢れていた。言うべきことが彼から尽きることはなかった。

けれども、彼の時間が先に尽きてしまった。

友人として、同胞として、そして何よりも彼の読者として、彼の不在を感じる。マークだったらこれやあれについて何と言っていただろうかと考えることが多々ある。頻繁にマークが投げかけた驚きや挑戦に自分がどれだけ依存していたかに僕は気づいていなかったのだ。彼の執筆の刺激や閃光、彼が明らかにした多くに加えられた鮮明さ。僕はマークの精神を惜しく思う。それはとても寂しいフィーリングだ。

サイモン・レイノルズ、二〇一八年

（髙橋勇人訳）

編者からのはしがき

「我々は未来を発明しなければならない」
——マーク・フィッシャー【註1】

マーク・フィッシャー（k-punk）は、伝統的な意味でのアカデミックなライターでも、理論家でも批評家でも決してなかったし、そうなろうとも望みもしなかった。そうであるには、彼の執筆はあまりにも無礼で、論争的で、明快で、非感傷的で、個人的で、洞察に富み、切迫したものだったのである。現代資本主義の物質的、心理的、経済的、文化的な帰結の最も鋭利な理解を示しつつ、彼の仕事は楽観的で戦略的に機能していた。彼の執筆の多くは、ポーモ的乖離〔※PoMo：ポストモダンを揶揄して使われる表現〕や我々の周囲における集団的疎外、共有された現在という「退屈なディストピア」と彼が名付けたものへの応答として、この新たなミレニアムという、増してゆく深みのない現在の正反対に位置するものだった。マークは我々の崩壊寸前にある文化に関する独創的で容赦ない時流を読んだ分析を提示し、彼の生涯にわたって影響をもたらした大衆近代映画や本、テレビ、音楽がいかにして我々の集合的現在に「憑依」し続けているのかを継続的に観察した。

一九九〇年代、マークはウォーリック大学で哲学博士号のために学び、一九九九年には「フラットライン・コンストラクツ：ゴシック唯物論とサイバネティック・セオリーフィクション」と題された論文を晴れて完成させた。その一方で、ウォーリック大学では、ニック・ランド、セイディ・プラント、コジュウォ・エシュン、スティーヴ・グッドマン(コード9)、ロビン・マッケイ、ルチアナ・パリジといった面々とともに、彼はサイバネティック・カルチャー・リサーチ・ユニット(CCRU)の創設メンバーの一人でもあった。数年後、ケントで継続教育の教師として勤務しながら、彼は自身のブログ『k-punk』をはじめた。『k-punk』はブログ黎明期に現れ、音楽ジャーナリストのサイモン・レイノルズ、イアン・ペンマン、デヴィッド・スタッブス、哲学者のニーナ・パワー、アレックス・ウィリアムズ、ラーズ・アイヤー、アダム・コツコ、ジョディ・ディーン、スティーヴン・シャヴィロ、ライターで活動家のリチャード・シーモア、ライターのシオボーン・マキュワンとカール・ネヴィル、そして建築批評家のオーウェン・ハサリーらを含む台頭してきたブロガーたちのコミュニティの重要な一角になった。『k-punk』における極めて重要なブログの側面のひとつは、再接続、あるいは新たなオンライン集団と関わるようになったというシンプルな要素である。それは、ウォーリック、CCRU、博士課程時代の後、彼がひょっとしたら最も隔絶されていたときのことだった。二〇一〇年のインタヴューで、彼はこう振り返っている:

博士課程をやるというトラウマ的体験の後、執筆に戻るために私はブログをはじめました。博士課程の作業では、あらゆる主題に関わりうる全ての権威を読み終えなければ、それについて何も言うことができないという考えに至るまで追い込まれます。でも、ブログはもっとインフォーマルな空間で、そういった類のプレッシャーがないように思えました。ブログは真剣な執筆を再開するための方法でした。自分を騙すことができたので、私はこう考えていました。

「大丈夫、ただのブログの投稿にすぎない。学術論文じゃないんだ」、と。でもいまは、学術論文の執筆よりもブログをかなり真剣に捉えています【註2】。

そしてブログの立ち上げからちょうど一年後に書かれた投稿で、彼はこう書いている：

これは世界と僕の唯一の繋がりになってしまった。僕の唯一の外線だ……。かなり多くのことに対する自分の熱意をまた活気づけてくれたし、以前には考えもしなかったことへの熱意も刺激された……。【註3】。

初期の『k-punk』ブログは、定期的な執筆と数多くの対話が備わった強度と気軽さに特徴づけられる。『k-punk』は定期的な執筆がもたらすポジティヴな効果を見つけ出し、彼自身の執着や興味の深みへとマークを導き、自身のパワフルなスタイルの洗練を可能にした。成長していくにつれ、彼はある種のテーマに沿ったリズムへと接続しはじめ、年月が経つにつれ憑在論、ポピュラー・モダニズム、そして資本主義リアリズムといったテーマと彼の思考が結びついていくのが見えるようになった。彼自身が認めるように、学術的執筆に課せられた束縛と無意味な制限から逃れるための手段が『k-punk』だったのだ。濃密で暗示を含み、理論的に豊穣で鋭い投稿は、一貫した一連の個人的な執着と外部刺激（レヴューされるべき映画、本、アルバム。文脈化され、理論化されるべきイベント）への応答として書かれた。また、そこには偽りのない切迫さがあり、現在進行形の対話への参加の必要性、あるいは自身に課した締切にも駆られていた。これらの『k-punk』の投稿には、世界に関する省察の知的な瞬間が凝縮しており、それらは反応性があり、即時的で、情動に満たされたパースペクティヴを提供している。彼の参照と言及のいくつかは疑う余地なく難解で威圧的にもなりえる——スピノザ、カント、ニーチェ、マルクーゼ、アドルノ、アルチュセール、ドゥルーズ&ガタリ、ボードリヤール、ジェイムソン、ジジェク、ジュパンチッチ、ベラルディ、バディウ、ラカン。しかし、彼の執筆には、理論的人文科学における多くの学術的執筆にみられる熱狂的な衒学さは決してない。マークは自分の読者の知性と合理性を信頼し、馴染みのなさ、複雑性、新たなものに挑戦される能力を信じている。一貫して、彼は力強い理論的で実践的な立場を取る勇気を提示するのだ。間抜けな有用性と実利的な滑稽さの次元にまで物事を平らにしようとしてきた現在の反知性主義の潮流にマークの作品は逆らっている。

『k-punk』ブログの読者である私たちに、困難にも関わらず、ディストピアな現在に対抗するオルタナティヴを切望し続ける理由を彼の執筆は教えてくれる。これは単に彼の執筆の具体的な内容に起因するだけではなく、その挑発的で挑戦的な声の持続とともに、彼がそこにいたという事実とも関係がある。執拗で、怒り、激しく知的で、洗練され、熱心で、真剣で、生き生きとしたあの声は、対面での彼の話し方にとても近いものだ。彼の文章には常にリアルな親密性があり、書き言葉が彼の思想とアイディアを減少させ、やわらげ、矮小化させてしまうこともなく、それらを表現できる類まれで稀有な才能が彼には備わっていた。マークの声はその仕事に保存されている。しかもオンライン上に。

本選集における、『k-punk』の最初の二つの投稿「なぜKか?(Why k?)」と「本のミーム(Book Meme)」は両方とも二〇〇五年に書かれたもので、マークがk-punkとしてブログを書く理由を理解する上での手がかりを示すと共に、彼のブログ活動上の目的と抱負を理解することができる。

そのひとつは、ブログという新たな技術的民主主義を簡潔に掴み、またそれを「ポピュラー・カルチャーと理論の間で続く交流のための導管」として使用するという止むことなき信条である。言説の部外者的形式の重要性に対する『k-punk』の信条は決して揺らがなかった。体制の公式チャンネル（アカデミアもしくは主流メディア局）からも、あるいは伝統的な出版形式からも認められることがなかった、一時的な言説の有効性に対する不変的な信条がそこにはある。初期の『k-punk』において、彼はブログと特にこの点を関連させていたのだ：

完全に欠如しているのは意志であり、権威や正当性がないものにおいても起こり得ることが、公式チャンネルを経由してやってくるものと同じくらい、いや、それ以上に重要であるとする信念だ【註4】。

もうひとつは、カフカとスピノザの観念への彼の宣言された忠誠心である。同時に、自身の認識、モダニストの感性と実存的離脱の思考、オルタナティヴな可能性とパースペクティヴを明確に述べて確かめることによって、自らに初めてある程度の自己意識をもたらしたと感じた多くの事柄に対しても彼は支持を表した：ジョイス、バロウズ、バラード、ベケット、セルビー。若かった頃に彼が親しんだ本、音楽、テレビ、映画、観念、出来事。炭鉱ストライキ、フォークランド紛争、サッチャリズム、ブレアリズム、ポスト・パンク、ジョイ・ディヴィジョン、ザ・フォール、スクリッティ・ポリッティ、マガジン、アシッド・ハウス、ジャングル、ゴールディ、ドゥルーズ&ガタリ、マルクス、ジェイムソン、ジジェク、フーコー、ニーチェ、CCRU、クローネンバーグ、アトウッド、プリースト、M・R・ジェイムズ、ナイジェル・ニール、マルクーゼ、ペンマン、レイノルズ、『バットマン』、そして晩年の『ハンガー・ゲーム』、ベリアル、スリーフォード・モッズ、ザ・ケアテイカー、ラッセル・ブランド。『k-punk』の行為遂行性〔※performativity:言語や行為によって現実が構築されるという概念〕は、少なくとも部分的には、自らを活気づけ、インスピレーションを与えた独自の考えを発見したものへの忠誠心を回復し、持続的に再述するために個人的生存戦略の一環として行われた。彼は「本のミーム」のなかで同じように述べている:

成人してからの僕の人生でもっともみじめだった時期は、若い頃の自分がジョイス、ドストエフスキー、バロウズ、ベケット、セルビーらの書物のなかで発見したものに対する忠誠心をなくしたときだった……【註5】。

この忠誠心が鍵である。なぜなら、それこそが、代替的可能性がますます追いやられ、ほとんど無へとすり減らされてしまう「資本主義リアリズム」と彼が呼ぶに至った無慈悲な論理によって支配される現在の、うんざりするような陳腐さと対立する効果的で有効な世界観に、彼がどうにか合成した莫大なコラージュを支える生命力溢れる繋がりを与えたからだ。彼の鑑識的注意力は、文章、音楽、映画そしてテレビ番組における、そういった見落とされがちなモダニズムの形跡と素晴らしく調和し、大衆文化の鋭い読みを繰り返し展開した。それはあたかも、現在という破滅的な専制へと挑むために必要な文化的錬金術の失われたマニフェストの断片化したページを、一枚一枚繋ぎ合わせていくようだった。十年以上にわたって、『k-punk』は憑在論と対抗文化の重要な中心点として機能し、失われ後退しつつあった二〇世紀のモダニズムの潜在するラディカルな可能性を強調した。この新たなミレニアム初期の退屈な基本構造を、繰り返し、かつ的確に突き破ることによって、『k-punk』のブログは現実場を捻じ曲げた。『k-punk』は、現在への重要で、不快で独自な挑戦を示し、差異の破片や、現在から蝶番が外れたままになっている、我々の時代の停滞した論理を錯乱する過去の要素によって、それを妨害した。その最良の状態のときには、時間と資本が等しく、さらに、全てが商品化され、容易く消化できる消費物へと均一化されてしまう、かすんだ均質的現在へと定着する傾向に効果的に抗した。オルタナティヴな可能性のための空間を開いたままにし、重要な事柄が、平凡で、陳腐で、可もなく不可もない、退屈なものへと縮小されるのを拒絶することによって。

そして、ポーモ的な超アイロニックな姿勢、「なんとかなるさ」的な退屈なリベラル左派思想、脱リビドー化された文化、上流階級の優位性、吸血鬼的荒らし屋《トロール》、生気論的肯定性、ドゥルーズ－創造主義に向けられた典型的な反感と否定性が彼にはあり、それは『k-punk』のブログで常に明確だった。挑戦的で議論を呼んだ二〇一三年の一編「Exiting the Vampire Castle（ヴァンパイア城からの脱出）」【註6】の情緒と立場は、二〇〇四年の「New Comments Policy（コメントに関する新たなポリシー）」【註7】や二〇〇五年の「We Dogmatists（我ら独断主義者）」【註8】のような初期『k-punk』の投稿にも劣らずに顕著である。彼の野蛮で、冷酷で合理的な論争術は、『k-punk』プロジェクトの活動期間を通して、しばし全力で展開していた。「Noise as Anti-Capital（反資本としてのノイズ)」を例に取ろう：

尊厳はない。労働者階級をプロレタリアートと混同するなかれ。サッチャーは、資本の支払いと各人にオイディポッド(Oed-I-Pod)が所有できますとの見込みを提示することで、労働者階級を買い取り、プロレタリアートの発生を妨害する。奴隷制度の快適さを保証するポッドをもたらす。彼女はレプリカントたちにスクリーン上の記憶と家族写真を与える。そうすることで、彼らが自分たちは人工的な存在、「資本なるもの」の自己複製型な人材プール要員として工場で育成されたに過ぎないことを忘れ、自らを本物の人間主体だと信じはじめるように。プロレタリアートはそのような主観性の集まった連合ではなく、彼らはグローバル化したkースペースへと解散する。新たな地球のヴァーチャルな住民(……)。プロレタリアートのとる勇敢な行動とは、工業化のプロセスの無生物的―非人間的な面に誇りをもって堂々と抵抗することではなく(……)。その身体を非人間的で非生物的な構造主義的マシンへと変える、突然変異型なデュシャン的変容のなかに存在する【註9】。

二〇〇七年、マークはケントでの教職を離れ、サフォークのウッドブリッジへ引っ越した。そこで、彼は自身初の著書になる『資本主義リアリズム：「この道しかない」のか?』に取り掛かった。二〇〇九年にこの本を出版したゼロ・ブックスは、彼が友人のタリク・ゴダードと共同で設立したものだ【註10】。『k-punk』の最も強力な初期投稿のいくつかを合成したこの本は、現在の重要な理論家のひとりとしてのマークの評価を確固たるものにした。『資本主義リアリズム』の出版は、マークにとっての集団的繋がりの新たな形式を結晶化した。元来のブログ・コミュニティが崩壊し、より不安定になり、運用するのが困難な空間になりかかっていたまさにその時に、である。マークは『k-punk』としてブログを続けたが、自分の仕事や思考、アクティヴィズムを、招かれた講義やトーク、質疑応答での仕事、そして生計を立てるためにフリーランス・ライターとして書いた記事などを通じて追求するにつれ、ブログ執筆の機会は徐々に減っていった。ブログとフォーラムが辿ってきた方向性に対するマークのフラストレーションは、コメントや議論のエチケットに関する感情的で論争的な『k-punk』の多くの投稿と、オンラインフォーラムで見つかる彼の仲裁の数々に顕著だ。フリーランス・ライターとしての不安定な時期を経て、マークはシティ・リット〔※成人教育を行うロンドンの学校〕やイースト・ロンドン大学で哲学の講座を教え、その後、ロンドン大学ゴールドスミス校では常勤職を得た。彼はさらに二冊の書籍を出版することになる。ゼロから二〇一四年の『わが人生の幽霊たち』、そして二〇一六年の終わりに『奇妙なものとぞっとするもの』を彼が新たに立ち上げたリピーター・ブックスから出した。二冊とも『k-punk』から選ばれた投稿と、二〇〇八年に彼が副編集長を務めていた『ワイアー』の委託レヴューやインタヴューを収録している。この間、彼は、書籍の章や音楽レヴュー、映画レヴュー、論稿、アクティヴィズム記事、理論的エッセイの形式で、オンラインや印刷媒体に多くの執筆を行った。同様に『k-punk』の投稿も続けていた。この文章の多くを初めて一堂にまとめるが、本書の目的である。

本選集を編纂する上での編集課題は、時として、デジタルの考古学とメメント・モリ〔※死や終末を想起させるもの〕に特有な形式に似たものだった。十年分のデジタルレイヤーの発掘作業にあたり、オンラインの断片や、行方不明の話し相手との失われた対話の再構築が必要になるデジタルな欠落としばし直面することになった。時に、課題は死んだリンクに憑依されたページから失われた記憶を回復することでもあった。マークが憑在論を強調していたのを考えると、それは奇妙なほど適切な作業であるように感じられた。そこには奇異なメランコリーも感じられた。オンライン時代の最初のレイヤー群によって生まれたので現代的だが、久しぶりに出てきた写真や日記の断片、彫刻、エッチング、絵などと連想される古い形式のメランコリーや記憶と、それは奇妙に共鳴していた。前ディケイドの『k-punk』の文章のほとんどは、一度掘り出してしまえば、時間の無情な経過とともに何かを失ってしまうのではないか。ある種のそんな恐怖を私は抱えていたことを白状しよう。けれども、実際にはそうではないことがすぐにわかった。この多くは活気や魅力に溢れ、インスピレーションをくれ、洞察に満ち続けている。その文章の大部分がこの選集には集まっているのだ。

何を入れ、何を外すかという決断に伴う困難さが必然的にあった。規模や範囲の点において、圧倒されるような数の膨大な文章の蓄積があることがすぐに明らかになった。しかし、加えて悲しくも明らかになったことは、その極めて限られた質である。マークのまとめられた文章を読み進めると、これが存在し、また存在しうる全てなのだという極めて悲しい事実に気づいてしまう。デヴィッド・スタッブスが『クワイエタス』に書いたように、「マークの死は近代の知的生活に大きくぽっかりと開いたクレーターを残した」【註11】。現状においてマークの声を失ったことの影響は計り知れない。交友、仕事仲間、そして友情関係においては言うまでもない。これから、本書を編纂した際の取捨選択の作業基準について、簡単に説明しようと思う。

最初の優先事項は、『資本主義リアリズム』、『わが人生の幽霊たち』、『奇妙なものとぞっとするもの』の出版されている三冊に既に存在している文章とのいかなる不必要な重複をも避けることだった。彼が編集したマイケル・ジャクソン本と、共同編集したポスト・パンクに関する書籍に収められたエッセイについても同様である【註12】。先に述べたように、彼は『k-punk』と『ワイアー』での執筆から、これらの出版物のために文章を集めていたので、それらのほとんどはこのコレクションからは除外されている。例外箇所もあり、これらの書籍における後続出版のためにマークによって大幅に切り取られ、もしくは改訂された元の投稿は掲載する必要性を感じた。それらについては脚註で明示してある。

二〇〇四年から二〇一六年の間に書かれた、多くの異なる主題に関する『k-punk』における執筆の全範囲を反映する必要があるのは明確だった。彼の音楽や映画に関する執筆に集中するよりも、である。その折衷的な内容、理論的な多元主義、そして何よりも目を見張る一貫性を反映した記事を選ぶことによって、そのブログが続いていた間を反映した包括的で可能な限り全体図を提供することが常に目的だった。CCRUの一環として行われたものを含む『k-punk』以前の執筆はここには掲載されていない。この選集では、『k-punk』ブログの開始後の彼の文章にのみ集中しており、それ以前の作品に関しては別の書籍の範囲になる。反出生主義などに関する、初期『k-punk』のわずかな投稿は除外された。それらはマークの理論的、政治的発展の全体から大きく逸脱し、また、彼が後年の執筆と人生において拒絶していたドグマティックで理論的な厭世への一時的な情熱を反映しているように思えたからだ。『ワイアー』、『フリーズ』、『ニュー・ヒューマニスト』、『ヴィジュアル・アーティスツ・ニュー・シート』、『エレクトロニック・ビーツ』、『ガーディアン』などへの寄稿を含む、彼のフリーランスとしてのレヴュー、依頼原稿やアクティヴィズムといった、マークのその他の文章の広範囲を描く必要もあった。時折、これらは、『k-punk』上で彼が発表したものと共振し、反映しているが、ブログでは見つからない主題とテーマの数々を彼は頻繁に書いていた。

この選集のために選ばれた文章は、出版書籍として適切な長さと奥行きを備えている必要があった。このため、『k-punk』の洞察に富んだ二、三のパラグラフからなる投稿もあるが、その理由のために削除されている。これらの記事の効果はブログのアーキテクチャやコミュニティの文脈に大きく依っている。例えば、進行中のオンライン上の会話や対話における仲裁や、メディアやネット、もしくは日常生活で起きている何かへの即時的な応答である。けれども、それらを包括しないことが罪深く感じられる箇所においては、いくつかの例外もある。なぜなら、そういった文章は、卓越した批評的な荒々しさの爆発であり、鋭い論争の優れた部分だったからだ。

一冊分の選集〔※邦訳は三分冊で刊行〕という目的のため、ある程度ではあるが、『k-punk』の投稿を古いブログ・コミュニティのアーキテクチャから取り出ししつつ、同時にそのコミュニティのブログ執筆の雰囲気を残す必要があった。投稿を取り出すさい、それらが元々ブログとして書かれたという事実を視野に置きつつ、その即時性、インフォーマルさ、合作的性質、進行形のオンライン連続体の一部であるという感覚を保持することが重要だった。このバランスをとるのは細心の注意を要した。単純に、彼のオンラインのブログの対話相手たちがネットから消えて長く経っていたり、自身のブログを放棄されていたりして、サイバースペースに浮かぶ幽霊船のように放置されていたからだ。このバランスが可能でなかったり、うまく機能しなかったりした場合、そのブログ投稿は除外された。本書のような執筆選集の有利な点は、多くの異なるトピックやテーマ全体に関するマークの作品が持つ膨大な範囲へ、読者たちが一括でアクセスできることだ。彼の作品の途方もないスケール、深さ、そしてそのオリジナリティを理解することができるのだ。けれども、その大多数は彼の『k-punk』ブログのものであるマークの文章を、その即時性、対話的性質、ハイパーリンクされたアーキテクチャ、全体論的連続体という、ブログのとても具体的な文脈から取り出して要約することに特有の不利な点にも私は自覚があった。本書のような選集へと彼の文章を移行するさいに、その独自な性質の重要な点を保持するために、私は懸命な努力をし、マークが『k-punk』の文章を彼の出版された本のために選出した時にとった方法に、可能な限り私は導きを得た。作品の全てのタイトルは、マーク自身、もしくは彼が書いたそれぞれの出版物の編集者たちがつけたものだ。各作品は、世に出た時期、初出の出版物を示す参照を含んでいる。いくつか例外はあるが、スペリングや句読点は、本書全体で調整され、統一されている。

単純に時系列に沿って文章を配置するのではなく、異なるテーマごとのセクションへと作品を時系列で分ける決定がなされた。この決定が、読者たちにテーマの一貫性という利益をもたらすのは間違いないのだが、『k-punk』の投稿、記事、レヴュー、エッセイに人工的な区分を生み出してしまうのも明らかで、彼の文章の多くのハイパーリンクした質を粉砕してしまうという不利益も生じる。これらの作品群をテーマをまたがって読み進んでみると、例えば二〇〇六年や二〇〇七年の映画や音楽、政治活動について書かれた作品間におけるはっきりとした理論的共鳴を発見するだろう。そこでマークは特定の理論家が持つアイディアの有効な影響や異なるトピックやテーマの範囲における一連の原則を同時に織り交ぜていたのがうかがえる。本書におけるテーマに沿った配列によって、この質が失われてしまう傾向は僅かながらにはあるものの、それを軽減するために可能な限り脚注を施す努力をした。けれども、文章のテーマごとの配列にも関わらず、異なるトピックにわたる彼の作品の徹底した一貫性は実に顕著なままである。これには、異なる挑戦的な視点と代替的な物語《ナラティヴ》を与え、重要な真実を生み出すための、理論へのマークの弛まない忠誠が含まれている。階級と集団主義、プレカリティと不安定性、うつ病と精神疾患、独断主義と目的、欲望のポスト資本主義的形態の形跡を辿る試み、現実管理の醜悪な形態を顕にする必要性、集合的記憶の形態を表現する努力、そしてポピュラー・モダニズムへのノスタルジア、憑在論、失われた未来といったーマへの一貫した焦点が作品の全てにわたって見つかる。本書における彼の作品のテーマに沿った配列が、この点に関して作品の徹底した明晰さを薄めることは断じてないと私は自負している。

オンライン文章の最も重要な質のひとつである、すなわち参照先や引用元へのハイパーリンク・ショートカットを埋め込む能力は、全く不可能でないにはしても、書籍の伝統的な出版形式で再現するのは幾分困難だったことも事実だ。けれども、可能な限り、『k-punk』の投稿とその他のオンライン文章内の生きているハイパーリンクの全てを見つけ出し再現するよう、あらゆる努力をした。

最後に、未出版作品を逃さず包括することは重要事項だった。ここに収録されているものは、未出版だとみなされているすべてを表している。最後の悲しくも未完に終わった『k-punk』投稿、「Mannequin Challenge（マネキン・チャレンジ）」は二〇一六年のアメリカ大統領選挙についてのものだ。「Anti-Therapy（反セラピー）」と題された作品は、マークが二〇一五年に行ったスピーチから抜粋され、その後、ドイツ語へと翻訳されマテス＆ザイツ（Matthes&Seitz）による編纂書籍の一部として発表された。英語での登場はこれが初めてだ。そして『アシッド・コミュニズム』と題されたマークが企画した書籍への未完導入文である。この最後の企画作品の導入文は極めて示唆に富み意義深いものとなっている。マークの作品の多くはフレドリック・ジェイムソンへの応答として書かれたのは明確な事実である。特にジェイムソンのポストモダニズムに関する作品である（『Postmodernism or, The Cultural Logic of Late Capitalism（ポストモダニズム　あるいは後期資本主義の文化理論）』〈一九九一〉と『近代という不思議——現在の存在論についての試論』〈二〇〇二〉におけるものだ）。ポストモダンの条件を同定し分析した一九九一年に遡るジェイムソンの非凡な予見に、マークは繰り返し言及している：

ジェイムソンによれば、その結果、歴史感覚が薄れるにしたがい至るところに過去が同時に存在する、深みのない経験が生じる。つまり、我々にあるのは「歴史性をすべて失った」と同時に、蒸し返された過去のヴァージョン以外に何も提示できない社会【註13】。

そして：

ジェイムソンが「ノスタルジア・モード」と呼ぶものに支配された文化への唯一の対抗物は、モダニズムへのある種のノスタルジアなのだろうか【註14】。

アシッド・コミュニズムに関する彼の晩年作で顕著になるのは、マルクーゼの文化例外主義、もしくは文化領域の「準自律性」——「幽霊のようであるが、良くも悪くも、現在の現実的な世界の上にあるユートピア的な存在であり」——と、「後期資本主義の論理によって破壊された」文化圏のこの準自律性の間にある、ジェイムソンによって特定された問題多き点へと、どのように彼がますます引き寄せられていったのかという点だ【註15】。マークが熟知していたように、ジェイムソンにとって、文化の自律圏の解体はその消失を暗示するものではない。むしろその解体は「爆発の観点から想像される」のだ：

社会領域のすみずみに広がる文化の途方もない拡大は、経済価値や国家権力や慣習、精神そのものの構造など、我々の社会生活の全てに及び、いくらか本来的な、そしていまだに理論化されていない意味合いにおいて「文化的」になった、と言えるだろう。（……）一般的に、距離は（特に「批判的距離」を含む）ポストモダニズムの新たな圏において非常に正確に撤廃された。我々は、その今後の充実し満たされた領域に浸かり、我々の新たなポストモダン身体は空間的な座標を奪われ、慣習的な（理論的には言うまでもなく）距離化の余地がなくなる。（……）ポストモダニズムの「真実の瞬間」とは、まさにこの意気消沈させる憂鬱な独自の新たなグローバル空間なのである【註16】。

そしてマークは、『アシッド・コミュニズム』への未完の序文において、六〇年代の遺産である理想郷の展望が抱える問題を再訪するべきだと主張している。それはマルクーゼによって説かれ、ジェイムソンによって以下のように示されている：

ポストモダニズム評価の問題における究極的な政治的座標は、ポストモダンの今日の様々な形式において検出される理想郷的衝動のひとつである。今日のいかなる政治においても、理想郷の姿を再発明する必要性が非常に強く要請されている：まずマルクーゼによって説かれたこの教訓は、六〇年代という遺産の一部であり、その時代区分の、またそれとの我々の関係のいかなる再評価において、決して見放されてはならないものである【註17】。

彼の人生の終着地点へと向かうこの『アシッド・コミュニズム』の未完の序文には、「新たな人類、新たな視点、新たな思考、新たな愛：これがアシッド・コミュニズムの約束だ」へと手を伸ばすマークの姿がある。

十年以上に及ぶ文章を網羅した本作品集を読む行為は、導き手のマークと共に、近年の文化と政治の歴史を巡る旅に出るようなものである。これらの文章が彼の世に出た他の書籍とともに、マーク自身の理想郷の姿、『k-punk』がいかに活気に溢れ、重要で、エキサイティングだったのか、代替性の可能性への彼の忠誠、そしてただ単純に、我々の全員がどれだけのものを失ったのかを、もっと思い起こさせてくれることを願って。

ダレン・アンブローズ
ウィットリー・ベイ、二〇一八年二月

（髙橋勇人訳）

【註1】ティム・バロウズ、「'We Have To Invent The Future': An Unseen Interview With Mark Fisher（我々は未来を発明しなければならない：マーク・フィッシャー、未発表インタヴュー）」、

『クワイエタス』、（22 January 2017）、http://thequietus.com/articles/21616-mark-fisher-interview-capitalist-realism-sam-berkson〔※邦訳は第三分冊に収録予定〕

【註2】二〇一〇年のインタヴュー、「'They Can Be Different in the Future Too': Interviewed by Rowan Wilson for Ready Steady Book（2010）（物事はこれからも変わりえる：レディ・ステディ・ブックのためのローワン・ウィルソンによるインタヴュー）」〔※邦訳は第三分冊に収録予定〕

【註3】k-punk、「One Year Later（一年後）」、（17 May 2004）、http://k-punk.abstractdynamics.org/archives/002926.html〔※邦訳は第三分冊に収録予定〕

【註4】k-punk、「なぜKか?」、（16 April 2005）、http://k-punk.org/why-k/、本書四一頁参照。

【註5】k-punk、「本のミーム」、（28 June 2005）、http://k- punk.abstractdynamics.org/archives/005771.html、本書四七頁参照。

【註6】マーク・フィッシャー、「Exiting the Vampire Castle（ヴァンパイア城からの脱出）」、『ノース・スター』、（22 November 2013）、http://www.thenorthstar.info/?p=11299〔※邦訳は第三分冊に収録予定〕

【註7】k-punk、「New Comments Policy（コメントに関する新たなポリシー）」、（5 September 2004）、http://k- punk.org/new-comments-policy/〔※邦訳は第三分冊に収録予定〕

【註8】k-punk、「We Dogmatists（我ら独断主義者）」、（17 February 2005）、http://k- punk.abstractdynamics.org/archives/005025.html〔※邦訳は第三分冊に収録予定〕

【註9】k-punk、「Noise as Anti-Capital（反資本としてのノイズ）」、（21 November 2004）、http://k- punk.abstractdynamics.org/archives/004441.html〔※邦訳は第三分冊に収録予定〕

【註10】本書一五一頁、「ゼロ（Zer0）・ブックスの声明」を参照。

【註11】デヴィッド・スタッブス、「Remembering Mark Fisher」、『クワイエタス』、(16 January 2017)、http://thequietus.com/articles/21572-mark-fisher-rip-obituary- interview

【註12】『The Resistible Demise of Michael Jackson』（二〇〇九、ゼロ・ブックス）、マーク・フィッシャー（編）、『Post-Punk Then and Now』（二〇一六、リピーター・ブックス）、マーク・フィッシャー、コジュウォ・エシュン、ゲヴィン・バット（編）

【註13】k-punk、「私はなぜロナルド・レーガンをファックしたいのか」、(13 June 2004)、本書六二頁参照。

【註14】マーク・フィッシャー、「What is Hauntology?」、『フィルム・クォータリー』（二〇一二）、第六十六巻一号

【註15】フレドリック・ジェイムソン、『Postmodernism or, The Cultural Logic of Late Capitalism（ポストモダニズム　あるいは後期資本主義の文化理論）』、（一九九二、ヴァーソ）、四八頁

【註16】同上、四八－四九頁

【註17】同上、一五九頁

なぜKか?【註1】

1　どうして僕はブログをはじめたのだろう? 理由は、それが唯一の空間に思えたからだ。音楽メディアやアート・スクールではじまり、ぞっとするような文化的で政治的帰結とともにほぼ死に絶えてしまったある種の言説を保つための空間だ。僕の理論的関心は、ほぼ全体的にイアン・ペンマンやサイモン・レイノルズといったライターたちからインスパイアされた。だから僕にとって、理論とポップ・ミュージック/映画の間には常に強烈な繋がりがある。お涙頂戴したいわけではないが、僕のような出自を持つものにとって、そのような興味が他から生じたとは考え難いのだ。

2　そんな理由で、僕と学問の関係は、まぁ……、ずっと大変なものだった。僕が理論を理解した方法は、まず第一にポピュラー・カルチャーを経由したものだったので、一般的には大学で忌み嫌われている。アカデミーとのやりとりのほとんどは、文字通り、そして臨床的にも抑うつ的〔※depressing：うつ病にさせるものの意味もある〕だ。

3　存在としてのCCRUは、ポピュラー・カルチャーと理論の間で続く交流のための導管という厳しい状況のなかで発達した。パルプ・セオリー/セオリー-フィクションのすべては、ポップ・カルチャーの形式を経由したものだった/である。それに「関して」ではない。この点においいてニック・ランドは重要人物だ。しばらくの間、大学の哲学科の「内部」に職を持ちつつ、献身的に繋がりをその外側へと開けたのは彼に他ならない。コジュウォ・エシュンは逆方向から、つまりポピュラー・カルチャーから難解な理論へと、その繋がりを作ったという意味で重要だ。しかし、僕たち全員が感づいていたのは、ジャングルはもうすでに極度なまでに理論的だった、といったことだった。だから、それを評価したり、御託を並べたりするのに学者なんかいらなかった。理論家の役割とは、あくまでも増強装置だったのだ。

4 k-punkという用語はCCRUに由来する。「K」は、カリフォルニア／『ワイアード』に捉えられた「サイバー（cyber）」の、リビドー的に好まれた代替物だった（サイバネティクス〈cybernetics〉という言葉の起源はギリシア語の「Kuber」にある）。CCRUはサイバーパンクを、（かつては流行っていた）文芸ジャンルとしてではなく、新たなテクノロジーによって促進された分散型文化傾向として理解した。同じように、「パンク」も特定の音楽ジャンルではなく、正当な（正当化された）空間の外部の集合体を意味する。中心化された管理の必要を破壊した感染活動の、全く別の様態を可能にして生産したという点で、ファンジンは音楽そのものよりも意義深いものだった。

5 安くて簡単に手に入る音楽プロダクション・ソフトウェア、インターネット、ブログの発達は、前例のないパンクなインフラが利用可能であることを意味する。完全に欠如しているのは意志であり、権威や正当性がないものにおいても起こり得ることが、公式チャンネルを経由してやってくるものと同じくらい、いや、それ以上に重要であるとする信念だ。

6　意志という点においては、一九七〇年代のパンクの時から、大きな減退がいまにいたるまでずっと続いている。生産手段の可用性は、スペクタクル権力の埋め合わせ的再臨とともに道を歩んでいるようだ。

7　アカデミーに戻るということ。CCRUの関係者や、さらにはウォーリック大学にいた多くを、大学は完全に排除、あるいは少なくとも周縁に追いやってきた。スティーヴ〝ハイパーダブ〟グッドマンとルチアナ・パリジは、ふたりともCCRUのメンバーではあるが、困難にもかかわらず、大学での職を確保している。でも、僕たちのほとんどは大学の外側の立場に追いやられている。ひょっとしたら、そのように組織に入らなかったことによって（あるいは「買収」されなかったことによって）、ウォーリック・リゾームの多くは強烈な繋がりと、確固たる独立を手にしたのかもしれない。k-punkにおける現在の理論的展開の多くは、ニーナ・パワー、アルベルト・トスカノ、（去年ミドルセックス大学で開催されたノイズセオリーノイズ〈Noise Theory Noise〉カンファレンスの共同主催者である）レイ・ブラシエとの共同作業を介して発展した。ジジェクやバディウといった哲学者たちの伸びる人気は、反逆的で逸脱するような予期せぬサポートの線がアカデミー内に存在していることを意味している。

8　僕は哲学、宗教学、クリティカル・シンキングを、オーピントン・コレッジで教えている。継続教育コレッジなので、主に受け入れているのは十六から十九歳だ。これは難しく挑戦しがいのある仕事ではあるが、ここの学生たちは基本的に優秀で、大学の学部生たちよりもはるかに意欲的に議論に参加してくる。なので、この仕事のことを、「まっとうな」アカデミック職の二次的なものであるとか、それに劣っているとか微塵も後悔していない。

（髙橋勇人訳）

【註1】k-punk、（16 April 2005）、http://k-punk.org/why-k/
「まぁ、僕はまだまだ若造なので、『ヴィレッジ・ヴォイス』での言及に興奮している。ギータがk-punkを「カルチュラル・スタディーズ」と説明するのは、カルト・スタッズ〔※cult studs:カルチュラル・スタディーズを揶揄する表現〕への僕の悪名高い嫌悪感を考えれば、とても皮肉なことだろうな。でも一方で、k-punkはカルチュラル・スタディーズだ。なぜなら僕はそれが実践されるべきものであると、ずっと思っていたからだ（僕のカルト・スタッズへの敵対心のほとんどは、学術界における、憂鬱で、罪悪感を引き起こすような現実に直面したときの落胆から派生している）。とにかく、これがギータに送った全文だ」。ギータ・ダヤル（Geeta Dayal）、「PH.Dotcom」、『ヴィレッジ・ヴォイス』（5 April 2005）、https://www.villagevoice.com/2005/04/05/ph- dotcom/を参照。

第一部

夢を見るためのメソッド：本

k-punk

PART ONE
METHODS OF DREAMING: BOOKS

本のミーム

――k-punk, (28 June 2005), http://k-punk.abstractdynamics.org/archives/005771.html

これをやって欲しいと少なくともふたりの人たちから頼まれたので、どうぞ――お待たせしました――以下です。

（1）本を何冊所有していますか？

知りようがない。全冊数えるのはまず不可能だし、たしかな数え方もない。

（2）最近買った本は？

『無機的なもののセックス・アピール』／マリオ・ペルニオーラ（一九九四）

（3）最近読んだ本は？

読了した本：マイケル・ブレイスウェルの『England Is Mine: Pop Life in Albion From Wilde to Goldie』

（一九九七）――がっかりさせられると共に、歯がゆい内容。鋭い洞察は見え隠れするものの、本そのものの編成が章ごとに変化する感じで、歴史的な叙述かと思うと次の瞬間にはテーマ調な語り口へ、そこから今度はローカルな内容に変わっていく。何かが起きそうな局面に接近しつつある、もしくはそのタイミングを逸した、という感覚が常につきまとう。もっと焦点を絞った題材を扱う方が、ブレイスウェル本人にとってもプラスになるのではないかと思わずにいられないし、今年後半出版予定の彼のロキシー本〔※『RE-MAKE RE-MODEL: Becoming Roxy Music』（二〇〇七）〕を僕がまだ楽しみにしているのもそれゆえだ（かつ、英国文学にあまりにかまけ過ぎな内容でもある。たとえば、退屈なW・H・オーデンなんぞに僕が興味を掻き立てられることは絶対にあり得ない）。

読み終えつつある本：ウエルベックの『素粒子』（一九九八）。ジジェクが気に入っているのも当然。ヒッピーの不毛な快楽主義と、それがニューエイジ系な禅のたわごとに遺した情けない遺産とを容赦なく叩くのに、これ以上のものはないのでは？

（4）自分にとって重要な五冊の本

（ベストな映画／本／LPレコード等に関するアンケートで、「今もっともイケてる」作品をトップに据える類いのものが大嫌いなので、ここでは、自分にとって少なくとも十年は何らかの意味をもってきた本のみ選ぶことにした）

カフカ：『審判』（一九二五）、『城』（一九二六）

十四歳から十七歳の間に本、レコード、映画から受けた衝撃を、もっと後になってから再現することは可能なんだろうか？　成人してからの僕の人生でもっともみじめだった時期は、若い頃の自分がジョイス、ドストエフスキー、バロウズ、ベケット、セルビーらの書物のなかで発見したものに対する忠誠心をなくしたときだった……これらの作品のいずれもここにセレクトされていておかしくないが、カフカを選ぶことにしたのは、こうした本すべてのうちでもっとも親密で不断な道連れが彼だからだ。

僕とカフカとのはじめての出会いは、実はペンギン版の選集『カフカ小説集』で、これは文学に疎い両親が「お前が好きそうな感じだから」とクリスマス・プレゼントとして買ってくれたものだった。結果はその通りだった。

テクストの最初の受け止め方を思い出すのは、今となっては難しい。果たして読んだ当初、自分はあれを楽しんだのか、それともイライラさせられたのか、なんとも言えない。結局、カフカというのは読者を待ち伏せするタイプの書き手ではないからだ。彼はさりげなく、徐々に侵略してくる。読んだ当時の僕はきっと、もっと分かりやすい実存主義的な疎外感を欲し、期待していたことだろう。だが、カフカにそうした要素はほとんどなかった。これ見よがしな形而上学の世界ではなく、それはさもしく狭苦しいモグラ穴であり、そこでの主たる情動は堂々とした疎外感ではなく、忍び寄ってくるきまり悪さだ。カフカのフィクションで、物理的な力はほとんど威力を発揮しない――常につきまとう、社会的に狼狽させられ恥をかく可能性。それこそが、彼の編む、曲がりくねった、プロットのない筋書きの主要な推進動機になっている。

『審判』で、事務所の集まったビル内のどこかにある法廷を探す主人公Kが、「家屋塗装業者ですが」という情けない言い訳〔※原文ママ。実際は、Kは「指物師（英訳によっては大工）のランツ氏はお住まいですか？」という口実で、審理のおこなわれる部屋を探す〕をしながらいちいちドアをノックして回る、哀れな場面を憶えているだろうか？　カフカの天才的な面はこの、不条理さをありふれたものへ変えるところにある——意外なことに、我々読者の予想に完全に反し、Kの審問会は事実、この建物内のアパートメントのひとつで開かれている。そりゃもちろんそうだ。そして、彼はなぜ出頭時刻に遅れているのだろう？　理不尽な事態になっているとKが考えれば考えるほど、法廷あるいは城の「しきたり」を把握し損ねている自らに対し、彼は恥ずかしさを募らせていく。お役所仕事を思わせる無駄にもつれた状況は彼の目にバカバカしくもどかしいものと映るが、それは彼がまだ「理解できていない」からだ。電話は「音楽を鳴らす装置のように機能する」とKが聞かされる、全体主義よりもコールセンターを予期するものに近い、『城』の前半の場面の滑稽さを考えてみよう。どこかの窓口に電話をかけると、誰かが受話器を取り応じてくれるだろうと思うなんて、彼はどれだけ間抜けなんだ？　彼はそんなに世間知らずなのか？

　まごつきの達人であるアラン・ベネット〔※英国人脚本家・小説家。代表作に『ヒストリー・ボーイズ』他〕が、カフカの熱心な礼賛者であるだけのことはある。ベネットもカフカも、支配階級のしきたり、発音、服装がどれだけ不条理に思われるとしても、彼らをまごつかせることはできないと承知している。それは何も、彼らにしか理解できない特別なおきてがあるからではなく——まさに、おきてなど存在しないのだ——彼らのやることならなんでも結構なことであり、なぜかと言えば、それをやっているのが**彼ら**だからだ。すなわち、あなたが「排他的集団」に属していない限り、いくら何をやってもあなたは**決して**正しくはなれないし、先天的に有罪ということだ。

アトウッド：『キャッツ・アイ』（一九八八）

少し前に、ルークから「冷徹な合理主義者」文学の典型例とはどんなものだろう？　との質問をもらったことがあった。その冷たいとの評判からして、アトウッドは明らかにふさわしい回答だが、実のところ、すべての文学は多かれ少なかれ冷徹に合理主義的だ。なぜか？　それは、文学は我々自身を因果関係の連なりとして見せてくれ、したがって逆説的に、我々に唯一許される一定の自由を獲得させてくれるからだ（スピノザを敬愛したワーズワースですら、詩を「平穏な状態で思い起こされた感情」と形容している。すなわち詩とは、ディオニュソス的なほとばしりのなかで表現された生々しい感情ではない）。
『キャッツ・アイ』は僕のいちばん好きなアトウッドの小説ではない――それは、厳格な『浮かびあがる』（一九七二）になるだろう――が、自分にもっとも意味のある作品がこれだ。プロットのすべてすら思い出せないとはいえ、アトウッドが恐ろしいほど鮮烈に綴った十代の「友情」のホッブズ的に無情な残酷さの描写を、僕は決して忘れないだろう。友人である彼女たちはあなたの後ろをつけ、あなたの靴、あなたの歩き方を批判しようとする……彼女たちは、あなたの最大の敵よりもたちが悪い。時間がなかなか進まない長い日々、口に含むと味気ないボール紙と化してしまう朝ご飯のトースト、絶え間なく痛烈に刺し込んでくるゆえにその存在を忘れ、もはや検知すらできない不安感。

あなたにとって、人格形成にもっとも大きかった時期は、幼少の子供時代、それとも十代はじめの頃だろうか？　二十代初期に『キャッツ～』を読んだ体験は、僕にとって一種の自己精神分析であり、人間不信、押し殺した怒り、自分は不適切な人間だという計り知れない感覚から成り立っていた、自分の十代の遺産から抜け出す手だてのようなものだった。アトウッドの氷のように冷静な分析ぶりは、僕が十代に味わった屈辱感は自分に特有なものでもなんでもなく、人が十代に結ぶ人間関係につきものの、構造的な影響であったことを見事に示してくれた。

スピノザ：『エチカ』（一六七七）

スピノザは何もかもを、しかし徐々に変えてしまう。スピノザ主義に突如改宗する「回心への道」なるものは存在せず、ただ単に、たゆまなく、しかし容赦なく、デフォルトな仮定を消去していくだけのことだ。最良な哲学のすべてと同じように、この本を読むのは、『ヴィデオドローム』（一九八三）に出てくるヴィデオ・カセットを再生するのに似ている――カセットを再生（プレイ）しているのは自分の方だとあなたは思い込んでいるが、結局はあなたの方が遊ばれる（プレイ）ことになり、少しずつあなたの思考、および知覚様式に変容を引き起こしていく。

学部生だった頃からスピノザに魅力を感じていたとはいえ、僕がやっと彼の著作を本格的に読んだのは、ウォーリック大博士課程で、ドゥルーズの影響の下に学んだときのことだった。とある読書会で、我々は一年以上費やして『エチカ』を精読した。おいそれと近づけないくらい難解でありつつすぐ実用に活かせる、かつ、考え得る限り最大の宇宙的スケールと心理の細小な側面の双方に向けて設定された、そんな哲学との出会いだった。構造的な分析と実存主義との「不可能」なはずの統合がこれじゃないか？

バラード：『残虐行為展覧会』（一九七〇）

スピノザとカフカがじわじわ効いてくるとしたら、バラードの衝撃は即効だった。メディアの発する信号であふれかえった無意識に、彼は即座にコネクトしてきた。

それはある程度までは、実際に彼の作品を読むずっと以前に、僕はバラードに事実上遭遇していたせいだった――ジョイ・ディヴィジョン（とは言え、歌詞の多くよりも、プロデューサーのマーティン・ハネットが作ったサウンド経由で、というのが近い。〝アトロシティ・エキシビション〟〈一九八〇〉の苦悩に満ちた嘆願ほど、バラードの冷静な沈着さからかけ離れたものはないのだから）、ジョン・フォックスとウルトラヴォックス、キャバレー・ヴォルテール、マガジンといったバンドを通じて。

彼の大災害小説のなかでは『沈んだ世界』（一九六二）がベストで、現代のジョセフ・コンラッドの目でクールに概観された文字通り超現実的なランドスケープとして、ロンドンを水浸しにしてみせている。しかし、やはり不可欠な一作と言えば『残虐行為展覧会』だ。もっと有名な『クラッシュ』（一九七三）よりも『残虐行為〜』の方が、二〇世紀にアプローチをかけるための、二〇世紀そのものが生んだリソースから組み立てられた、概念的・方法論的な題目をはるかに多く提供している。禁欲的なまでにモダニストな本であり、筋書きにも登場人物にもほぼ譲歩せず、物語というよりもむしろ想像上の彫刻作品、偏執狂的に繰り返される文様の連続に近い。

そう、バラードはたしかに文芸評のコラム欄に受け入れられ、文壇の長老になっている。だが、彼の来歴が標準的なオックスフォード大卒の文人のそれとどれだけ違うかは、忘れないようにしようじゃないか。バラードは、英国文学から、「好ましく」人文主義的なたしかさと新聞日曜版付録の眠気をさそう退屈さから、ブリテンを救った。

グリール・マーカス：『Lipstick Traces: A Secret History of the Twentieth Century』（一九八九）

自分にとってのこの本の重要性は、以前にも書いたことがある。大学を終えたばかりで、今後の計画もなく、サッチャー主義経済の現実原則に自らを合わせるための、暗澹たる取り組み――しくじる定めになっていた――へと未来が崩壊しつつあった頃、僕はこれを読んだ。マーカスの編んだ広大な結びつきの網は、脱出路を穿ってくれた。再洗礼派からシチュアシオニスト、ダダイスト、シュルレアリスト、パンクスまで包含する歴史を越えた「出来事」を、突発的な出来事を記述した内容だった。そのような「出来事」は、八〇年代の「大掛かりなスペクタクル」、ライヴ・エイドを震源地とする、地球規模のテレビ網上で繰り広げられた、台本付きで組織化された「事件でもなんでもない」イヴェントの数々のまさに対極だ。必要に迫られ、非常に大きな集団的事件にふくれあがったときですら、それはやはり一時的で、秘密裏な出来事のままだった。『Lipstick～』は、ポップ・ミュージックは「ただの音楽」であることをやめ、資本主義的議会主義とは無縁の政治、および学術とは無縁の哲学と共振し合ったときにだけなにがしかの重要性をもち得る、そう確信していた。

『Lipstick～』自体は、パンクの勃発から十年かそれ以上経ったところで、それが遺したインパクトを記載しようとしたテクストによるリゾームの一部として読むのが最適な本だ。ファンジン『Vague』（CCRU型サイバーパンク理論にとってのもっとも強力なトリガーを探している方は、マーク・ダウナムが『Vague』に寄稿した文章をチェックしてみて欲しい）、ジョン・サヴェージの『イングランズ・ドリーミング――セックス・ピストルズとパンク・ロック』（一九九一）も参照されたし（もちろん、この一群のリゾームは、『ポストパンク・ジェネレーション　１９７８－１９８４』〈二〇〇五〉刊行でやっと完成したことになる）〔※『Vague』はトミー・ヴェーグがイギリスで一九七九年にはじめたポスト・パンクのファンジン。その後状況主義の雑誌へと発展した〕。

（5）五人にタグしてください

このミームに未参加のブログを他に思いつかないので、困っている。

空間、時間、光、必要なもののすべて——『J・G・バラード特集』（BBC4）についての考察〔※投稿のタイトル「space, time, light, all the essentials」は、後述のドラマ『Home』で、コラージュや謎めいた相関図で埋まった室内の壁を見た知人から「これは何？」と訊ねられた際の主人公の回答〕

——k-punk, (8 October 2003), http://k-punk.abstractdynamics.org/archives/000590.html

彼を崇拝するジャン・ボードリヤール【註1】に似て、バラードももう長いこと、不良品のAIのごとくいくつかの同じテーマを際限なく入れ替え続け、ときおり同時代的なディテールをちりばめることで、限定された固執のレパートリーをリフレッシュさせてきた。固執、また固執。それがふさわしいのは、とどのつまり、バラードの強迫観念とは……強迫観念だからだ。

BBC4が組んだ、くだんの特番（二〇〇三）の人物紹介映像——別段新しいところはなく、ご老体はまたも果敢に、飽きもせず、お気に入りのテーマを検証している——のなかで、バラードはおなじみの、だがいまだにハッとこちらを正気づかせる、彼ならではの力強い観察のひとつを繰り返す。人はよく、私の少年時代がいかに苛酷だったかについてコメントします、とバラードは述べていた。けれども苛酷とはほど遠く、その少年期——飢餓、恐怖、戦争、死の脅威と常に隣り合わせの状況——は、現在およびそれ以前のどの世紀においても、この惑星上で生きる大半の人間にとってのデフォルトな生活環境です。「西側諸国の郊外族」ののんびり快適な生活こそ、この世界においてあらゆる意味で例外なのです、と。

というわけで『Home』、BBC4が制作した、バラードの短編「巨大な空間」の素晴らしい翻案の登場と相成る【註2】。『Home』は、かつてBBCが非常に得意としていた類いの作品――うんざりさせられ、鑑賞に耐えないほど実験的な内容に陥ることなく、それでも正真正銘心をざわつかされる、そんな奇妙なドラマだ。もちろん、BBC4という辺境チャンネルに押しやられていては、そもそも『Home』が一般大衆の好みにアピールすることはないのだが。今という時代を物語る話だ〔※BBC4は二〇〇二年放送開始。文化、ドキュメンタリー、音楽、海外ドラマ／映画等が中心の編成で放映時間も限定。今後数年の間に地上波から撤退しデジタルに移行することが二〇二二年に発表された〕。

『Home』の正体は、郊外を舞台に社会からドロップアウトする人間を描いたシットコム『The Good Life』（一九七五～七八）や『The Fall and Rise of Reginald Perrin』（一九七六～七九）のひねくれた従兄弟にして、そこにポランスキーの『反撥』（一九六五）をくっつけたものだ（監督のリチャード・カーソン・スミスが、影響源にポランスキーの名を挙げているのも不思議はない）〔※『The Good～』、『～Reginald Perrin』は共にBBC制作のドラマ。前者は脱サラし郊外で自給自足生活をはじめた夫婦をめぐるコメディ、後者は単調な日常から脱出しようとする中年サラリーマンの奇行と騒動を描く〕。事故に遭い、怪我から回復したものの、職場に復帰する代わりにある実験に乗り出そうと決意する主人公：ジェラルド・バランタイン役の俳優アントニー・シェアの演技は、絶妙かつチャーミングに錯乱している。「（実験することを）決意する」というのは、言葉としては間違いなく能動的過ぎる――あらゆる意味でバラード的なキャラの典型であるジェリー（ジェラルドの愛称）は、自ら率先してというより、何かに行き当たってそれを発見し、突き止めずにいられないロジックへといつの間にか引き込まれる（多くの意味で忠実なフロイト派であるバラードは、強迫観念は常にロジックを備えている／ロジックであると信じ切っている）。

その実験は、シンプルな前提に立っていると判明する。特に期間を定めることなく、ジェリーは自宅から一歩も出ずに、たっぷりストックされていた買い置きの食料や冷凍食品といった蓄えで食いつないでいく……果たしていつまで？　まあ、この実験が立証しようとしているのがそこなのだ。彼は「玄関のドアを籠城の武器に使って」生き残ることができるだろうか？　そこからひもとかれていくのは、『ハイ・ライズ』（一九七四）と『コンクリート・アイランド』（一九七五）以来バラードが探ってきた大渦巻への落下、きちんと定められた順序に沿っておこなわれる人間の外縁部の探究であり、その各段階は以下のようにたやすく列挙できる――

旧いアイデンティティを手放す。これは楽にあきらめられる。古くは『沈んだ世界』にまでさかのぼる破滅小説にバラードが加えるひとひねりは、大災害に見舞われた登場人物たちが新たな生活環境に抵抗するのではなく、進んでそれを享受するところにある。『ハイ・ライズ』からというもの、バラードはキャラクターにもう一歩踏み出させ、順応主義への抵抗というより「空調の効いた快適さ」に対するそれとして、実際に彼らに反乱の手段としての大惨事の口火を切らせてきた。このドラマでは、ジェリーは自らの書簡や写真すべて、続いて出生証明書、そして――僕のプロテスタント根性には屈辱的だった、何より冒涜的な行為として――手持ちの現金を焼き捨てる。

文明の支配力のゆるみ（バタイユ段階）。バラードは『文明への不満』【註3】を幾度となく書き直しており、彼の書くフィクションとは、フロイトの辛辣なペシミズムがつまびらかにしてみせた生存と抑圧との間の決済をどうにか回避してしまう、リビドーが駆り立てる楽園を想像する試みだったりする。蛮性への回帰、たとえば剥き出しの飢餓感の差し込むような苦痛を体験することすら、衝動をコントロールしその作用を中和してしまう文明の握力をゆるめるための機会として、熱意と共に噛み締められる。『Home』では、通常の食糧備蓄が底をついてくると、ジェリーはまず自宅の庭の草花を食べ、続いて隣人のペットに手を出す。隣人が、ジェリーに対して——例の、中流階級人特有のさりげなくも当てこすりっぽい口調で——自らの愛犬「フレッド氏」と彼の妻の飼い猫の失踪に関して問いただす場面は、ぞっとさせられるコメディの傑作だ。「たぶん彼らは駆け落ちしたんだよ！」と、この時点までに常にヒステリー一歩手前の状態にいるようになっているシェアは、支離滅裂を早口で口走る。こみあげる笑いを、妙な、鼻息混じりの、クスンクスンすすりあげるような哄笑を、彼はどうにも抑えられない。つまり、この笑いが何より、ジェラルドは礼儀正しい社会を後にし、二度とそこに戻らないことを告げている。

超越的な彼方の探索（カント／ウィリアム・ブレイク段階）。ここで僕の用いる「超越的な」は、もちろん、純粋にカント的な意味においてだ。バラードはこれを彼流のインナースペース（内宇宙）の探索と呼びたがるが、僕は常々、この形容を大いに誤解を招くものだと思ってきた。経験主義的な宇宙空間を漂う宇宙飛行士よりも、バラードの描く郊外暮らしの宇宙飛行士の探査するものの方が、はるかに「アウター」なスペースだからだ。彼らが直面するのは、あらゆる知覚と経験の前提条件としての時間と空間それそのものであり、彼らのおこなう探索は標準的な意識閾を越えた——その外にある——強烈なゾーンを開け放つ。したがって『Home』は、映画『縮みゆく人間』（一九五七）の常軌を逸した一ヴァージョンになっていく。自宅のドアの向こうにある世界——僕はそれを外の世界とは呼びたくない——から切り離され、ジェリーの空間感覚はすさまじく拡張する。「どの部屋も大きく広がりつつある」と彼は言う。屋根裏部屋は南極めいた、空っぽの、冷凍焼けを引き起こす広漠な

「白い世界」に、彼の家の経験主義的な内部に乱入する超越的な外部と化す。今や質感とそれ以前は思いもよらなかったディテールに満ち満ちた家の内部は、まさに宇宙そのものになる。「自分のことを探検家か、宇宙飛行士のように感じる」

カーソン・スミス監督が用いたヴィデオ日記のフォーマットは、このテレビ映画に不安をもよおさせる親密さ、そして今日の大衆テレビとの適切に「ウンハイムリッヒ（不気味）」な関連性を与えており、その点はジェリーが日記の締めで漏らす「『究極の住宅リフォーム』に取り組んでいる」という発言によって強調される。そう、たしかにこれは、自らの空間を最大限に活用するひとつの手段だ。

頭が拡張してしまった男〔※『The Man Whose Head Expanded』はザ・フォールの一九八三年発表シングルのタイトルでもある〕。「ジェラルド、あなた、ドラッグでもやってるの？」

そして、自己否定、飢え、人づきあいからの撤退、そのどれも非常に時宜を得ている。僕は思いをめぐらせる──というかそう望む──のだ、このジェラルド的な何かが、今まさにデイヴィッド・ブレイン【註4】の頭のなかで起きているんじゃないか、と。

【註1】ジャン・ボードリヤール、『シミュラークルとシミュレーション』（一九八一）
【註2】「巨大な空間」（The Enormous Space）は一九九〇年刊のバラードのアンソロジー『War Fever』所収（邦訳版は『J・G・バラード短編全集5 近未来の神話』）。
【註3】ジークムント・フロイト、『文明への不満』（一九三〇）

【註4】アメリカ人イリュージョニストのデイヴィッド・ブレインは、二〇〇三年九月五日からロンドンで耐久スタント「アバヴ・ザ・ビロウ（Above the Below）」に挑み、中空に吊り下げられた透明アクリル樹脂製の箱に封印され四十四日間の断食をおこなった。

私はなぜロナルド・レーガンをファックしたいのか

——k-punk, (13 June 2004), http://k-punk.org/why-i-want-to-fuck-ronald-reagan/

一九八〇年にサン・フランシスコで開催された共和党大会で、悪ふざけ好きな連中が『残虐行為展覧会』の第十四章「私はなぜロナルド・レーガンをファックしたいのか」【註1】を、そのタイトルは含めず、共和党の印章で飾った上で複製・配布した。「聞くところによれば、あの文章はそのうわべそのものとして、どこぞの異端児的なシンクタンクが発注した、大統領候補の潜在意識に訴える魅力に関する心理学的方針説明書として受け入れられたそうだ」とバラードは註釈で述べている【註2】。

このネオ・ダダ的な破壊工作を目指す行為は、我々に何を物語るのか？　一面において、これは完璧な破壊行為として讃えられるべきだ。だが、別の角度から眺めれば、これは今や破壊行為は不可能であるのを明かしている。おふざけの介入の伝統——ダダイストからシュルレアリスト、そしてシチュアシオニストへ受け継がれてきた——そのものの運命が、危機に瀕しているようだ。かつて、ダダイストとその後継者はステージへの侵略を企て、バロウズ——今なお、明らかにこの遺産の一部を形成している——が「現実スタジオ」と呼ぶもの〔※バロウズ『ノヴァ急報』（一九六四）参照〕をロジックの爆弾で中断することを夢見ることができたわけだが、現在は攻め入れるステージ——ボードリヤールなら場面と言うだろう——が存在しない。それにはふたつ理由がある。第一に、ハイパー資本主義の最先端ゾーンは、バカげた理不尽さや非論理性を抑え込むというよりむしろ吸収しようとするし、第二に、ステージ／ステージ外の境界線は、冷静に包括的なフィクションのループに取って代わられてきたからだ。つまり、レーガンのキャリアは、それをいたずらっぽく風刺しようとするいかなる試みも凌駕し、現実とそのシミュレーションとの間の境目がますます柔軟でいい加減なものになっているかを示す。ボードリヤールからすれば、シュルレアリストのような集団が「現実（リアリティ）」に仕掛けた攻撃そのものが、リアルを生かし続けるために機能する（表向きは完全に代替現実でありながら、事実上はリアルにとっての日常世界と弁証法的に共謀している、そんな素晴らしき夢想世界を供給することによって）。「シュルレアリスムは敵対関係にあるはずの現実といまだ連帯していたとはいえ、シュールは想像力のなかでそれを二重にし、破裂させた」【註3】。第三次（および第四次）シミュラクラ状況においては、ハイパーリアリティのくらくらするようなめまいの感覚がクールに幻覚的な環境を平凡でつまらないものにし、すべてのリアリティをシミュレーションに吸収してしまう。フィクションが遍在する――ゆえに、ある意味、フィクションは特定のカテゴリーから除外される。俳優から大統領に転向というレーガン自身の役柄は、かつて「新奇」と思えた。だが、映画史の様々な瞬間が、いくつかの映画でレーガンの演じた役に――レーガン自身の曖昧な記憶やメディアの記述のなかで――モンタージュされていくその後続いた彼のキャリアは、そのいたずらっぽさを冷笑を招く滑稽さに変えてしまう。

共和党大会に出席した議会代表者連中は「私はなぜ〜」というテクストの信憑性を認めたらしい、という話は、ショッキングであると共に不思議と案の定でもある。かつ、そのいずれの反応も要は、バラードの書くフィクションに備わったパワー、既存の社会現実を擬態し反映させる能力というより、それを想像力に富んだやり方で転覆させてしまう度量に宿るパワーを証明している。バラードが達成するのはむしろ、イアン・ハミルトン・グラント〔※英国人哲学者。ウォーリック大で博士号を取得しCCRUとも関わった〕が呼ぶところの「ハイパーリアルについての現実主義」、すなわち後期資本主義における現実のメディア―サイバネティクス化への、同種療法めいた参与になる。ショックが訪れるのは、我々がバラードの題材の（そうであったであろう）ラディカルな異常性を思い返してみるときだ。『残虐行為〜』の他のセクションの多く、特にその後半部と同様に、「私はなぜ〜」も、前もって用意されたメディア刺激物を見せられた人間の反応に関する実験報告書の形で提示される。

ロナルド・レーガンと概念上の自動車事故。末期麻痺（梅毒による麻痺性痴呆／脳梅）患者たちを対象に、玉突き事故、正面衝突、自動車パレードに突っ込む車両事故等の一連の自動車衝突シミュレーションにレーガンを据えた画像を見せる実験研究が、数多くおこなわれてきた（大統領暗殺のファンタジーは心を奪う対象であり続け、被験者はフロントガラスとトランクの組み合わせに多様な形の著しい病的執着を示した）。肛門サディズム期の特徴を備えたパワフルな妄想が、大統領候補のイメージを取り巻いている【註4】。

しかしこのショックは、バラードのシミュレーションのクールな優雅さが発する意外性のなさの感覚によって釣り合いがとられる。バラードの筆致のテクニカルな調子――その客観性と感情的な抑揚の欠如――は、一見したところ容認しかねる題材を中和もしくは正常化する機能を果たす。このハイパーコントロールな行為主体の作動ぶりのシミュレーションは、それについての風刺なのか、それともその活動――およびそれを含む文化的場面全体――が、今や風刺のようなことをやるのを不可能にしているのか？　とどのつまり、風刺とシミュレーションの関係とは何なのか？　この疑問に答えを出していくために、我々はまずバラードのテクストを他の、もっとれっきとした「風刺的な」テクストと比較する必要がある。しかしその前に、我々はパスティーシュ（模倣）によるパロディ（もじり）の失墜に関するジェイムソンの評言を頭に置いておかなければならないし、ここで手短かに検証しておこう。

これは、パロディと風刺の違いを詮索する場ではない。ゆえに、パロディと風刺の間にどんな差異があるにせよ、ふたつ一緒にジェイムソンの分析対象になるに足るだけの共通項を備えている、という仮定の下に我々は話を進めていく。ジェイムソンは、パロディはモダニズムに利用できた一連のリソース群に丸ごと依拠していたが、それらは今や消えてしまった、と論じる。「他に真似できない」特異なスタイルをもつ個別の主体こそ、まさにイミテーションの台頭を促すものだった、とジェイムソンは苦々しげに認める。真の意味で同時代的な表現の手段は存在する、との確信を抱くのに必須な相対物を備えた、力強い歴史感覚。執筆行為を動機づけ、そこに政治目的を付与してくれる集団的プロジェクトへの深い関与。これらが姿を消すのに伴いパロディの居場所も消えていく、とジェイムソンは示唆する。個々のスタイルは、「規範なき、様式的でとりとめのない異種混交性のフィールド」に座を譲っていく。それと同時進行で、進歩を信じる思いと新時代を新用語で描写できるという信念にも翳りが出てきて、それは「新たなグローバル・カルチャーの想像上の博物館に収蔵されたあらゆる仮面と声を通じて発される、とうの昔に死に絶えた様式のイミテーション（模倣）」に取って代わられる。一方、後期資本主義の「リテラシー後」状況は、「これといった大型集団プロジェクトの不在」を指し示す。ジェイムソンによれば、その結果、歴史感覚が薄れるにしたがい至るところに過去が同時に存在する、深みのない経験が生じる。つまり、我々にあるのは「歴史性をすべて失った」と同時に、蒸し返された過去のヴァージョン以外に何も提示できない社会。パスティーシュがパロディに取って代わる――

この状況において、パロディは自らの使命を失う。パロディは使命を全うし、あの、パスティーシュなる奇妙な新種が代わってその座に就く。パロディと同様に、パスティーシュも風変わり、あるいは唯一無二な特異なスタイルの模倣であり、言語の仮面を被り、死した言葉で語る行為だ。しかし、パスティーシュはそのような物真似行為を中立的に実践している。そこにはパロディの秘めた動機が一切なく、風刺の衝動ももぎ取られ、笑いはおろか、一時的に借用しているアブノーマルな語り口だけではなく言語学上の健全なノーマルさもまだ残っている、との確信にも欠ける。したがって、パスティーシュは空虚なパロディ、何も見えていない眼球が嵌め込まれた彫像ということになる……【註5】

ジェイムソン自身が書いたバラードに関する文章【註6】にもかかわらず、バラードのテクストとジェイムソンの描写するパスティーシュとの重要な違いのひとつは、バラード作品における「ノスタルジア」もしくは「ノスタルジックなモード」――ジェイムソンが示すように、それは他のポストモダン系サイエンス・フィクションのテクストにつきまとう存在だ――の欠如になる。事実、テクスト面での際立った発明に対するバラードの打ち込みぶり――『残虐行為～』のページのレイアウトそのものが良い証拠だ――は、彼をジェイムソンの挙げた条件のなかでも異例な存在にする。ゆえに、少なくともこの意味において、バラードはジェイムソンが考えるところのモダニズムと連続しているらしい。にもかかわらず、他のいくつかの側面――特に、個人の主観性の瓦解および集団的政治行動の失敗に関して――では、バラードはジェイムソンのポストモダン性を象徴している。だが、ジェイムソンの考えるパスティーシュとは異なり、バラードは「風変わり、あるいは唯一無二な特異なスタイル」を模倣していない。「私はなぜ～」でバラードがシミュレートする様式――これは『残虐行為～』全体が指向しがちな様式でもある――はまさに、人格／パーソナリティを一切欠いたものだ。特異性がいくらかでもあるとしたら、それらは（えせ）科学報告が発するテクニカルな調子に属するものであり、とある主体のもつ特徴に属してはいない。このテクストが政治指導者を扱っているという事実は、バラードの文章にあからさまな――あるいは、風刺やパロディを論じる際にはもっと重要な、暗に含まれた――政治的目的論が一切欠落している点に関心を引き寄せる。この意味において、「私はなぜ～」には、ジェイムソンの考えるパスティーシュのように、「パロディの秘めた動機が一切ない」。

たしかにこの点は、「私はなぜ～」と風刺の古典作、たとえばスウィフトの『穏健なる提案』（一七二九／『アイルランド貧民の子が両親や国の重荷となるのを防ぎ、公共の益となるためのささやかな提案』）を大きく分かつもののひとつだ。『穏健なる～』はジョイスが「動的」なアートと呼んだもの、すなわち特定の政治／文化的状況下において、読者を行動に駆り立てる特定の目的を目指して作り出された実用的作品だ。スウィフトの政治的な目的――アイルランドのジャガイモ飢饉〔※原文ママ。一般に「the Irish potato famine」は一八四五年からの大飢饉を指すが、スウィフトのエッセイは出版時のアイルランドの制度的な貧しさ・窮状を訴えた風刺〕に対するイングランド側の一部の冷酷な反応を侮辱すること――は、いくつかのスタイルおよびテーマ面での過剰さに顕著だ（この過剰さが一部のスウィフト読者に完全に看過されたのは有名な話で、彼らはこのテクストを風刺としてではなく真に受けてしまった）。対して、バラードのテクスト――スウィフトに負けず劣らず、これも非常に固有な社会文化状況から発生した――は、その平板さによって定義し得る。この点は、バロウズから（すら）の前進を示すものだ。その言語学上の独創性すべてをもってしても、バロウズのユーモラスな「お決まりのルーティン」、たとえば「不安をすっかり取り除かれた完全なる純アメリカ人」【註7】などは、誇張表現の使用と明確な政治的アジェンダゆえに、やはり風刺の古典的な伝統の範疇に留まっている。一連の大げさなクリシェ（トロープ）を用いることで、バロウズはアメリカ科学技術界の道徳観に欠けた姿勢をバカにしている。対照的に、バラードのテクストには読み手に対する明確な狙いの一切が、ジェイムソンの言うところの「秘めた動機」が完全に「欠けて」いる。パロディ的なテクストは常に、その背後にいるパロディ屋本人、暗黙ながらそれと分かるよう示されたその人間の姿勢や意見に中心的な重要性を与えてきたものだが、「私はなぜ〜」は模倣しているテクストと同じくらい冷ややかに匿名的だ。「不安をすっかり〜」の場合、科学者たちの不条理な過剰さに対してバロウズが甲高い笑い声をあげているのが我々にも聞こえるが、バラードがシミュレートする研究仕事に従事する科学者たちに対するバラード自身の反応は判読不可能だ。「バラード」は読者に何を感じてもらいたいのだろう――嫌悪感？　おもしろがって欲しいのか？　そこは不明瞭であり、かつ、『クラッシュ』に関連してボードリヤールが論じたように【註8】、自身のテクストを――著者の序文的な記述で――「警告」に伴う伝統的な因習すべてで超コード化しつつ、しかしテクストそのものは明らかにそれを巧妙に回避しているというのは、バラードは著者としていくぶん不誠実だ。「私はなぜ〜」でバラードが取り入れているモードは、（風刺的な）誇張のそれではなく、既知から未知を導く一種の（シミュレートされた）外挿法だ。ボードリヤールが示すように、世論調査あるいはアンケート調査というジャンルそのものが、その質問を答えようのない、決めようのないものにしている。

バラード本人が示唆すること（上記を参照）に反して、ここで重要なのは「私はなぜ〜」が（あり得る）報告書に（もしかしたら）似ているかもしれない云々よりも、むしろそのような報告書が既に貢献している、シミュレーションの流布だ。パスティーシュについて記述するうちにジェイムソンはシミュレーションの概念に行き当たるわけだが、彼は――少なくともここでは――ボードリヤールによるシミュレーションの再考を参照するのではなく、それをプラトンに帰している。それでも、パスティーシュとシミュレーションの関係についてジェイムソンにひらめいた直観は重要だ。我々はおそらく、ボードリヤールの第三次シミュラクラの相関関係の一方にジェイムソンのパスティーシュを、そしてもう一方にバラードのテクストを置くことを提案できるだろう。ボードリヤールの言う第三次状態にあるシミュレーションに必然的に伴うのは、我々が繰り返し強調してきたように、シミュレーションとシミュレートされたものとの間の距離の瓦解だ。古典的な意味での風刺を、我々はおそらく「第一次シミュラクラ」の一部に位置づけたい――オリジナルに似ているが、自ずとそれと分かる違いもたしかに備わっているものとして。バラードは、シミュレーション(世論調査、アンケート調査)をシミュレートしている。

【註1&2】J・G・バラード、『残虐行為展覧会』

【註3】ジャン・ボードリヤール、『象徴交換と死』(一九七六)

【註4】バラード、『残虐行為展覧会』

【註5】フレドリック・ジェイムソン、『Postmodernism, or, The Cultural Logic of Late Capitalism』(一九九一)

【註6】同上およびジェイムソン、『未来の考古学 第一部 ユートピアという名の欲望』(二〇〇五)

【註7】バロウズの『裸のランチ』(一九五九)の「精神医学テクノロジー国際学会の会合」と題されたセクションに登場するフレーズ。〝フィンガーズ〟・シェーファー医師は「我が傑作、『不安をすっかり取り除かれた完全なる純アメリカ人』をどうぞご覧あれ……」と発表する。〔※シェーファー医師のあだ名は「ロボトミー小僧」で、彼の「傑作」とは脊柱だけに集約され黒いムカデ状になった人間〕

【註8】バラード、『クラッシュ』およびボードリヤール、『シミュラークルとシミュレーション』

移動遊園地の色鮮やかなスウィング・ボート〔※かつて日本の公園にもあった、乗り手が向かい合って座るゆりかごブランコの一種〕

――k-punk, (24 February 2005), http://k-punk.org/a-fairgrounds-painted-swings/

アムール（恋愛）の病理を示す格好の例として、〝ジーズ・フーリッシュ・シングス〟〔※原曲出版は一九三五年〕の歌詞以上のものはない（意味深長なことに、これはブライアン・フェリーのソロ一作目であるカヴァー曲集アルバム『愚かなり、わが恋』〈一九七三〉のタイトル曲でもある）。

この歌が次々に嘆願を捧げる、失われた情緒の数々（「一キロたった七フランの野いちご……無人の駅に響く深夜列車の漏らすため息……移動遊園地の色鮮やかなスウィング・ボート」）の何が魅惑的かと言えば、それらの情緒の中心的存在である恋人は一連の不在（「口紅の跡がついた煙草……枕にほのかに漂うクチナシの香水」）に過ぎず、決して直接的に思い起こされない点だ。これはもちろん、「愛される対象そのもの」が存在しないからだ。ここで愛されているのは「対象a」、特定の対象ではないもののやはり対象と言える、「要求によって前提化した空白」だ。物質を伴うものや恋人のフィジカルな「存在」は、様々な情緒の寄せ集めに一見まとまりのある中心部をもたらすためだけに必要とされる。しかし、とどのつまり、恋人はそれだけの存在――記憶や連想をあれこれ配置することのできる空間、キャンヴァス――に過ぎない。

そうは言いつつ、欲望されているのは恋人である「彼女自身」ではないものの、やはり恋人を完全に省くわけにはいかない。さもないと、我々は掛け値なしのフェティシズムの領域に入ってしまう。ジジェクは、「正常」な病理とフェティシズムとの違いを、映画『めまい』（一九五八）のなかの、マデリーンに（再び）作り替えられたジュディをスコッティーが抱擁するあの場面を参照しつつ解説している。カメラが切り替わり退くと、ジュディにキスするのを一瞬ためらい、彼女の髪の色がまだブロンドかどうか不安そうに確認するスコッティーの姿が映し出される。だが、これが断じてフェティシズムではないのは、フェティシストであれば生身の女性そのものを省略し、彼女の髪のひとふさから楽しみを抽出するからだ。

『めまい』の恐ろしさは、欲望の人工性の惜しみない暴きぶりにある。スコッティーには彼の要求によって前提となった空白を覗き込むことができるが、グロテスクなことに、彼はそれでも執拗に要求する。『めまい』が参照し、批評し、かつしのいでいるノワール映画の多くと『めまい』との違いがここで、結局のところ、彼はファム・ファタルにあざむかれ、彼女の仮の姿を信じるようにだまされているわけではないのだ。それどころか、彼はマデリーンが存在しないのを重々承知している。だが、そう頭で分かっていても無意味であり、幽霊ですらないマデリーンに対する彼の飽くなき執着の説明は、アレンカ・ジュパンチッチが与えてくれる――スコッティーにとって、彼の対象をあきらめるのは彼自身をあきらめること、死を意味する、と。

『めまい』の明かす「対象a」との関係性が、明確に男性的なそれであるのに疑問の余地はない。これはある意味、しばらく前にI・T【註1】がジジェクを受けて発した疑問――すなわち、サルとのセックスとロボットとのセックスの選択肢を与えられると、男性はなぜ常にロボットの方を選ぶのか？――に答えを出している。それ以上に不穏な考えが、男性は実質、生身の女性よりもロボットの方を常に好むだろう、だ――技術的にまだ実現不可能かもしれないが、『ステップフォードの妻たち』〔※アイラ・レヴィンの一九七二年の小説。二度映画化されている〕

のリビドー経済にひどく説得力があるのはこれゆえだ。

この男性的欲望のメカニズムをもっとも露骨に剥き出しにするのが、ヴィリエ・ド・リラダンの『未来のイヴ』（一八七七）〔※原文ママ。一八七八年から執筆開始、初版は一八八六年〕で、これは『めまい』と『ステップフォード～』の双方、そして『メトロポリス』（一九二七）と『ブレードランナー』（一九八二）も予言していた作品だ。物語はとある放蕩なデカダン男性についてのお話で、彼は懸想する女性であるアリシヤの美貌と姿形のとりこになっているものの、彼の目には軽薄かつ浅薄と映る彼女の人格は嫌悪している。そんな彼は、発明家にして師匠筋に当たる人物（驚くべきことに、いくつかのヴァージョンでは、この人物には当時存命中だったトーマス・エジソンの名がつけられている）から、では君の恋人を模した自動人形を受け入れればいいことだ、と説得される。ただし、その発明家が準備する自動人形はあらゆる面で完璧な彼女のレプリカだが、彼の感性を刺激する伴侶であるようにプログラムされる、と。

この「エジソン」以上に、まさにずばりな、すっかり種明かししてくれる、ラカン主義者はいないだろう――


君の愛する、そして君にとってはすべての**現実**である創造物は、断じてこのはかない人間の姿のなかに具現化したものではなく、君の欲望の創造物だ。（中略）この幻想こそ、ぞっとするような、なんともやりきれない、いずれ衰えていく定めにあるにもかかわらず、君が愛しているアリシヤの無価値さに直面した際に、**生命力を与える**ために君があらゆる手を尽くし努力するべきものだ。君が愛しているのはこの幻影だけだ。そして、その幻影のためになら、君は死を選ぶ。その点、そしてその点のみが、君が無条件にリアルだと認知するものだ。要するに、この、君自身の精神の客観的な投影こそ、君が生身の女性のなかに求め、認識し、

創造するものなのであり、それは君の精神を彼女の内に再複写することに他ならない【註2】。

もちろん、愛するオブジェに息を吹き込み本当に動かす「創造的な」力は、ロマン派の想像力の独壇場ではなく、無意識の執拗なメカニズムだ。その幻影のためになら、君は死を選ぶ――しかしそのような「死」は、世界を理解させてくれる欲望の枠組みは生き残ることを意味する。唯一、本当の意味での死とは、その枠組み全体が破壊され、まったき可能性の「白い空間」に主体が直面するものになるだろう。

快楽原則の奴隷となった主体は、なんとしてもこれを回避しなければならない。サド的欲望の周知の退屈さとは、この袋小路に誠実に対処した際に生じる不可避の結果だ。ジジェクの述べるように、サド的欲望の対象が永遠に美しいまま不死身な、あらゆる類いの剥奪を受けいたぶられ、それでも魔法のように果てしなく刷新され得る犠牲者だとしたら、この欲望の主体は、バロウズが重々承知していたように、吸血鬼―ジャンキーということになる。吸血鬼―ジャンキーは貪欲で飽くことを知らぬ、己の欲望の追求のために自己破壊の域に達する者でなくてはならないが、しかし消滅に至る一線は絶対に越えてはならない。

経験主義的な叙述は、ジャンキーは徐々に中毒に「引き込まれる」、化学作用の生み出すニーズによって薬物依存へ誘い込まれる、とするだろう。だが、ジャンキーが中毒になることを選ぶのは明らかだ――ハイになりたいという欲望は衝動の表向きの動機に過ぎず、「勝って儲けること」がギャンブラーの喜びの公式なアリバイに過ぎないのと同じだ。

したがって、バロウズが愛と中毒との間に引くパラレルはシニカルな誇張でもなんでもない。バロウズは、愛が中毒なのであれば（「これを治す薬があるとしたら、そんなもの欲しくない」）〔※ダイアナ・ロスの〝ラヴ・ハングオーヴァー〟（一九七六）の歌詞〕、中毒もある種の愛の形（「それが俺のワイフ、俺のライフ」）〔※ザ・ヴェルヴェット・アンダーグラウンドの〝ヘロイン〟（一九六七）〕であることを非常によく理解していた。グレゴリー・ベイトソンがアルコール中毒に関するエッセイで述べたように、対処すべきメタな中毒——中毒そのものへの中毒——は常に存在する【註3】。バロウズの「コントロール中毒者」である、ブラッドリー・マーティン〔※『ノヴァ急報』のノヴァ・ギャングの親玉的存在〕がハマっているのもこれだ：「私は**ある**中毒者ではない。私こそ**かの**中毒者だ」

バロウズの文章の詩的な力——とりわけ、ほとんどの人間から難解あるいは退屈だとして退けられている、初期のカットアップ小説のそれ——は、しばしば見過ごされがちだ。しかしその機械的なメランコリアの多くは、それが提示する欲望の「愚かしいあれこれ（フーリッシュ・シングス）」、夜汽車の汽笛やラジオのジングル、屋外広告看板を埋めるイメージや性的な接触といった、「ヘロイン」—「此のもの性」〔※Haccety。中世ヨーロッパの神学者／哲学者のヨハネス・ドゥンス・スコトゥスが唱えたとされる〕から引き起こされている。当初は無作為に思えるが、これら情緒のコラージュは、記憶と欲望によって反復され、リミックスされると、必要不可欠なものになっていく。ゆえに、マデリーンの着るスーツは**あの**色味のブルー以外にないし、煙草の吸い口に残った口紅跡の色も**あれ**以外にあり得ない。

そう、欲望の残酷な移動遊園地で揺れる、それは色鮮やかなスウィング・ボート……。

【註1】〈Infinite Thought〉ことニーナ・パワー。同ブログは現在リンク切れ。
【註2】オーギュスト・ヴィリエ・ド・リラダン、『未来のイヴ』／引用元は『明日のイヴ』のタイトルの英訳版（一九八二）

【註3】グレゴリー・ベイトソン、「『自己』のサイバネティクス：アルコール中毒の理論」、『精神の生態学』（一九七二）所収。オンラインでも閲覧可能。http://ift-malta.com/wp-content/uploads/2012/07/The-cybernetics-of-self-A-theory-of-alcoholism.pdf

退屈の政治学とは？（バラードのリミックス二〇〇三）

——k-punk, (8 March 2005), http://k-punk.abstractdynamics.org/archives/005135.html

富裕な郊外生活は歴史の終わりの状態のひとつだった。いったん達成されると、疫病、洪水、あるいは核戦争以外にその支配力を揺るがすものはない。

——J・G・バラード、『ミレニアム・ピープル』【註1】

「J・G・バラード」とはある反復の呼び名だ。

それは、バラードは自らを繰り返す、と言うのとは大違いだ。それどころかバラードの形式主義、彼のおこなういくつかの同じコンセプトと執着——災厄、パイロット、ランダムな暴力、メディア化、イメージによる無意識の完全な植民地化——の幾度とない並べ替えこそ、彼の名を容易にいずれかの自己に帰するのに待ったをかけている。

彼の脇目をふらぬ没頭ぶりと方法論とに備わったオブセッシヴな性質は、バラードが最初期のインスピレーション、すなわち精神分析とシュルレアリスムに失望したことのないしるしだ。そのどちらにおいても、バラードはその人間の形成に関する徹底的に脱個人化された記述を見出した。いわゆる内面なるものは、剥き出しにされ外面化され得るロジックを備えていた。

バラードの作家歴を、フロイトのふたつのテクスト、『文明への不満』およびエッセイ『快楽原則の彼岸』（一九二〇）を繰り返し書き直す行為と見ることもできる。彼の最初期段階の小説群（『沈んだ世界』〈一九六二〉、『旱魃世界』〈一九六五〉、『結晶世界』〈一九六六〉）に描かれる自然環境の破滅状況は、登場人物からすれば、固着した社会の退屈なルーティンと慣習とを棄てる機会、チャンスの到来として歓迎される傾向がある。彼の作品の第二のフェーズ、六〇年代半ばからはじまり、ある面では今日に至るまで続いているフェーズは、このロジックに従い更に突き詰めており、ゆえに登場人物を苦しめる大災害と残虐行為は、能動的に彼らキャラクター自身によって意志される（あるいは、人間は反復を通じ、自らの原初的なトラウマを管理しようとするということなのか？）。災害は、今やメディア景観の災害になっている——現在の人間の主要な生活空間がそこであり、かつ、その景観は人間の欲望と衝動に形作られ、それらから製造される。しかし、我々はここでも、人間は欲望と衝動の「所有主」ではないという更なる観察——彼らは「所有」していないのだ——をもって、この主張を絞り込まなくてはならない。むしろ、人間とはこれらの衝動の演者であり、それを通じてトラウマが登録される器械だ。

一九七五年に出版された『ハイ・ライズ』以来、バラードは関心のほとんどを、閉じたコミュニティに暮らすスーパー・リッチで倦怠した住民に注いできた。この人口層の習俗を扱うバラードの手際に衰えが見えてきていたとしたら、それは彼のもっかの最新作にしてこのテーマのベストな解釈である、『ミレニアム・ピープル』によって刷新されている。

『ミレニアム〜』の世界は、「史上はじめて」（とはいえ、バラード作品においては今にはじまったことではないが）、「ひどく猛烈な退屈さ」に支配された、「無意味な暴力行為の数々によって一時中断される」世界だ。一見したところ、この小説は待ちに待たれた中流階級の蹂躙のごとく映る。読者も、ブルジョワにとっての神聖で侵しがたい存在が荒々しく打ち壊されていく楽しさに浸ることができる。テート・モダン……プレタ・マンジェ……国立映画館……これらすべてが、バラードのブルジョワ・テロのなかで焼き討ちにあう〔※テート・モダンは英政府の近代美術コレクションを所蔵するロンドンの美術館で二〇〇〇年に開館。プレタ・マンジェはグルメ系サンドイッチを中心とする英軽食カフェ・チェーン。NFT／国立映画館は英国映画協会の運営するロンドンにあるレパートリー映画館。現名称はBFIサウスバンク〕。


「王立芸術院の資金調達を担当してます。楽な仕事。企業の最高経営責任者はみんな、アートは彼らの魂にとって良いものだと思ってますから」

「そうじゃないのかい?」

「アートは彼らのアタマを腐らせます。テート・モダン、王立芸術院、ヘイワード〔※＝ヘイワード・ギャラリー。ロンドンの芸術複合施設サウスバンク・センターの一部である美術館〕……ああいうのはみんな、中流階級向けのウォルト・ディズニーですし」【註2】

この小説に登場する中流階級の反乱分子は、はじめのうち、たかだか不当な扱いを受けてきた愚痴っぽい程度の連中であり、育児費用と教育費の上昇や、贅沢とまではいかないアパートメントの高家賃の「不公平さ」に対して彼らが唱える不満は、メディアが繰り返す埋め草ネタに過ぎないように思える。「本当よ、次はきっと、駐車をめぐって革命が起きるんだから」【註3】と登場人物のひとりは宣言し、これは四年前のガソリン価格値上げに抗議する道路封鎖〔※二〇〇〇年に、ガソリン税上昇に対して全英各地で起きたボイコット行動。長距離トラック隊列他が高速道路や輸送ターミナルを塞いだため、ガソリン供給網が断たれた〕の反響であると共に、二〇〇五年のＩＫＥＡ暴動〔※同年二月にロンドン北部で起きた事件。新店舗の深夜零時開店記念セールのバーゲン品を求めて五千人前後が集まり、割り込みが起こり群衆は暴徒化し、将棋倒し他で負傷者が出た〕を予期するものだ。だが、彼らの不満がいったん煽られるや、以前は知的専門職についていた面々から成るこの中流集団の目標は、具体性が曖昧になり道具主義性が薄れていく。

シチュアシオニストのように、バラードの架空のコミュニティ、チェルシー・マリーナに暮らす反乱分子も「二〇世紀を破壊したい」のだ――

「二〇世紀は終わったとばかり思っていたよ」
「続いているんだ。我々のやることなすこと、我々の考え方を形作っている。（中略）虐殺型の戦争がいくつも起き、世界の半分は貧窮し、かたやもう半分は脳死状態で夢中歩行している。我々はその低俗な夢を信じ、もはや目覚められない」【註4】

『ミレニアム～』は多くの意味で、『ファイト・クラブ』（一九九六／映画版一九九九）に対するイギリスからの回答だ（もっとも、言うまでもないことだが、原作の良さをほんのわずかでも反映した映画版『ミレニアム～』をブリテンが制作する見込みはゼロに等しい――なぜなら英映画産業はまさに、この本が攻撃を仕掛ける、徹底的にひとりよがりで愚痴ばかり並べる連中と同じ手合いに支配されているからだ）。『ファイト～』のように、この小説も現代専門職業人生活の箇条書きされ、ブランド・コンサルティングを受けた超順応主義に対する激怒としてはじまるものの、最終的に表面主義に行き着く。

この面でもっとも重要な存在がリチャード・グールドで、バラードの他のキャラクターのほとんどと同様に、彼も作者のセオリーを代弁するスポークスパーソンに毛が生えた程度に過ぎない（もちろん、それで構わない。何せ、「よく練られたセンテンス」と同じくらい、我々には「しっかり描かれたキャラクター」が必要なんだから。イースト・アングリア大学にのさばる英国文学マフィアどもも、バラードの放火魔的文章の標的であるぬくぬくヌルく気が滅入る他の物事と同じくらい、そろそろ焼き尽くされる頃合いだ）。

グールドは本質的に、ニーチェ、マルセル・モース、バタイユ、ダダ、シュルレアリスム、シチュアシオニスト理論、レトリスム、ボードリヤール、リオタールらが試みてきたのと同じ、現代の安全第一カルチャーの「空調の効いた心地好い全体主義」に対する攻撃を反復する――

「我々は、先代の囚人たちが構築したソフトに統制された監獄のなかで生きている。どうにかして我々は脱獄しなくてはならない。二〇〇一年にワールド・トレード・センターに仕掛けられた攻撃は、アメリカを二〇世紀から解放しようとする勇敢な試みだった。死者が出たのは悲劇だったが、さもなくばあれは無意味な行為だった。で、そこがあれのポイントだったわけだ。国立映画劇場への攻撃がそうだったように」【註5】

グールドは、人類には残忍さ、危険、試練が必要だが、文明は人間に安全をもたらす、とのニーチェ的な主張を繰り返す。だが、グールドはニーチェ本人と同じくらい、フランシス・フクヤマが反復してみせた、文明に対するニーチェの不満も想起させる。

フクヤマのニーチェ――味気ない平等主義と空疎な包括性という不幸――こそ、現在もっとも今日性のあるニーチェだ。管理された安全性（実に脆弱で味気ないがゆえに、その真のスローガンである「凡庸さよ永遠なれ！」すら吐くことができない）の群れ型カルト信奉を激しく非難する、ショックでがく然としたニーチェの毒舌ぶりを読んでいると、ブレアとミレニアム・ドームを思い浮かべずにいられない。その精彩に欠ける、逆説的に自己卑下型な尊大さは、ニーチェの愛した悲劇的で堂々たる、貴族社会に建立されたモニュメントの残酷な豪奢さとはあいにくなコントラストを描く〔※ミレニアム・ドームは当時の英首相トニー・ブレアが鳴り物入りで進めた二〇〇〇年記念事業の巨大施設。国際博覧会的な「ミレニアム・エクスペリエンス」展示をおこなったが深刻な資金難に陥り一年で閉鎖、二〇〇五年に複合施設ジ・O2として再オープンし現在に至る〕。

「民主主義社会は」と、フクヤマは『歴史の終わり』でこう書いている――

すべてのライフスタイルおよび価値観は平等である、との信念を喧伝しがちだ。こうした社会は、そこに暮らす市民にどう生きるべきかを説かないし、何が彼らを幸福で高潔、偉大な存在にするかを教えはしない。その代わりに寛容さの価値を育んでいき、それは民主主義社会における最上の徳となっていく。そして、もしも人々がとある生き様は他より優れていると決めかねていたら、民主主義社会は生そのものの肯定、すなわち肉体、そのニーズとその恐れへと後退するだろう。すべての魂は等しく高潔ではないかもしれないが、すべての肉体は苦痛を感じ得る。したがって、民主主義社会は情け深いものになりがちであり、肉体が苦痛を防止できるか否かを最優先課題に持ち上げる傾向をもつことになる。民主主義社会に生きる人々が物質面での獲得に没頭し、無数のちっぽけな肉体的ニーズに応じることに捧げられた経済世界のなかで生きているのは、決して偶然ではない。ニーチェによれば、最後の人間は「生きるのが困難な地域を後にしたのだ、なぜなら人にはあたたかさが必要だからだ」ということになる【註6】。

「我々は筋の通らないターゲットを選ばなくてはならない」【註7】

『残虐行為展覧会』の登場人物が、六〇年代メディアの基盤を成すトラウマ的瞬間――ケネディ暗殺事件――を再演したがっていたとしたら、ではグールドと彼の同志は、〇〇年代メディアの基盤を成すトラウマ的瞬間――9／11を再演しようとしていることになる。だが、トラヴァーン／タリス／トラヴィスが再びケネディを「ただし、今回は筋が通るやり方で」殺そうとしたのに対し、グールドは9／11が再び、ただし筋の通らないやり方で起こることを望む。

グールドにとって、（ポスト）モダンな世界は「道理」の過剰さ、「意味」の余剰で抑圧されている。「政治家を殺せば、君は引き金を引かせた動機に縛られる。オズワルドとケネディ、プリンツィプとフェルディナント大公。だが無作為に誰かを殺せば、マクドナルドの店内に向けてリヴォルヴァーを発砲すれば――世界はたじろぎ、固唾をのむ。ランダムに十五人殺すのは、なおのこと良い」【註8】。ゆえに、グールドの起こすアンチ政治的な反乱のテンプレートとは、九月十一日、その暴力は（やはりなお）動機が強過ぎ、「意味」のお荷物が多過ぎたあの事件よりも、ジル・ダンドー殺害事件の方に近い〔※一九九九年四月に起きたBBCニュースキャスター／司会者ジル・ダンドー銃殺事件。約一年後に容疑者が逮捕され終身刑が下ったが、控訴の末に証拠不十分で二〇〇八年に免罪となり迷宮入り。『ミレニアム～』第二十五章に同様の事件が描写される〕。だが、ダンドー殺害――無慈悲で無意味、これといった明白な動機もなかった――は、BBCの「中庸と良識の統治」【註9】と、それが守る「義務の数々から成るお城」【註10】に対する直接攻撃だった。その唯一の動機は動機の概念そのものに対する攻撃である、そんな行為が爆破して穴を空けるのは「本物の畏怖の念と共に目を凝らし、見入ることのできる空っぽな空間だ。理不尽で、不可解な、グランド・キャニオンと同じくらい神秘的な」【註11】
グールドはドゥルーズ＆ガタリの「破滅の線」、究極的には自己破壊に向かう推進力である、ファシスト的破壊衝動のエレガントで雄弁な売り手だ。賞賛に値することに、安易な道徳観の垂れ流しの是認を常に拒んできたバラードは、そのような性格描写に間違いなく異議を唱えるだろう。いかなる形であれグールドを糾弾あるいは非難することは、彼が倒壊せんとしている安全保障官僚的な価値観、それそのものを認めることになるのだから。
とはいえ、『ミレニアム〜』の心をもっとも強くつかんで放さない側面は、政治的に言えば、多くの意味でおなじみになっている暴力の無意味化ではなく、その階級反乱のパンク理論にある。

「トゥイッケナムはイギリスの階級制度のマジノ線。私たちがあそこを突破できれば、何もかも陥落する」

「ってことは、階級制度が標的なんだ。あれは普遍的なものなんじゃないのかい——アメリカに、ロシアに……？」

「そりゃもちろん。ただし、階級制度が政治的なコントロールの手段として使われているのはこの国だけ。その本当のお仕事はプロレタリアートの鎮圧じゃなくて、中流階級を押さえ込み、連中が従順で権威にへつらう存在のままにしておくこと」【註12】

バラードの言う（「私立教育とＢＭＷが備え付けの」）「新たなプロレタリアート層」は、自らの階級的関心の追求をやめたところで、真の意味での政治的な演者になる。そこで彼らははじめて、ブルジョワ階級の関心には誰ひとり興味がない、というマルクス主義の啓示に行き着くことができる。

「住人は私立校のことを、彼らの子供をある種の社会的な従順さへと洗脳し、いずれは消費者資本主義のお芝居を仕切る、知的専門職階級に仕立ててしまうものと看做している」

「邪悪な『影の大物たち』かい?」

「影の大物なんてものはいないよ。制度は自動制御型だ。その仕組みは我々の抱く市民的責任感に依っている。それなしには社会は崩壊するだろう。実際、その崩壊は、既にはじまってすらいるかもしれない」【註13】

ブレア主義は、パンクよりもPR、対立よりも礼儀正しさ、プロレタリア産アートよりも中流階級の実用性が完全に勝利するのを確実にしたことで、サッチャー主義のイデオロギー面での獲得領土を統合し、上回ってみせた。何もかもを有用性に集約する一方で、全リソースを一切役に立たない/機能しない文化遺産の生産に注ぎ込むという、なんともやりにくいイデオロギー面での巧みな身のかわしもこなしてみせる。マヤ文明の写本から、政治的所信表明まで……情報操作が発生させる無意味さは、精神を蝕むニヒリズムにつきもののその凡庸さにおいて、グールドの無意味な決裂の大いなる詩性を妙に古めかしい、ノスタルジックなものに感じさせる。

ブレアは、中流階級の安全をすべての願望が達する限界点とした。この意識過剰な、二十四時間灯りがつきっぱなしのオフィスめいた魂のなかでは、バカげた話だが、リビドーで活気づく何かにもっとも近いものとして、ビジネスが我々に差し出される。この情緒的な牢獄から脱出するために、ブルジョワ文化がいまだに理想像として投影できている「素敵な家、素敵な家族」の図からの明確な脱カテクシス(カテクシス=心的エネルギーを充当すること）が必須であるのを、バラードは知っている。

パンクの歴史において、中流階級の役割は盛んに取り沙汰されるものの、中流階級によるこの特殊な類いの拒絶がもつ決定的な触媒としての役割は、充分に考慮されないままだ。中流階級が再生産型未来主義から離反し、スカリフィケーションと部族化に向かうことは、わざわざ言うまでもない明白な点――中流階級のキャリアとそれがもたらす特権は、空疎で、退屈で、無気力を呼び込む――を述べているに過ぎない。だが、かつてないほど、この明白さこそが、現在いくら口を酸っぱくして述べても足りないものだ。

「興味深い点は、彼らが彼ら自身に対して抗議しているところだ。敵は存在しない。自分たち自身が敵であるのを彼らは自覚している」【註14】

【註1〜5】J・G・バラード、『ミレニアム・ピープル』（二〇〇三）
【註6】フランシス・フクヤマ、『歴史の終わり』（一九九二）
【註7〜14】バラード、『ミレニアム・ピープル』

あなたのファンタジーになりたい

——k-punk, (27 August 2006), http://k-punk.abstractdynamics.org/archives/008304.html

バラード、ラカン、バロウズに共通しているのは、人間のセクシャリティは本質的にポルノ的であるとの見方だ。この三者にとって、人間のセクシャリティは生物学的な励起へと単純化できない——まやかしや幻影性を引き剥がせば、セクシャリティもそれと共に消え去る。レナータ・サレーツルが『(Per) Versions of Love and Hate』で論じるように【註1】、動物が「象徴的秩序」のなかに入る方が、人間が「象徴性」を忘れ、動物性を獲得するよりもたやすい。この所見は、ポルノを見せられたオランウータンは仲間のサルに対して性的興味を一切示さなくなり、日がな一日自慰に耽るようになる、との報道が裏付けている。そのオランウータンは「人間ならざるパートナー」、人間の全セクシャリティがそこに依っている幻影による補足を通じ、人類のセクシャリティの世界に仲間入りしたのだ。

ということは、問題はポルノグラフィの是非ではなく、どのポルノグラフィか？　になる。

バロウズにとって、ポルノ的セクシャリティは常にみじめな反復、ヒエロニムス・ボスの描く陰画のカーニヴァル的な、錆びついた欲望の観覧車が永遠にカラカラわびしく回転を続ける遊園地を意味する。だがバラード、そしてクローネンバーグの映画版『クラッシュ』（一九九六）に、ポジティヴな、というかユートピア的ですらあるヴァージョンのポルノグラフィを見出すのは可能だ。

クローネンバーグの仕事は、ボードリヤールが『誘惑の戦略』【註2】で投げかけた課題に対する反応と見ることができる。ハードコア・ポルノは、神秘性を暴かれ、幻滅をもたらしたはずの「リアリティ」の暗号として機能しつつ、後期資本主義に取り憑いている。「至上のポルノ文化とは：常に、至るところに、リアルさの作用を見つけ出そうとするものである」。ここでは、ハードコアこそセックスのリアリティであり、そしてそれ以外の何もかもにとってのリアリティがセックスになる。ハードコアはある種の真摯な直解主義、なんらかの経験主義的で特定可能な「それ」＝実際のセックス／現実としてのセックスが存在する、との信念に立脚して取引をおこなう。ボードリヤールが苦々しく述べたように、この経験主義的な生物学のロジックは、一種のテクニカルな迫真性に固執する——ポルノ映画は（そうであるとされる）虚飾なしでナマの、けだものめいたセックスのメカニズムに忠実でなければならない、と。だが、記号と儀式を避けて通れない。ハードコア、特にぶっかけにおいては、とどのつまり、ザーメンの果たす機能は本質的に記号論的なのだから。記号なしのセックスはあり得ない。イメージの解像度が高ければ高いほど、器官に近づけば近づくほど、「それ」はますます視界から消えていく。この「リアリズムのオージー」のイメージとして、ボードリヤールが『誘惑の〜』の「立体ポルノ」の項で描写した、「日本のヴァギナ的パノラマ」以上のものはない。「股を広げた売春婦たちが演台のはしに腰掛け、日本人労働者はワイシャツ姿だ（中略）彼らには、女のヴァギナに鼻を突っ込まんばかりに近づくことが許されている。見るために、とくとじっくり拝むために——だが、何を見ようというのか？」。「なぜ性器でストップしてしまうのだ？」とボードリヤールは問い、「ことによれば、粘液性の皮膜や滑らかな筋肉を視覚的に腑分けすることで、深遠な快楽が発見できるかもしれないではないか？」と続ける【註3】。

クローネンバーグの初期作品——『シーバース／人喰い生物の島』（一九七五）と『ラビッド』（一九七七）か

ら『ヴィデオドローム』にかけて——は、まさにこの問いに答えている。よく知られるように、クローネンバーグ自身、「外見ではなく、身体の内側を競う美人コンテストがないのはなぜだ?」との疑問を投げかけたことがあり〔※一九八八年の『戦慄の絆』に登場する産婦人科医の台詞に「身体の内面の美を競うコンテストがあるべきだ」がある〕、『シーバース』と『ラビッド』はボディ・ホラーとエロティシズムは本質的に等価である、との前提に立っている。両作を締めくくるのは一見したところカタストロフ——煮えくり返るような無機的オージー状態へ、社会構造が完全に退化する——だが、その機能の仕方は両義的だ。有機体としての品位の崩壊、多細胞体以前の状態への逆行は、フロイトの『文明への不満』に対するある種のパロディ調なユートピア的反撃だ。文明と束縛されないリビドーとの釣り合いがとれていないと、文明にとってはかえってよくない、ということがほのめかされる。『シーバース』の最後で、何も考えていないセックス・ゾンビに占拠されたアパートメント棟は、六〇年代の性解放の夢の実現だ……。

『クラッシュ』はこうしたすべてからの醒めた撤退であり、新たなメカ—マゾヒスト的ポルノグラフィのモードのお手本を示す。そこではもはや、いわゆる身体の内側は問題ではなく、表層としての身体——衣服に包まれ、傷跡でマーキングされ、技術的機械装置に穴を穿たれる表面——が重要だ。生物学的コードを交換し合いたいとの狂ったような熱情に取り憑かれ、『シーバース』でセックスの疫病に感染した犠牲者は動物性を越え、一種のバクテリア的自己複製子の狂乱状態にまで退化する。それとははっきり対照的に、『クラッシュ』はポール・デルヴォーの夢と同じくらい情熱を欠いている。ここでのセックスは、完全に文化と言語に植民地化されている。セックス・シーンはすべて周到に構築されたタブローであり、これ以上ないほど幻影的だが、それはそれらの場面が「非リアル」だからではなく、その舞台演出と首尾一貫ぶりがファンタジーに依るものだからだ。映画のオープニング場面で、航空機格納庫にいるキャサリン・バラードは、かなり明白に幻想のシナリオを演じている。そして、後に語り直されることで、この場面は我々が最初に目にするキャサリンとジェイムズの性遭遇、その幻影めいた補足物としても機能する。セックスの「それ」は存在せず、けものじみた、裸体がもつれ合う「それ」の起こるここぞという特定できる瞬間もなく、(逆説的に)膨張しつつも保留された平坦な状態、言葉と記憶がどんな貫通よりも力強く反響する状態だけがある。

『クラッシュ』はヘルムート・ニュートンに実に多く借りがある映画で、しばしば動くニュートン写真の連続とほぼ同然に見えるほどだ。いや、もっと良いのは——『クラッシュ』で、身体はニュートンの撮影した、生きているマネキンのほぼ無生物に近い静止ぶりを獲得している。ニュートンの残響はまったくふさわしいもので、それはバラードがニュートンを「我々のもっとも偉大なヴィジュアル・アーティスト」【註4】、ファイン・アート界で公式に活動している連中の凡庸ぶりに赤っ恥をかかせるヴィジョンをもつ、超現実的なイメージの作り手と看做したことがあるからだ。バラードは「ニュートン作品のなかで、我々は都市存在の新人種を目にする。情熱はすべて消費され、野心もすべてとうに達成され、もっとも深い感情も居を移したらしい、マリエンバード以上にミステリアスな地域に入りつつある、人類の新たなフロンティアで暮らす種を」と書いている【註5】。『クラッシュ』に登場する「都市存在の新人種」の未来のセクシャリティについて語る際に、クローネンバーグはそれをネガティヴな表現で言及する傾向がある——

『クラッシュ』に関する、おそらく難解あるいは不可解とされる点のいくつかの根底にある風変わりな発想、そのSF性は、未来の病的心理を予測しようとするバラードから発している。それは今まさに発展中のものだが、彼はそれを前もって予測した上で、過去——すなわち現在——に呼び戻し、あたかも完全に成長を遂げた存在かのごとく作品に適用する。

バラード夫妻の結婚は、本質的に機能不全なものとして理解されるべきだ、ということになる——

配給を担当する可能性のあった会社が、「夫妻がどこでおかしくなっていくかが我々にも分かるように、はじめのうちは彼らをもっとノーマルに描くべきだ」と言ってきた。言い換えれば、『危険な情事』（一九八七）みたいなものであるべきだ、と。幸せいっぱいの、犬とウサギでも飼っていて、子供もひとりくらいいる、そんなカップルがいる。そして、自動車事故がきっかけでふたりはひどい連中に出会い、そこから道をあやまっていく。私は「それは違う、今の段階で、彼らはどこかがとんでもなくおかしいんだから。更に深入りする弱さが彼らにあるのも、そのせいだ」と答えた【註6】。

けれども、バラードの『クラッシュ』における「病気」は妙にヘルシーなものと思えるし、夫妻の結婚生活はうまく適応した倒錯のお手本だ。彼らのセクシャリティはユートピア型のそれであり、そこでの性的な接触は感傷的な面を一切欠いており、生殖に関する言及はことごとく剥ぎ取られ、罪の意識の重みから完全に解放されている。バラード夫妻の結婚生活に、面と向き合ってのセックスが欠けている点——ここに関してもクローネンバーグ自身はネガティヴなものとして語るきらいがあり、まるでそれは、パートナー同士が調和のとれたオープンさを達成できる、顔を見つめ合いながらの健全なセックスからの逸脱であるかのごときだ——は、セクシャルな関係は存在しないとの自覚を指し示している。だが、バラード夫妻の結婚生活にとっての難関になるどころか、そのダイレクトな親密さの欠如、いかなる性的な遭遇もすべてファンタジーを経由しなくてはならないとの認識は、彼らのエロティックな冒険すべての基盤を成している。バラード夫妻の結婚生活を、『アイズ・ワイド・シャット』（一九九九）のハーフォード夫妻のそれと比較してみよう。バラード夫妻による、それぞれが他のパートナーと交わす性的な接触を自分たちのセックス――無感動で、落ち着いた、夢幻めいたもの――の刺激材料として利用する様は、妻アリスの抱く妄想に対処できない／あるいはついていけない夫ビルを通じて暴かれる、ハーフォード夫妻の結婚の行き詰まりとは実に対照的だ。自らのファンタジーをはっきり述べるアリスにビルが憤慨するのに対し、バラード夫妻の結婚生活におけるセックスは、語りたいという「女性的」な衝動に支配されている――あたかも、あらゆる肉体交渉は、後に語り直される物語の数々に変換されるためだけに起こるかのように。

『クラッシュ』のもっとも熱気のこもった場面は、洗車場で、ジェイムズがバックミラー越しにキャサリンとヴォーンの姿――クローネンバーグの脚本の描写を借りると、「半金属的な未来の人間ふたりが、クロム製の閨房で愛を交わしている」ような――を眺めるシーンだ。映画の真のスターであるデボラ・アンガーは、この場面でとりわけ見事だ。ネコ科の自動人形めいた彼女は「髪の毛で演技し、軽く位置を調整し、頭を揺らすことで、かすかなエモーションの変化を観る者に伝える」【註7】

ここでは誰が誰を利用しているのか？　答えは、キャラクターの三人全員がお互いを利用している、になる。キャサリンのヴォーンとの遭遇はジェイムズを興奮させ、キャサリンの方も同じくらい、ジェイムズが彼女とヴォーンを眺めているという考えに興奮する。ヴォーンは夫妻を自らの性衝動の実験台として利用し、一方でバラード夫妻は、ヴォーンを彼らの結婚生活の第三の存在として利用する。欲望の入れ子構造……。

相互理解の上に成り立つ支配の悪夢とはほど遠く、これはクローネンバーグ／バラードの性的なユートピア、カントの「目的の王国」の倒錯した片割れだ。目的の王国はカントが理想とした倫理的共同体であり、そこでは誰もが究極価値（目的）をおのずと備えた存在として扱われる。カントは彼の倫理観に従えばセックスは本質的に問題をはらんでいるとし、なぜなら性交に関わることは必然的に他者を利用する対象として扱うことになるからである、と説いた。その定言命法――そのヴァージョンのひとつは、人は断じて他者を目的手段として扱ってはならない、とする――に基づいてセックスが遂げられる方法があるとしたら、それは唯一、結婚という文脈において性交が起こる場合であり、そこではパートナーは互いに、相手の肉体器官の利用を交換条件に、自らの器官の使用を相手に許す契約を結ぶ。

ここでは、欲望は単純に割り当て／配分として解釈される（この等価性もまた、カントがサドと一致している面のひとつだ）。だがカント――および、彼に倣い、ポルノグラフィは「人をモノ扱いする」と糾弾する者たち――が認識しそこねているのは、我々のもっとも深い欲望とは他者を所有することではなく、彼ら他者からモノとして扱われること、彼らの妄想のなかで／あるいは彼らの妄想として利用されることである点だ。これはある意味、有名なラカン派の公式「欲望とは他者の欲望である」だとも言える。完璧にエロティックなシチュエーションには、他者の支配も、他者との融合も関わってこないだろう――むしろそれは、あなた自身もモノとして扱いたいと望む誰か、その誰かから、あなたがモノとして扱われることから成り立つはずだ。『クラッシュ』はもちろん、セックスを性器から別の場に移すという意味で、マゾッホとニュートンに続いている。リビドーは肉体よりも演出／道具立てへと注がれており、その魅力をほぼすべて、装飾的な非有機物――車と同じくらい衣服も――との密な接触から引き出している。衣服は、グラマラスなポルノの冷ややかで残酷な外見の洗練ぶりと、ハードコア・ポルノがリアル／ナマさに注ぐ情熱とを分かつ。スーツ、ドレス、靴なしには、毛皮、レザー、ナイロンなしには、ポルノグラフィは肉屋のウィンドーに切った肉を並べて飾るのと大差ない。ニュートンはバラードに「クローネンバーグの『クラッシュ』は大変気に入った」と語ったそうだが、ひとつだけ引っかかる点があった。彼は「映画で使われたドレスは、どれも実にひどいね」とささやいたという。僕には、これはデニース・クローネンバーグが調達したエレガントなワードローブに対する意地悪かつ不当な発言と映る〈とはいえ、ジョナサン・ワイス監督版『残虐行為展覧会』〈一九九八〉の大問題のひとつは、まさにその衣装選びの悲惨さなのだが〉。『クラッシュ』は高級ファッション雑誌からヒントを得ており、そうした雑誌のイメージ群はファイン・アート以上に贅沢に芸術的で、ハードコア・ポルノ以上に常軌を逸したエロティシズムに満ちている。ディオールかシャネルが協賛し、もっともグラマラスなファッション写真撮影と同じくらい巧みに監督されたファンタジーの持ち主である、当代のマゾッホあるいはバラードが脚本を担当した、そんなポルノグラフィは存在し得ないのだろうか？

【註1】レナータ・サレーツル、『(Per) Versions of Love and Hate』〈二〇〇〇〉

【註2&3】ジャン・ボードリヤール、『誘惑の戦略』〈一九七九〉

【註4】事実、バラードは一九九九年の取材で以下のように語っている：「彼はこの、極めて想像力に富んだ世界を作り上げていて、私が思うにその創造ぶりには、この星の上に存在するいかなる具象画家もかなわないでしょう。ニュートンは現在活動中の具象芸術家で、もっとも偉大だと思います。彼の達成したクリエイティヴな功績にわず

かでも近づける人はどこにもいないと思う」

【註5】バラードが『ブックフォーラム』に寄稿した「The Lucid Dreamer」より。

【註6】『クローネンバーグ オン クローネンバーグ 映画作家が自身を語る』（クロス・ロドリー編／一九九三）

【註7】イアン・シンクレア、『Crash』（一九九九）

ファンタジーの道具一式：スティーヴン・マイゼルの「非常事態（State of Emergency）」【註1】

――〈バラーディアン〉向けゲスト寄稿、（25 September 2006）〔※〈Ballardian.com〉は二〇二一年に閉鎖〕

何週間か前、僕は「ディオールかシャネルが協賛し、もっともグラマラスなファッション写真撮影と同じくらい巧みに監督されたファンタジーの持ち主である、当代のマゾッホあるいはバラードが脚本を担当した、そんなポルノグラフィ」は存在し得るだろうか？　と問いを発した【註2】。スティーヴン・マイゼルが『ヴォーグ』に撮り下ろした写真の方がはるかに、マイク・フィギスがエージェント・プロヴォケイター〔※英国発高級ランジェリー・ブランド〕のために製作した退屈なほど無難なヴァニラ味のプロモ短編映像群以上に、そのようなポルノグラフィは想定可能であるのを示唆している。

「非常事態」は、ファイン・アートが完全に放棄した役回りを引き受ける任は高級ファッションの肩にかかっている、その点をまたもや示す作品だ。ファイン・アートの大半が「リアルさに燃やす情熱」に屈したのに対し、高級ファッションは「外見とファンタジー」の最後のとりでを守っている。

「リアリティ（実物）の芸術」の使用済みのタンポンだの酢漬けの動物が提示するのは、せいぜいよくて、経験論の痕跡程度だ〔※この箇所は八〇年代末〜九〇年代に台頭したYBAs＝ヤング・ブリティッシュ・アーティスツへの揶揄と思われる。「使用済みのタンポン」は、自身の乱れたベッドを作品として発表した『My Bed』でトレイシー・エミンが用いた経血で汚れた下着や使用済みのコンドーム、「酢漬けの動物」はサメ、牛、羊の屍体をホルマリン漬けにした作品で有名なデミアン・ハーストを想起させる」。それらの古めかしい伝記性は、無意識について何ひとつ明かしていない。対して、エレガントに演出されたマイゼルの写真群は、最上のシュルレアリスム絵画に匹敵するアンビヴァレンスであふれている。それらが不快であるのと同じくらい刺激的でもあるのは、我々自身の相反する姿勢、および認識されないままのリビドー的な共謀をこちらに突き返してくるからだ（この面において「非常事態」は、アメリカン・エキスプレスの『レッド・カード』キャンペーン【註3】に使用された、はるかに搾取的で、現在主流を占めるイデオロギーの星座座標にその意味性をやすやすと据えることのできるイメージとは強烈な対比を描く）。

「アート」として規定し直せば、『ヴォーグ』に掲載されたこれらの写真は――あまりに定番になった、アート批評が繰り返す陳腐なお念仏にのっとれば――「暴力／恐怖／その他もろもろの概念群と向き合い交渉している」と形容されるのは間違いない。だが、高級ファッションとして捉えると、これらは負けず劣らずおなじみな、ある種のリベラルな非難にぶつかる。『ガーディアン』で、ジョアンナ・ボークは「男性でも、見るからにムスリムでもない、ある人物から我々を守ろうとする治安部隊の姿が描かれるのは、偶然ではない」と不満を述べている【註4】。ということは、ボークとしては、このイメージに実際にムスリム男性が使われていた方がよかったのだろうか？

ボークは続ける――

そうではなく、ここでテロリストの脅威に当たるのは非現実的な女性だ。警備担当者たちの描かれ方とは対照的に、彼女は人間の領域を越えたところにいる。その肌はマネキン並みにプラスティックで、苦痛に顔を歪めていても、その姿体はあまりに完璧だ。侵略者として表現される場面でも、モデルは多くの思春期男子を夢精させる、男根期のSな女王さまに過ぎない。どちらにおいても、写真そのものの美しさは、暴力行為と屈辱とをエロティックな可能性に変容させている。

ここでも、ボークは何を求めているのやら——「本物っぽい見た目」の女性が警備員に痛めつけられる、スナッフのシミュレーションの方が彼女のお好みなのか？　幻想的なものに対するボークの敵意は、写真のなかの「非現実的な」女性に対して警備員が向ける攻撃性と奇妙なくらいダブる。それはともかく、「非現実的な女性」を、血肉を伴う現実のムスリム男性と置き換えるというのは、いったいどういう意味なのか？　その存在論レヴェルの混乱——リアリティの仲介者に、ベルメールの人形めいたファッション・モデルの青白く滑らかな人工性が結合したもの——は、我々に何を語るのか？　この一連の写真がこちらを魅了すると共に心をざわつかせるのは、これらの疑問に対する率直な回答など存在しないからだ。

言うまでもなく、マイゼルの写真はたしかに暴力と屈辱にエロティックな可能性を見出しているが、これは「変容」とまではいかず、むしろ再発見に近い。サドから二百年、バタイユとマゾッホから一世紀経った現在ほど、エロティシズムは暴力と屈辱と切っても切れない関係にあると堂々と認めるものが、なんであれ許容されなくなっている時代はないように思える。問題は、どうすれば「健康的な」セクシャリティから暴力を洗い清めることができるかではなく、セクシャリティに内在する暴力をいかに昇華できるか、だ。マイゼルの写真——それが、読者の大半は「思春期男子」ではなく女性である雑誌に掲載されたものである点を、我々は留意しておくべきだろう——は、まさにそのような昇華を差し出す「ファンタジーの道具一式」であり、台本、ロール・プレイの合図、幻影的な同一化の可能性を提供している。

「非常事態」は、単にその衝撃度を保つだけではなく、『残虐行為展覧会』がかつてないほど不穏なものになっていることを明示する。ポストモダンなイメージ文化のあからさまな性対象化、および必ずつきまとう肉欲性のせいで、我々の視線はそのエロティックなものの解釈が本質的に不変であることから逸らされている。ボードリヤールが『誘惑の戦略』で論じたように、生物化されたセックスは、今日のカルチャーの現実原則として機能している——何もかもはセックスに還元可能であり、そしてセックスとは、たかが肉の力学に過ぎない。我々が生きているのはシニシズムと敬虔さの時代であり、それは「非常事態」に関する最初の投稿【註5】でサイモンが示唆したように、バラードが探ってみせたエロティシズムと暴力とセレブリティの本質的な等しさに対し、お上品に取り澄ましつつ好色げに抵抗している、そんな時代だ——

展覧会にトラヴィスが足を踏み入れると、ヴェトナムとコンゴ動乱で繰り広げられた残虐行為が、エリザベス・テイラーの「別の」死に様に擬態されている様が目に入ってくる。彼は、息を引き取りつつある映画スターを看取りつつ、通風の良過ぎるロンドン・ヒルトンのベランダで、彼女の穴の空いた気管支をエロティックに扱う。彼はマックス・エルンストを、鳥たちのなかでも抜きん出た、エルンストを夢見る【註6】。

九月十一日とアブ・グレイブ刑務所の残虐行為が、パリス・ヒルトンの別の死に様のなかで擬態される図。それを想像する方がもっと許しがたいものに感じられるのは、六〇年代にはあり得なかったようなやり口で、昨今の敬虔さは現代の残虐行為の数々を神聖化してきたからだ。『残虐行為～』のネイサン医師が、無意識の階層では「ケープ・ケネディ〔※ケープ・カナヴェラル軍施設の旧称。ここで参照されているのはアポロ一号火災事件〕とヴェトナムの悲劇は（中略）実のところ、我々がそれらに割り当てている役割とは非常に異なる役を演じているかもしれない」と注意を促すのは、極めてタイムリーだ（バロウズが『残虐行為～』に寄せた前書きで述べるように、「アンケート調査は、多くの場合、夢精を引き起こす夢はあからさまに性的な内容を含まず、また一方で、露骨に性的な内容の夢はオルガズムに至らないことを示している」のだ）。アブ・グレイブのぞっとするような写真の数々が、既に強烈にエロティックなものにされた、アメリカの低俗なポルノから派生した筋書きを元にした演出であるのは明らかだ。まさに、「愛とナパーム弾：輸出元アメリカ合衆国」〔※『残虐行為～』第十一章のタイトル〕。宗教道徳観とハイパーに性対象化された商取引とを組み合わせ、巨大な暴力を求める嗜好によってしか団結しない、深刻に矛盾したアメリカ文化にとって、アブ・グレイブのイメージがあれほどトラウマだった理由。その一部は、あれらの写真が、公式な表向きのカルチャーが依拠すると同時に抑圧しなくてはならない、軍事介入と性的屈辱との方程式を暴露してみせたからだ。

『残虐行為～』と「非常事態」を、アメリカ人芸術家マーサ・ロスラーのコラージュ作品シリーズ『Bringing the War Home』と比較するのは興味深い【註7】。「六〇年代の図像学：リンドン・ジョンソン大統領の包茎鼻、墜落したヘリコプター群、ラルフ・ネーダーという恥部〔※ネーダーは米国社会運動家。一九六五年に出版した『どんなスピードでも危険』でアメリカ自動車産業を批判した〕、女装姿のアイヒマン、ニューヨークでおこなわれたハプニングのクライマックスで死んだ子供」——この、『残虐行為～』の典型的なセクションはほとんどもう、家庭的な光景に戦争や残虐行為が闖入する、ロスラーのイメージ群への注解と言っていいくらいだ。しかしロスラーの場合、バラードと異なり、そのシュールな並置には論争を招くという目的が明らかに備わっている。『残虐行為～』には、

「非常事態」と同様、これといった読み取り可能な意図が欠けている。ゆえに、バラードおよびマイゼルの作品における夢を思わせる様々な並置は、メディア化された無意識によって作り出された、置換と省略のニュートラルな再現として創案されたもののように思える。

そのストーリーは暗黙的でミステリアスなまま、というマイゼルのファンタジーの道具一式は、今後のバラード作品翻案の手法を示唆している。ワイスの映画版『残虐行為〜』が抱える問題の一部は、原作の断片的なモードを、長編映画の継続――実時間――に従属させている点にある。映画のもっとも出来のいい箇所はおそらく冒頭の数場面、マルケルの『ラ・ジュテ』（一九六二）を彷彿させるスタイルで、静止イメージ群に淡々と朗読されるバラードのテクストが被さるパートだ（もちろん、『ラ・ジュテ』はバラードが愛してやまない映画だ）。それは部分的には、『残虐行為〜』が描写し盗用するのはシュルレアリスト絵画の深遠な静寂――彼らの描く浜辺は時間が流出し枯渇している――であり、それが小説そのもののリズムを設定しているから、でもある。『残虐行為〜』のもっとも見事な翻案と言えば、それはずばり、展覧会形式になるだろう――写真だけではなく、ニュースリール映像、曼荼羅、図形、絵画、ノート等も含めて。それらファンタジーの道具一式から自分自身のストーリーを組み立てる作業は、見物客―参加者に一任される。

【註1】ファッション・グラビア「State of Emergency」、『ヴォーグ・イタリア』二〇〇六年九月号掲載。撮影：スティーヴン・マイゼル、モデル：ヒラリー・ローダ&イズリン・スティロ。https://trendland.com/state-of-emergency-by-steven-meisel/

【註2】本書八七参照。

【註3】k-punk、「My Card: My Life: Comments on the AMEX Red Campaign」、（4 September 2006）、http://www.any-body.org/anybody_vent/2006/9/4/my-card-my-life-your-comments.html

【註4】ジョアンナ・ボーク、「A Taste for Torture?」、『ガーディアン』（13 September 2006）、https://www.theguardian.com/artanddesign/2006/sep/13/photography.pressandpublishing

【註5】サイモン・セラーズは〈バラーディアン〉主宰者。この投稿ページは現在リンク切れ。

【註6】J・G・バラード、『残虐行為展覧会』

【註7】MOMAのマーサ・ロスラー紹介ページを参照。https://www.moma.org/artists/6832?=undefined&page=1&direction=

J・G・バラードの暗殺〔※J・G・バラードは二〇〇九年四月十九日没〕

――〈バラーディアン〉、(28 April 2009)

彼らはまたもバラードを殺そうとしていたが、ただし今回は筋の通るやり方で殺したがっていた。イギリス人は、やんわりと何かの息の根を止める最上の手段を心得ている。同化吸収は、ときにもっとも効果的な種類の暗殺になる。

「これらが暗殺用の武器になるとでも、君は思っているのか?」

というわけで、またもお出ましだ――すっかりおなじみの人物紹介記事、新鮮みのないルーティンの数々。バラードの著作と彼本人のライフスタイルおよび人物像はどうやら対照的だったらしい、とのいやというほどリハーサルされてきた思索の数々。ロンドン中心部で暮らす専門家連中の、見くびった態度のあれこれ――彼は郊外タウンのシェパートンで暮らし、ネクタイを着け、ジンを飲むような人でしたが、それでもこういう本を思いついた――いい、い、い、い、いとんでもないですよね? あたかも、イギリス郊外はシュルレアリスムで煮えくり返っている、という事実が目に入っていないかのごとく。あたかも、ジーンズ姿のイケてるタイプの人物なんぞに『沈んだ世界』や『残虐行為展覧会』を書くことが可能だった、ちょっとでもそう信じられるかのごとく。バラードは、ロックンロールとその道具立ての快楽原則を越えたところにある別のアメリカを、別の一九六〇年代を、地図に描いてみせた（この点が、ロックのアツい情熱の統治外で、ポスト・パンク勢がおこなったロックンロールを念頭から排除する行為およびエレクトロ勢によるより冷ややかなメカ―エロティック性の追求にとって、バラードがあれだけ不可欠な存在であった理由のひとつだ）。あたかも、バラード作品はブルジョワ階級の書いた作品に他ならない、と誤解し得るかのごとく――バラード作品は、彼自身の属する階級の精神病理学になりふり構わず固執するものだったし（したがってキース・タレント的キャラは存在せず、常軌を逸した知的専門職業人が繰り返し登場する）〔※キース・タレントは、マーティン・エイミスの一九八九年の小説『ロンドン・フィールズ』に登場する下層階級の小悪人〕、この階級についてバラードが特別な洞察を誇ったのは、彼が常に、そことつかず離れずの距離を置いていたゆえだ。

あなた：昏睡：ダイアナ妃〔※『残虐行為～』第四章のタイトル「You: Coma: Marilyn Monroe」のもじり〕

文化的な重要人物を、その人々がもつとされる影響力、遺産とで見定めようとするのは、甚だしくポストモダンなクセだ――まるで、クラクソンズをインスパイアしたことが、なんらかの功績に当たるかのようだ〔※クラクソンズは英ロック・バンド。二〇〇七年のデビュー作『ミス・オブ・ザ・ニア・フューチャー』はバラードの同名短編集にちなむ〕。バラードが重要なのはまさしく、現状において、彼の作品に等しい作品がどこかから浮上するのを思い描くことは完全に不可能だからだ。彼の最重要作である『残虐行為～』に一九八九年に寄せた自己註釈で明らかにしているように、彼はポップ時代のメタな心理学者であり、彼の感性はセレブと超陳腐とを平板に融合してしまう「リアリティ」の時代にはどうにも合わなかった。

私的な妄想と公的な妄想との間に、他に類を見ないぶつかり合いが起こったのが一九六〇年代のことで、仮にそれが再び繰り返されるとしても、何年もかかるかもしれない。史上はじめて、ハリウッド映画相手の公的な夢が、テレビを通じて過度に興奮させられた視聴者の私的な想像力と混ざり合った。『残虐行為〜』の続編を書いて欲しい、との声もたまに頂戴してきたが、有名人に対する我々の見方は変化してしまった——自分がメリル・ストリープやダイアナ妃について書く図は想像できないし、マーガレット・サッチャーは間違いなく謎だが、それは彼女自身が自己構築したペルソナに先天的に備わった、設計上のミスのように思える。これら三人の女性すべてにまつわる性的なファンタジーの網を機械的に紡ぐことは可能とはいえ、想像力はたちまち萎える。エリザベス・テイラーとは違って、彼女たちはまったく光を発さないのだ。（中略）ある種の、セレブの凡庸化は既に起こってしまった。つまり、今や我々に提供されるのは、カップスープと同じくらい養分に富んだ、即席の、調合済みの名声ということだ【註1】。

バラードの六〇年代はケネディ暗殺で幕を開けた。今の我々が生きるメディア環境において、共感型のセンチメンタルさはバラードの描いた情緒の死をとうの昔に締め出しており、その環境の基盤を成した出来事が一九九七年のダイアナ妃の自動車事故死だった。後期小説群において、バラードはこの、IKEA的なマスプロ精神疾患と通販チャンネルのカリスマがはびこるショッピング・モールの世界を把握しようとした。だが、それらはやはり、彼が六〇年代に遭遇した、エリザベス・テイラーとロナルド・レーガンが主役を務めた、テレビ—

シネマのアーケードがもたらしたのに匹敵する脊柱に走る衝撃を生み出さなかった。後年のバラードによるもっとも熱心な探究型の貢献といえば、それは小説より、むしろインタヴューや各種記事に含まれる——彼はそこで、二一世紀の真の景観はショッピング・センターと無名の特徴のない場所であることを見極めている。しかし、このハイパーに陳腐な領域を、彼が六〇年代と七〇年代のブルータリズム建築のコンコースや高層マンションに対してやったように、詩へと昇華することはできなかった。

パルプなモダニストの魔術師

何かを打ち壊したいのなら、それを賞賛するためにマーティン・エイミスを送り込むに限るのではないか？　バラードは、エイミスと彼の崇拝者、そして都会派な英国文学文壇のお歴々が誇る丹念に作り込まれたセンテンス、しっかり描かれた登場人物、憂慮型の社会批判云々という面に関して言えば、まったくもって「良い作家」ではない。『残虐行為〜』の重要性は、この凡庸のメカニズム、彼が一九六四年に執筆したバロウズの紹介文で完全に骨抜きにしてみせた旧態依然ぶりを、時代遅れなものとして追放するところにあった——

伝統的な口述式小説のスタイル面での諸慣例——順を追って展開するストーリー、「多角的に」描かれたリアルな登場人物、継続する出来事の数々、「彼はこう言った」、「彼女はこう言った」がくっついたふきだしの会話——を用いることは、ジョセフ・コンラッド的なモードにおける大冒険の時代、あるいは過度に様式化されたヘンリー・ジェイムズ的な社会にとっては理想的だった、そんな慣例を生きながらえさせることだ。

しかし今や、それらは寝る前に子供に読み聞かせるお話や寓話程度の価値しかもたない【註2】。

しかし、バラードが自身のベストな作品群で用いた戦略は、これまた彼の崇拝者であり盗用者である、作家イアン・シンクレアの対極を成してもいる。シンクレアは、ポップ・カルチャー的な素材を何やら不明瞭で不透明な、異端っぽいものに作り替える。対してバラードは、一種のパルプ（大衆小説）的モダニズム――高度なモダニズムのテクニックと人気の高いフィクションの常套句とが互いに激しさを増すことで、高級文化の蒙昧主義と中流な大衆主義のどちらも回避できる、そんなモダニズムを発明した。コラージュこそ二〇世紀の偉大な芸術様式であり、メディア化された無意識はコラージュ芸術家である、とバラードは理解していた。バラードが六〇年代にそろえてくれたフィクションの道具一式を図表や青写真として用い、新たな類いのフィクションを生み出せる、そんな、バラードを二一世紀に引き継ぐ後継者はどこにいるのだろう？

【註1】J・G・バラード、『残虐行為展覧会』
【註2】バラード、「Myth-Maker of the 20th Century」、『ニュー・ワールズ』百四十二号掲載（一九六四）

不安と恐怖の世界

——k-punk, (13 September 2005), http://k-punk.org/a-world-of-dread-and-fear/

お前は眠れなかった。お前は働かなくちゃならなかった。
い、い、い、い、い、い、
灯りは常についている。
窓ガラスに頭をこすりつけているうちに、日が昇る——
彼の見下ろす街路に警官隊が集合していた。アカな連中のよく通る声が響く：
スト破り、スト破り、スト破り——
サウス・ヨークシャー社会人民共和国の夜明けを告げるコーラス。
コーヒーをもう一杯。アスピリンをもう一錠。

——デイヴィッド・ピース、『GB84』【註1】

デイヴィッド・ピースの『GB84』は、高速サービスエリアの煌々と照らす蛍光灯と同じくらい、剥き出しで容赦ない散文体で印字されている。
「ヨークシャー四部作」(一九九九～二〇〇二)を通じてピースが研ぎ澄ましてきたザラついた表現主義的リア

リズムは、『GB84』の主題である、一九八四～八五年の英炭鉱労働者ストライキで起きた事件を扱うのにもってこいだ。四部作で一九七四、七七、八〇、八三とカウントを先に進めたわけだが、それはまるで、『GB84』のタイトルをもたらすことになる運命的なあの日に近づきつつ、しかしそこに決して達さないかのようだった。ここから、我々はカウントを逆進させ、さかのぼっていく。『GB84』は「実は、反転した戦後三部作の最後を飾る作品に当たり、そこにはハロルド・ウィルソン首相転覆計画とそれに続いたサッチャー台頭を描く『UKDK』〔※ウィルソンは一九七六年に突如辞任。「DK」は「Decay＝腐敗」〕、そしてもう一冊、おそらくクレメント・アトリー内閣〔※一九四五～五一〕についての本が含まれる予定」【註2】なのだから。ゴシックな犯罪小説から、話は政治的なゴシックへ……〔※ピースはこの英戦後三部作の構想を捨てていないが、二〇〇六年以降は六〇～七〇年代英サッカー界を描いた『ザ・ダムド・ユナイテッド』と『レッド・オア・デッド』、「東京三部作」他を上梓している〕。

この猛烈に党派的な小説は、「今が零年」という呪文で幕を閉じる。しかし、炭鉱ストと小説の双方が終わりを迎える一九八五年は、小説のなかの「我々」にとっては何かのはじまり、あるいは可能性からほど遠い年だ（実際、その「我々」、すなわち集団型プロレタリアの主語の存在そのものが、この時点までに疑問視されている。しかしそれと同時に、この本はピースの小説ではじめて、なんらかの形でのグループ主語の可能性を掲げた一冊でもある。彼の描く典型的な登場人物は、それよりももっと自分だけの世界に浸った孤独者であり、彼らをつなぐのは暴力、そして彼らが唯一協働する隠蔽工作だけだ）。それどころか、一九八五年は壊滅的な敗北の年であり、その負けの規模の大きさはそこから十年かそれ以上経つまではっきり見えてこなかった（おそらく、その十二年後に起きた「新労働党（New Labour）」の選挙勝利でやっと、この敗北は正式に認められ、最終的に確約された）。

今の我々に分かっているのは——もっとも、この認識は小説の現在進行形な緊張感には入り込み得ないのだが——あのストライキはプロレタリア化の失敗だった、ということだ。小説が描く出来事の後には、分裂、ひとにぎりの層だけにとっての新たな機会、大多数の民にとっての失業および仕事不足が待っていた。スカーギル〔※アーサー・スカーギル。全国炭鉱労働組合委員長として炭鉱ストを指揮した〕が六〇年代後半から七〇年代初期にかけて実に見事に開拓していった遊撃ピケ〔※多数のスト参加者を各地のピケに応援部隊として派遣する〕のテクニック（これはエドワード・ヒース内閣の喫した屈辱と瓦解に貢献した）は、保守党がまだ野党だった段階で考案された包括的な戦略（MI5＝英保安局が担当した高度に組織化された反破壊活動作戦も含む）からの抵抗を受けた。その目的は、炭坑労働者の団結をバラバラにし、彼らに共感した他産業に従事する労働者からの支援を阻むことにあった。ここにおいて、炭坑労働者委員会と民主炭坑労働者連合の創設は決定的な意味をもつことになる〔※民主炭坑労働者組合は、ストに反対したノッティンガムと南ダービシャーの炭坑夫が立ち上げた組合〕。資本の脱領域化——「かつての地球、物質を伴うかつての世界にめぐらされた、ある結節点から次のポイントへと瞬時に送られるメッセージ」【註3】に資本が変質したこと——に見合う、労働の脱領域化が起きるはずがなかった。炭坑労働者は、炭鉱産業全体とではなく、彼ら自身の生きる地元領域と同一化するよう丸め込まれた。ゆえに、ノッティンガムとダービシャーの炭坑夫はストを無視して職場に復帰した。そうすることで自らの未来を守っていると彼らは信じていたわけだが、そんな彼らが自分たちも他の炭坑労働者となんら変わりない境遇にいると思い知ったのは、胸のすく皮肉だった。ここから十年のうちに炭鉱産業そのものがイギリス全土で閉鎖され、民主炭坑労働者連合の会員も、全国炭鉱労働組合会員と同じくらい失業に悩まされることになる。

そう、今の我々はこうしたすべてを知っている。しかし、ピースはその後知恵を一切除去することでドラマを復元する。作中の出来事はその場ではじめて起きるかのごとく読み手に向かってくるし、しかもすべてを理解している頼りになる語り手という、ショックを和らげてくれる防護膜もない。今出ている『ラディカル・フィロソフィー』掲載の『GB84』に関する長い記事【註4】でジョセフ・ブルッカーが見極めているように、この小説からは仲介役を果たすメタ言語が一切奪われている。本作のもつ悲劇的な資質は、冒頭の場面からですら、我々、読者自身の持ち込む——だが当然のごとく、作中の主要キャラクターたちには知る術もない——理解、すなわちストライキはいずれどのような経路をたどっていくかの理解に起因している。

反事実的思考は主として反動右派の領分であり、ピースは事実を曲げたいとの誘惑に屈するのを拒絶する。彼は記録に残った史実、外挿、推論、推測の狭間で、過去を思弁するフィクションを書いている。それでも、読者が投げかけずにいられない疑問は——炭坑労働者が勝利していたらどうなっていただろう？　だ（後に明るみになった情報から、当時思われていた以上に政府側ははるかに敗北に近い状態にあったことが判明しただけに、この問いかけは一層ピリッとしみる）。現在、このストライキが埋め込まれている物語——世のなかで唯一のストーリー、すなわち「グローバル資本」の物語——は、それを労働者階級による組織的な反乱、その衰退しつつあった引き潮の一部だったとする。敗北は不可避であり、フォード主義からポスト・フォード主義に向かう歴史的な流れのなかに書き込まれたものだった。強硬左派は、過去の旗印の下に「炭坑夫の歴史。炭坑夫の伝統。彼らの父親と、彼らの父親の父親たちの遺産」【註5】を賭けて闘い、出し抜かれる。

しかしそのような物語化は疑問を招き込むもので、なぜならこのストーリーの信用性そのものが、ストライキの間に起きた様々な出来事の展開にかかっているからだ。仮にそれらが起こらなかったとしたら？　永遠性という見地に立てば、何もかもは不可避であり、我々は誰もがスピノザ主義者だ。だが人生は「前に向かって」生きられなければならず、ということは、我々はサルトル主義者になる。この本を読むことで、これらふたつのポジション、既に何もかもが起きてしまったと知っていることと、あたかもそれが起きなかったかのごとく振る舞うことの間に走る緊張感は、否応なく劇化する。

この、「ある事実に基づいたフィクション」である『GB84』のページに、ドッペルゲンガー、実在の人物ほぼそのままなキャラクターの一群が頻繁に訪れる。ピースは少し前の過去のシミュレーションを構築することで、隠されている現在の歴史を描き出す。登場人物たちはモデルとなった実在の人物の名前をもたず、ときには名前すらなく、せいぜいその人物の組織内での役割を示す肩書きが名前代わりということもある——たとえば「会長」、「委員長」、「大臣」、といった具合に。現実界における名前は、若干変更される場合もある——『GB84』では、全国炭鉱組合事務総長だったロジャー・ウィンザーは哀れなキャラ、テリー・ウィンターズに当たる。これらシミュレーションと、そのモデルである実在の人物との関係は入り組んでいる。「会長」はスカーギルではない。しかし彼はスカーギルではない、というわけでもない。ピースが名前を変えたのにはきっと、告訴を回避するためという部分もあっただろう。だが、実際の人物伝に無理に忠実であろうとしなかったことで許された更に広い想像力の行動範囲は、奇妙な形で、小説の登場人物により現実味をもたらしている。個人史を備えた実在の人物相手では不可能なやり方で、彼にはキャラクターの頭のなかに入っていくことができる。

もっとも物議を醸すキャラクター造型といえば、プロのスト切り崩し屋のスティーヴン・スウィートで、この人物は、ストライキの間じゅうサッチャーの右腕役を務めたデイヴィッド・ハートを基にしている。ハートは、炭坑労働者委員会と民主炭坑労働者連合の創設を影で押し進めた人物だった。小説のなかで、スウィートはオーグリーヴのコークス工場で警察とピケ隊との間に決定的な戦闘を起こすことを画策する(オーグリーヴに人員・

資源を総投入したのは、現在では全国炭鉱組合側の大いなる戦略的ミスだった、と看做されている）。スウィートは作品内では一貫して「ユダヤ人」と呼ばれる。どうにも気まずい識別呼称――ピースは意図的にそうした、と語っている――ではあるが、これは反ユダヤ感情ではないかとの疑惑は、この小説をいくらかでもちゃんと読めばたちどころにつっぱねられる。我々読者が目にするスウィートのあらゆる面は、彼の運転手兼なんでも屋であるニール・フォンテーンの視点を通じて焦点が当てられている（この距離の置き方が意味深いのは、スウィートの思い上がった尊大さと大言壮語の語調はやや説得力に欠けるからだ。まるで、ここでのピースには、説得力あるキャラクター造型に必須な共感がどうしても見つけられないかのようだ。一方、おそらくハートは、ピースが作中で描いた架空のキャラクターと同じくらい、かすかにバカげた人物でもあったのだろう。自覚を備えた邪悪な存在としてスウィートを塑像する間違いを、ピースはおかしていない――スウィートは、自らの政府への協力を救世主的なものと見ている）。

労働者階級から引き抜かれ、秘密諜報機関のために働いてきたとおぼしきフォンテーンは、人物としては白紙状態の、機能だけに要約された男だ（小説では彼には影武者がおり、そのキャラクターであるデイヴィッド・ジョンソンこと「ザ・メカニック」はいずれ彼と敵対するものの、両者は明らかに過去には共闘する仲間だった）。スウィートを「ユダヤ人」としてしか見ないのは、右翼と提携しコネもあるものの情熱はほぼゼロに等しい、このフォンテーンなる男だ。スウィートのその呼び名は、サッチャーの築いた政治的同盟が一時的な性質のものであったことを際立たせる――サッチャーの画策したプログラムはどうにかして、ファシストがユダヤ人と国粋主義者と一致共同し、多国籍資本主義の工作員と共通の大義を見つけ出すことを可能にした。

フォンテーンは、『GB84』に描かれる国家側が仕掛けた数々の反「転覆」作戦、その表立ったものと秘密裏のものとをつなぐ存在でもある。事態の展開においてＭＩ５の担った役割をこうして解き明かすことによって、ピースは「ヨークシャー四部作」で実に露骨につまびらかにしてみせた、えんえん繰り返される腐敗と欺瞞の領域に足を踏み入れていく。救いようのないほど腐敗した権力のあやつり人形の立場に自ら（ひいては我々読者）を置くのに非常に長けたピースにしては珍しく、『ＧＢ84』の主要キャラクターに警察官は登場しない。だが、政府機関の手先は何人か存在する――フォンテーンにジョンソンもそうだが、誰より強い印象を残すのがマルコム・モリスだ。その役割は影にして暗号解読者の、電話盗聴専門家である彼は、フランシス・ベーコン型の精神錯乱に陥り、自分の耳は絶えず出血していると夢想する……。

『ＧＢ84』において、テリー・ウィンターズのやらかしたとんでもなく無分別なリビア訪問を企画する上で、ＭＩ５は主要な役回りを演じる。カダフィのテントで彼にキスするロジャー・ウィンザーの姿を捉えたテレビ映像を、誰が忘れることができるだろう？〔※八四年当時、欧米の敵カダフィにウィンザーが接見したことがマスコミにすっぱ抜かれ、炭鉱ストのイメージ・ダウンにつながった。組合への資金援助が目的の会見だったとされる〕ウィンターズ／ウィンザーのリビア訪問――女性警官イヴォンヌ・フレッチャーがリビアのエージェントに殺害されてからたった数ヶ月後のことだった〔※フレッチャーは、八四年四月に在英リビア大使館員による反リビア・デモの警護中に起きた狙撃事件の犠牲者。容疑者は数多いが真犯人はいまだ判明していない〕――は、全国炭鉱組合にとって深刻な、おそらくＰＲ面での決定的な失態となった（このストライキにおいて、リビアが実際に果たした役割はこれとは若干違っていた。エネルギー供給カットの恐れを相殺すべく、サッチャー政府はこの非合法であるはずの政権からの石油輸入量を密かに増大させていた）。ピースは意図的に、ウィンザー／ウィンターズの秘密諜報機関との共謀の度合いはぼかしたままにしている。ストライキそのものと同様に、彼はこの小説を「めちゃくちゃな混乱」にしようとしたのだ。

史実とピースのヴァージョンによるそれとを二重にダブらせることは、この小説自体の構造にとって本質的であり、本作のフィクションとしての主要なスレッドはふたりの炭坑夫キャラ、マーティンとピーターの綴ったスト日記の挿入でカットが入る。ピースが実に達者に捉えたヨークシャー方言で描き出すマーティンとピーターによる体験談は、「架空のフィクションではない」とピースは述べている。この箇所にこそ、スカーギル、マグレガー、サッチャー、マッゲイヒー、ヒースフィールドらは実名で登場する〔※イアン・マグレガーは英国石炭庁総裁。ミック・マッゲイヒーは全国炭鉱労働組合副委員長。ピーター・ヒースフィールドは全国炭鉱労働組合書記長〕。一人称で綴られるこれらの記述は、ストライキの暗澹たる悲惨さだけではなくその仲間意識も表しており、小説の中心的なストーリーである不正行為、腐敗、高官レヴェルの談合との対比を形成している。

ピースはまず自らを過去に据え、そこから想像をめぐらせると語る。まるでメソッド・ライティング、あるいは時間旅行するかのように。ピースには、過去に戻るための頼りになるトリックがいくつかある。黄ばんだ古新聞や書籍も用いるが、彼は何より、ポップ・ミュージックを使う――彼自身が当時聴いていたもの、あるいはそれ以後に聴いたものではなく、その当時はどこでも耳にしたものの今や忘れられた歌は、音のマドレーヌとして記憶を呼び覚ます機能を持ち得る。フリマで安売りされる八四〜八五年産ポップの堆積を掘り起こしながら、ピースは使い捨てなポスト・ニュー・ポップのつやを失った表層の下に隠された、暗号化されたストライキの歴史を見つける。『GB84』はネーナの実にひどい〝ロックバルーンは99〟で幕を開けるが〔※第一章のタイトルに曲名が用いられている。英題は〝99 Red Balloons〟〕、ここではこの歌は、小説の描く苛酷な、長い、長い行進の果てに衰え、血を流すこととなるすべての希望ではちきれんばかりの、黙示録的なカーニヴァル曲になる。第二のフェーズ、警察と炭坑夫の衝突のBGMはフランキー・ゴーズ・トゥ・ハリウッドの〝トゥー・トライブス〟だ（もちろん、この曲もネーナの歌も、発表当時は冷戦時代の不安感につけこんでいた。これまた、この小説に数多く登場する、一九八四年という年が今とは別の世界であったのを思い出させるもののひとつだ）。徹底的な対立、「我々VS彼ら」からくる高揚感とアドレナリンは、疑念に取って代わられる（我々の味方は誰で、敵は誰か？）。「〝トゥー・トライブス〟――あの忌々しい曲をもうここんとこずっと、日に十回は耳にしたに違いない。国歌にすべきなんじゃねえの、とショーンが言った」【註6】。ストライキの最終段階のためにピースがドブからさらってきたのはワム！の〝ケアレス・ウィスパー〟（「罪深い足はリズムに乗れない〈Guilty feet have got no rhythm〉」）、そして、寒かったものの寒過ぎはしなかった八四～八五年冬期――電力供給停止は結局起きなかった――の背景として、バンド・エイドの〝ドゥ・ゼイ・ノウ・イッツ・クリスマス〟。バンド・エイドは炭坑夫の窮状から目を逸らすために政府が後ろ立てした陰謀ではないか、と登場人物は憶測し、作中にサンプリングすべくピースが選んだ歌詞は当然のごとく、「あなたの窓の外に広がる世界、そこは不安と恐怖の世界（There's a world outside your window/And it's a world of dread and fear）」の一節だ。

サンプリングはずばり正しいタームであり、それは文学、映画、テレビ（後者ふたつをピースは積極的に疑っている）以上にポップ・ミュージックの方がはるかに、ピースの常套手段である、単語を反復とリフレインへと鍛え上げる方法論を彼にもたらすからだ。反復はピースの文体のトレードマークであり、ストライキは極めて単調だった、したがって文体もそれを反映することになる、と彼が述べたのは周知の通りだ。しかしピースの執筆すべてにおいて、反復は筋書きと登場人物双方の代用品になる。彼の書く犯罪小説は、込み入ったプロットや不可解な謎に読み手の興味をまったくそそらせようとしない。つまり、『GB84』のたどる筋書きは前もって与えられているわけで、いわば一種のレディメイド（既製品）だ。ピースの文章に備わった、読んですぐには伝わらない奇妙な資質とは、珍しいくらいあけすけであるにもかかわらず――彼の小説を読む行為は常に、誰かのもっとも秘められた場所をつぶさに検証していくのに似ている――、彼の物語の登場人物にはいわゆる「内面生活」が欠けているところだ。彼らのアイデンティティは反射神経がつかさどる生命力より、むしろ死の衝動に駆られた反復、リフ、残響、習慣の生む形式に規定される。

『GB84』において、それが生む成果はほとんどの詩以上に詩的だ。当然のごとく、それはリリシズムをすっかり引き剥がされた詩、耳ざわりな不協和音の言葉―歌になる。ピースは、サウンドにとりわけ注意をはらう作家だ――国家権力の不眠の警戒ぶりは、盗聴された電話に聞こえる「カチッ、カチッ」という雑音に、そして警察官の大群が成す隊列は、ブーツの立てる靴音とこん棒で乱打される防護シールドの「カッ、カッ」の音に象徴され、そのどちらもが、あまりに頻繁に登場するため背景で鳴るノイズと化し、パラノイアの雰囲気の一部になっていく。『デイリー・テレグラフ』の書評が、「この小説はときに耳鳴りのごとく、スロッビング・グリッスルやキャバレー・ヴォルテールといった一九七〇年代末の北部産バンドの文学版のように思える」と指摘したのは正しい。それ以上に本作に近いのが、炭鉱ストに対するポスト・パンクからの素晴らしいふたつの回答である、マーク・スチュワートの『As the Veneer of Democracy Starts to Fade（民主主義の表層が色褪せるにつれて）』（一九八五／同作に参加したキース・ルブランはシングル『The Enemy Within』も制作）、およびテスト・デパートメントの『The Unacceptable Face of Freedom（容認不可能な自由の側面）』（一九八六）だ〔※『The Enemy～』はサポート・ザ・マイナーズ名義でキース・ルブランが一九八四年に発表したチャリティ・シングル。サッチャーはストに参加した炭鉱労働者を「内なる敵（the enemy within）」と呼んだ〕。おそらくこれゆえに、『GB84』でポスト・パンクは明白な参照点から後退したのだろう。「ヨークシャー四部作」の『1983ゴースト』では、一部のタイトルに

〝Miss the Girl〟（ザ・クリーチャーズ／一九八三）や〝There Are No Spectators〟（ザ・ポップ・グループ／一九八〇）が引用されていた。『GB84』の基調はあらゆる意味で、『1983』の最終セクションのタイトル——〝Total Eclipse of The Heart〟〔※邦題〝愛のかげり〟一九八三／ボニー・タイラー〕によって据えられている。

一九八五年がポップ・ミュージックにとって最悪の一年であったように思える理由、そのひとつは、あの年が復古期のはじまりだったからだ。一九八四年まで、英国の大衆文化および政治文化はいまだに戦場だった。しかし一九八五年はライヴ・エイドの年であり、それはグローバル資本の文化的表現である、偽りのコンセンサスの時代の幕開けだった。実際に起こった期待はずれなイヴェントがライヴ・エイドだったとしたら、炭鉱ストライキこそ、起こることのなかった「大きな出来事」だったのだ。

刀と盾。棒切れと石ころ。警察が使う馬と犬。血と骨——

死者の軍隊が目覚め、最後のもう一戦のために立ち上がる。

大爆発を反射するフォード・グラナダのフロントガラス——

道路。生け垣。木立——

夜空を照らす火災。霧は煙と化す。青い光に赤い光——

テリーはビルの腕をつかみ揺すった。何度も何度も。ビルは目を開けた——

「俺たちはどこにいるんだ?」とテリーが叫んだ。「ここはどこだ?」

「すべてのはじまりと終わりだ」とビルが答えた。「ブランプトン・ビアロー。コートンウッド〔※南ヨークシャー、ロザラム近郊の元炭鉱。八〇年代初期から続いた一連の炭鉱閉鎖のなかでも、コートンウッド閉鎖の発表は炭鉱スト激化の口火を切ったとされる」」

「でも、一体どうなってるんだ？」とテリー・ウィンターズは絶叫した。「何が起こってる？　どういうことなんだ？」

「世界の終わりさ」とビル・リードは笑いながら言った。「俺たちの世界のすべての終わりだ」【註7】

【註1】デイヴィッド・ピース、『GB84』（二〇〇四）
【註2】『ロンドン・レヴュー・オブ・ブックス』、第二十六巻十八号（二〇〇四年九月二十三日号）に掲載されたアンディ・ベケットの『GB84』書評を参照。https://www.lrb.co.uk/v26/n18/andy-beckett/political-gothic
【註3】フレドリック・ジェイムソン、「文化と金融資本」、『カルチュラル・ターン』（一九九八）所収。
【註4】ジョセフ・ブルッカー、「Orgreave Revisited: David Peace's GB84 and the return to the 1980s」、『ラディカル・フィロソフィー』百三十三号、https://www.radicalphilosophy.com/article/orgreave-revisited
【註5～7】ピース、『GB84』

リプリーのグラム〔※投稿のタイトル「Ripley's Glam」はトム・リプリー・シリーズ第三作『アメリカの友人（Ripley's Game）』〈一九七四〉のもじり〕

――k-punk, (1 July 2006), http://k-punk.org/ripleys-glam/

彼はトーマス・リプリーへの逆戻りを嫌悪した。何者でもないしがない人間になり、これまで育んできた自らの古い習慣に戻るのがいやで仕方なかったし、彼がピエロのようにお芝居を演じない限り、彼らは彼を見下し彼に飽きてしまうという感覚、ほんの数分間でもいいからその場で人々を楽しませる以外に、自分は何においても不適任で何もできないという感覚を憎悪した。

――パトリシア・ハイスミス、『太陽がいっぱい』【註1】

上記の『太陽がいっぱい（The Talented Mr. Ripley）』（一九五五）の引用から、我々はグラム・ロックの衝動をかなりよく理解できる。

意義深いのは、ハイスミスは一九五五年にリプリー・シリーズ第一弾を書き、一九七〇年までこのキャラクターを再訪しなかった点だ。トム・リプリーは、十代の欲望、社会の分断、ディオニュソス的な過剰さに重点を置いたロックンロールの時代にうまくフィットするキャラクターではなかった。だが、リプリーの「享楽的な保守主義」、彼のスノビズムおよび仮面や変装の腕前から察するに、彼はグラム・ロックの描く、マリエンバードじみた田舎の豪奢な大邸宅にはぴったりハマったことだろう。仮に、六〇年代ロックは、一面では「大文字の他者」に対する訴え（社会的な変化と、それだけではなくより多くの快楽も欲しい、という要求）、別の面では象徴的秩序なるものの拒否（サイケデリア）で特徴づけられていた、としよう。となればグラムは、少なくともその当初の段階では、大文字の他者との誇張された／パロディとしての自己同一化――「象徴」／「ステイタス」の復活――に定義されていたことになる。

前出のセンテンスのなかには、明らかに、ふたりのトム――「トーマス・リプリー」という演じられる社交的な役と、その役を演じるトム――が存在する。語る主体のトムと、その声明の主題であるトムがいる。『太陽が～』のはじまりの段階では、ふたりのトムはいずれも「何者でもない」――語る主体のすべてがそうであるように、語る主体としてのトムは存在論的には無だ。そして、この声明の主題としてのトムは、社会的に無の存在だ。この時点において、トムは後に彼が装うことになる、無頓着で落ち着き払った人物像とはかけ離れている。彼には、「他の」人々の役割を演じているときしか自信のあるふりができないからだ。それはトムに地位がない、ということではなく、社会的ヒエラルキー内に彼の居場所がまったくないのだ。彼のステイタスは低いものですらない。彼の不確かな社会的起源、および彼の擬態者／偽造者としての能力（詐欺師としての彼の反キャリアはこれらのスキルを土台にしている）は、彼がうまくフィットできる場所はないことを意味する（あるいは、どこにいても彼はフィットしない）。トムは、この無存在さを古典的な実存主義の意味合いで経験し、自身を不完全で、空虚な、未解決の、実在しないものと感じる。

しかしこれは、物語の終わりまでに、トムは彼がなるのを嫌悪しない存在：トーマス・リプリーを作り出すための（経済的）手段を手に入れる、一種の実存主義的ピカレスク小説だ。シリーズ続編『贋作（Ripley Under

Ground)』(一九七〇)の冒頭で、トムがそのような人物を作り上げた／に成り済ましているのはすぐ明らかになる。トムは自身の手になる最高の偽造品――自前の富を誇り、パリ郊外に優雅な持ち家を構え、美しく享楽主義的な女相続人と結婚したトーマス・リプリーなる人物――を装ってきた。ここから先のリプリーを襲う不安は、アイデンティティの確立ではなく、彼の獲得したステイタスの維持と防衛に関わってくる。

リプリーのたどった軌跡は、ブライアン・フェリーのそれと気味の悪いほどシンクロする。『ロキシー・ミュージック』(一九七二)と『フォー・ユア・プレジャー』(一九七三)、言葉のアクセントと作法を新たに憶えると共に、古いものを忘れる演習であるこれら二作は、ポップ・ミュージック版『太陽が〜』だ。服装、態度、声はでっち上げで、しかしまだ完璧にマスターされていない。お里が知れる場面もあり、自分以外の何かになろうとする痛々しいドラマは、まだ実存的な荷重を伴う。『ストランデッド』(一九七三)およびそれに続いたアルバムは、後期リプリー小説に当たる。そこでは成功は掌中に収まっており、趣味は良いものの陳腐でのどかな生活に対する脅威は、アンニュイ、充足感へのある種の居心地の悪さ、そして――何より不吉なのは――過去がよみがえる危険から発している。ロキシーの『アヴァロン』(一九八二)の気の抜けた牧歌性――フェリー自身、女相続人と結婚し田舎の大邸宅に暮らしていた頃に制作された――は、『ハーパース＆クィーン』〔※イギリスの上流社交界／貴族女性向け雑誌〕めいた夢の屋敷であるベル・オンブルで、妻のエロイーズと有閑に過ごすリプリーにとって完璧なサントラだろう。

リプリーが「何者か」になるための第一段階とは、彼がディッキー・グリーンリーフのアイデンティティを吸血鬼のように取り込むことだったのが判明する。ここで「判明する」と書くのは、アンソニー・ミンゲラ版の映画『リプリー』(一九九九)が示唆するのとは異なり、ディッキーを殺害しようとの魂胆と共にトムがヨーロッパに渡ったわけではないのは明らかだからだ。リプリーは素晴らしく即興に長けているのであって、策士ではない。実際に彼が立てるプランはその場限りのものであり、せっかく計画しても事態を解決するより更なる問題を招くこともしばしばで、彼は前もって問題を回避するより、むしろ事後の後始末から楽しみを得る。

ディッキーに対するトムの当初の姿勢はどっちつかずで、ハナから彼を食いものにしようというところはない——トムは攻撃的でねたみを抱えているが、と同時に好意的だ。トムが「無の存在」、達成されないままの目標の数々で渦巻く、羞恥心と力不足の混沌だとすれば、ディッキーはまさに「何者か」、達成されたリアルな「対象」であり、「岩のような堅固さ」を有する人物ということになる。ディッキーに取って代わることで、リプリーは彼自身であること、自身という苦痛と不安とぎこちなさから逃走できる。「対象」になる——主観の重圧から解放され、内面性に一切翻弄されずに済むようになる——これこそ、グラム・ロックの中核を成すファンタジーのひとつじゃないだろうか？

アンソニー・ミンゲラ版において、トムとディッキーの関係に性的なニュアンスが付与されたのは読み違いだ、とのジジェクの指摘は正しい。だが、ジジェクの解釈も完全に的を射ているわけではない。ジジェクによれば——

トムにとって、ディッキーは彼の欲望の対象ではなく、理想的な欲望する主体、「欲望の仕方を承知しているはずの」転移主体だ。簡潔に言えば、ディッキーはトムにとっての理想的なエゴ、彼の想像上の同一化の存在になる。彼が執拗にディッキーに物欲しげな横目を投げるのは、したがって、性的な交渉をもちたいとのエロティックな欲望、ディッキーを**手に入れたい**との欲望ではなく、ディッキーのように**なりたい**という、彼の欲望をさらけ出している【註2】。

ジジェクの分析に欠けているのは、ディッキーがいかに適切な理想的自我の役目を果たしそこねていい、、るか、という認識だ。小説の極めて重要な瞬間は、リプリーがもはや、妄想のなかでのディッキーとの自己同一化を維持できなくなったときに訪れる。ディッキーの目を見つめたトムが、そこに同定できる心の窓ではなく、死んだ、活気のない愚鈍なダミー人形のガラスの表面を見出したとき、彼は（再び）深い実存的な嘔吐感とめまいに逆戻りし、深遠に宇宙的な憎しみとみじめな転位の瞬間を経験する――

まだしかめられたままのディッキーの目を、彼は凝視した。太陽で眉毛は白く透け、その目は輝いているものの空虚で、黒い点が収まった青いゼリーのかけらでしかなかった。目は心の窓とされ、それを通じて愛が見えるもの、他の人間を眺めたとき、その人の内側で実際に何が起きているかを見て取ることのできる場所のはずだが、ディッキーの目のなかにトムが見て取ったのは、硬く、血の通わぬ鏡の表面を見たら目に入るものとなんら変わりがなかった。ねじれる激痛を胸に感じ、トムは両手で己の顔を覆った。まるで、ディッキーが突然取り上げられてしまったようだった。彼らは友人でもなんでもなかった。お互いを知らなかった。その思いはむごい真実のごとく、常に当てはまってきたし、過去に彼が知己を得た人々およびこれから彼が出会う人々にも当てはまる真実のごとく、トムに襲いかかった――彼らひとりひとりはトムと相対してきたし、これからも相対するだろうが、そのたびごとに、彼は自分には彼らを知りようがないと思い知らされる。そして最悪なのは、そこには常に、トムは彼らをよく知っている、彼は彼らと完全に調和している似た者同士だ、との幻想がしばらくの間つきまとうところだ。その気づきがもたらした無言のショックは、一瞬、耐えがたいものに思えた。発作に鷲掴みされたように感じ、彼は地面に倒れんばかりだった【註3】。

これが、ディッキーから拒絶されたとトムが悟ったことに部分的に由来しているのは間違いない。だが、ここにはディッキーに対するトムの嫌悪感も表れている。トムから「取り上げられた」のは何もディッキー「彼自身」ばかりではなく、ディッキーというファンタジーも取り上げられてしまったのだ。まるで、トムはもうこれ以上、ディッキーは実はかなり月並みな人物に過ぎないことに（自らに対して）目をつぶることができなくなったかのように。あたかも、トムはここでやっとはじめて、ディッキーのケダモノじみた愚かしい身体性に遭遇した――美化するためのファンタジーのスクリーン／光沢を通さず、ディッキーをはじめて、直接見たかのごとく。

トムのディッキーとの別れは、この叙述の少し前に起きる、ディッキーの服を身にまとい鏡の前で彼を真似するトムをディッキーが見つけたときの、絶望的に痛い場面の後では不可避なものになる。ディッキーがトムの模倣を忌み嫌い怒る（他の人間にとっての理想的自我になること以上に、ぞっとさせられることがあるだろうか？）のと同じくらい、ディッキーに現場を押さえられてしまった事実にトムは完全な屈辱感を味わう（自らの理想的な自我を妄想しているところを、その理想の対象そのものに見つけられることほど恥ずかしいことはないではないか？）意義深いことに、ディッキーもミンゲラと同じ間違いをおかし、トムのその振る舞いを性的な執着と（誤）解釈した彼は、敢えてその場を選んで、トムに対し自分は「おかま」ではない、と断言する。だが、トムのディッキーになりたいという願望の方が、彼を手に入れたいという願望よりもはるかに反道徳的、致命的、バロウズ的だ。

妄想のなかでのディッキーとの自己同一化をトムが維持できなくなってしまうと、精神を病んだ彼のロジックは、彼の実存的な危機――トムの「存在」の欠如――を解決するには、ディッキーを殺害する以外ないと言い張る。これは部分的に、リプリーの頭のなかでは、ディッキーは既に死んでいるからだ。もっと趣味が良く洗練されたトムが、自分にこそふさわしいと思っている富と地位とを不法に所有する、ディッキーは魂のない抜け殻なのだ。トムは自分にはディッキー以上に見事にディッキーになれると確信しており、ディッキーはトムの最高傑作、新たなトーマス・リプリーの下塗りとして利用されることになる。そこにはまた、ディッキーを殺害することによって、トムは非生産的な有閑階級のなかに自らの居場所を「稼ぐ」、との感覚もある。有閑階級に引き上げられる以前の段階から、トムは既に、彼らが「退屈な労働」に対して抱く蔑みの念を共有している。ケチなこそ泥にして詐欺師のトムと、余暇を楽しむエリート階級の一員のトムとの違いは、まんまと暴力行為を成功させる点にある。ヴェブレンは、「有閑階級の社会」は搾取――「それ以前は他の主体によってどこか別の方向に注がれていたエネルギーを、自身の利益に変換すること」――と産業（もしくは苦役）――「新しい、（生の）素材を用いて新たな何かを作り出すための努力」――との間の「野蛮な」区分の上に成り立っている、と論じる【註4】。支配者は常に他者から吸血鬼のように貪るものであり、決して自ら生産してはならない――

> 生産的な仕事の遂行、もしくは個人的なサーヴィスを提供する役務に就くことも、それと同じ理由から、同じ嫌悪の対象として分類される。一方に搾取と没収による取得、もう一方に産業雇用があり、その間に不公平な区分が生じてくる。労働は、そこに帰される冷遇される者の美徳によって、退屈なものという特徴を獲得することになる【註5】。

狩猟は有閑エリート階級が常に誇りを抱いてきた活動のひとつであり、リプリーはあらゆる意味で完璧なハンターだ（獲物は『アメリカの友人』の趣旨のひとつだ）。

特権的な地位を達成し、それを守るために殺人すら辞さない暴力を用いることは、常軌を逸した在り方でもなんでもない。そして、我々の現実世界における支配階級エリートの山賊団と同じくらい、トムに正義の裁きが下ることもないだろう（著しく正義に欠けた世界において、これらの小説群でハイスミスが彼に当然の報いを課すのを拒否する点は、彼女のこのキャラクターの描写におけるもっとも反体制的な側面のひとつだ）。トムが病的だとしたら、彼の病状はとある階級の病状であり、唯一、彼の犠牲者の血の生々しさ（および自らの手を血で染めることを厭わない彼の意欲）だけが、リプリーのおこなう搾取と彼の新たな仲間のそれとを隔てている。にもかかわらず、リプリーは人殺しを楽しむ、いわゆる「切り裂き魔」ではない。それどころか、彼がぞっとするほど恐ろしいのは、彼は特にこれといった実存的あるいは感情的な荷重を一切欠いた、実務課題として殺人を扱うからだ。リプリーの犯す殺人は、その冷ややかさと残酷さの欠如で際立っている。周知の通り、リプリーは楽しいからではなく、必要に迫られたときにしか人を殺さないのだから。彼は冷徹な、功利主義のロジックから殺人を犯し、彼の行く手を阻む邪魔者や、彼の正体を暴こうと脅してくる者を消去していく。ここでも、暴力的で実に不愉快な裏の面と、平然とした公的な表の面との間の慎重に維持された違いは、異常どころか、権力と特権にとってはごくノーマルな営みだ。リプリーを動機づけるのは道徳面での良心の呵責ではなく（悪名高いことに彼はそうした呵責は一切感じない）、屈辱を味わうことへの恐れだ。ジュリー・ウォーカーが以下に述べるようにトムがたしかに恐れているのは、仮面を剥がされることだ。だが、それはディッキーに成り済ましている自身を暴かれる程度のこと、あるいは殺人者という正体を暴かれることですらない。彼には真の意味での自己が欠如しており、それゆえ彼が自ら察している、他者を前にした際のおのれの不適切さが暴露されるのを恐れる——彼からすれば、税金の不正がばれる恐れと、犯した殺人が発覚する恐れとの間にはっきりした差はない。彼の主たる恐れは、社会的にいまひとつ合格点に達していないところにある。

道徳観念の欠如のこの解釈が、リプリーを（ポスト）モダンな存在にしている。古典的な精神疾患は、「現実」と「表象」の混濁から成り立っていた（もっとも分かりやすい例が、「神の声が聞こえる」だろう）。しかしリプリーの精神疾患は、大文字の「他者」しか存在しないという確信の内に潜む。彼の犯罪の数々が「象徴的に」刻まれない限り、トムは特定の、ちゃんと名前のある他者が彼の犯罪に気づいている、もしくはそう疑っていても悩まされない。リプリーの大文字の「他者」のポストモダン解釈が際立っているのは、それがラディカルに無神論的であるところだ——彼は神を信じてもいなければ、この宇宙を織り成す生地に書き込まれた、いかなる道徳秩序も信じていない。ポストモダンの大文字の「他者」とは、それそのものの象徴化を取り払われた「象徴的秩序」のことであり、それはもはや「神」あるいは「歴史」のふりをするのをやめ、社会的な構成概念であるのを堂々と明かしている——しかし、この表面上の脱神話化をもってしても、その機能性は一切妨げられない。それどころか、大文字の「他者」がかつてこれほど効果的に機能したためしはない。

【註1】パトリシア・ハイスミス、『太陽がいっぱい』

【註2】スラヴォイ・ジジェク、「When Straight Means Weird and Psychosis is Normal」、http://www.lacan.com/ripley.html

【註3】ハイスミス、『太陽がいっぱい』

【註4&5】ソースティン・ヴェブレン、『有閑階級の理論』(一八九九)

夢を見るためのメソッド

——k-punk,（10 October 2008）, http://k-punk.abstractdynamics.org/archives/010739. html

ふたつの小説を立て続けに——純粋に偶然から、というか、少なくともそう思えるのだが——読んだところ、どちらも夢を見ることからインスピレーションを引きつつ、夢を見る経験の相対する二極を強調するものだった。クリストファー・プリーストの『ドリーム・マシン（A Dream Of Wessex）』（一九七七）は、舞台である一九八五年の社会をマヒさせている山積する経済・政治問題の解決策を見出すために無意識を利用しようとする政府後援のイニシアチヴ、集団型の夢の投影についての物語だ〔※小説では科学者、心理学者、研究者らから成るグループが、装置を通じて集団無意識を百五十年後のウェセックスに投影し一種の仮想世界を作り出す実験に参加する〕。投影された未来の世界では、アメリカはイスラムに改宗し、イギリスはソ連に併合されている。それがもたらしたのは、官僚主義が牧歌的生活の背景を成す、奇妙な一種のユートピアだ——ソヴィエト的な形式ばった社会機構が生む苛立ちの数々は、地中海風エロティシズムが日常に充満する未来のウェセックス島〔※英南西部ドーセットに当たるこのエリアは地殻変動で英本土から切り離された設定〕ののどかさに備わった鈍痛に似た無気力さ、その前提条件として、この夢の景観にあらかじめ組み込まれているように思える。プリーストは太陽光が誘発する穏やかなトランスの雰囲気を醸し出すが、意味深いことに、集団で夢を見ている者たちが小説内の現実世界の憂鬱なこぬか雨に戻る際のトリガーとして用いられる小型の円形の鏡の数々により、そのトランスは破られる。

未来のウェセックスの投影にいったん入り込むと、参加者は現実界での自らのアイデンティティを思い出せなくなる。これはすなわち、同じ名前で呼ばれはするものの、シミュレーション界で夢を見ている者たちは現実界で彼らに該当する人物とは違う存在ということになる（夢を見ている者は誰しも、目覚めている間の分身とは異なる存在であるのと同様に）。（潜在的な願望の）「リアル」VSリアリティの古典的な例だ。ウェセックスのシミュレーションから抜け出た夢見る者たちは、合意に基づく幻覚のなかで、内面生活を欠いたプログラムされた自己、夢の景観のなかの「他者」たちのためにだけ存在する代用品のドッペルゲンガーに取って代わられる。参加者の何人かは、夢を見ている他の者たちがどのポイントでシミュレーションから出て、再び戻ってくるかに気づくようになる――他人のなかの何か、おそらく彼ら自身のなかにはもっと存在するのであろう何かが、消え去る／もしくは（まるで奇跡のごとく）戻ってくるからだ。この小説がとりわけ力強く描き出すのは、圧倒的で、めまいがするほど強烈にエロティックな、夢のなかの「他者」との結びつき、薄気味悪いほどの認識の感覚、夢のなかで起きる愛のデジャ・ヴだ。『ドリーム～』の場合、恋人同士の間に生じる認識の感覚は、彼らふたり、ジュリアとデイヴィッドが小説内の現実界でも知り合いである事実によるもの、ということになる。にもかかわらず、ジュリアとデイヴィッドは現実界では愛し合っておらず、両者が恋に落ちそうな気配があるわけでもない。互いと惹かれ合っているのは、彼らの夢の世界における自己の方なのだ。究極的に、こののどかさを揺るがすことになるのは、プリーストの後期小説すべてにおける転換点である、リアリティに傷がついて生じる一種の流血、あるいは存在論的な出血だ。『ドリーム～』はギブスンのサイバースペースを待ち望む小説だったが、と同時に、七〇年代の苦い結末から思い起こされた六〇年代のヴィジョンでもある。

カズオ・イシグロの『充たされざる者（The Unconsoled）』（一九九五）は、それとはまったく異なる類いの夢の時―空との接触をおこなっている。このタイトルは言い得て妙で、なぜなら不思議の国に投射されたアリスのごとく、我々は慰め（consolation）のない世界、ゆるむことなく続く数々の緊急事態の世界に投げ込まれるからだ。この点が『ドリーム〜』との第一の、かつもっとも明白なコントラストを描いている。『ドリーム〜』では、夢空間の内／外の双方における公的な義務は、「起きていて然るべき物事」から離れて別の方向に向かうリビドー的軌道（これはプロジェクト全体を危険にさらす傾向だ）への、弱まりつつある弁解として作用する。『充たされざる者』でもその公式な面は弱まっているが、それは今やリビドー的な弁解という良性な資質（その表面上のゴールは、いつまでも充たされないこと、まさにそれゆえに快楽を引き起こすことにある）ではなく、苦しく、じれったい、阻止される目標の形をとっており、それを達成できないと、あらゆるものに悲惨な不安感のとばりが下りる。

　著名なピアニストのライダーは、演奏会のために、中部ヨーロッパのどこかにある名前が特定されないとある都市に向かう。到着したところで、ライダーは公式な任務（リサイタルをおこなうこと）の邪魔になる無数のリクエストに忙殺されるが、彼にはどうもそれらの要請に抗うことができない。ピアニスト志望の若者たちの演奏に耳を傾けなければならない。予定を知らされていなかった夜遅くの会合で講演しなければならない。都市のはずれまで出向き、どこが重要なのかさっぱり分からないモニュメントの前で記念撮影しなければならない。終わったと思った緊急な用事のなかに、新たな緊急事態がひと息つく間もなく、絶えず埋め込まれる。

『充たされざる者』は、部分的にはカフカのパスティーシュであり、イシグロが何よりもカフカから拝借しているのは、奇妙でありつつ不思議となじみのある、カフカの夢めいた地勢だ。ずいぶん離れている印象だったふたつの場所が、実は隣接していたと判明する。たとえば、ライダーが目指して出かけた集会所のホールは、実は、彼の移動のそもそもの出発点だった滞在先のホテルだったりする。これによって、手に負えない厄介なものと思えたトラブルも突如としておのずと解決し得ることになるが、かといってそれらの解決がなんの救いももたらさないのは、そうなった時点で既に、ライダーはまた別の緊急事に捕まっているからだ。それまで極めて重大だったひとつ前の義務は、次の新たな義務が姿を現した途端、たちまち意味のないものへと後退していく。

『充たされざる者』では、カフカ作品と同様に、この一貫性のない隣接性というひねくれた空間性は、すべての空間（および時間）が緊急事よりも重要度が低いゆえに生じている。緊急事以外のことに費やす時間の余裕はなく、すべての空間は緊急事（およびそのフラストレーション）によって切り出される。障害が突如出現する――なかでももっとも顕著なのは、リサイタルをおこなう予定のコンサート会場に向かうライダーの行く手をその一歩手前で阻む、理由もなしに突然そびえ立つ壁だ。そのあわただしいペースは回想された作話の即興的ロジックに駆り立てられたものであり、そうした作話では、常に一歩遅れて話に筋が通る。ライダーは絶え間なく、明白で分かり切ったものであるべきはずの物事に気がついている。ということは、カフカがそうであるように、『充たされざる者』も、世間知らずのナイーヴな人間の抱く当惑の感覚に影響された小説ということになる。

したがって、これらの小説はふたつの相反する、夢を見るメソッド――方や活気がなく簡潔、方や急かされ責めたてられる――を提示している。

アトウッドの反資本主義

——k-punk, (26 September 2009), http://k-punk.abstractdynamics.org/ archives/011314.html

マーガレット・アトウッドの『洪水の年』(二〇〇九)に登場するカルト宗教集団「神の庭師たち」について、ジェイムソンは「退行としか言いようがない」としつつも、そこに以下のような挑発的な挿入句を添えている——「だが、今日の政治はそうなる以外にないではないか、との思いをめぐらせるのは、いつだって無駄な行為ではない」【註1】。『洪水〜』にがっかりさせられる理由のひとつは、そこには退行以外の他の手段が存在しないからだ——どうやら、ここから前に進むには、自然に回帰する以外にないらしい。

この退行のしるしは、宗教に焦点が当たっている云々の話ではなく、むしろ『オリクスとクレイク』(二〇〇三)が投げかけた、宗教に関する実に興味深い疑問の数々からアトウッドが撤退しているところにある〔※『洪水〜』は『オリクス〜』の外伝的作品。二〇一三年に出版された『MaddAddam』と合わせ三部作となる〕。『オリクス〜』の提示するクライマックス場面のひとつは、実験室でデザインされた新たなる高貴な野蛮人、「クレイカーズ」のなかに宗教的感覚が樹立するくだりだ〔※小説では登場人物のクレイク=Crakeが遺伝子操作を用いて作り出した、人間に似た見た目の無垢な草食動物がクレイカーズ=Crakersと称される〕。『トーテムとタブー』(一九一三)と『モーセと一神教』が述べるように、宗教は父親的存在の死の結果として生じる。これはかなり皮肉だ。なぜならクレイカーズはラボで製作されたのであって、父親によってもうけられた子供ではなく、彼らにとっての「父親」とは実は、彼らの製作者にしてデザイナーである人間嫌いな神童クレイクのことだからだ――しかも彼は、これがあると宗教の台頭につながるだろうと彼が信じていた神経学的な配置を省いた形で、クレイカーズを設計した。クレイクは排除型の唯物論者というより、唯物論的な排除主義者に近い――「クレイクはそういったあれこれすべてを反古にしようと考え、彼の呼ぶところの脳内のGスポットを排除した。神とはニューロンの集合体である、彼はそう主張してきた。とはいえ、それはかなり難題だった――脳内のその部位から多く取り去り過ぎると、結果としてその人間はゾンビあるいはサイコパスになってしまうからだ」。ことによると、最初のうちは、クレイカーズのなかに芽生えた宗教はある種の奇跡のように思えるかもしれない。だが最終的にはそれすらも、神経学に加え、それ以外の（精神分析学的および文化的）諸決定要因に備わったパワーの証しに過ぎない、ということになる。

クレイクのおこなう実験は、ユートピアは人間の本質と相容れない異質なものである、との幾度も繰り返されてきた、古臭く反動的なくどくどしいお説教への反論を形成する（この説教の最近のヴァージョンのひとつとして、ジジェクの最新刊における敵役のひとりである超資本主義的現実主義者ギ・ソルマン【註2】と、彼の「経済科学が明かした真実がなんであれ、自由市場は最終的には人間の本質、それそのものが完璧に成り得ないものの反映に過ぎない」なる主張を参照いただきたい）。クレイクは、自閉症の人間にありがちな実際主義でもって、だとしたら我々は人間の本質を変えるべきだ、との結論に達する――そのための手段は今や手元にある。クレイクは事実上、『文明への不満』でフロイトの展開した、たとえ物性関係を平等にしたとしても、性的な競争がある限り対立は発生し続けるであろう、との論に答える。「たぶんクレイクは正しかったのだ」と、スノーマン〔※『オリクス～』の主人公〕は思いにふける――

古い分配制度の下では、性の競争は容赦なく残酷だった——幸福なカップルひと組につき、落胆した傍観者、除外された者がついて回った。愛はそれ自体が透明な泡状のドームであり、その内側にいるふたりの人間の姿は見えるものの、君自身はなかに入れない。それはまだお手柔らかな方だ——窓辺に座った独り身の男は、タンゴの物悲しい旋律を相手に、すべてを忘れるために痛飲する。しかしこうした物事は、暴力にエスカレートしかねない。極端な感情は、死をもたらすこともある。お前が俺のものにならないなら、俺以外の誰にもお前に手を触れさせない、云々。死が入り込み得る【註3】。

こうしてクレイクは、『洪水〜』に登場するトビーが「ロマンティックな苦痛」と呼ぶものを、動物の平静な求愛儀式に置き換える。「彼ら（クレイカーズ）のセクシャリティは、絶え間ない苦悩、荒れ狂うホルモンの雲霞ではなかった。人間を除くほとんどのほ乳類と同じように、彼らは定期的に発情期に入った」【註4】。自分の生み出した遺伝子的創造物のなかからヒエラルキー、飢餓、人種差別を排除してみせたとのクレイクの主張に、フィクション上のテストを仕掛けるのはアトウッドにとって魅力的だったことだろう。もうひとつ、言語の問題もある。クレイカーズが遺伝子学的に設計された純真さを維持できるのは、彼らには仮定法過去時制が欠けているからだ、とアトウッドは示唆する（「魂の不滅という概念〈中略〉は、文法の導いたものだった。それは神も同様で、なぜなら過去時制が介入した途端、その過去以前にも過去が存在したことになり、それはさかのぼり続け、私には分からないにまで行き着くわけで、神とはすなわちそれだからだ。神とはあなたの知らない何か——暗く、隠された、可視ではあるものの目には見えない下部であり、それはすべて、我々に文法があることから発している」【註5】。だが、これもまた、ちょっとした遺伝子操作で修理が可能だ――「文法は、FOXP2遺伝子なしには成り立たない」)。

にもかかわらず、クレイクの喪失(死)――それ自体が喪失と否定との遭遇に他ならない――により、クレイカーズが動物的な時間から、人間の卑しさという傷ついた時間のなかへ投擲される危険が生じる。だが、『洪水～』では焦点はクレイカーズから退いている。それはおそらく、アトウッドが彼らに対して興味を失った、もしくは――ことによると――そうした生物は、我々のような存在のなかにほとんど興味を掻き立てることができない、というしるしだ。物語の前景に気味悪くのしかかるのは、終わりつつある世界の最期の日々のなかで、あまり平和的ではない人間集団がしがみつく、進歩的―後退的な宗教のフォルムだ。

このエコ系宗教を創作するインスピレーションのひとつとして、アトウッドは「彼女の父親と母親の死(中略)、そして科学者だった両者の葬儀のために、彼らに満足のいく聖歌を選ばなくてはならない羽目になった」点を挙げている。アトウッドがここで言及している困難をせせら笑うのは簡単なことであり、突き詰めれば宗教と科学の和解というおなじみの問題は、彼女がここで指し示す、現代の世俗主義の象徴面での不足ほど頑固な問題ではないのかもしれない。無神論は、宗教の象徴的な重みを寄せ集めるに足る儀式をまだ発案していない。それができないのは偶然以上の何かだろう、と疑うだけの強い根拠もある。なぜなら、無神論は往々にして、神の死を「象徴性」(=大文字の他者)そのものの否認という意味で解釈するからだ。この、典型的にポストモダンな否認――そこでは「大文字の他者」の存在の公式な否定が、別のレヴェルにある象徴性の事実上の遵守と組み合わさっている――は、資本主義リアリズムと紙一重の関係にある。アルチュセールが気づいたように、資本主義イデオロギーの儀式の数々は、まったく儀式として認知されない方がはるかにうまく機能する。一切譲歩しない宗教儀式の厳かさの代わりに、ポストモダンな世俗主義は我々に対し、儀式性の完全な回避（いかなる類いのセレモニーも必要ない）、あるいは「自分の誓いは自分で書こう」型のパーソナル化、もしくは超自然的な神の信仰は否定されているものの宗教形式だけは保存された、ある種のまがいものの人道的キッチュさを提示する。問題は世俗的な「意味の欠如」ではなく、むしろほとんどその逆だ——宗教儀式のまさに無意味なところ、その個人にとっての重要性の欠如こそ、宗教儀式に多くのパワーを与えている。ジェイムソンが『ロンドン・レヴュー・オブ・ブックス』に寄せた『洪水〜』評で示唆するように、問題は部分的に、時間だ。つまり、いかなる新たな「信仰システム」も、「深い時間、古代からの文化慣習、もしくは啓示そのものという形で、なんらかの補助剤を要求する」。時間こそ、儀式を慣習へと、個々人が従わされる空虚な形式になるのを許すものだ——かつ、デメリットになるどころか、それこそが葬儀の様々な儀式に慰めの力の多くを宿らせている。

死者を悼むことと喪失とは、宗教の根本にあるだけではなく、言うまでもなく、そのいまだ衰えない魅力の多くの基盤だ。それは、僕が今年はじめに授業を受け持った「宗教の哲学」講義で、ここしばらくそんな場面にお目にかかったことのないくらい、受講生の間でもっとも大きな物議——辛辣な言い合いに近い——を醸す討論のひとつだった。議論のきっかけになったのは、邪悪さと苦悶に関して言えば、無神論は宗教以上にはるかに大きな問題を抱えている、とする僕の主張だった——既に亡くなった人々の味わった苦悶は、言うまでもない。イヴァン・カラマーゾフの苦痛に満ちた叫びは、無神論者の土台を成す輝かしい都市に向けられたのと同じくらい、神に向けられた叫びでもある。なぜなら、どれだけ栄光に満ちた革命的な終末論も、とっくの昔に世を去った人々の苦痛に対しては手も足も出ないではないか？　どれだけ世俗的な善意を積んでも、徳と幸福との相関の保証にならないことは、カントも『判断力批判』（一七九〇）の煽動的な一文で主張している——

その人本人は情け深い人であっても、(自分は正しいと思っている何も信じない者の周りには)欺瞞、暴力、羨望がはびこる。更に言えば、自分は正しいと思っている他の人々に関しても、彼らがどれだけ幸福に値する人々だとしても、そんなことにはお構いなしに、自然はやはりこの地球上に生きるどの動物たちとも同じく、彼らすべてを貧困、病気、不慮の死といった邪悪にさらす点に、この情け深い人物は直面する。そして彼らは常に、こうした邪悪をこうむる対象になり得る――それは、ひとつの巨大な墓所が、我々が創造の最終目的である、と信じ仰せてきた彼らを一緒くたに囲み(正直者であろうがなかろうが、関係ない)、彼ら全員を、そもそも彼らがそこから掬い上げられた、物質がせめぎあう無目的な混沌の深淵に投げ返すまで続く【註6】。

ここでのカントの主張が、「自分は正しいと思っている何も信じない人々」と同じくらい、カルト教団「神の庭師たち」の復興異教主義にも当てはまる点に留意して欲しい。なぜならカントは、庭師たちが説く自然と慈愛は等価である、との説に完全に反対しているからだ。それどころかカントは、道徳観に欠ける無目的さで特徴づけられる自然を何かしら役に立てるために、神は必要だとする。本物の無神論者であれば、その人間はこの「巨大な墓所」、この「無目的な混沌の深淵」を直視しなければならない――僕が察するに、(我々のような)神を信じない連中の大半は、せいぜいよくて、そこから目を逸らすことしかできないんじゃないだろうか。だが、道徳に関するカントの主張がぱっと見以上に放棄しにくいのは、我々が最初に思い描く以上に、神の摂理に基づいたこの宇宙の構造に対する信仰を除去する作業は厄介だからだ――なぜなら、この手の信仰はまさしく、我々に容認できる何もかもを越えた深いところに潜伏しているからだ（だが、『Deal or No Deal』を観れば、多くの人間がそのような信仰心をおおっぴらに表明しているのが見て取れる）〔※『Deal or ～』は高額賞金を競う番組で、戦略ではなく完全に運頼みのゲームがおこなわれる〕。それを根絶やしにするにはおそらく、それこそ、クレイクのちょっとした遺伝子の修正が必要になるだろう。

『洪水～』の問題は、政治と宗教が同義になっているところだ——政治化した宗教に対してポジティヴになるのはもっともな話だが、宗教的終末論のもつ救済的かつ救世主的な表層を脱ぎ捨てることのできない政治には、根深い問題がある。『ポストモダンの共産主義——はじめは悲劇として、二度めは喜劇として』（二〇〇九）に引用された以下のギ・ソルマンの文章で、彼が忌み嫌っている緑の党と「神の庭師たち」がどれだけ似通っているかは印象的だ——

月並みな暴動者とは異なり、緑の党の連中は人類より自然を尊ぶ新宗教の僧侶だ。エコロジー運動は素敵な「平和と愛」のロビー活動ではなく、革命を目指す勢力だ。現代宗教の多くと同様に、それが悪と位置づける存在は、表向きは科学的な知識を根拠に非難される——地球温暖化、種の絶滅、失われた生物多様性、スーパー雑草。実のところ、これらの脅威はすべて、緑の党の連中の想像から生まれた絵空事に過ぎない。緑の党は、その合理性を自らに当てはめることなく、科学に関する語彙を拝借してくる。彼らの手法は目新しくはない——マルクスとエンゲルスも、彼らの生きた時代の科学、ダーウィン進化論を基に自分たちの世界観を形成したふりをしたのだから【註7】。

アトウッドは、そのような宗教への賛意を主張する（明確さのために注記：100パーセントはっきりさせておきたいが――僕は緑の党に対するソルマンの見解を是認しているわけでもなんでもない。単純に、ソルマンの典型像にここまでぴったりフィットしたエコなカルト宗教をアトウッドが構築したのはおもしろいな、と思っただけだ）。二週間ほど前に放送された『Newsnight』〔※BBC時事問題番組〕でのリチャード・ドーキンスとのやり取りのなかで、アトウッドは進化の観点から宗教を論駁するのはほとんど意味がない、なぜなら宗教の存続そのものが、それが人間に進化面での利益をもたらすことを示唆しているからだ、との意見を貫いていた。アトウッドはこれを踏まえ、宗教は「進歩的な」闘争の道具として使われるべきではないか、と示唆した。そして、「神の庭師たち」の教祖アダム・ワンが唯一興味深く思えるのは、大衆感情を操作するために宗教を用いるマキャヴェッリあるいはシュトラウスのような物言いをするときだけだ――それ以外の場面では、彼のエコな敬虔さはかろうじて、アトウッドのもの柔らかに風刺調なからかいのおかげで我慢できるものになっている（たとえば、菜食主義と、肉食に偏った聖書のバイアスおよび自然界の残酷さの「道徳観に欠けるカオス」の双方と折り合いつけようとした結果、庭師の教義が追い込まれるもつれた紛糾を参照いただきたい）。はじめのうち「神の庭師たち」の概念が魅力的に映るのは、それがアトウッドなら新たな類いの政治的組織と形容するであろう、有望な見込みだからだ。にもかかわらず、庭師たちの教義および構造は、新鮮みに欠けて地味な『ブランドなんか、いらない』（一九九九）めいた反消費者的禁欲主義、原始主義的伝承、自然療法、自己防衛を寄せ集めたがっかりさせられるようなごた混ぜであり、先週ふりかけて香りの抜けたパチュリ・オイル〔※精油の一種で六〇年代にヒッピーに愛用された〕程度の魅惑しか発さないものであるのが判明する。とどのつまり『洪水～』は、いわゆる反資本主義なるものをやり過ぎた結果陥った、リビドー的および象徴的な行き詰まりの症状のように感じられる本ということだ。アトウッドは資本主義の終焉を思い描くが、ただしそれは世界そのものが終わった後に限った話だ。『オリクス～』は映画『ウォーリー』（二〇〇八）の前半のようであり、『洪水～』はその後半に似ている。そこで我々は、地球最後の生存者（＝スノーマン）と思っていた存在はそのようなものでもなんでもなく、生き残った人間の一団が既に、視界からわずかに逸れたところでミステリアスに徘徊していたのを知る（少なくとも『ウォーリー』では、生き残った人類は別の世界いた。対して『オリクス～』の場合、スノーマンの目に見えないところで、実は人間はどうにか生き残っていたのだ、と信じるよう我々は求められる）。これにはさかのぼって事態をしぼませる効果があり、スノーマンの味わった苦境からペーソスと高貴さをほとんど奪い去ると共に、以前はサイバーパンク版ベケット悲喜劇のように思えたものをただの喜劇に変えてしまう（ついでに言うと、おそらく『洪水～』最大の「功績」は、結末まで読むとまったくアトウッド小説のように思えなくなるところかもしれない。その代わり、この小説は二流のスティーヴン・キング本のような機能的な文体で書かれており、サイバーパンクのジャンル標準型なタフな女性たちが、驚くほど描写に鮮明さの欠けた終末後状況にひしめいている。その結果は、作家ロバート・マクファーレンが印象的に「ディストー―ソープ―オペラ〈dystoap-opera〉」と呼んだものだ）。

『オリクス～』も『洪水～』も、読んでいて僕の頭に繰り返し浮かんだ疑問は――この二冊はなぜ、『侍女の物語』（一九八五）のように成功していないのだろう？　だった。『侍女～』がディストピアの模範例だったとしたら、それはあの小説がネオコンの想像上のリアルと接点をもっていたからだ。ギレアド共和国は、レーガン主義の八〇年代に作動していたネオコン的欲望のレヴェルでは「現実」だった。すなわち、ヴァーチャルな現在が実際の現在を条件づけていた。オブフレッド、侍女たち、女中たち、壁――これらの名称には、ひとつの世界に鳴り響くものとしての一貫性がある。だが、新自由主義に関しては、アトウッドはかつてネオコンに対して発揮したほどのがっちりした把握力を擁していない。アトウッドは、各種ブランドの安っぽい詩の力、もちろん陳腐ではあるのだが、その力をことごとく過小評価しているように映る。彼女の企業ネーミングは醜悪かつぎこちないもので、意図的にそうしているのは間違いない——おそらく、後期資本主義記号論の荒唐無稽な幼稚さが彼女にはこう聞こえる、ということだろう。アヌーユー（AnooYoo）、ヘルスワイザー（HelthWyzer）、ハッピーカッパ（Happicuppa）、リジューヴィネッセンス（RejoovenEssens）、そして——おそらくもっとも不格好な造語——シーヒア・キャンディーズ（Sea（H）ear Candies）。これらの単語は、僕は読んでいて実際に苦痛を感じるほどだったし、こうしたブランドが人気企業になるような世界も頭に描きにくい。アトウッドは毎回同じ間違いをやらかす——彼女の作る名称は、その企業が提供する機能もしくはサーヴィスの見苦しい語呂合わせであり、対して資本主義のトップ・ブランド名——コカ・コーラ、グーグル、スターバックス——は意味を成さない抽象性を獲得しており、その企業が実質何をやっているかの参照点はどれも、痕跡程度に過ぎない。資本主義的記号論は、資本そのものの傾向、ひたすら増していく抽象性を反響している（新自由主義の「想像上のリアル」に関しては、ニック・ランドの九〇年代のテクストを読む方がはるかに役に立つだろう。この文章は近々再版予定）。遺伝子を継ぎ接ぎされた動物たちにアトウッドが与えた名前——ピグーン（pigoon／人間の幹細胞を移植された臓器提供用の豚）、スポート／ガイダー（spoat/gider／蜘蛛とヤギの合成）、リオバム（liobam／ライオンと子羊の合成）——も、言語学上の不様な屠殺例の数々だ。ひょっとしたら彼女は、言語を通じて、自然の本来の姿を変える遺伝子操作工学の暴力とのパラレルを提示しようとしたのかもしれない。いずれにせよ、これら言語学上のバケモノがアトウッドの文章の領域外にさまよい出すことはまずないだろう（これらの単語には、たとえば、ギブスンの新語のダークな滑らかさやハイパースティション的な跳躍力は一切備わっていない）〔※Hyperstition は、文化の場で成功したアイディアの振る舞いを形容するための、HyperとSuperstitionを合わせたCCRU造語〕。

しかし、『洪水〜』の反資本主義の主たる弱点は、資本主義がオーガニックさと緑の党を吸収してしまった、その手口を把握できていないところにある。ジジェクの『はじめは悲劇として〜』内のもっとも力強い一節のいくつかは、このメッセージを執拗に繰り返す（同書で僕がもっとも好きな一文のひとつは、「腐りかけていて高過ぎる『有機栽培』のリンゴの方が、非有機なリンゴよりも健康に良いと本気で信じる人間などいるのだろうか？」だ）。信用のおける左派主義であれば、いずれもエコロジー問題を中心に据えなくてはならないのは言うまでもない。だが、資本主義の模倣されたオーガニックさを越えたところにある、「本物の」オーガニック主義を探そうとするのは間違いだ（『はじめは悲劇として〜』の僕のお気に入りの一節をもうひとつ引用しよう――「資本主義にひとつ良い点があるとしたら、それはまさしく、そのおかげで母なる地球はもはや存在しない、というところだ」）。問題はオーガニック主義であり、人類の環境を救う（仮に救えるとしたら、の話だが）のはどこぞのエコなスピリチュアリティなどではなく、組織化および問題処理の新たなモードだ。

【註1】フレドリック・ジェイムソン、「Then You Are Them（review of Margaret Atwood's The Year of the Flood）」、『ロンドン・レヴュー・オブ・ブックス』第三十一巻十七号、（10 September 2009）
【註2】ギ・ソルマン、「Economics Does Not Lie」、『シティ・ジャーナル』二〇〇八年夏号、https://www.city-journal.org/html/economics-does-not-lie-13099.html
【註3&4】マーガレット・アトウッド、『オリクスとクレイク』

【註5】アトウッド、『洪水の年』
【註6】イマヌエル・カント、『判断力批判』
【註7】ジジェクが『はじめは悲劇として～』で引用したギ・ソルマンの文章を参照。

トイ・ストーリーズ：あやつり人形、人形、ホラー・ストーリー

──『フリーズ』、（1 September 2010), https://frieze.com/article/toy-stories

ホラー・ストーリーの多くには、本当の悪役は別にいるものの、雰囲気作りのためだけに、物語にその薄気味悪い存在感を添えるのを目的とする、端役やエキストラ的な様々なフィギュアが登場する。あやつり人形に人形、その他色々な人間のカリカチュアは、しばしば子供部屋の片隅にぐんにゃりと転がっていたり、おもちゃ屋の棚に静かに並ぶ存在としてカメオ出演を果たす。（中略）背景あるいは脇役として、人間の形を模倣したものに象徴的な価値があるのは、彼らは別の世界、危害と無秩序に満ちた世界と結びついているように思えるからだ──それは、我々自身の生きる場所、まずまず穏健で安全だと我々は信じなくてはならない、あるいは少なくとも、偽物の人間を本物と勘違いするようなことのない環境、そのモデルなのではないか、とときに思える類いの場所のことだ。

──トーマス・リゴッティ、『The Conspiracy Against the Human Race（人類に仕掛けられた陰謀）』【註1】

ホラー作家トーマス・リゴッティは、先ごろ出版された著作『The Conspiracy Against the Human Race』でそう書いている。同書はフィクションではない──そうではなく、もっとも良い意味でのアマチュア哲学作品、

プロの哲学家の作品からは実にしばしば欠けている、形而上学的な飢餓感に突き動かされた本だ。学術的な細部にかかずらう方を好むアカデミックな哲学家が例によって侮蔑する疑問の数々、それらにリゴッティは恥じることなく立ち返る。無ではなく、何かが存在するのはなぜか？　我々は生きていることを喜ぶべきか？　後者の疑問に対するリゴッティの答えは、断固たるノーだ。二一世紀初頭文化にはびこる陽気な生気論とうつろな軽さの雰囲気からはほど遠い、冷静かつ醒めた真剣さを有する『The Conspiracy～』は、一九世紀の宗教詠誦の雰囲気を漂わせる。

あやつり人形は、リゴッティ作品のライトモチーフのひとつだ。しかしこれらの人形が引き起こす恐怖の主な要因は、人形の側になんらかの邪悪な意図があるから、あるいは目を離した隙に人形は密かに動いているのではないか、という疑惑でもない。あやつり人形はむしろ、リゴッティが『The Conspiracy～』のなかで繰り返し「悪質に役立たずな」と描写するこの宇宙（コスモス）そのものの本質、その使者だ。きれいに色を塗られた顔をもつマリオネットは意識があることの恐怖の象徴であり、リゴッティからすれば、その「悪意に満ちた無用さ」を知覚させてくれる、それを通じてすべての苦しみが世界にもちきたらされる道具だ。

あやつり人形は、子供向けのお話と同じくらい、怪奇譚にも属する存在だ。イアン・ペンマン〔※英ジャーナリスト。七〇年代末に音楽紙『NME』に参加し、哲学や批評理論を駆使した文体でフィッシャーやサイモン・レイノルズらに影響を与えた〕は以下の引用で、もっとも有名なあやつり人形の物語、カルロ・コッローディの『ピノッキオの冒険』（一八八三）にはいかに――

とんでもないレヴェルの残酷さと苦痛が含まれていることか。（中略）虐待の訴え。投げつけられる金槌。

燃え尽きた足。薪として使われる子供たち――焚き付けになってしまう無垢さ。好奇心を抱いた結果は、脳しんとうに誘拐。首つり、身体切断、窒息。怖がるピノッキオに大笑いし過ぎたあまり、動脈が破裂し死んでしまうヘビ。学校に行く途中で、ピノッキオは辻人形劇を観る切符代として教科書を売り払う――勉強なんか忘れて、マリオネットになろう。踊る愚者に。弟子のゴーレムに。性悪な道化師に。去勢された、無性の歌い手になろう。

――と綴っている（なお、このペンマンの叙述は、僕が昨年編集したマイケル・ジャクソンに関する本に彼が寄稿してくれたものだ――ジャクソン自身の物語も、キッチュとゴシック、あやつり人形とあやつりの名手とが頻繁に入れ替わるそれだ）【註2】。

記憶とテクノロジーに関するブログ〈バット、ビーン、ビーム〉で、理論家ジョヴァンニ・ティーソは少し前に、『トイ・ストーリー』フランチャイズ（一九九五〜）にこだます『ピノッキオ』の残響を指摘した【註3】。北アイルランド出身のマルクス主義の著述家リチャード・シーモアにとっては――

『トイ・ストーリー3』（二〇一〇）とは、いかにして自由が商品化によって達成され、「支配される者の合意」が、大まかに言えば積極的な束縛の受け入れと同義になるかについての物語だ（中略）誰もが、そして何もかもが、『トイ〜』の世界の仕組みのなかでは各々の持ち場を備えている。その仕組みとは、おもちゃたちは最下部近くに位置し、従属し、持ち主に献身する存在である、そんな商業品のヒエラルキーだ【註4】。

——ということになる。それでも、存在論レヴェルで言えば、『トイ〜』フランチャイズは「絡まり合ったヒエラルキー」めいたものを形成している。これらの映画に描かれるおもちゃは、映画内のフィクションの「存在論的に劣った」レヴェルに存在するだけではない——それらは、あなたが映画館の外でおもちゃとして購入できるという意味で、リアルだ。リゴッティの作品において、あやつり人形と人形劇はよく、この存在論的ヒエラルキーのもつれを象徴する。操作される人体模型の「劣った」レヴェルにあったはずの何かが突如主体性を獲得し、それればかりかもっと恐ろしいことに、あやつり人形師という「上級な」レヴェルにいたはずの存在も、マリオネットのお芝居に引き込まれていたのを突然悟る。リゴッティは、そうなるのは実に悲惨な運命であるとする——

人間があやつり人形として物体化され、自分たちの内部の気味の悪い場所に過ぎないと彼もしくは彼女の思っていた世界に足を踏み入れるとき。自分はこの不吉な領域の囚われ人であること、人間たちの暮らす領土、あるいはあらゆる意味で我々が人間だと信じるものに目を向けていながら、そこから追放された複合メカニズムの存在に還元されたことを悟るのは、どれだけの衝撃だろう。

リゴッティの場合、どちらがよりぞっとする見込みなのかは、曖昧だ——糸を操作する究極のあやつり人形師か、それともほつれて盲目的に無意味なカオスに陥っていく糸の方なのか。

ティーソは、『トイ〜』シリーズに登場するおもちゃの欲望にはどこか奇妙なところがあるのに気づいた——「彼らが何より望むのは、子供たちにもてあそばれることだ。だが、そのように扱われているときの彼らは、ぐったりと無生物的だ。人間と一緒にいる場面ではいつも、活気は彼らを見捨て、彼らの目は空き家になる」【註5】。『トイ～』フランチャイズのメッセージは、あたかもリゴッティの悲観的な詠誦と韻を踏むかのようだ——意識は、慈悲深い神の代役としての親切なおもちゃ職人から我々にもたらされた恵みではなく、忌まわしい呪いなのだ。

【註1】トーマス・リゴッティ、『The Conspiracy Against the Human Race: A Contrivance of Horror』（二〇一〇）
【註2】イアン・ペンマン、「Notes Towards a Ritual Exorcism of the Dead King」、『The Resistible Demise of Michael Jackson』（マーク・フィッシャー編、ゼロ・ブックス／二〇〇九）所収。
【註3】ジョヴァンニ・ティーソ、「The Unmaking of Pinocchio」、〈Bat, Bean, Beam〉（3 August 2010）, https://bat-bean-beam.blogspot.co.uk/2010/08/unmaking-of-pinocchio.html
【註4】リチャード・シーモア、「Chattel Story」、〈Lenin's Tomb〉（8 August 2010）, http://www.leninology.co.uk/2010/08/chattel-story.html
【註5】ティーソ、「Useful Life」、〈Bat, Bean, Beam〉（19 July 2010）, https://bat-bean-beam.blogspot.co.uk/2010/07/useful-life.html

ゼロ（Zer0）・ブックスの声明【註】

当代の文化は、公衆的なるものの概念および知識人の姿、その双方を排除してしまった。かつて――物理的／文化的の両面で――公共の場だったものは、いまや遺棄されたか、広告の植民地と化している。阿呆な反知性主義が支配し、それに声援を送る多国籍企業に雇われた私立高学歴の売文家は、退屈した読者に対し、あなたがたはわざわざ相互受動的（interpassive）な朦朧状態から目覚める必要はありません、と安心させる。後期資本主義の文化労働者によって内面化され、広められた非公式の検閲は、スターリン主義のプロパガンダ長官すら人々に強制できたらどんなに素晴らしいだろうと夢見るほかない、陳腐な順応主義を生み出す。〈ゼロ・ブックス〉は、それとは別の類いの談話――アカデミックな内容になることなしに知的で、大衆迎合主義に陥ることなしに大衆的なそれ――が可能であるのを知っている。そればかりか、いわゆるマスメディアなるものの蛍光灯が煌々と照るショッピング・モールと、神経過敏なほど官僚主義的な学術施設、そのいずれも越えた領域において、そうした談話が活況を呈しているのも知っている。〈ゼロ〉は、知識人の公衆化としての出版行為という発想に捧げられている。現在の我々が生きる思考力のない、味気ない、合意に基づく文化において、批評的かつ直接関与型の理論的熟考はかつてないほど重要である、〈ゼロ〉はそう確信する。

【註】この所信表明は、急進的な出版社〈ゼロ・ブックス〉の創始段階にマーク・フィッシャーが書いたもの。同社は二〇〇九年に、彼と彼の友人のタリク・ゴダードとで共同創設された。両者が〈リピーター〉を立ち上げるべ

く〈ゼロ〉を去る二〇一四年まで、〈ゼロ〉が出版したどの本にもこの文章は印刷され、また二〇一八年一月からは変更・修正を加えたヴァージョンが〈ゼロ〉の新経営陣によって取り入れられている。彼の全著作だけでなく、既存の英出版業界、特に、〈ゼロ〉が成立するまで完全に低迷していた理論的著作の世界に革命を起こす上で、マークが果たした重要な役割を思い出すのは大切だ。

第二部

スクリーン、夢、幽霊：映画とテレビ

k-punk

PART TWO
SCREENS, DREAMS AND SPECTRES:
FILM AND TELEVISION

※映画やドラマのレヴューには、プロットのひねりやストーリーの結末が明かされているものもあります。

ひとさじの砂糖

——k-punk, (5 April 2004), http://k-punk.abstractdynamics.org/archives/002354.html

本人に甘えがあると共に人々からも寛大に受け止められた、英劇作家デニス・ポッターの最期の二作(『Cold Lazarus』と『Karaoke』)〔※連作戯曲。テレビ放映は一九九六年〕の最悪な面は、さかのぼって、彼のそれ以外の作品何もかもに疑念を抱かせる効果があったところだ。もしかしたら彼は、僕たちがずっとそう信じてきたほど優れた作家ではなかったのではないか?

実際、ポッターのキャリアが一九八六年の『The Singing Detective』で頂点に達したとしたら、それはのろのろとつらい下降曲線のはじまりでもあった、と主張するのは可能だ。一九八六年以降の彼の作品はどれも型にはまった繰り返し(『Lipstick On Your Collar』〈一九九三〉)、もしくは観るのが苦痛なほど内省的で失敗に終わった実験作(『Blackeyes』〈一九八九〉、映画『Secret Friends』〈一九九一〉)だったという意見は、ほんのちょっと手厳しい程度に過ぎない。一九九四年に世を去るまでに、ポッターは各界のお偉方から賞賛されるようになっていて、「物議を醸す問題児」の評判は忘れられていた(というか、許されたのか?)。メルヴィン・ブラッグ〔※英ヴェテラン・ブロードキャスター/著述家〕による有名なインタヴュー兼聖人伝番組によって、ポッターの地位はモルヒネを愛用する、誰にも非難できない聖人の域にまで高まった〔※晩年のポッターは膵臓がん闘病の苦痛を抑えるのにモルヒネとシャンペンを用いた。死の二ヶ月前に放送されたこのインタヴューは大反響を呼んだ〕。こうした厳粛さのすべてがポッター作品から生気を奪う効果をもたらし、ご立派さと畏敬の念のありったけの蜘蛛の糸でもって、時期尚早に彼の作品を経帷子で包んでしまった。

さて、僕はついこの間、ポッターの一九七六年の傑作『Brimstone and Treacle』〔※直訳は硫黄と糖蜜。大昔の万能薬／家伝薬の一種の呼称〕を観返す機会があった（この戯曲は近々発売される、入手マストなポッター作品DVDボックス・セットの一枚として再発される。同ボックスは『The Singing ～』、『Pennies from Heaven』〈一九七八〉、『Casanova』〈一九七一〉も収録）。テレビ・ドラマが企業化し、大勢の協議に引っ張られ、味気なく均質なものになっている二〇〇四年に観ると、ポッター作品は過去以上に、なおのこと異例に映る。今日のテレビ・ドラマを、脚本を書いたのが誰かで見分けるのはまず無理だ。ドラマは役者のために作られる媒体であって、作家のものではない、というのが定説だ。一方で、ポッター作品はたとえ最悪の場合でも、少なくとも唯一無二の「ヴィジョン」に特徴づけられた、ぬぐい去れない固有の持ち味を備えている（リミックスすることなしにこれらのトレードマーク要素に依存し続ける傾向は、彼の晩年作品の弱点のひとつだった）。オブセッションとテクニック（遊び心に富んだ反自然主義、セクシャリティ・政治・宗教の心をかき乱す探求、大衆音楽とパルプ小説ジャンルの魅力への愛のこもった問いかけ、女性嫌悪の例示／分析）から成るポッターの特異な代表作群が、我々の〇〇年代文化を守る門番たちに看過される図は想像しにくい（彼らは性表現には寛容かもしれないが、それ以外のあらゆる面で七〇年代以上に検閲度が高い）。アメリカで『The Singing ～』映画版リメイク〔※『歌う大捜査線』／二〇〇三〕が制作されたのに合わせ、『インディペンデント』が掲載したポッター再評価記事が指摘したように、彼の与えた影響はイギリスよりアメリカのテレビ界に見受けられる率が高い――たとえば表現主義的なドラマ『シックス・フィート・アンダー』（二〇〇一～〇五）や、『アリー my love』（一九九七～

二〇〇二）の自然主義からのトチ狂った飛躍にすら、それは感じられる。
いずれにせよ、ポッターが『Brimstone～』で七〇年代の感性と衝突したのはたしかだ。一九七六年三月に撮影されたこの作品は、単発ドラマのアンソロジー『Play For Today』枠で四月にオンエアされる予定だったが、BBCの権威側がその「吐き気を催す」内容に尻込みしたため、直前に放送中止になった。再浮上するのは十年以上経った後、『The Singing～』のヒットを受け、一九八七年にようやく放映されたときだった。テレビ版に劣る、スティング主演の映画版『ブリムストン＆トリークル』は一九八二年に公開された。

『Brimstone～』は、若き日のマイケル・キッチンを悪魔役に据えている。ポッターが初期に書いた「訪問者」劇が残響する形で、キッチンが演じるマーティンという名のキャラクターは演芸場の催眠術師のように読心術を駆使し、言葉巧みに人々の生活と家庭にまんまと入り込む。

ポッターの描く邪悪さのヴィジョンは、白猫を使ったもったいぶり〔※ジェームズ・ボンドの宿敵ブローフェルドの愛猫のイメージと思われる〕やアル・パチーノ調の芝居がかったワルをはじめとする、数限りないクリシェな映画解釈を通じて我々がなれっこになってきたそれとはかけ離れたものだ。キッチンの演じる悪魔は完璧に礼儀正しく、我慢できないほど、うんざりするくらい快く、聖人まがいにやたらと宗教くさい（religiose／レリジョス）。この「religiose」はポッターが特に軽蔑を込めて用いた言葉で、その信心深げな尊大さと、彼の考える真の意味で宗教的（religious／レリジャス）な感性とを慎重に対比させている。

戯曲はふたつの引用句で幕を開ける。最初に登場するのは、キルケゴールの『おそれとおののき』（一八四三）から「取るに足りない人物に較べれば、悪魔的な人間の方にはるかに多く徳が宿る」、続いて映画『メリー・ポピンズ』（一九六四）の歌から「ひとさじの砂糖で苦い薬も飲みやすくなる」〔※『メリー～』に登場するバンクス家の父親ジョージは、子供時代に「ブリムストーン・アンド・トリークル薬と肝油」で彼を罰した厳しいナニーをいまだに恐れているという設定〕。キルケゴールにとって、キリスト教のもっとも差し迫った危険は疑念ではなく、ヘーゲルのような尊大な哲学者たちが広めるはったりな確信ぶりだった。キルケゴールの信仰はひどい不安感と区別がつかなかった。つまり、キルケゴールからすれば信仰の矛盾とは、神がその姿を完全に明かしたら信仰は不要になってしまう点だった。信仰は知るためのフォルムではなく、その逆。キルケゴールが手本にしたのは、息子イサクを生け贄に捧げよと求められた日のアブラハム、そしてイエスの弟子たちだった。不安に苦しめられ、いかなる社会倫理の錨からも解き放たれ、素晴らしくあり得ないことに自らの人生を賭ける羽目になった人々だ。

マーティンは、一九七六年のもっとも象徴的なイコンであるジョニー・ロットンと彼のおこなったつまらなさと凡庸に対する悪魔的な粛清、そのひねくれた生き写しだ。ロットンのニーチェ主義（「俺はアンチクライスト」）〔※ザ・セックス・ピストルズ／〝アナーキー・イン・ザ・UK〟（一九七六）の歌詞〕が正義の燃え盛る芯を内に秘めているとしたら、マーティンのうわべの魅力は悪意を隠している。とはいえ突き詰めれば、ロットンとマーティンの両者が示すのは「善」と「悪」の根深い共謀、相補的でもちつもたれつの関係だ。マーティンもロットンも究極的には解放者であり、もろい現状の破壊者・不安定をもたらす者・混乱の工作員だ。パンクが最大の嫌悪感を抱いた対象はつまらなさと凡庸、退屈さという名の実存的な死だった。退廃は、激怒によって浄められることになる（キリストの最期の一日を描いたポッターの一九六九年作品『Son of Man』で、顔を真っ赤にして怒るキリストを演じたコリン・ブレイクリーを参照）〔※ブリムストーン＝硫黄は、聖書ではソドムとゴモラを滅ぼすために火と共に天から降ってきたとされる。転じて「火と硫黄」は神の怒りを意味する〕。

『Brimstone～』は、デンホルム・エリオット演じるベイツ氏に街頭で出くわしたマーティンが、彼に話しかける場面からはじまる。マーティンの繰り出す質問によって、ベイツには娘がひとりおり、彼女は二年前に交通事故に遭って以来、治癒不可能と思われる神経性損傷をわずらっていることがたちまち明らかになる。その娘、パティーに片思いしていた青年のふりをして、マーティンは巧みに取り入ってベイツ宅に入り込んでいく。郊外に構えられた砦であるその家では、静かな絶望、しつこくつきまとう挫折感、暗黙の裏切りが培養されている。換気の悪い部屋にこもった悪臭、スプーンでパティーの口に運ばれるどろどろの流動食――そして絶望――の匂いが、見ているだけで伝わってきそうだ。マーティンの侵入は、はじめのうちはベイツから疑惑と用心深さで受け止められるものの、だまされやすく、娘の世話という単調な苦役で身動きのとれない日常から脱出させてくれるものなら何でもつかもうと必死なベイツ夫人（パトリシア・ローレンス）は歓迎する。ベイツはパティーが回復する希望を完全にあきらめているが、彼の妻は奇跡的な健康回復という、あり得なさそうな夢を大切に抱えている。

　キッチンの演技も素晴らしいとはいえ、主役を食うのがエリオットだ。驚くべきことに彼は、ナショナル・フロント〔※イギリス国民戦線。極右政党〕支持者になったばかりの、感じが悪く不愉快なベイツを、見るのがつらいほど同情をそそるキャラクターに仕立ててみせる。妻とマーティンを楽しませようとして、ベイツがアイルランド人に関するすさまじく笑えない「ジョーク」を飛ばす場面は、耐えがたいくらいに痛い。ベイツの浮かべるお定まりの表情を、エリオットはしかめ面――苛立ち、押さえ込まれた憤怒、当惑のそれ――で表現する。それはひとつの階級全体、ひとつの世代丸ごとが浮かべる、もはや世界は彼らのものではないのが信じられない、という表情だ――仮に、一度でも彼らのものであったためしがあったとして。ベイツの政治的な病状は、困惑させられた見当違いなノスタルジア、かつてそうであったような世界を切望する、曖昧で要領を得ない懐古の念に根ざしている。ブリットポップの平均的なファンが二十年後にそうなるであろう姿に、彼は少し似ている。

ポッターが政治的にもっとも鋭くなるのがここ、立派で体裁が良い、「常識的」な、『デイリー・メール』〔※英右派保守タブロイド新聞〕のアジェンダと、極右のそれとの近さを暴いてみせる手際だ。ポッターは、郊外タウンの手入れの行き届いた芝生とイボタの生け垣の背後に、英国系ファシズムの七〇年代の中心地が隠れているのを突き止める。「私たちは黒人を追い出さないといけません」とベイツの意見に賛成することで、マーティンはベイツの信用を勝ち取る。「こんな風に知的な会話ができるのは実にいいもんだ」と感激したベイツは、スコッチのボトルを気前よく開ける。だが、マーティンが嬉しそうに語る「彼らが出て行こうとしないなら」どうなるかの描写、「僕たちは連中を引っ捕らえて、収容所に入れるんですよ」の言葉に——ベイツは青ざめる。ベイツ夫人は「どんなに良くしたってバチは当たらないんだし」と納得しない。

『Brimstone ～』はこちらを動揺させる、倫理面で不透明な作品だ。文化／政治的な保守主義とは別の理由から、不安にさせられる。ドラマの大団円で、マーティンに強姦されたショックでパティーは思いがけない回復を果たす（この回復自体が最後に控えた衝撃的な暴露につながるのだが、まだ本作を観ていない人々のために、どうなるのかをここで記すのは控えておこう）。楽に飲み下せる「メッセージ」なんてものはない。それはひとさじの砂糖というより、むしろ苦く飲みにくい錠剤だ。

あの人は僕の母さんじゃない

――k-punk,（10 June 2004）, http://k-punk.abstractdynamics.org/archives/003227. html

質問：この映画を観ると、我々の記憶はすべて創作物なのではないかと考えずにいられなくなりますね。
クローネンバーグ：でもそうなんだよ、完全にそうなんだ。

――アンドリュー・オヘイル、「The Baron of Blood does Bergman（血の王様がベルイマンに挑戦）」【註1】

場面が再演される様を袖から見守る／見たことのないような自分たちの姿を目にした

――ジョイ・ディヴィジョン、〝ディケイズ〟【註2】

統合失調症を考察したクローネンバーグの『スパイダー／少年は蜘蛛にキスをする』（二〇〇二）――パトリック・マグラアの秀逸な小説の翻案――は、映画でよく描かれる「狂気」のクリシェなイメージからはほど遠い。常套例は枚挙にいとまがないが、すぐ頭に浮かぶのは（おそらく、僕がつい最近観返したせいだろうが）『ツイン・ピークス』第二シーズン（一九九〇）に登場する、わけのわからない早口でしゃべる、芝居がかった誇大妄想狂のウィンダム・アール。もうひとつ、映画『バットマン』シリーズ第一作（一九八九）でジャック・ニコルソンの演じたジョーカーも浮かぶ。そこでは、狂気は一種バカらしいほど膨張したエゴとして、どこまでも自らを広げていこうとする見境のない自己として描かれる。このクローネンバーグ作品でレイフ・ファインズが演じる主人公スパイダー、彼の抱く自身の境界線の感覚も危ういものとはいえ、世界へ更に広がっていこうとするどころか、どうやら彼は消えたがっている。彼に関する何もかも——そのもぐもぐした口調、引きずるような動作——が、引きこもり、撤退、外の世界の怖さを明示している。なぜなら、クローネンバーグのスキゾ世界においては、外側は既に内側だからだ。そして、その逆でもある。

マグラアの原作は、「当てにならない語り手」の典型であるスパイダーの頭のなかだけで展開するが、それは、この小説が日記に綴られたページの体裁で続いていくからだ。この形式をシミュレートするのに、クローネンバーグは初期段階の脚本で取り入れられていた戦略を用いて、画面外のナレーター(ヴォイスオーヴァー)を使うこともできた(とはいえ、スパイク・ジョーンズの『アダプテーション』〈二〇〇二〉を観たことのある者なら誰でも、あの叙述テクニックについてロバート・マッキーが垂れるお説教を思い出すだろうが)〔※マッキーは著名な米国人シナリオ講師。『アダプテーション』には俳優の演じる「ロバート・マッキー」が登場する〕。だが、クローネンバーグは最終的にスパイダーの心の声をすべて取り去ることにし、結果、不思議なことに、映画の方が小説そのものよりも小説の本質に迫ることになった。小説では、スパイダーの明瞭な叙述ぶりは彼に一種の自意識と、抱えている病いからの(限られてはいるが)超越をもたらす。映画版には一切の距離も、物語を語る声も存在せず、あるのはガタガタと音を立てながら、複数の並べ替えを次々生み出し続けるストーリー製造機だけだ。画面外の超越した声の代わりに、我々が目にするのは自身の錯乱のなかで役を演じるスパイダーというキャラクター、自らの少年時代の記憶が展開する傍らで、それを観察し、常に、執拗に、それを書き綴る大人のヴァージョンのスパイダーだ。クローネンバーグが考察したように、スパイダーはまるで自分自身の記憶を監督しているように思える。「あるジャーナリストから、『自身の記憶のなかにいるスパイダーを我々は観るわけですが、窓越しにこっそり覗き見し、部屋のすみに潜む彼の姿は、撮影セットにいる映画監督に似ていませんか？』と言われた。私自身はそういう風に考えたことはなかったが、彼は自らの記憶を監督し直し、振付けし直しているんだね」【註3】。夢のなかではどのキャラクターも、夢を見る者本人であるのを我々は思い起こさせられる。

ゆえに『スパイダー』では自然な表現主義、あるいは表現主義的なナチュラリズムが展開する。作品内の妙に人通りが少なく寂しいロンドンは、クローネンバーグいわく表現主義的なロンドンだ。『スパイダー』は、ロックンロール到来以前の五〇年代イギリスの茹でたジャガイモを思わせる雰囲気と、キャベツの茹で汁並みに色落ちしたくすんだ色調を捉えている。

『スパイダー』ともっとも共通点の多いクローネンバーグ作品が『裸のランチ』（一九九一）で、あれも映像化不可能とされてきた本を原作とするのはもちろん、どちらも主なテーマは執筆すること、狂気、男らしさ、ひとりの女性の死だからだ。『裸の～』と『スパイダー』双方において、それをめぐって映画が周回する空隙、決定的な出来事に当たるのが、幻想のなかで繰り返されるひとりの女性の殺害だ。『裸の～』で、主人公リーは当初、妻ジョーン殺害の罪を「コントロール」の影響のせいだったとして否認する。映画のラストで、ジョーン／もしくは彼女の分身を再び暗殺することを要求されてやっと、リーはその殺人の責任を最小限引き受けられるようになる。彼女の死を再現する行為は、倫理的な責任を認めるというよりも、むしろその死を我がものとすること、筋を通し理解するための試みになる。トラウマのロジックとはそういうものだ（それは、バラードの『残虐行為展覧会』のスキゾなキャラクターの動機の描写を思い出させる――「彼はもう一度ケネディを殺したかったのだ、ただし今回は筋の通るやり方で」)。

『スパイダー』では当初、我々はスパイダーの父親ビル・クレッグ(小説ではホレス)が「肥った売女」イヴォンヌ(小説ではヒルダ)と不倫をはじめ、そしてスパイダーの母親を殺害した、と信じ込まされる。残忍かつ無頓着に妻を殺し、市民菜園の自らの割り当て区域に急いで掘った穴に遺体を転がして落とすや(「古いものとはおさらばね」とイヴォンヌは非情にケラケラ笑う)、ビルはすぐにイヴォンヌを自宅に引っ越させる。この段階で、スパイダーの説明はどこか間違っている、との我々の疑惑は確信に変わりはじめる。だが、映画の結末まで来てやっと、本当に起きたのはこういうことだったらしい、と我々は理解する——すなわち、母親を殺したのはスパイダー自身であり、母親は他人だとの妄想に襲われ、彼は彼女をガス中毒で殺したのだ、と。作品の初期段階でスパイダーと父親が交わすやり取り(スパイダー:「あの女の人は僕の母さんじゃない」。ビル:「そうか、じゃあ、彼女は誰なんだ?」)は別の重要さを帯びてくる。最後の場面で、ビルはスパイダーを家から救出し、必死にイヴォンヌを蘇生させようとする。死したところで、イヴォンヌは再び、ダーク・ヘアのクレッグ夫人に変わる。

一般的に好まれる解釈はこうらしいが、映画の方は、ストーリーの可能性として開けたドアのどれひとつ完全に閉じていない。作品が未解決のままで残したストーリーの個別な選択肢は、以下の九つになると思う——

1　ビルは妻を殺し、彼は実際にイヴォンヌという名の売春婦と同棲した。
2　ビルは妻を殺し、イヴォンヌも実在するが、彼女はスパイダーの父親と同棲したことはなかった。
3　ビルは妻を殺したが、イヴォンヌなる人物は存在しない。

4　ビルではなく、スパイダーが彼の母親を殺したが、ビルがイヴォンヌと同棲しはじめたのは妻の死後だった。

5　スパイダーは母親を殺し、イヴォンヌという売春婦は存在するが、彼女はスパイダーの父親と同棲したことはなかった。

6　スパイダーは母親を殺したが、イヴォンヌなる人物は存在しない。

7　スパイダーもビルもクレッグ夫人を殺さなかったが、スパイダーの母親の死後、ビルはイヴォンヌと同棲しはじめた。

8　スパイダーもビルもクレッグ夫人を殺さなかったし、イヴォンヌなる人物は存在するが、彼女がクレッグ家に引っ越したことはなかった。

9　スパイダーもビルもクレッグ夫人を殺さなかったし、かつイヴォンヌなる人物は存在しない。

マグラアの小説の曖昧さに答えを出すより、映画は実はむしろその面を増幅させている。小説では、我々は少なくとも、スパイダーが母殺しの罪で収監されてきた（らしい）と知る（とはいえ彼は一貫して、母親の死の原因は父親にあると訴え続けるのだが）。映画版では、クレッグ夫人の死から、社会復帰訓練用の下宿にスパイダーがやって来るまでの二十年間は空白だ。推論の結果我々が知っている、というか知っているつもりでいるのは、彼が精神病施設に入院していたことだけであり、それ以外は何も知らない。

映画の多義的な曖昧さを維持するのに、ミランダ・リチャードソンの演技は要だ。異なる三役——貞淑なブルネットのクレッグ夫人、みだらなブロンドのイヴォンヌ、突然場違いにセックス面で攻撃的になる、下宿の家主ウィルキンスン夫人――のいずれでも、彼女は素晴らしく光っている。その状況を複雑にしているのが、最初にイヴォンヌ役を演じるのはまったく別の女優である点で（少なくとも、僕にはそう思える。それが、この映画の気分が悪くなってくる精神錯乱ぶりゆえか、それともリチャードソンの演技が優れているからか、僕も定かではない）、それは映画の大半でウィルキンスン夫人はリン・レッドグレーヴが演じているのも同様だ。『裸の～』もそうだが、ここでも執筆行為は受動的であると同時に能動的だ。ビル・リーのように、自分独自の判読しにくい文字をノートに書き散らすスパイダーも、少なくともひとつの面では、外からやって来るシグナルを記録しているように思える。だが別の面では、彼こそ全場面の制作者であり、その実感を消失している。

　この作品を語る際に、クローネンバーグは記憶と芸術とは取り戻せないものを取り戻そうとする試みである、とのナボコフの理論に言及している。だが、この映画に大きく占める存在は別の作家、米文芸理論家ブライアン・マクヘイルがナボコフと同じく「限界のモダニスト」と呼んだ、サミュエル・ベケットだ。クローネンバーグ自身、髪が逆立ったスパイダーのルックスはベケットの写真に大いに影響されたものと語っているが、ベケットとの類似点はそれよりはるかに深い。モロイやマローン〔※ベケットの小説三部作（一九五一～五三）の登場人物〕と同様に、スパイダーもひっきりなしにポケットに手を突っ込み、お守りになるオブジェを探している。そのような部分的なオブジェは、彼らの「強烈な旅路」のルートを示すものだ。マグラアと同じようにクローネンバーグも、スパイダーと同一化するよう我々を誘惑し（クローネンバーグの発言：「私はスパイダーだ」）、彼のスキゾな流浪に我々を連れ出し、そしてその錯乱のなかに置き去りにしていく……。

【註1】アンドリュー・オヘイル、「The Baron of Blood does Bergman」、〈Salon〉（28 February 2003）、https://

www.salon.com/2003/02/28/cronenberg_3/

【註2】ジョイ・ディヴィジョン、〝ディケイズ〟、『クローサー』(一九八〇/ファクトリー・レコーズ)収録。

【註3】オヘイル、「The Baron of Blood...」

ナイジェル・バートン、起立しなさい

――k-punk, (13 June 2004), http://k-punk.org/stand-up-nigel-barton/

憶えている、憶えている
僕を生んだ学校を
憶えている、憶えている、
僕を……引き裂いた学校を

――デニス・ポッター、『The Nigel Barton Plays』【註1】

そして今日、教育と文化はそれ以外に何を求めるというのか！　我々のこの、人民の時代――粗野な時代ということだ――において、「教育」と「文化」は基本的に、人間が肉体と魂に受け継いだ暴徒の起源を偽るための、ペテンの技術でなくてはならない。

――フリードリヒ・ニーチェ、『善悪の彼岸』【註2】

「六〇年代の夏」と題したシリーズの一環としてＢＢＣ４が放映したデニス・ポッターの『Stand Up, Nigel Barton（ナイジェル・バートン、起立しなさい）』（一九六五）は、今なお、ほとんど観ていられないくらいつらく、きついドラマだ。

この作品でポッターは、生まれ落ちた階級からオックスフォード大学の高尚な世界へ送り出された、奨学生だった自らの経験を大いに参考にしたテレビ劇を書いている。『Stand Up～』は、彼が労働党候補として国会議員選挙に出馬し、敗北を喫した体験をフィクション化したドラマ『Vote, Vote, Vote for Nigel Barton（ナイジェル・バートンに一票を）』（一九六五）の後に書かれた。『Vote～』がBBCの手によって放映見送りとなり、ポッターはむかつかされた。とはいえ、その一時的な放映中止のおかげで彼は自らの作り出したキャラクターに再び取り組めるようになり、『Vote～』の前日譚に当たるこの作品を書き、ドラマとしては先に放映されることになった。

英国産フィクションは社会的流動性に関して常に相反する姿勢をとってきた。ポッターの取り上げたテーマは、ドラマ界と同じくらい、音楽界においても六〇年代の人心を奪っていくものと大いに一致していた。たとえばザ・キンクス（「ロージー、どうか家に帰って来てよ」、「僕の友人を見てご覧／彼らは川を越えていく（See my friends／they cross the river）」）〔※〝ロージー・ウォンチュー・プリーズ・カム・ホーム〟（一九六六）は姉ロージーのオーストラリア移住にインスパイアされレイ・デイヴィスが書いたとされる。なお、〝シー・マイ・フレンズ〟（一九六五）の実際の歌詞は「See my friends／Layin' 'cross the river」＝「ご覧／川に横たわる僕の友人を」。曲想は姉ルネの死とされる〕や、ザ・フー（「僕はプラスチックのスプーンを咥えて生まれた」）〔※〝サブスティテュート〟（一九六六）〕を考えてみて欲しい。ディケンズのピップ〔※『大いなる遺産』〈一八六一〉の主人公である孤児〕のように、ナイジェルは深刻に悩んでいる——彼は、新たに獲得した特権とステイタスを諦めるのには気が進まない。かといって、それらを生まれつき自分に備わったものとして受け入れることはできない。自らのルーツにしがみつくと同時にそれを拒絶してもいて、生まれを決して忘れはしないものの、その出自が自分に残した痕を恥じている。そして、その恥の感覚を恥じている。彼は支配階級に混じっていても常に居心地が悪く、かといって彼を生み出したコミュニティにいてももはや安寧ではいられない。

四十年経った後に観ても、いまだに激怒、混乱、狼狽で画面にひびが走る。ポッターはふたつの世界を行き来する。一方は、プロレタリア・コミュニティの基盤である、「息が詰まるほどの愛情」で満ちていながら、コミュニティを去る者に対しては根深い疑惑・憤慨・不信感を抱くワーキングメンズ・クラブ〔※協同組合として運営される労働者階級向け教育・娯楽用会員制クラブ〕。もう一方は、いかがわしいメンバーが機知に富んだ会話を怠惰そうに交わす、オックスフォード・ユニオン〔※オックスフォード大学の学生弁論団体〕のやたらと気取った要塞だ（「オックスフォードでは」——と、いささか芝居がかり過ぎた口調でナイジェルは述べる——「実は何も大事ではない」。そこでは世俗からの自堕落で皮肉っぽい超越ぶりが紳士のしるしとされており、ナイジェルの情熱そのものが既に、彼をいまひとつ間違った浮いた存在にしている）。

最後の場面——自宅で両親と共に、テレビ番組で階級に関する取材を受ける自らの姿を眺めるナイジェル——を、気まずさを感じずに観ることのできる人間などいるのだろうか？　父親は彼の「一挙一動を見張って」いて、彼は「危ない綱渡りをやって」おり、社会階層の間を動き回る者にしか階級は経験されない、とのナイジェルのコメント、そのどれひとつ歪曲されてはいない。にもかかわらず、ナイジェルは自らの賢さに酔い過ぎているし、演じて欲しいと要請された、疎外された労働者階級の若僧という役回りに固執し過ぎている。自分が両親を裏切ったことを彼は承知している。良いときでもナイジェルに対して相反する感情を、誇りに思うと同時に腹立たしさを抱いている父親は、怒りでふつふつと煮える。事情を理解できていない母親は「でも、清潔なのよ。この家じゃ、床の上からじかにものを食べれるくらい綺麗にしてるんだから……」と嘆き悲しむ。

ポッターはここで、彼にはナチュラリズムを苦痛で痛いほどに、そして力強くこなせることを証明している。だが彼は、時系列をいじる、枠組みを壊す（大人が子供を演じる、キャラクターがカメラに向かって直接語りかける）といった、より表現主義的なテクニックも既に模索しはじめている。『The Singing Detective』の有名な教室の場面の起源はここにあり、怖くて縮み上がるほど詰問調の魔女めいた女性教師役を、ジャネット・ヘンフリーは後に『The Singing～』でも再び演じている。演技面では、ナイジェル役のキース・バロンとナイジェルの父親役のジャック・ウールガーは全般的に素晴らしい。

ここまでくれば、これだけ深く考えさせられる、際どい、重要なテレビ・ドラマの不在を嘆く僕の不平を繰り返す必要はもうないだろう。だが、ポッターの伝えてくるメッセージはなんとニヒルなことか。目指して進む目標もなければ、戻りたいと思う対象も存在しない。身動きがとれずひとりぼっちのナイジェルは、永遠に孤独だ……。


『Stand Up～』は、少人数の家族集団――その弱みがもっとも露呈する状態――の形で、おそらく炭坑夫の連中とオックスフォードの教授勢の双方が観ることになる台本だろう、というのは私には分かっていた。この点は、狼狽を生むべく意図された一連の対立を通じ、階級にまつわる英国特有な狼狽の意識を用いようとした、このお話のもつ潜在的な力に大いに貢献してくれるはずだ。劇場――あるいは、少なくともロンドンの劇場街ウェストエンド――でこの芝居が上演されていたら、観客層は主に、この特有な境界線のどちらか一方に偏っていたことだろう。肉体労働者から株式仲買人まで、あらゆる層を含む何百万もの人間が階級についての「真面目な」劇を観る、それが実質保証されているメディアは、テレビ以外にない【註3】。

【註1】デニス・ポッター、『The Nigel Barton Plays』、(一九六七)

【註2】フリードリヒ・ニーチェ、『善悪の彼岸』(一八八六)

【註3】ポッター、『The Nigel Barton Plays』

ポートメイリオン：理想の生き方

——k-punk, (31 August 2004), http://k-punk.abstractdynamics.org/archives/004048. html

祝祭暦との密接かつ多岐にわたる相互関連性から切り離された、別個の領域としての経済性の産出に精力を傾けたブルジョワジーは、定期市（フェア）を概念の意味で合理的かつ商業的な交易イヴェント、もしくは大衆に人気のある娯楽の場に改革すべくいそしんでいたことになる。後者としてのフェアは、古典時代以来、政治と道徳双方の観点から規制および抑圧の対象になってきた。しかしブルジョワ階級は、政治的な転覆や、道徳行為をおこなえば多少の不道徳も許されるという考え方にもしばしば脅威を感じてはきたものの、おそらくそれ以上に、フェアの場で労働と快楽、貿易と遊びが混ざり合うことで生じる、概念面での深い混乱に憤慨させられたことだろう。純粋に快楽を得るためだけの場である限り、フェアは分離した存在——ローカルで、祝祭的な、共同体型の、「現実」の世界とはつながっていないもの——としてイメージできる。純粋に商業だけが目的の催し物である限り、フェアは資本の発展における実用的な媒介として、現代化を進めるための道具、ローカルで共同体ベースの「市場」を世界市場に連結させる手段と想定できる。

——ピーター・ストリブラス／アロン・ホワイト共著、
「祭と豚、そして作者の権威」【註1】

君がポートメイリオンを知っているとしたら、それはまず間違いなく『プリズナーNo.6』（一九六七〜六八）、史上もっとも革新的なテレビ・シリーズのひとつとして正しく認知されている、あのドラマのおかげだろう（この評価に関してはすぐに後述する）。紳士にして慈善家のクラフ・ウィリアムズ＝エリス卿が、ポルスマドグ港に近い私有地の半島に建設した観光村ポートメイリオン〔※一九二五年から七五年にかけて設計・建設がおこなわれた〕。我々はあの村を、古めかしい趣きが魅力的な余興／エンタテインメント、どういうわけかウェールズの浜辺に流れ着いたチャーミングな英国的エキセントリックさの一例と考えがちだ。わざわざ口にするまでもない（そう自分たちでは考えている）言外の意味は、このすべて——魅力的なところ、エキセントリックさ、チャーム——は人畜無害、言い換えれば、楽しく愉快ではあるが究極的には重要ではない、になる。これらが政治—経済的な意義をもち得るなんて発想は、エリスの生み出した不条理な建築以上に不条理だ、そうに違いないじゃないか？

僕がウェールズで同じ週に、エリスの造った村とスランディドノのルイス・キャロルへのトリビュート〔※『不思議の国のアリス』〈一八六五〉のミューズであるアリス・リデルは家族とスランディドノの別荘でよく休暇を過ごしたため、アリスゆかりの観光ポイントが多い〕の両方に出くわすことになったのはふさわしい話で、なぜならどちらも、少なくともマグリットのベルギー産シュルレアリスムと同じくらい重要な、中心から外れた／風変わりな（ex-centric）ブリティッシュさに属しているからだ。アンドレ・ブルトンが、英国人——エドワード・リア〔※ナンセンス詩人／画家〕にルイス・キャロル、そして彼らと同類のおふざけ好きな連中を生んだ国民——にシュルレアリスムはほとんど必要ない、彼らは既にシュルレアリストなのだから、と考えていたことを思い出そう……。しかし、意識的過ぎると非難されることはまずないアルトーはキャロルの崇拝者だったし、イギリス産ナンセンスには徹底して真剣なところがあると認識していたシチュアシオニストも同様だった。もちろん、それはドゥルーズも同様で、「サイケデリックな判断力」のもっとも奇妙な記念碑のひとつ、『意味の論理学』（一九六九）を生み出した彼は、それをキャロルの「ナンセンス」の厳密に哲学的な解説とした（同書のもっとも煽動的なセクションのひとつは、アルトーによる「ジャバウォックの詩」の翻訳に関する記述だ）。

だが、ここでいったん話を中断し、シチュアシオニストについてもうちょっと考えてみる価値はある。シチュアシオニストが重点を置いたおふざけ／遊び好きな面が、ブルジョワのサーカス策略の得意顔な祝福にまで堕落してしまったのは悲惨な話だ（「企業資本」に対抗する革命派のショック部隊として、ジャグラー曲芸師や一輪車乗りが使われるくらいだ）。シチュアシオニストのおこなった批評の威力を思い返すためには、イワン・シュチェグロフ（別名ジル・イヴァン）の綴った驚異的な檄文『新しい都市計画のための理論定式』【註2】――我らの現女王、エリザベス二世〔※二〇二二年没〕が即位した一九五三年に書かれた――を読み直す必要がある。建築――すなわち我々の暮らす場――が、強烈に政治的な問題になってもいいではないか？　それに、グロットや曲がりくねった洞窟で暮らすこともできるのに、なぜ我々は退屈な、実用主義的空間で生活しなければならないのか？「心の病いが惑星全体を覆ってしまった――凡庸化という病いが。誰もが生産行為と簡便さのとりこになっている……」

パンクと同様に、シュルレアリスムも、美学的スタイルのひとつに要約された途端に息絶える。精神を錯乱させるプログラムの具体例として示されることで、それは再び生気を失う（反権威主義的な頭の悪い伝染性ネットワークとして実践されると、パンクが息を引き取ってしまうのと同じく）。シュチェグロフはシュルレアリスムの美学化に抵抗し、たとえばデ・キリコの絵画群を特定な美学的発明としてではなく、建築学的な青写真として、理想の生き方として扱った。デ・キリコの絵を眺めるのはやめにしよう――そのなかで生きようではないか、と。

驚くべきことに、シュチェグロフの呼びかけに先んじていたのがクラフ・ウィリアムズ＝エリスによるポートメイリオン建設だった。エリスは以下のように自らを描写している——

彼はまず間違いなく壮麗さとディスプレーに弱く、たとえ彼自身が極貧に陥ったとしてもなお、抑制されていない豪華さと何物にも縛られない華麗さが展開する場所を目にすれば自分は元気づけられるだろう、そう信じている。ゆえに、彼はコペンハーゲンのチボリ公園〔※一八四三年にオープンした遊園地／テーマパーク〕やそれに近いものが文明世界の各地に広がり、豪華さ、陽気な派手さ、洗練されたデザインを万人が味わえるようになるべきであると感じるのだ【註3】。

ということは、エリスは「必要なもの」（すなわち、バタイユの限定された経済観における「有用性」）とは別のカテゴリーとしての美学の生産は、一種の（いかなる合理的な観点から見ても）不可解な、人類体験の可能性の減少に連坐していたと認識していたことになる。なぜ建築が吸血鬼めいた不死を誇る凡庸化文化の一部にならなければならないのか？　なぜ特権階級にしか自らの生活環境を楽しむことができないのか？　なぜ貧民はみじめなコンクリ製団地に閉じ込められなくてはならないのか？

エリスは美を「奇妙な必需品」と呼び、必須＝生物学的／美学＝文化的な贅沢、の二進法を切り裂いていった。魅力的な環境を取り去られた身体は、言うまでもなく、それ以上に「必要」なものを奪われた身体と同じくらい、憂鬱（depressed）——あるいは、すこぶる多義的なラスタのタームを使えば「抑圧された状態（downpressed）」）——になり得る。

ポートメイリオンのウェブサイト【註4】によれば、エリスがポートメイリオンの建物を通じて実践しようとしたのは、自然本来の美を破壊することのない、自然美に満ちたサイト開発の可能だった――

精力的に環境保全キャンペーンを展開したクラフは、一九二六年設立のイングランド農村保護評議会、および一九二八年開始のウェールズ農村保護運動の発起メンバーのひとりでした（後者に関しては、彼は二十年理事を務めました）。彼は農村保護、快適環境の計画、工業デザイン、カラフルな建築物の唱道者でした。

では、『プリズナー』がここで撮影されたのは、偶然でもなんでもなかったことになる。フーコー的な権力分析（「君がナンバー・ワンだ」）に加え、その――いずれも良い意味での――実験主義といい、P・K・ディックめいたサイケデリックなアイデンティティの解体といい、『プリズナー』は英国階級システムを辛辣に記述したものだった。作者／役者であるパトリック・マクグーハンは、当時のITV局長ルー・グレイドから創作上の権限を与えられた（そう、『プリズナー』って、あのITVが放映した作品だったんだよね――今じゃ信じられない話だ）〔※ITVは大衆向け英民放局〕。アメリカ生まれのアイルランド人であるマクグーハンも、ユダヤ人のグレイドも、英国の中心を成す紳士クラブの上品ぶった残忍さを突き破って侵入してきたアウトサイダーだった。ときに苛立ち短気になることもあるとはいえ、次々に登場するナンバー・ツーには概して、英国の核である支配階級特有のどうにも貫通できない、実に腹立たしい、あの洗練された自信満々さが備わっている。権力は、粗野な力としてではなく――荒っぽい力が行使される（たとえば「Hammer into Anvil／邦題：№2旗色悪し」の一話）ときは、彼らがあらゆる面で自制心を失ってしまったのがこちらにも分かる――穏やかな、謎めいた礼儀正しさの裏に潜む示唆的な敵意として表現される。「ナンバー・シックス、お茶でもどうかね？」

その村は、キンクスが『ヴィレッジ・グリーン・プリザヴェイション・ソサエティ』（一九六八）で相反する思いを込めて祝福した、丁寧に儀式化された英国性の古めかしい魅力をすべて備えている（同アルバムは『プリズナー』と同じ時期に発表された）。もちろん、マクグーハンの非凡な才能は、「また会おう（be seeing you）」、「ご自由に（feel free）」といったよくあるフレーズに含まれる皮肉な後味を暴いてみせるところにある。『プリズナー』はカフカとキャロル双方の後継者であり――かつ、その重要性のひとつは、その共有された感覚を明かすところにある。マックス・ヴェーバー的な非個人性に向かっていった衰退しつつあるハプスブルグ系官僚主義、何もかも凡庸にしてしまうその怖さのカフカの観察ぶりは、キャロルに多くを負っている。とどのつまり、Kの受ける「審判」は、『不思議の国〜』の最後で描かれる裁判と同じくらい意味がないのだから。アリスと同じように、Kもしばしば遊び好きな子供――キャロルとカフカの世界では、ふざけることができるのは子供だけだ――のように映るし、その子供は先例だけを頼りに気まぐれに振る舞う大人たちの、無意味でバカげた行き当たりばったりな残酷さを観察していく。「これまでもずっと、物事はこういう風に進んできたんだ。知らないだって？　君、バカじゃないのか？」

大人の頑固な愚かさに直面して子供の理性を回復した点が、カフカ、キャロル、『プリズナー』をパンクにしている。子供は、社会化される――すなわち、仲間たちの不合理な気まぐれをただ黙って受け入れるしかないほど無感覚にさせられる――までは、理性によって弁護できない限り、権威など無意味であると知っている。

ウィリアムズ＝エリスやシチュアシオニストとシュルレアリストがそうであったように、『プリズナー』も不可能だとされていた夢を夢見た――「強烈な今」を追い求めるなかで遊びと理性がひとつになる、そんな社会システムを思い描きながら。

【註1】ピーター・ストリブラス／アロン・ホワイト共著、「祭と豚、そして作者の権威」、『境界侵犯――その詩学と政治学』（一九八六）所収。

【註2】このテクストの全文は以下で閲覧可能。http://www.bopsecrets.org/SI/Chtcheglov.htm

【註3&4】以下のウェブサイト参照。https://www.portmeirion-village.com/visit/clough-williams-ellis/〔※現在の公式ＨＰアドレスはhttps://portmeirion.wales/〕

ゴルゴタの丘の唯物主義

——Hyperstition, (15 October 2004), http://hyperstition.abstractdynamics.org/archives/004275.html

今週、やっと『パッション』(二〇〇四)を観た。仕事場で、一般教育修了上級課程で宗教研究を学んでいる学生たちと一緒に。僕と同じように、彼らも感涙にむせぶだけでは済まなかった(教師の皆さんにヒント：午前九時にあの映画を上映すれば、寝起きでぼんやりしたあくび混じりの学生もたちまち目を覚まします)。

メル・ギブソンのこの映画に関してジジェクが書いた素晴らしいエッセイ、「Passion in the Era of Decaffeinated Belief(カフェインを抜かれた信仰の時代における受難)」【註1】の大半に同意するとはいえ、彼の論はやや突っ込みが足りないと僕は思う。

宗教的な確信は本質的に病的かつ危険である、との独善的で怠惰な文化主義者的コンセンサスにジジェクが異論を唱えるのは正しい。だが、「キリストの受難」においてもっとも重要なのは信仰である、との彼の提言は間違っている。ギブソンのグノーシス的ヴィジョン——単に、キリストの名において組織的にそれを歪めてきた、制度化された宗教の手から救われたキリストの倫理的な「お示し」ということだが——は、宗教信仰の伝統的なふたつの支柱を無意味なものにしている。驚くべきことに『パッション』は、キリスト(信者)になろうとする者にとって「啓示」も「伝統」も重要ではない、という実例を示している。肝心なのは、映画のなかで描写された出来事が実際に起きたかではなく——かつ、あれに近いことが起きたのを疑う根拠もない——キリストの物語が語る、人生の実践ぶりにある。

寓話としての人生。

何よりまず、この映画は反ユダヤ主義的である、との発想をうっちゃってしまおうではないか。映画前半はたしかに、その解釈を招く恐れがある。イエスの逮捕に至るまで、映画はユダヤの宗教権威者たちを人間以下に近い怪物じみた存在として描くように映る。対してローマ帝国権力者側は、自分たちが植民地化した土地の人民の間で起きた不愉快なローカル紛争に困惑した、害のない観察者として同情的に捉えられている（この面に関してギブソンは、いったんローマ帝国と政教条約を結んだところで、磔刑に対する新たな支配者の一切の責任を許すのに必死だったローマ・カトリック教会が後から持ち込んだ、反ユダヤの筋書きを信じ込んでいるようだ）。

しかし、悪名高い鞭打ちの場面が訪れると、映画は強烈な境界線を突破する。ここでのローマ兵は不必要に残忍なサイコパスと映るし、イエスの懲罰に彼らが込める行き過ぎた熱心さはいかなる「職務」の域も越えている。ここまで来れば、『パッション』に民族に対する下心など一切ないのは明らかだ——これは人類の愚かさと残酷さについての作品であり、しかしそれ以上に重要な点が、虐待が虐待を生む、人類の歴史という無意味かつニヒルなサイクルからの脱出路だ。

福音書に浮上するグノーシス的なきらめきは、ギブソンの映画のなかで大きな重みを与えられている。「私の王国はこの世界のものではない」〔※ヨハネによる福音書の一節〕。だがギブソンは、ニーチェが数多くのキリスト教攻撃のなかで正しく酷評した、生命を否定する者・身体を嫌悪する者に慰めを与えることは拒否している。『パッション』のヴィジョンに超自然的、あるいは超越の次元はわずかしか含まれない。キリストの王国がこの世のものではないとしたら、彼の王国は身体の夢に飽きた者たちにとってのプラトニックな天国になるであろう、そう想定するに足る根拠を、ギブソンはほとんどもたらしていない。

キリストが拒絶する「世界」とは「嘘だらけの世界」、確立した権力および体制による合意に基づく幻覚のことだ。対してキリストの王国は、「愛情深い集団性」が生じるときにしか存続し得ない。言い換えれば、その王国は後からもたらされる超自然的な報いなどではなく、キリストになる過程において彼の精神（spirit）を生かし続ける者たち、彼らの「倫理的」行動のなかに存在する。繰り返しておくが、この精神は何やら形而上学的な霊物質ではなく、行動と実践を通じてのみ裏づけられる、厳密に物質的な抽象機械である点を強調しておくのは大事だ。神を愛し、自分自身以上に他者を愛することは、自らのエゴを溶解させ、「自己という地獄」からの解放を獲得するための前提条件だ。

ある視点から見ればキリストの身体に加えられた完膚なきまでの辱め・不名誉であるものも、別の視点に立って見れば、「生命体の知恵と限界」から解放された身体、その冷酷なほど容赦ないヴィジョンになる。

マゾなキリスト教（Masochristianity）。

キリストの「お示し」とはこれだけのことだ――虐待のウィルスを後世に伝えるくらいなら、あるいは、いかなる形であれ権威の「世界」のくだらない空虚と愚鈍さの汚名をそそぐくらいなら、死んだ方がましである。

権力は生命体の弱さに依存している。権威が挑戦を受け、その立場が深刻に脅かされ、その寛容さが限界にまで達すると、最後の頼みの綱として拷問が控えている。心なく、容赦ない肉体の劣化ぶりをじわじわと描く『パッション』のどぎつい場面の数々は、イエスの生命体がこうむった恐怖を暴露するためには必要なものだ。その耐えがたい苦痛から逃れたければ、彼はただ自らの「真実」を放棄し、「世界の権威」に同意しさえすればよかったのは明らかだ。キリストの「お示し」はこう主張する――「権威」にお辞儀し、頭を下げるくらいなら、生命体が死ぬまで拷問されるに任せる方がいい、と（「あなたの片目があなたに罪を犯させるのなら、それをえぐり取ってしまいなさい」）〔※マタイによる福音書の一節〕。

おそらくこれが、ギブソンの映画でもっとも驚異的な点だ。カトリックの偏狭ぶりを打ち出す声明どころか、この映画は反権威的であり、**したがって**反カトリックとしか解釈しようのないものになっている。なぜなら、バカらしいほど豪華な衣装に身を包みふんぞり返る二千年ほど前のファリサイ派は、金メッキされ罪悪感まみれの、児童虐待者をかばう今日のバチカンの代用品なのだから。強い抵抗にも関わらず、二千年にわたる裏工作の数々と隠蔽にもかかわらず、『パッション』は本来のキリストを、反世界的ではあるものの「解放の神学」の別世界的存在ではない、そんなキリストを取り戻してみせた——「今こそ黙示録を」、その、グノーシス的な伝令としての彼を。

【註1】スラヴォイ・ジジェク、「Passion in the Era of Decaffeinated Belief」『The Symptom: Online Journal for lacan.com』、第五号／二〇〇四年冬号、http://www.lacan.com/passionf.htm

この映画じゃ僕は感動しない

——k-punk, (13 March 2005), http://k-punk.abstractdynamics.org/archives/005171.html

『ドクター・フー』の新シリーズ放映を不安と共に待ちわびているところで（といっても、マッコイとマッギャンを観せられた後では、怖いものなど何もないわけだが）、ここでひとつこのテレビ・シリーズの魅力、そしてもっと一般的な意味で、僕が「不気味なフィクション（uncanny fiction）」と呼ぶであろうもののユニークな重要性について考えてみても損はないだろう〔※『ドクター・フー』はBBCの最長寿SFドラマ。ここでフィッシャーは、連続ドラマとしては約十六年ぶりの再開で話題を集めた新シリーズを取り上げている。シルヴェスター・マッコイは八〇年代に七代目ドクター、ポール・マッギャンは九〇年代の単発作で八代目を演じた俳優。リブート以後は定期的に制作が続いており、二〇一八年には歴代初の女性ドクター、二〇二三年以降の新シリーズでは初の黒人ドクターが登場する予定〕。

二週間前に『オブザーヴァー』が掲載したレイチェル・クックの文章【註1】は、これらの疑問を浮き彫りにしてくれた。クックの記事はとあるテレビ・シリーズに関する記述以上のもので、放送業、家族、不気味なものの三つがいかに『ドクター・フー』を通じて絡み合っていたかを伝える物語だった。クックは、彼女の家ではいかに、一家そろってあの番組を観るのが文字通り「儀式」になっていたかを力強く描き出す——各番組をアンカーするアナウンサーが「さて、続いては……」の文句を切り出す前から、彼女は洗髪を済ませた状態で、ソファに陣取っていなくてはならなかった。もっとも良いときの『ドクター・フー』の魅力は、不気味なもの——

不思議となじみのある何か、なじみがあるはずなのに奇妙に感じられる何か――が発する興奮に備わっているのを彼女は理解している。たとえば、悪役のサイバーマンたちがセント・ポール大聖堂の階段を下りてくる光景や、グッジ・ストリートに出現したロボットのイエティといった具合に（グッジ・ストリートは、スキャンシフツ【註2】にとっては常にトラウトン期の冒険、「The Web of Fear」〈一九六八〉を連想させる通りだそうで、彼はニュージーランドで暮らしていた頃にこのエピソードを観た）〔※パトリック・トラウトンは一九六六年から六九年に二代目ドクターを演じた俳優〕。

だが必然的に、彼女はメランコリックなトーンで文章を締めくくる。クックは新シリーズ第一話の披露試写会に参加したところだった。彼女はその制作費のかかったプロダクションの質の高さ、「不吉な瞬間の数々」、ロンドン・アイ〔※二〇〇〇年を記念し建てられたテムズ河畔にある大観覧車〕の使用を楽しんだ。「けれども、それは――これをどう表現したらいいのだろう?――『ドクター・フー』ではないのだ」。「大きな喪失感」に打ちのめされた彼女は、新シリーズには提供不可能な正真正銘の体験、「本物」の味わいを求めてベイカー期『ドクター・フー』の「Robots of Death／邦題：死のロボット」（一九七七）をDVDで観ることにする〔※トム・ベイカーは一九七四年から八一年まで四代目ドクターを演じた俳優で、ドクター役としては最長。同エピソードは人気・評価の高い名話のひとつ〕。だがこれも、むしろ、更なる失望に終わってしまう。「すべてテンポが遅く感じられるし、カミラ・パーカー＝ボウルズ〔※現カミラ王妃〕めいた緑色のキルティング・ジャケット姿のロボットのバカらしさと言ったらもう……やれやれ」

ここでしばし、このテクスト「そのもの」の存在論的な状態に関するポスト・ポスト構造主義者の疑問はすべていったん脇に追いやり、記事の結末に登場する、がっくり意気消沈した逸話を考えてみよう――

クリスマスが来る前に、私の父親のがんが末期にまで進行したことが判明し、家族全員で一緒に観れるようにと兄弟がDVDを買ってきてくれた。父親は具合が悪過ぎて、DVDのボックスは未開封に終わった。あのとき、私はこの点に涙した――またも、不公平に見舞われた、と。けれども今の私は賢くなり、悟っている。人生のなかには、決して取り戻しようのないものもある――きらきらした、半ズボン姿の緑色のロボットを見て感じる喜びも、そのひとつだ。

この失望の物語は、おなじみになってしまったジャンル、ポストモダンな寓話に属している。昔の『ドクター・フー』を眺める行為は、失われた瞬間を取り返し損ねるだけに留まらない――それは、がっかりさせられるありふれた恐れと共に襲ってくる、その瞬間はそもそも存在しなかったのだ、という発見でもある。畏怖と驚異を与えてくれた経験は、仮装コスチュームと安っぽい特殊効果の山のなかに消え去っていく。となると、ポストモダン人に残された選択肢はふたつ。ひとつはいわゆる「大人になる」、かつて抱いた熱意を卒業し否認することであり、もうひとつは「大人にならない」、すなわち熱意を信じ続けることだ。したがって、これらふたつの運命は、もはやメディアに惑わされない子供の出現――憂鬱なリアリズムか、おたくな熱狂か――を予期していたことになる。

クックが『ドクター・フー』に傾けた（寄せた）激しい情熱は、六〇年代と七〇年代に育った我々の世代の多くに典型的なものだ。彼女よりやや若い僕も、あのドラマが放映される二十五分間がたしかに、その週でもっとも神聖な時間だった時期があったのを憶えている。僕より少し歳上のスキャンシフツは、自宅のテレビがちゃんと作動しなかったため、クライストチャーチにある百貨店のテレビ売り場まで出向き、こっそり最新話を観たものだった――はじめのうちは無音で観ていたが、ありがたいことに、そのうち彼は音量の上げ方を発見した。

これほどの真剣さは何だったのか、そのもっとも分かりやすい説明――子供時代の熱心さと無垢さ――は、入手可能だった当時ならではの技術および文化条件を考慮に入れることでも補足できる。フロイトによる不気味なもの（unheimilch）、「家庭的でありきたりならざるもの」の分析は有名だが、ドメスティックなものに宿る不気味さに関する彼の記述を、テレビにリンクさせてみる甲斐はある。テレビそのものが、なじみがあると共に外来な存在だったわけで、我々の日常に溶け込んでいるエイリアン〔※『ドクター・フー』のドクターは異星人という設定〕についてのドラマ・シリーズは特に、子供の無意識にやすやす入り込む筋道を見つける定めにあった。文化的な配給制の時代、モダニストな放送の時代、すなわち再放送がえんえん繰り返されることもなく、ヴィデオに録画することもできなかった時代に、テレビ番組は貴重なはかなさを備えていた。はじめて観たその瞬間に、それらは夢と記憶とに翻訳された。これはポストモダンなメディア生産における、「メイキング・オブ」の制作秘話ドキュメンタリー映像やインタヴューを通じての作品の即時の記念碑化――その先回りの度合いは増している――とはかなり異なる。これらの作品の実に多くが生まれる前から完璧にアーカイヴ化される奇妙な運命を享受しており、テクノロジーによって完全に記憶される一方で、文化には忘れられていく。

しかし、『ドクター・フー』がひとつの世代の無意識を植民地化する存在になった条件・状況とは、単にその希少性と「あまり洗練されていなかった」時代の「無垢さ」だけなのだろうか？　クックが示唆する通り、その魔法は、誘惑する吸血鬼が明るい太陽光を浴びた途端に崩れ落ちてしまうように、何にも欺かれない、容赦ない大人の目にさらされると崩壊するのだろうか？

フロイトが『トーテムとタブー』と論文『不気味なもの』(一九一九)でおこなった有名な論によれば、我々現代人は個々の精神的発達の過程において、人類という種全体がたどったナルシシスティックなアニミズム段階から現実原則への「進歩」を繰り返す。「野蛮人」と同様に、子供もまだナルシシスティックな自己エロティシズム段階にあり、彼らの思考は「全能」だ、とのアニミズム的錯覚を起こすことがある。つまり、彼らの考えることは、世界に直接影響を及ぼせる、と。

しかし、それは子供が『ドクター・フー』を「本気で信じた」ことがあった、ということなのだろうか? ジジェクは、「原始的な」社会出身の人々に彼らの神話について訊ねると、実はその回答が遠回しである点を指摘している。彼らは「神話を信じる連中もいくらかいる」と答える。信念は常に、他者の抱く信念なのだ。いずれにせよ、大人と現代人が失ったのは、何かを無批判に信じる能力ではなく、あのテレビ・シリーズを居住可能な架空のプレイゾーンを作り出すための引き金として利用する、その技術だった。

そのような実践のモデルになるのが、フィリップ・K・ディックの『パーマー・エルドリッチの三つの聖痕』(一九六四)に登場するパーキー・パット配置図だ。他星に移住し、ホームシックをわずらう植民は、地球を真似た環境で暮らすケンとバービーめいた人形に自らを投影することができる。だが、彼らがこのシミュレーションのセットの住人になるためには、ドラッグを摂る必要がある。このドラッグがやっているのは実質的に、子供にはごく自然にやれることを大人のなかに回復することに尽きる――すなわち、信じるための能力ではなく、信じていないにもかかわらず演じることのできる能力を。

とはいえ、ここまで言うと、ある意味行き過ぎだ。それは、大人は本当に自己愛的なファンタジーをあきらめ、幻滅させられる経験主義の苛酷な凡庸さに自らを調整し合わせてしまった、と示唆することになるのだから。実際に彼らがやったのは、ひとつのファンタジーの別のファンタジーへの置換に過ぎない。ポイントは、消費者資本主義のなかで大人になるのは、すなわちパーキー・パット世界の単調に明るい連ドラの家庭性で暮らすことだ、という点だ。大人の現実と呼ぶように我々が求められる、その平凡なメロドラマ内で排除されてしまったのは、ファンタジーではなく、不気味なもの——物事はどうも思った通りではなさそうだとの感覚、ありふれた日常生活の図は我々に取り憑くか支配する、あるいは我々を狙う、寄生虫やエイリアン勢力の陰謀の隠れ蓑に過ぎないとの感覚。言い換えれば、不気味なフィクション作品のもつ抑え込まれた知恵とは、この世界、リベラルで資本主義的な常識の世界の方こそ、ぐらぐらした書割に支えられた舞台セットである、との理解だ。スキャンシフツと僕が近々レゾナンスFMで放送する予定の音響ドキュメンタリー作品『London Under London』で実例を示せればと思っているのだが、「ロンドン地下鉄の実態」は、ポストモダンの侘しいリアリズムよりもパルプ小説とモダニズム（いずれにせよ、これらはそれにふさわしい不気味な共謀性を備えている）で描写する方がいい。「個々の人々」の薄く脆い表層をいったん剥ぎ取ってしまえば、ロンドンの地下鉄乗客たちが邪悪な地球外企業の支配下に置かれたゾンビであることは、誰もが知っている。

過去二十五年間のジャンルとしてのファンタジーの台頭は、それと同じ期間に資本主義を除き、効果的な代替現実構造がいずれも崩壊したことと直接関わっているとも言える。『スター・ウォーズ』（一九七七〜）のようなものを観れば、すぐにふたつの事柄が頭に浮かぶ。その架空の世界は、あり得ないくらいかけ離れていて、遠過ぎて気にかけようもないものであると同時に、かつ、この世界に似過ぎで、我々の世界とあまりに近いせいでワクワクさせられない。不気味なものというのが、どう考えても親しみのある／なじみのある何かのなかに備わった、どこにも帰すことのできない変調／ずれだとすれば、ではファンタジーとは、継ぎ目のないスムーズな世界、どの隙間も分子レヴェルで埋められた世界を作り出すことだと言える。ファンタジー・ジャンルが、デジタル・エフェクトの発展と手に手をとって台頭したのは偶然ではない。CGの不思議な空疎さと深みのなさは、技術が現物を忠実に再現し損ねているからではなく、というかむしろ逆で、「ちぐはぐさ」といったものをフォトショップ加工で取り去ってしまったところから生じている。

したがって、「家族」・「国家」・「ヒロイズム」から成るファンタジーの構造は、嘘かどうかは抜きにして、いかなる意味においてもその描写としてではなく、それを目指して生きるための手本として機能する。そのデジタルな「理想」にどうあがいても達することのできない我々の実人生の挫折は、資本主義下の労働者兼消費者の受動性、決して手に入らないものを成すがままにおとなしく追求し、亀裂や中断のない世界を求める受動性を駆動させてきたモーター部のひとつだ。マーク・スティンの書く、良いとこの坊ちゃんぶった男根主義的寓話（これは、ロバート・E・ハワードあたりが書いた、お母さんが男の子に語り聞かせるお話に位置づけられるべきものだ）をひとつ読みさえすれば、悲惨なほど二元論的に愚鈍な、ファンタジーにおける「善」と「悪」の対立、「我々」と（異質で外来な、伝染性のある）「彼ら」との対立は、想像し得る限り最大の地球政治のステージでも有効であることがすぐ分かるはずだ〔※スティンはカナダ人の保守・右派のジャーナリスト／プレゼンター。ハワードは『英雄コナン』シリーズで有名なパルプ作家〕。

【註1】レイチェル・クック、「What's Up Doc」、『オブザーヴァー』(6 March 2005)、https://www.theguardian.com/theobserver/2005/mar/06/features.review17

【註2】フィッシャーのブロガー仲間で哲学者／著述家ジャスティン・バートンのこと。http://scanshifts.

blogspot.co.uk/〔※バートンはフィッシャーと音響エッセイ作品『On Vanishing Land』でもコラボレートし、〈ゼロ・ブックス〉から『Hidden Valleys: Haunted by the Future』を出版している〕

第三帝国ロックンロールの恐怖とみじめさ

——k-punk, (9 June 2005), http://k-punk.abstractdynamics.org/archives/005664.html

一昨日の晩、カール・クラフトのたっての願いを受け、トラウマになるほど力強い『ヒトラー～最期の12日間～』（二〇〇四）を（遅ればせながら）観に行った。二流作品が過剰にハイプされるおかげで、今どきの映画に寄せられる賞賛の声のどれに対しても懐疑的になってしまうものだが、これは紛れもない傑作だ。かつ、ソヴィエト軍の容赦ない迫撃砲の衝撃と、ヒトラー地下壕の閉所恐怖症的でむっとするこもった空気とが圧倒的な実感を伴って迫ってくる、映画館の環境で観ない限りその真価は味わえないであろう、そんな一作だ。

実を言えば『ヒトラー～』は、「実在人物の人生に基づいた映画は避けるに限る」という、いつもなら間違いのない僕の格言をあざ笑ってくれた、今年二本目の映画だった（一本目は『アビエイター』〈二〇〇四〉）。だが、この二作がどうして成功しているかと言えば、それは、どちらも現実自体が精神異常をきたしてしまった状況を描いているからだ。バラードが見て取ったように、ナチスの精神錯乱とはあの、内世界と外世界の区別がもはや維持できなくなった状態のひとつだった——地獄が地上に噴出し、脱出もあり得ず、未来もなく、しかもあなたはそれを承知している……。

『ヒトラー～』が興味をそそってやまないのは、この映画が注意深く、そして僕が考えるに実に周到に、ドゥルーズ＆ガタリがナチズムの組成分であると主張した「破滅の線」を記録しているからだ。その概念をヴィリリオから借りてきたドゥルーズ&ガタリにとって、ナチスがあらかじめ計画していた自己殲滅――「我々が打倒されるとしたら、国家も滅びた方がよい」――は、不測の事態に直面してやむなく下された決断というより、むしろナチ・プロジェクトの実現、そのまさに成就だった【註1】。ドゥルーズ&ガタリの記述は経験論的には怪しいかもしれない。だが、それが文化分析にもたらす素晴らしい貢献とは、ナチズムは自殺願望を抱えているという概念ではなく、自殺願望のある自暴自棄さ、自己破壊こそがナチである、の考え方ではないだろうか。

少なくともチャタートンの死以来、大衆文化は自己破壊を美化したいとの誘惑に打ち勝てずにいる〔※トーマス・チャタートンは一八世紀の英国人詩人。十七歳九ヶ月で自殺し一九世紀のロマン派らに影響した。ヘンリー・ウォリスの絵画『チャタートンの死』（一八五六）が有名〕。ナチスは、この昔ながらの「死のロマン」の二〇世紀決定版を提供する。ヒトラーに関するエッセイ「Alphabets of Reason」でバラードが記したように、ナチスは気味悪いくらいモダンな現象であり、彼らの鮮やかにテクニカラーな魅力は、フロックコートを着込んだ、エドワード朝のこうるさい英国支配階級エリートのイメージからは隔世の感がある〔※バラードがヒトラーの『我が闘争』（一九二五〜二六）を論じたエッセイのタイトルは正しくは「Alphabets of Unreason」。『J・G・バラードの千年王国ユーザーズガイド』（一九九六）所収〕。放送活動を容易にこなしたナチスは、現在我々が暮らすメディア景観の土台を敷いた。最初のロック・スターとしてのヒトラー？

『ヒトラー〜』は、ナチ党が崩壊する一方で、第三帝国ロックンロールがはじまる場面を我々に次々に見せていく。フロントマンの死は血の生け贄を捧げる儀式であり、それによっておぞましい不朽の名声は保証される。マクルーハン――バラード的メディアの無意識において、歴史上の個人性から永遠の原型―人工遺物への変化を果たした、二〇世紀最初の人物はヒトラーだった。彼の後では、ケネディ、マルコム・X、キング牧師、ジム・モリソン、ジミ・ヘンドリックス、イアン・カーティスらは局地的、かつ固有な感じがする。対してヒトラーは一般原則を、モダンな「邪悪」そのものを体現することになる。
『ヒトラー〜』の観客として、我々は鑑賞時間のほとんどを総統地下壕内で過ごす。帝国首脳部に対しては無理だが、主要人に忠実に尽くすその場に居合わせた人々、熱狂的とまではいかないもののヒトラーと国民社会主義を敬愛してはいた秘書や公務員らに対しては、胸がざわざわする同情心を抱かざるを得なくなる。その間にも、我々が時おり目にする地上のベルリンは『死の勝利』〔※キリスト教美術における教訓画のテーマのひとつでピーテル・ブリューゲル作品が有名。なお、レニ・リーフェンシュタール監督のナチ党一九三四年大会記録映画のタイトルは『意志の勝利』〕から抜け出した光景——子供徴集兵、自警団による絞首刑、酔っぱらいたちの大騒ぎ、カーニヴァルめいた行き過ぎのセックス——、完全な社会規範崩壊状態に退化しつつある都市の図だ
こうした場面が展開する様を観ていると、ジョニー・ロットンが意地悪げに「未来がないんなら罪だってあり得ないだろ?」〔※ザ・セックス・ピストルズ／〝ゴッド・セイヴ・ザ・クィーン〟（一九七七）〕と歌う声が聞こえてくるようだ（とはいえ実のところ、ドイツにとっては未来以外に何もなかったのだが。敗戦直後のドイツは、意を決しての記憶喪失症、文化的記憶の否定にさらされた）。多くの意味で、ポスト・パンクがここを起点にしているのは決して偶然ではない。彼ら自身の破滅の線を追求するピストルズは、〝ベルゼン・ワズ・ア・ガス〟〔※アンネ・フランクが死亡したベルゲン＝ベルゼン強制収容所をモチーフにした曲／一九七八〕や〝ホリデー・イン・ザ・サン〟〔※ベルリンの壁をモチーフにした曲／一九七七〕の焦土作戦型ニヒリズムに入っていきつつ、ナチ支配時代のベルリンの鉄条網で傷だらけのヒエロニムス・ボス的景観、そして戦後のピンチョン・ゾーン化したイメージに立ち返り続けた。スージー・スーが一時期ハーケンクロイツの腕章を着けていたのは有名な話であり、そうしたナチ・イメージの

誇示の多くはおそらくうわべだけのショック効果狙いだったとはいえ、パンク―ナチのつながりは陳腐な破戒行為以上の何かだった。非常に一九七〇年代的で非常に英国的な、パンクがナチズムに抱いた執着は、あまりに厄介過ぎて露骨にはっきり口に出せない倫理的な疑問を投げかけた――リベラルな寛容の限界とは？　ナチズムとの差別化を明言したブリテンは、そこまで確信をもてるのか？（この点は、極右政党ナショナル・フロントが前例のない規模の支持を集めていた時期に、とりわけ緊急な問題だった）そして何より不安にさせられる疑問が、「ナチスの邪悪」と英雄的な「善」を分かつものは何か？　だ。

その最後の疑問を『ヒトラー～』は本当に力強くぶつけてくるし、「倫理的なものの定義そのものとしての根拠なき『おこない』」というジジェクとジュパンチッチの理論を踏まえると、この疑問は今、とりわけ深く響いてくる。この映画で描かれるもっとも「途方もなく恐ろしい」おこない、ゲッベルス夫人による我が子への眠り薬の投与とそれに続く毒殺――国民社会主義なき世界に取り残されるより、この「救済」の方がこの子たちにとっては良い、彼女はそう判断した――の場面を観ていて、僕はトニ・モリスンの『ビラヴド』（一九八七）の主人公セサ、奴隷主の手に落ちるくらいならいっそ、と子供のひとりを殺めた彼女とのパラレルを感じてショックだった。ゲッベルス夫人の言語道断な「邪悪」のおこないと、セサの英雄的な「善」のおこないを隔てるのは何か？（『脆弱なる絶対―キリスト教の遺産と資本主義の超克』〈二〇〇〇〉を読んだことのある人は、悟りに達した利己主義の倫理を備えているとして、ジジェクがまさにセサのことを、リベラルな道徳性とはまったく相容れない「善」の一例に用いたのを思い出すだろう）。

『ヒトラー～』は、我々に「リベラルなナチ党員」に同情してもらいたいように思える。たとえば、医療奉仕の継続を求め、「義務」の完遂を見届けようとする結果としての「無分別で自殺覚悟」な振る舞いを嫌悪しがく然とする、「道理をわきまえた」医師。市民の生命を守るために戦争を終わらせようとする将軍。だが、もっとも擁護しにくいのがこれら「実際的な人道主義者」的存在で、なぜなら彼らには、自分たちのとった行動の原理を最後まで守る構えができていないからだ（ナチズムに自らを捧げたのだとしたら、なぜそのために死のうとしないのか？　捧げなかったとしたら、では、なぜそれに抵抗しないのか？）。奇妙なことに、この映画はほぼ、ナチスの救いがたい悪質さとは大義のために死のうとする彼らの意志だった、と示唆するのに近い。

我知らず、いつの間にか我々は、「邪悪なナチス」——ナチ・プロジェクトと完全に同一化し、その計画が失敗に終わったのがはっきりするや、自ら死を選ぶ者たち——は、自らの根元的な献身の返上を拒絶することである種の悲劇的なヒロイズムを獲得する、と考えるようになっている。こうしたすべては我々をあの古い疑問へ、カント主義が重点を置く無条件の義務は「ナチの邪悪」を正当化するか？　へと導いていく。

ラカン派理論の視点を通じてのカント主義倫理再発見に実に大きく貢献してきたジュパンチッチは、『キャビネット』誌との取材でこの疑問を取り上げている——

思い出してください、ハンナ・アーレントの挙げた有名な例のなかで、アイヒマンのようなナチの役人たちが、この面において自らをカント主義者だと看做していたことを——彼らは、自らのとった行動のもたらす経験論的な結果を一切考慮することなしに、ただ単に、原理に則って行動しただけである、と主張したのです。これがいかなる意味で、カントを歪曲・誤用したことになるのでしょう？

この姿勢は、「よこしまな（perverse）」という言葉のもっとも厳密な意味において、よこしまです——ここでの主体は、「他者の意志」の単なる道具に過ぎない役回りを引き受けています。カントとの関わりで言えば、既にスラヴォイ・ジジェクが指摘してきた、以下の点を強調するだけに留めておきます。カント派の倫理において、我々には我々が自らの義務と呼ぶものに対して責任がある。道徳法則は、我々のとる行動に対する全責任から我々を放免してくれるものではない。それどころか、道徳法則は我々のとる行動に対してばかりか、しかも——そして何より——我々がそれに則って行動する原理に対しても、我々の責任を問うものです【註2】。

だが、ゲッベルス夫人とセサとを区別するのに、果たしてこれで充分だろうか？　ゲッベルス夫人は本当に、自らを「『他者の意志』の単なる道具に過ぎない」存在に変えたのだろうか？　それとも彼女は自由意志により、自らのとった行動およびその行動の基盤となった原理に対する責任を引き受けることを選んだのだろうか？　カント主義的な自由が、道徳法則に従うことを選ぶところに存在するのを思い出そう。「義務」以外の何かに動機づけられること、それは「病的」な熱情に駆り立てられることであり、したがって、自由な状態でもなんでもない。ゲッベルス夫人のとった行動に、これといってあからさまに病的な動機は存在しない。「彼女に備わった最良の部分」を抹殺するこの行為で、ゲッベルス夫人が得るものは何ひとつなかった（そして事実、自分の子供たちを殺してから間もなく、彼女は夫の手で射殺されることに同意した）。

唯一の答えとしてこちらに残されるのは、「ナチの大義」はそれ自体が病的状態である、になる。定義上、「ナチの行為」は普遍的になりようがなく、それは——たとえ、最後は神話レヴェルにおいてに過ぎなかったとしても——その行為が「選ばれし民」の固有な病的特徴の保存に立脚していたからであり、すなわちより抽象的な意味では、まさに「民俗的な病理」の原理そのものを守ることを基盤にしていたからだ。『ビラヴド』でのセサの忌まわしいおこないは、ひとつの社会状況――死に至りかねない愚かな人種差別的錯乱によって、致命的に、徹底的に腐敗させられた状況――からの「絶縁」の行為だ。対照的に、ゲッベルス夫人による複数の子殺しは、特定民族に対する文化殺戮という、彼女と彼女の子供たちの死と何百万もの人間の死を通じてしか生き抜くことのできない狂気に、彼女自身と彼女の子供たちを固定接続しようとする試みだ。

【註1】ジル・ドゥルーズ／フェリックス・ガタリ共著、『千のプラトー　資本主義と分裂症』（一九八〇）

【註2】クリストフ・コックス、「On Evil: An Interview with Alenka Zupančič」、『キャビネット・マガジン』（第五号／二〇〇一―〇二冬号）、http://www.cabinetmagazine.org/issues/5/alenkazupancic.php

我々はすべて欲しい

——k-punk, (12 February 2006), http://k-punk.abstractdynamics.org/ archives/007348.html

今日においてニーチェは何の役に立つだろう？　あるいは、言い方を変えると——現在、役に立つのはどのニーチェか？

観点主義者ニーチェ——「真実」の可能性だけではなく、その価値まで疑問視した彼——が、僕にとって敵であるのは驚くに値しないだろう。ディオニュソス派ニーチェ、常軌を逸した欲望の祝福者としての彼を僕が拒絶するのは、それ以上に当然の話だ。いずれにせよ、このニーチェ像は、主にポスト・バタイユ主義によってさかのぼって構築されたものではある（『悲劇の誕生』のなかですら、ニーチェが嘆いているのはディオニュソスとアポロの間の失われた緊張感のことだ。かつ、後期著作におけるニーチェは、抑制なしのリビドーの発散を叫ぶより、制約と限界の必要性を称えることの方が多い）。観点主義およびディオニュソス派の彼は、あまりにタイムリー過ぎる。

時宜を得ないままのニーチェ——と言っても時代遅れという意味ではなく、断じてそんなことはない——とは、貴族のニーチェだ。ニーチェのことは、少なくとも彼の積極的な提言のレヴェルにおいては、政治理論家として真剣に受け止めるべきではない。だが、民主主義に備わった平等化を求める衝動の結果生じる味気ない退屈さと凡庸さを非難するニーチェ、これは極めて鋭く、重要だ。『善悪の彼岸』に次々展開する論争の数々は、フォーカス・グループのフィルターを通したつまらなさと「自主的な群衆行動」の時代に不気味なほどふさわしく思える。ニーチェの真の関心は、文化的な政治学にある。ゆえに、政府や社会制度は、それが文化的な影響を生み出す限りにおいてしか彼を悩ませなかったし、彼の究極の問いかけはこうなる――「偉大な文化遺物の出現が可能になる状況とは何か?」

もしもすべての「特例の要求や特権」が拒否されたら、優越性という概念そのものが無効化したら、文化は果たしてどうなってしまうのか。この点に関するニーチェの警告を、僕は一週間かそこら前に(というか、もうずいぶん前の話のように思えるが)、シャンテル・ホートンが『セレブリティ・ビッグ・ブラザー』で勝者になったときに思い出させられた〔※『ビッグ・ブラザー』はイギリスでは二〇〇〇年から放映開始されたリアリティ番組フランチャイズで、出演者を二ヶ月近く一軒家に共同生活させ様々な課題を与え、視聴者人気投票で「家」に残れるかどうかが決まる勝ち抜きコンテスト。至るところにカメラとマイクが設置され、出演者は24/7で「監視」されるためこの番組名。『セレブリティ～』は一般人ではなく有名人が参加するが、無名に近いグラビア・モデルだったホートンは番組側が「有名人のふりをして同居人をだます普通人」として送り込んだ、やらせ/ダークホース的候補〕。もうひとつ思い起こしたのは、鉄槌の打撃と意志の力によって人間という動物が偉大な芸術作品に変わるとしたら、「過度の厳しさ」と「残酷さ」が育まれる必要がある、とのニーチェの痛烈な訓戒だった。特に、コンセンサスに不服を唱えるブログ投稿者の数人が「ナイスさ」――そう、穏やかな優しさのことだ――を望ましい特色として真剣に提唱していた時期だけに、その戒めが思い出された。

シャンテルの収めた勝利は、単なる「人気コンテスト」ではなかった。秀逸な『ビッグ・ブラザー』論でマーセロが述べるように、そこで問われていたのはひとつの原則、ごく普通な一般性はあらゆる類いの優位性の概念に勝る切り札でなくてはならない、との原則だった――

「普通人との間に隔てを置くと、支援や尊敬は勝ち取れません。誰でも近づきやすい親しめる人間である必要がありますし、と同時にありのままの自分でなくてはならない。若者がリスペクトするのはそこです」。引用したのは、圧力団体『Votes at Sixteen（十六歳から投票権を）』のスポークスパーソン、アレックス・フォークスの最近の発言だ。ジョージ・ギャロウェイ〔※スコットランド人左翼政治家。国会議員在職中にこのシリーズの『セレブリティ～』に出演した〕にはお似合いの、僕に『三十歳から投票権を』という圧力団体を結成しようかと思わせる類いの、ぐったり消耗させられる、浅はかな反哲学的コメントだ。とはいえこれは、神性に対する欲望が奪われた時代にはかなり（あいにくにも）ふさわしい。かつて僕らはスクリーンや舞台の前に集まり、自分たちでは夢にも思わない、とんでもないことをやってのけ、達成する人々を観て息を呑み、畏怖の念を抱いたものだった――だが、おかげで僕らはどれだけ楽しい思いを満喫し、自分でもそれをやる夢の波に乗って気ままに漂うことができたことか――わけだが、今や僕らに必要なのは、謙遜な気分にさせられる、おのれを映す鏡だけ。これは危険な連中が権力を手に入れるのを食い止める類いの鏡ではあるものの、と同時に、究極的にはすべてのアートを禁じてしまう、一種の終結でもある。かつて僕らはスクリーンや舞台の前に集まり、自分たちでは夢にも思わない、とんでもないことをやってのけ、達成する人々を観て息を呑み、畏怖の念を抱いたものだった……今や僕らに必要なのは、謙遜な気分にさせられる、おのれを映す鏡だけ【1】。

これこそ「リアリティの名声（Celebreality）」だ――「スター」を脱理想化すると同時に、「普通の人々」が高められる。『セレブリティ〜』関連の論評は、もっとも月並みでバカらしく人畜無害な状態にある、ほっとさせられる、無難な自身の姿を提示するメディア界の住人に対し、一般人が「共感したくなる」のは自明であるかのごとく扱っていた。ジュリー・バーチル〔※英著述家。パンク期に『NME』に抜擢され労働者階級出身の十代スター・ライターになった〕が執拗に繰り返す『ビッグ・ブラザー』擁護論議——同番組は、さもなくば特権階級に牛耳られたままのメディア界に労働者階級の人々が食い込むチャンスを提供している——は、三つの理由からまったく根拠がない。第一に、『ビッグ・ブラザー』で真の恩恵を受けるのは、出演後の、いわゆる「キャリア」があっという間に終わることで知られる参加者ではなく、うぬぼれた大卒プロデューサー連中が居並ぶ、番組制作会社エンデモルの方だ。第二に、『ビッグ・ブラザー』は上から見下され矮小化された労働者階級のイメージを売り物にする。ゆえに「リアリティの名声」による支配は、凡庸な連中に導かれ、労働者階級側自体がその矮小なイメージに呼応する——かつ、それに「共感を抱く」——ことに依存している。第三に、『ビッグ・ブラザー』とリアリティ番組は、「富」や「名声」以上の何かを目指した労働者階級出身者がかつて優れた仕事をやってみせた、大衆文化のいくつかの領域を抹消してしまった。リアリティ番組の台頭は、今以上のものになりたい（自分は無の存在だが、何にだってなれるべきである）という、分をわきまえずに背伸びしようとするプロレタリア衝動、奇妙さと異質さの名の下に「普通さ」を軽蔑する「音響のフィクション」を発明することで、「社会的な事実」を拒否したあの衝動の敗北を意味した。今回『セレブリティ〜』に出演したピート・バーンズ〔※元デッド・オア・アライヴのシンガー〕の無頓着な意地悪さ、残忍なまでに理路整然とした口調、マゾッホを思わせる毛皮コート姿はそうした失われた野望の戯画的な象徴であり、ポスト・ブレア主義の議会派が占める今の時代、周縁部に潜んで拗ねているグラム・ロックの王子だった。

リアリティTVの「リアリティ」が巧妙な構築物であるのは我々誰もが承知しているし、それは編集だけではなく、コンラート・ローレンツ的な「鏡張りの迷宮に放り込まれた実験用マウス」めいた、人間心理を縄張り争いの反射的痙攣反応にまで衰退させる人工環境が生む結果でもある。その指定された「リアリティ」は、そこにあるとされるいかなるポジティヴな性質よりも、そこに欠けているものの方が重要だ。そして、欠けているのは何より、ファンタジーだ。もしくは、ファンタジーを抱く対象と言ってもいい。

我々はかつて、ファンタジーの対象を作り出してくれるがゆえに大衆文化に向かった。だが今や我々は、ファ、、、、、、、、ンタジーを夢見る主体そのものに「共感を抱く」ことを求められる。一般人のシャンテルが『セレブリティ～』で優勝してから一週間後に、『スマッシュ・ヒッツ』〔※一九七八年に創刊されたアイドル／ポップ音楽系芸能雑誌〕が廃刊間近であるとアナウンスされたのは、ふさわしいとしか言い様がなかった。

『スマッシュ～』は、グラム・ロック連続体が終わりに向かいつつあった、まさにそのタイミングではじまった雑誌だ。『スマッシュ～』がパンクからいただいてきたのは、そのもっともニーチェ度の低い情動、すなわち「重要性のなさ／他愛のなさ」だった。『スマッシュ～』の場合、それは否応無しのトリヴィア化に、一種ユーモラスで悪意のない、「スターダム」神話の気取りの暴露が組み合わさったものになった。同誌のおバカなシュールさの背後には、中身のあるしっかりした常識、そしてアイドルを我がものにすると同時にそれをダメにしてしまいたいという矛盾した欲望があった。『スマッシュ～』の後継者『ヒート』〔※セレブのゴシップ中心の女性週刊誌〕は、前者を無用の長物にした。（ポップ・ミュージックという）口実にかこつける手間を省き、ポップ・ミュージックの気恥ずかしい「夢」なんぞにわずらわされることもなく、今やあなたはセレブをじかに消費できる。シャンテルは、その過程が達した論理的帰結——反ポップ（大衆的）な反アイドル（偶像）——だ。

ニーチェの論点は、シャンテルが体現する類いの「平等化／地ならし」は、すべての平等主義から生じる不可避で必然的な結果である、だった。にもかかわらず、かつての大衆文化、真の意味での平等主義は、その手の「格下げを通じての平等化」とは相反するものであるのを実地に示した場だった。僕は去年、ゴスのことを「そこへの仲間入りを保証するのは出自でも美でもなく自己装飾である、そんな逆説的に平等主義な貴族界」と書いた〔※http://k-punk.abstractdynamics.org/archives/005622.html〕。平等主義は、偉大さを志向する意思や卓越したものを無条件に求める思いに反発するものではなく、むしろ、それに依っている――その点を、大衆文化が再び我々に教えてくれる日はいつかやって来るのだろうか？

【註1】「Celebrity Big Brother — Autopsy or Prologue?」、〈The Church of Me〉（1 February 2006）、http://cookham.blogspot.co.uk/2006_02_01_archive.html

ゴシックなオイディプス王：クリストファー・ノーランの『バットマン ビギンズ』における主体性と資本主義

――『イメージテクスト：インターディシプリナリー・コミック・スタディーズ』、第二巻第二号／二〇〇六年

〔※『ImageTexT』はフロリダ大学英語学科が出版するコミック研究専門の学術機関誌〕

現在のカルチャーの頭上に絵に書いた暗雲のようにのしかかっている「ダークさ」に、『バットマン』は分不相応なほど貢献してきた。「ダーク」は非常にマーケティングしやすい美学的スタイルと、倫理的な、というか反倫理的なスタンス――その主たる理論的命題は「善」の可能性の否定である、かっこよくお洒落な類いの虚無主義の双方を示す。ゴッサム・シティ、とりわけ八〇年代にフランク・ミラーによって造形し直されたそれは、ウィリアム・ギブスンのスプロール、リドリー・スコットのLAと並び、このトレンドの地質神話学の主な源泉のひとつになっている【註1】。

ミラーがコミックに築いてきたレガシーは、よくても両義的で曖昧だ。彼の台頭が、神話的な共鳴を誇る新たなキャラクターの創出にスーパーヒーロー・コミック界がほぼ全敗していた時期と重なって起きた事実を、よく考えてみよう【註2】。ミラーが名声を得てきた所以である「成熟」はコミックの憂鬱で内省的な思春期に呼応しており、かつ、思春期の若者すべてにとってそうであるように、彼にとっても最大の罪は活気に満ちた元気さだ。ゆえに、彼の看板スタイルは引き算型の、口数の少ないものになる――彼の作品の、会話が取り去られ、ほとん

ど何も起こらないもったいぶったページの数々を考えた上で、典型的な六〇年代マーヴェル作品の熱狂的にはつらつとしたページと較べてみて欲しい。ミラーの描くページは、内に何かをため込んだ不機嫌な十五歳少年の静けさでいっぱいだ。我々は間違いなく、その静けさは何かを意味すると思わされる。

ミラーは、コミックを楽しむと同時に自分はコミックより上であると思いたい、不誠実な思春期的男性欲望につけこんできた。しかし、彼のおこなった脱神話化は必然的に、新たな神話を生み出すだけの結果に終わった。過去の神話に代わるもっと洗練された神話として提示されはしたものの、それは実はまったく意外性のない「モラルが曖昧」な世界であり、そこには「白黒つかない、様々な色味のグレーしかない」。映画や本ではもう長い間クリシェになってきた、軽くノワールで戯画的な虚無主義者の荒涼感、あれをミラーがコミックにもち込んだことに、大いに懐疑心を抱くのにはわけがある。このヴィジョンの「ダークさ」は実のところ妙に安心させられる快適なものであり、それは、こうしたヴィジョンがどうしても根絶やしにできない感傷性のせいだけではない(ミラーの「情にほだされないタフな」世界から僕が思い起こすのは、ノワールよりもむしろ、デニス・ポッターの『The Singing Detective』に登場するノワールのシミュレーション——とある三文文士の妄想する、女性嫌悪と人間嫌いにまみれ、強烈な自己嫌悪に酔いつぶれた白昼夢だ)。

レーガノミックスとサッチャリズムが、我こそ米英の直面する困難の唯一の解決策と自称していた時期に、ミラー型のリアリズムがコミックの前面に出てくることになったのは驚くに値しない。レーガンとサッチャーは、『過去のイデオロギーの数々』がインスパイアした『致命的な抽象概念』から人々を救った」と主張した【註3】。両者は、欠点があるとされ危険なほど妄想じみた、集団性を求める夢から我々を目覚めさせ、個人としての人間は彼ら自身の動物的な利害によってしか動機づけられない、という「本質的な真実」を再認識させた。

これらの提議は、我々が資本主義リアリズムと呼んでいいであろう、暗黙のイデオロギー的枠組みに属する。一連の仮定――人類は救いがたいほど利己的である、（社会的）「正義」の達成は不可能である――に基づき、資本主義リアリズムは何が「可能なのか」のヴィジョンを投影する。

アラン・バディウにとって、この可能性が制限された感覚の隆興は、「復古」期と看做さなければならないものだ。『キャビネット』との取材で、バディウは「フランスでは、『復古』と言えばフランス革命とナポレオンの後、一八一五年に王政が復活した時期を指します。今の我々はそのような時代にいる。今日の我々は、自由資本主義とその政治システムである議会主義こそ、自然で、許容できる唯一の解決と認識しています」と説明している【註4】。バディウによれば、こうした政治的配置にとってのイデオロギー面での防御策は、期待値を低める形をとる――

我々は矛盾を生きています。大いに非平等的な、残酷な状況――あらゆる存在が貨幣価値においてのみ評価される――が、理想として我々に提示されているのです。自らの保守主義を正当化するためには、確立した秩序の信奉者はそれを理想的だ、とか素晴らしい、と言い切ることができません。というわけでその代わりに、彼らはそれ以外のすべては悲惨である、と言うことにしました。そりゃもちろんです、我々は完璧に「善なる」状況を生きていないかもしれません、と彼らは言います。ただし、「邪悪な」状況を生きていないぶん、我々は運がいい。我々の民主主義は完璧ではありません。でも、忌々しい独裁政権よりはましです。資本主義は不公平です。しかし、スターリン主義のように犯罪的ではない。何百万ものアフリカ人がエイズで命を落とすのを見殺しにしている我々ですが、それでもミロシェヴィッチのように人種差別的な民族主義宣言はおこないません。我々は爆撃機を飛ばしイラク人を殺しはしますが、ルワンダで起きたような、マチェーテで喉をかき切る蛮行はしません、等々【註5】。

資本主義とリベラルな民主主義は、まさにその通り、「人が期待し得るベスト」という意味において「理想的」なのであり、すなわち、「決して良くはないが、少なくとも他に較べればまし」ということだ【註6】。これは、『バットマン：ダークナイト・リターンズ』（一九八六）と『バットマン：イヤーワン』（一九八七）でのミラーによるヒーロー解釈とも一致する。バットマンは権威主義的で、暴力的で、サディスティックかもしれないが、腐敗が風土病のように根づいた世界では、彼は最悪なもののなかでも一番ましな選択肢だ（実際、そうした特質は、金銭づくの腐敗・不正がはびこる状況では必要になるかもしれない）。バディウが示唆するように、ミラーのゴッサムにおいても、もはや「善」の存在を思い描くことはできない。「善」に積極的な存在感が欠けている――「善」があるとしたら、それは「善」にあらざるもの＝自明な「邪悪」との関連によって定義されなくてはならない。つまり、言うまでもなく存在する「邪悪」の不在こそが「善」ということになる。

映画版『バットマン』最新作、『バットマン ビギンズ』（二〇〇五）の魅力は、やんわりとではあるが、「善」の問題に回帰しているところにある。まだある程度までは「復古期」に属する映画であり、資本主義を越えた地点にある可能性は想像できていない。後述するように、『～ビギンズ』で悪者扱いされるのは資本主義のある特定の形態――ポスト・フォード主義の金融資本――であって、資本主義それ自体ではない。それでもこの映画は、資本主義リアリズムが締め出してしまう行為主体の可能性を開け放ってみせる。

ノーランによる『バットマン』再考は、作り直しではなく神話の奪還であり、このキャラクターの歴史全体から吸収・活用することで生まれた大いなる混合体だ【註7】。結果、満足感を与えてくれることに、『〜ビギンズ』は「様々な色味のグレー」とは無縁の、競合し矛盾し合う複数のヴァージョンの「善」についての映画になっている。クリスチャン・ベールが演じるブルース・ウェインには、それぞれ独自の「善」の価値を備えた、数の多過ぎる父親がつきまとっている（そして、ほぼ不在の母親たちもつきまとう。彼の母親の台詞はないに等しい）。ひとり目は実父トーマス・ウェイン、理想化され、ソフト・フォーカスのかかった美徳の鑑、博愛主義な「資本」の化身そのものである、「ゴッサムを建てた男」。三〇年代の『ディテクティヴ・コミックス』で確立されたバットマン神話を踏襲し、大ウェインは無差別な路上強盗で殺害され、孤児となった息子の道義心を苦しめるモラルの亡霊としてのみ生き続けている。ふたり目がラーズ・アル・グール、ノーラン作品ではウェインのハイパースティション的【註8】な師匠─導師にして、トーマス・ウェインの父権的温情主義とは真逆の、情け容赦ない倫理規定を象徴するテロリスト的人物がいる。これらふたりの「父親」存在の間で葛藤するブルース（その闘いは彼自身の心のなかでおこなわれる）を支える三人目の父親が、小ウェインに無条件の愛を差し出す「母親的」世話役である、マイケル・ケイン演じる執事アルフレッド・ペニーワースだ。

父たちをめぐる闘争は、一九三九年に世に登場して以来、『バットマン』神話に不可欠な「恐怖」と「正義」の抗争によって倍加する。『〜ビギンズ』のブルース・ウェインにとっての課題には、ミラーが作り出したマフィアの首領キャラであるファルコーニや「兵器化された幻覚剤」を使うスケアクロウが振り回す「恐怖」に打ち勝つだけではなく、「正義」の見極めもある。正義は復讐と同一視できないものであることを、小ウェインは学ばなくてはならない。

はじまりの時点から、バットマン神話の重要なポイントは「ゴシックな恐怖」を英雄的な「正義」に役立てることだった。一九三九年に『ディテクティヴ〜』で述懐された、ブルースが「犯罪者は迷信深く臆病な連中であり、ゆえに私の変装は彼らを恐怖でおののかせるに違いない」と宣言する有名なオリジン・ストーリーを残響させる形で、ノーランのウェインは恐怖を利用する者に恐怖を仕掛けることに身を捧げる。だが、ノーラン版はそのオリジン・ストーリーを、『ディテクティヴ〜』に掲載されたもの以上にオイディプス的かつアンチ・オイディプス的にしている。原作コミックでは、ブルースは一羽のコウモリが窓から部屋に飛び込んできたのを見て「バットマン」を名乗ることにする。バットマンにとって根元的なその場面のノーランの解釈はかなり異なり、シーンはオイディプス的領域を越えた自宅の外という場、広大なウェイン・マナーの敷地内にある洞窟で起き、しかも一羽ではなくコウモリの(ドゥルーズ的な)大群が登場する【註9】。「コウモリ男」という名前には、それが示唆する動物性への生成変化状態と合わせ、たしかにドゥルーズ&ガタリ的な響きがある。それでも、バットマンの名前がフロイトの研究症例のいくつかの名前——「ネズミ男(Ratman)」は特にそうだし、「オオカミ男(Wolfman)」もある——と近いのは、これまた偶然ではない。バットマンは(『〜ビギンズ』で我々にも疑いの余地がなくなったように)、徹底してオイディプス的存在のままだ【註10】。コウモリの姿に対するブルースの恐怖感を彼の両親の死の原因の一部にすることで、『〜ビギンズ』は動物変成状態にオイディプス的なるものを再結合させる。オペラを観に行ったブルースは舞台に登場したコウモリに似た形状を見て怖くなり、両親にせがんで劇場を出たところ、父母は強盗に殺されてしまう。

バットマンの原点が最初に語られた『ディテクティヴ〜』の見開き二ページで、ゴシック性とバットマン神話のオイディプス要素はただちに密に絡み合う。キム・ニューマンが識別したように、「私はおぞましい夜の生き物にならなければならない……私はコウモリになるのだ……夜の奇怪な存在に」というウェインの突然の悟りめいた啓示には、『ドラキュラ』（一九三一／「夜の生き物たち、彼らはなんと美しい音楽を奏でることか」）と『カリガリ博士』（一九二〇／「お前はカリガリ博士になるのだ」）の「サブリミナル」な引用が含まれている【註11】。この場面のコマの前には、同ページ最上段に位置する三コマで、両親の遺体を見てショックを受けたブルース少年（「お父様、お母様」、「……死んだ、ふたりは死んでしまった」）が「僕は（両親の死に）誓います、（彼らの死の）復讐のために、すべての犯罪者との闘いに自分の人生をかけることを」と決意する姿が描かれる。バットマンは自己意識と共に想像された――かつ自己創造された――ゴシックな怪物、「暗がりの奇妙な存在」だ。しかし、彼は夜の世界に常に潜んでいる犯罪者に対して「夜」を使おうとする、そんな怪物だ。

『バットマン』がドイツ表現主義に――ユニバーサルのホラー映画経由で――大きな借りがあるとすれば、周知の通り、バットマンと同じく三〇年代末から四〇年代初期に出現したフィルム・ノワールもそれは同様だった（既に見てきたように、多くの意味でミラーの『バットマン』解釈はこのパラレルのポストモダンな研究として捉えられる）。アレンカ・ジュパンチッチの意見は、バットマンとノワールの共謀の隠れた発生源かもしれないものを示唆する――またも、オイディプスだ。「『ハムレット』とは対照的に」とジュパンチッチは書き、以下のように続ける――

オイディプスの物語は、しばしばフーダニットのジャンルに属するとされてきた。なかにはその論を更に押し進め、『オイディプス王』にノワール・ジャンルの原型を見出す者すらいる。ゆえに、『オイディプス王』はフランスの出版社ガリマールのミステリー叢書「セリ・ノワール」に（ディディエ・ラメゾンにより「神話から翻訳された」形で）収められることになった【註12】。

スーパーヒーローにして探偵であるバットマンは、最初の探偵、オイディプスの足跡をたどる。

ところが、突き詰めればバットマンにとっての問題は、彼がまだエディプス（オイディプス）・コンプレックスを通過したことのないエディプスのままであるところだ。ジュパンチッチが指摘するように、エディプス・コンプレックスは「象徴的な」父親と経験論的な父親との間の不一致を作動させる。「象徴的な父親」は「象徴的秩序」そのものを体現しており、「意味」のおごそかな伝達者、「法」の担い手だ。一方、経験論的な父親は「ただの、社会的に言っておおよそちゃんとした男」だ。ジュパンチッチにとって、「主観性の典型的な起源」の標準的な解釈は、子供は何よりも最初に「象徴的」な父親に遭遇し、続いてこの全能な人物が「ただの、おおよそちゃんとした男性」であるのを悟る、というものになる。にもかかわらず、ジュパンチッチが立証するように、これはオイディプスがたどる進路とは完全に逆だ。オイディプスはまず「三叉路で無礼な老人」に出会うところからはじめ、後になってやっとこの「ただの男」、この「粗野な生き物」こそ「父親」だったと知る。したがって「オイディプスは通過儀礼（の『象徴化』）の小径を逆から旅するのであり、その過程で、彼は象徴的なものから生まれた「意味性」というラディカルな不測の事態に遭遇する」【註13】

だが、ブルース・ウェインに「象徴的」と経験論的の不一致はまったく存在しない。トーマス・ウェインの早期の死は、彼が息子の心理のなかに「象徴的なもの」の全能の使者のまま冷凍保存されていることを意味する。トーマスは絶対に「ただの男」に「脱昇華」されないし、道徳模範のままであり続ける――実際、彼は「法」なるものの代弁者であり、ゆえに彼のための復讐は遂げられなければならないが、彼に匹敵する者はどこにもいない。『～ビギンズ』で、オイディプス的な危機を引き起こすのはラーズ・アル・グールの介入だ。小ウェインは父親の死は自らの過ちであると信じ込んでいる。しかしラーズ・アル・グールは、彼の両親の死は父親の責任であり、それは温厚でリベラルなトーマス・ウェインはどう「行動」すればいいか知らなかった人間、意志が薄弱な落伍者だったからだ、と彼を説得しようとする。にもかかわらず、ブルースはこの通過儀礼を済ませることを拒絶して「父の名」への忠誠を保ち、一方でアル・グールは過剰さと「邪悪」の存在のままだ。

アル・グールがブルースに投げかける問いは――良心があり、生命を尊重するお前は、意思が弱過ぎでおびえ過ぎるゆえに「やらざるを得ない必要なこと」をやれない人間か？ お前は「行動」できるか？ だ。ウェインは決断を迫られる。アル・グールは、彼が主張する通り、無私な「正義」の実践のための冷酷非情な道具なのか、それともそのグロテスクなパロディか？ 映画における究極の「邪悪」は、でっちあげの悪魔主義や心理的な出自にまつわる偶然【註14】からではなく、グールの行き過ぎた熱意に由来するものであると判明する。

この点において、本作はジジェクが『スター・ウォーズ エピソード3／シスの復讐』（二〇〇五）にそうあって欲しいと望んでいたもの――すなわち、「善」の行き過ぎから「邪悪」が生じることもあるのではないか、との仮説を唱える大胆さを備えた映画だ。ジジェクにとって、「アナキン（・スカイウォーカー）は、至るところに邪悪を見出してはそれと常に闘っている、彼の非常に行き過ぎた執着心が生んだモンスターになっているべきだった」が――

どうしても干渉したい、「善きこと」を成し、愛する者のためなら行き着くところまで行き、「ダークな側」に落ちるのも厭わないという欲望の形をとったアナキンの驕りに焦点を据える代わりに、彼は単に「権力」の誘惑に負け、邪悪な皇帝の魅力に惑わされ、徐々に「邪悪」の側に滑り落ちていく優柔不断な戦士として描かれる【註15】。

ジジェクの『シスの復讐』の見立てとパラレルを描く形で、『〜ビギンズ』における「父親」という疑問——誰が父親なのか？——の扱いは、のしかかってくる金融資本の（遍在的）存在、そしてそれに対して何をすべきかの問題で倍加する。バットマンの世界ではもちろん、「父の名」——ウェイン——は資本主義企業の社名でもある。上場公開によりウェイン・インダストリーズが株主資本に乗っ取られたことは、トーマスの名が盗まれたのを意味する。その結果、ブルース・ウェインの金融資本との苦闘は必然的に、汚された「父の名」を挽回する試みになる。ウェイン・インダストリーズは——文字通り、そして比喩的にも——都市の中心であり、ゆえにポスト・フォード主義のゴッサムはスフィンクスの呪いに苦しむテーバイ並みの荒廃に陥る。都市基盤は腐敗し市民社会は崩壊し、今やウェイン企業を牛耳るようになった、新たに搾取度を高めた非局在型「資本」に由来する経済恐慌と犯罪の波にゴッサムは支配されている。金融資本が及ぼす影響の物語には、新体制によって左遷されたルーシャス・フォックス（もうひとりの代理「父」候補）という思いやりあるキャラクター【註16】を通じ、よりパーソナルな重要性が与えられる。「父」の名がその本来の権利を取り戻さない限り、この腐り切った状態を正すことはできない、の含意がある。

『〜ビギンズ』がもっとも興味深い矛盾を呈するのが、資本主義の扱い方においてだ。これはある程度までは、一九三〇年代産の中核ストーリーのエンジンを新型化させ、二一世紀の乗り物に搭載しようとした結果に帰することができる。恐慌が言及されるのは明らかに三〇年代の残響であり、かつてない経済成功期を味わってきた現在のアメリカ合衆国との分離を示す。資本主義そのもの、ドゥルーズ＆ガタリが「過去の何もかもを一緒くたに描いた絵」と呼ぶものと一致する形で、ノーランの描くゴッサムは中世と超現代が混ざる、アメリカ的でヨーロッパ的で第三世界的な、ごっちゃな混合物だ。ドイツ表現主義の歪んだ尖塔や屋根にも、サイバーパンクのファヴェーラ的スプロールにも見える【註17】。アメリカ型巨大都市の中心に、旧ヨーロッパの悪夢が噴出する。『〜ビギンズ』の興味をそそる解釈のなかで、チャイナ・ミエヴィルは同作の描く反資本主義はファシズム唱道のための売却行為である、とする。彼は以下のように述べる——

これはファシズムの自己実現についての映画であり、それが潜る唯一の葛藤は、それそのものの必要性を認めるところにある。『〜ビギンズ』は絶対（主義）的な企業の時代を主張する——株主資本主義による「ポストモダン」な社会の薄弱化（旧式企業のパラノイアのなかで、それは曖昧な弱さの一種と看做される）に対してはもちろん、貧民や労働階級と共に街を移動したいという欲求が社会対立の「原因」であるのを理解していない、善意あるリベラル富裕層の愚かさに対しても。なぜなら「富める者は彼の庭園にいる／貧しき者は彼の門扉に立つ」〔※原文ママ。英国国教会の賛美歌〝All Things Bright and Beautiful〟の一節。正しくは「The rich man in his castle／The poor man at his gate」〕のであり、そうした境界線をぼかすことは羊のように従順な大衆の動物本能を混乱させるからだ。この映画は実に露骨に（高架鉄道／モノレールでの戦闘という設定からして、明らかに『スパイダーマン2』〈二〇〇四〉——バカげてはいるが、人々は基本的に道徳を守るちゃんとした存在だと考える心優しい映画——に対する議論として構成されている）、威嚇して服従させない限り大衆は危険である、との主張を展開する（群衆のなかにスパイディが落ちて倒れる——人々は彼をいたわり、大丈夫かと気遣ってくれる。群衆のなかにコウモリが落ちる——「充分に威嚇され怖がっていない」がゆえに、人々は殺人的で獣じみた暴徒と化す）。社会の破滅状況を「解決」する最終手段は（中略）、貧民を文字通り「高架鉄道」に持ち上げ富裕層と混じらせることで何もかもぶち壊しにしてしまった、公共交通システムを破壊することだ。トリクルダウン主義に対しての、貧しい者も富める者も同じ車両で移動する、という社会民主的な福祉厚生主義は素敵な夢ではある。だが、それは社会崩壊につながる。かつ、放置しておくと、テロリズムは猛スピードで輸送システムを中空に疾走させ、ニューヨーク型の都会のど真ん中に立つ高層ビル群に突っ込ませる——それは「行き過ぎた社会的団結」の危機、「怖い羊飼いを充分に恐れない」大衆の慢心が引き起こす9・11事件と言える。総じて言えば、悲劇を防ぐために社会の階層化は必要であり、企業繁栄のために庶民を恐怖で縮み上がらせその階層化を取り締まるべきだと語る映画は、そこにハッピー・エンドが待ち構えているとしたら（中略）、ばんざい！　我々をコンセンサスの荒廃から救うために、企業をひとりの啓蒙された専制君主の手に、再び取り戻すことになるだろう【註18】。

この映画が金融資本を、「啓蒙された専制君主」ブルースが亡きトーマスの役割を担い、再私有化された資本に立返ることで解決される問題として提示しているのは間違いない。それと同じくらい、既に検証してきた通り、『～ビギンズ』には資本主義そのものの代替物が思い描けず、むしろ資本主義の前形態への懐古調な巻き戻しを選んでいるのも明らかだ（本作の構造的な幻想のひとつに、犯罪と社会崩壊は資本主義の「成功」に必然的に伴う状況ではなく、それらは純粋に資本主義が「失敗」した結果である、との概念がある）。

しかし、我々は企業型資本主義とファシズムの違いを認識しなくてはならない——たとえ、映画がわざわざそこを強調しているから、というだけの理由に過ぎないとしても。ファッショな選択肢はウェイン＝バットマンではなくラーズ・アル・グールによって表現される。ゴッサムを救いがたいほどの腐敗と看做し、その徹底破壊を目論むのはグールだ。ウェインの用いる言語は創造的破壊（ここにおいて、それ以外のほとんどの点では完全に敵対し合うシュンペーター的資本主義とファシズムはいつの間にか共鳴している）ではなく、博愛主義な世界改善論のそれだ（かつ、明らかにロメロの「ゾンビ三部作」〈一九六八―八五〉を参照した、バットマンが群衆に飲み込まれ殺されそうになる場面にしても、彼らがバットマンをばらばらにしようとしたのはスケアクロウの放った「兵器化された幻覚剤」の影響だった、という点は指摘しておくべきだろう。とは言いつつ、この群衆のイメージが、群衆の政治的無意識以上に制作者側のそれを物語るものであるのは間違いない）。

この映画の資本主義の扱い方に一貫性がないとしたら、では、本作の資本主義リアリズムに対する挑戦は何から成り立っているのか？　それは政治のレヴェルにではなく、倫理、エージェンシー、主体性の話のなかに見つかる。『イデオロギーの崇高な対象』（一九八九）でのイデオロギーに関するジジェクの古典的な記述は、信念と行動との差を明かしてみせる。信念のレヴェルでは、キーとなる資本主義概念――商品は生きている、資本は自然に近いステイタスをもつ――は否定され退けられる。だが、そうした概念から皮肉混じりに距離を置くことこそまさに、あたかもそれが本当であるかのように我々に振る舞わせているものだ。信念を否認することで、我々は行動を実践に移せるようになる。そして、イデオロギーは、「本当に大事」なのは我々が何をするかではなく我々は何者かであり、かつ「我々は何者か」は「内なる本質」に定義される、との確信に依存している。これは現代アメリカ文化の視点から言えば、どんな行動をとろうとも我々は「良い人間」のままでいられる、との「セラピー的な」概念のなかに展開する。

本作の主要な倫理的教訓は、このイデオロギー上の確信を反転させてみせる。正義と復讐とを差異化すべくあがくウェインの葛藤において、復讐を体現するのは妥協ゼロのラーズ・アル・グール、対して正義は地方検事補レイチェル・ドーズに象徴される。この映画の決定的（かつ反セラピー的）なスローガン、「重要なのはあなたが本当は誰かではない。あなたという人間を作るのは、あなたが実際に何をするかだ」を述べる役目はドーズに与えられている。「善」は可能であり、ただしそれは「決断」と「行動」なしにはあり得ない。このメッセージを強化するなかで、『〜ビギンズ』はヒーローに実存的なドラマを復興させている。それにより、資本主義リアリズムのニヒリズムだけではなく、彼の血をあまりにも長い間吸ってきたポストモダンな再帰性【註19】という、しつこくつきまとう物知り顔な小鬼どもも敗走を喫することになる。

【註1】この世界の倫理前提の要約を知るには、K・W・ジーターの『Noir』（一九九八）（ギブスンと『ブレードランナー』の双方に実に多く借りがある小説）を読むに限る。ジーターは、ハードボイルド小説家のターバイナーというキャラクターを通じ、ノワールの本質を以下のように定義する――

その外観、暗がり、影、お決まりのごとく雨に濡れた街路――それらはごく一部に過ぎなかった。ノワールの本質とはまったく関係ない。（中略）その裏切り（中略）こそが常に本質だった。たとえもっとも幻想的でみすぼらしいときでも、どこか他の惑星で起きている出来事のように思えるときでも、それが非常に現実的なのはそれゆえだ。我々が失った、思い出せない世界。だが、目を閉じれば見えてくる世界……。

ミラーの『シン・シティ』と四〇年代ノワールの（否定的な）比較に関しては、パターソン（二〇〇五）を参照。

〔※原書に出典表記はないが、おそらくジョン・パターソンによる以下の『シン・シティ』映画評と思われる。
https://www.theguardian.com/film/2005/jun/04/culture.features〕

【註2】アラン・ムーアはミラーとパラレルを描く興味深い例だ。ムーアも、スーパーヒーローをもっと「リアリスティックな」文脈に据えたコミックで名を成した。また、同様に彼もスーパーヒーロー・ジャンルに相反する思いを抱いていたらしく、その範疇で作品を作ることに惹かれつつ、一方でそれを改革し、ある程度まで脱神話化したいとの欲望にも駆られていた。しかし、ムーアのもっと最近の作品――『リーグ・オブ・エクストラオーディナリー・ジェントルメン』（一九九九〜二〇一九）や『プロメテア』（一九九九〜二〇〇五）――は、神話化のコンセプトを明確に扱ってきた（とはいえ、これはもちろん、神話的ステイタスを獲得するキャラクターを実際に生み出すこととはまったく別の話だ）。ムーアはまた、ミラーには欠けている、国家権力に対するある種の平等主義的批判の余地も作品に維持している。例として、『フロム・ヘル』（一九八九〜九八）での貴族階級の腐敗および陰謀の描写ぶりを参照。

【註3】アラン・バディウ、『倫理――「悪」の意識についての試論』（一九九三）

【註4＆5】クリストフ・コックス＆モリー・ウェイレン、「On Evil: An Interview with Alain Badiou」、『キャビネット・マガジン』（第五号／二〇〇一―〇二冬号）、http://www.cabinetmagazine.org/issues/5/alainbadiou.php

【註6】さもなければ、資本主義は「理想的」であるとする一方で、それは理想とのいかなる関連性も無効にすると述べているわけで、それではバディウは自己矛盾を起こすことになる。

【註7】キム・ニューマン、「Cape Fear」、『サイト・アンド・サウンド』（二〇〇五年七月号）参照。この記事で

ニューマンが立証するように、再考に伴い、映画に登場するキャラクターの起源およびセット・ピースに関して詳細かつ学究的な洗い直しがおこなわれている。

【註8】ハイパースティションの概念の解説は以下のサイトを参照。http://hyperstition.abstractdynamics.org、特に「How Do Fictions Become Hyperstitions」の項。http://hyperstition.abstractdynamics.org/archives/003345.html

【註9】この変更は実はミラーの『ダークナイト・リターンズ』に想を得ている。

【註10】おそらくもっとも偉大なアメリカのスーパーヒーロー三人——バットマン、スーパーマン、スパイダーマン——がいずれも孤児であるのは意義深いが、エディプス・コンプレックスにもっとも苦悩させられるのはバットマンだ（スパイダーマンの場合、その苦悩は母親代わりで彼がどこまでも責任を負う存在である伯母、そしてその死に彼が罪悪感を抱えている伯父に置き換えられる）。

【註11】ニューマン、「Cape Fear」

【註12&13】アレンカ・ジュパンチッチ、『リアルの倫理——カントとラカン』（二〇〇〇）。彼女は更にこう述べる——

オイディプスの物語をノワールの世界に近づけているのは、言うまでもなく、ヒーローである主人公——探偵——が、自身の捜査している犯罪に自覚のないまま巻き込まれている点だ。オイディプスの物語は、フィルム・ノワールの〝ニュー・ウェイヴ〟——『エンジェル・ハート』（一九八七）や『ブレードランナー ディレクターズ・カット』（一九九二）といった、ヒーローの追っていた犯罪者が彼自身であるのが結末で明らかなる映画

――の心臓部に当たる、と言うことすらできるだろう。

【註14】この意味では、他の多くの点と同様、本作の方がティム・バートン版『バットマン』に勝る。バートンは心理的な生い立ちに傾いた、一種の「お手軽なダークさ（Dark-Lite）」を開拓した。彼のジョーカーの起源の記述――男が酸の液槽に落ち、精神に異常をきたす――は、もっとも安っぽく浅薄な心理的出自のクリシェを売りにしていた〔※バートン版『バットマン』でマフィアのジャック・ネイピアが落ち、ジョーカーに変わるのは有毒廃液の液槽。このオリジン・ストーリーは一九五一年以来の伝統でもあり、アラン・ムーア原作の『バットマン：キリング・ジョーク』（一九八八）でも踏襲されている〕。

【註15】スラヴォイ・ジジェク、「Revenge of Global Finance」、〈In These Times〉（21 May 2005）、http://inthesetimes.com/article/2122/revenge_of_global_finance

【註16】ニューマンの「Cape Fear」によれば、彼はまた「おそらくコミックにはじめて登場した上流中産階級の黒人キャラクター」でもあった。

【註17】それは、おそらく、（多くの意味で今やバットマンが属する）サイバーパンクをそのルーツ（のひとつ）であるドイツ表現主義へと巻き戻すループを示唆している。

【註18】ブログ〈Lenin's Tomb〉の投稿に対するチャイナ・ミエヴィルのコメントより。ニューマンも9・11とのパラレルを見出している――

一九三九年と一九八六年からのスレッドも引き継ぐとはいえ、『～ビギンズ』は遂に二〇〇五年の世界へフィードバックを果たしている。恐怖（フォボス）〔※恐怖の化身のギリシャ神。接尾辞「―phobe」の語源〕、コウモリ恐怖症のブルースと恐怖の専門家クレイン（スケアクロウ）の限定領域は、恐慌（デイモス）〔※フォボスの兄弟〕に包摂された。このアメリカは不正によって引き裂かれており、社会を壊滅させるパニックの爆発を引き起こすべく摩天楼に交通機関を衝突させようと意を決した、カリスマ的だが捕獲不可能なリーダーの率いる東方発の狂信的セクトに取り憑かれている（「Cape Fear」）。

【註19】この分析に関しては、フィッシャー／マッケイの「Pomophobia」（一九九六）を参照〔※原書に出典表記はないが、おそらく以下のサイトで閲覧できる、ＣＣＲＵ時代にフィッシャーとロビン・マッケイの共著したエッセイと思われる。http://readthis.wtf/writing/pomophobia/〕。

夢を見るとき、我々は自分たちをジョーイだと夢見るのか？

——k-punk,（1 October 2005), http://k-punk.abstractdynamics.org/archives/006484. html

「夢を見るとき、お前さんは自分をジョーイだと夢見るのか？」

——カール・フォガティがトム・ストールに訊ねる質問、デイヴィッド・クローネンバーグの『ヒストリー・オブ・バイオレンス』【註1】より

夢のなかの彼は胡蝶だ。（中略）荘周（荘子）が目覚めると、彼はあれは自らを荘周と夢見ている胡蝶なのではないか、と自問するかもしれない。たしかに、そう考える彼は正しく、二重の意味で正しい。第一に、それは彼が狂っていない証しであり、彼は自らを荘周と完全に同一と看做していないからだ。第二に、彼は自分がどれだけ正しいかを完全に理解していないからだ。事実、彼が自らのアイデンティティの根幹のひとつ——本質的に彼は、自らを自らの色で塗る胡蝶だった／胡蝶である——を捕まえたのは、彼が胡蝶だったときのことであり、そしてこれゆえに、最後に残る選択肢として、彼は荘周なのである。

——ジャック・ラカン、「目と眼差しの分離」【註2】

クローネンバーグの『ヒストリー・オブ・バイオレンス』（二〇〇五）の重要な場面で、地元保安官はヒー

ローであるトム・ストール（ヴィゴ・モーテンセン）に対し、両者の暮らすアメリカ中西部のありふれたスモールタウンの生活が一連の狂暴な殺人事件で混乱に陥った後で、こう言う――「とにかく辻褄が合わんよ」

一見したところ、『ヒストリー～』は一九八三年の『デッドゾーン』以来、もっとも理解しやすいクローネンバーグ映画だ。にもかかわらず、これは表面的なもっともらしさがどこか首尾一貫しない映画だ。要素はすべて出そろっているものの、目を凝らすと、それらはどうしてもぴったり合致してくれない。何かが出っ張って邪魔をする……。

『ヒストリー～』をどこまでも心騒がせるものにしているのは、映画とジャンルとの落ち着かない関係性だ。スリラーなのか、ファミリー・ドラマなのか、寒々しいコメディなのか、複合ジャンル的な寓話（「西部劇をベースにしたブッシュ政権の外交政策」）なのか？　このジャンル面でのためらいは、これが不気味なものに満ちた映画であることを意味する。スリラーあるいはファミリー・ドラマの定番な動向が履行されるときですら、何かが間違っている。したがって『ヒストリー～』は、ジャンルの慣例をそらで憶えているもののそれらを機能させることのできない、精神に異常をきたした人間に組み立てられた映画のように映る。ひねくれた、しかしクローネンバーグ映画にはふさわしい話だが、この「いまひとつ機能していない」ところが、本作を非常におもしろくしている。

クローネンバーグと言えば有名な、特殊メイクやＳＦＸの使用が『ヒストリー～』にほぼ欠けている点（かつての得意技は、顔を撃たれた屍体のショットを無駄に多く見せるところにその痕跡が残っている程度だ）は、批評家のほとんどから指摘されてきた。実は、クローネンバーグのそうしたイメージ作りの放棄は徐々に進行してきたプロセスであり、少なくとも『クラッシュ』にまでさかのぼることができる（一九九九年の『イグジステンズ』が、ドクドク脈打つ、エロティック化されたクローネンバーグ生物機械の有終の美を飾ることになるかもしれない）が、その点は彼のトレードマークである存在論的な気持ち悪さを除去するというより、さりげないものにしている。

『ヒストリー～』の至るところに神話が存在する――脅かされている、スモールタウンのわざとらしいほどの平凡さのなかだけではなく、それを包囲し破壊しようとする組織犯罪の都会的な地下世界にも、そしてそのふたつの世界の紛争のなかにも見受けられる。『ヒストリー～』のインディアナ州の場面の舞台であるミルブルックのような町自体、「脅威にさらされたイノセンス」のイメージとして、アメリカン・シネマにフィーチャーされてきたとしてもおかしくない。リンチとの比較は避けようがないとはいえ、もっとも興味深いパラレルを描くのはリンチではなくヒッチコックだ。表面上のディテールも重要であり、たとえば『ガーディアン』の『ヒストリー～』評が指摘する「この町の大通りは、『サイコ』（一九六〇）に出てくる不動産会社が建つアリゾナ州フェニックスの大通りに似ている」【註3】といった点もあるが、ヒッチコックとの比較はそれをはるかに越えたところまで達している。『ヒストリー～』とヒッチコックのもっと深い親和性は、ヒッチコックの方法論に関するジジェクの古典的な分析を思い起こせばすぐ識別できる。『斜めから見る』で、ジジェクはヒッチコックの「男根的」モンタージュを一般的なシネマの「肛門」的モンタージュと比較する――

たとえば、人里離れた場所に建つ裕福な家族が暮らす家と、彼らを襲おうと家を取り囲んでいる強盗団の図を描く場面を考えてみよう。家庭内ののどかな日常生活と、その外で不吉な準備を進める犯罪者たちを対比させる――夕食時の幸せそうな一家団らん、子供たちの騒々しさや父親のやんわりしたたしなめ等々と入

> れ替わりに、強盗の浮かべる「サディスティック」な笑み、ナイフや銃を点検する彼の仲間、もうひとりが家の門の手すりを掴む姿を見せれば、そのシーンの効果はぐんと増す。「男根的」段階に至る経路は何によって成り立つのか？ 言い方を変えれば、ヒッチコックであればこの同じシーンをどう撮るだろう？ まず述べておくと、安寧な内部／危険な外部という単純な対位法に頼っている限り、このシーンの中身はヒッチコック的サスペンスに適さない。したがって、この「フラット」な、アクションの水平な倍加を垂直レヴェルのそれと置き換えた方がいい。悪意に満ちた恐怖は外部に、穏やかな内部と併置されるべきではあるが、それがそのなかにまで入り込んでいる方がいい――穏やかさの下に潜む、その「抑圧された」下部として。例として、その同じ幸せな一家の夕食光景が、客として招かれた裕福な叔父の視点から描かれる想像してみよう。夕食の最中に、その客（かつ、彼と共に我々観客、公衆）には突然何かが「見え過ぎてしまい」、彼が見てはいけないはずだったもの、もてなしている側は遺産を狙って彼を毒殺しようとしているとの疑惑を生むような、違和感を覚えるディテールに気がつく。そのような「余剰知識」は、いわゆる深淵の効果をもたらす（中略）アクションはある意味それ自体のなかで再び二重となり、合わせ鏡の芝居のごとく、際限なく反射されていく……物事はこれまで通りであるにもかかわらず、それらの見え方はがらっと変わる【註4】。

『ヒストリー〜』が興味をそそるのは、この肛門から男根への経過が作品そのもののストーリー展開のなかに要約されているからであり、グレアム・フラーいわく「ファルスの帰還」を見せる映画には、まったくふさわしい【註5】。映画は、まさにその通りの非ヒッチコック的なコントラスト、険悪な「外側」（モーテルを出発しようとする殺人犯二名を描く、長く息苦しいトラッキング・ショット）と、のどかな「内側」（ストール一家の自宅では、悪夢から目覚めた六歳の娘が両親と兄に優しくなだめられている）からはじまる。だが、映画が進むにつれ、事実上この作品は位相を自己再編し、「脅威」を内面化する。あるいはもっと正確に言えば、「外側」は常に「内側」にいたことを示していく。

ヒッチコック的な「しみ」、違和感のある「何か」は、「ヒーロー」彼自身だ。映画の中心にある謎——地味で温和なトム・ストールは、果たして本当に、サイコに病的な暗殺者ジョーイ・キューザックなのか？——は、「我々が観ているのはどのヒッチコック映画か？」という疑問に変換し得る。『ヒストリー〜』が焼き直しているのは『間違えられた男』（一九五六）か、それとも『疑惑の影』（一九四三）か？　不気味なことに、本作はその二本を同時にやっている。

『疑惑〜』は前述のジジェクの描写によく似た家族場面を発展させた作品だが、ただし映画では家庭的な安寧を脅かす存在は来客の側、叔父の方だ。叔父（ジョゼフ・コットン）は富裕な未亡人を狙う連続殺人犯で、警察の手を逃れ、姉の家に潜伏している。『間違えられた〜』は、主人公である父親がえん罪をかけられ、一家が崩壊する様を描く。

『疑惑〜』の叔父の悪意は、家族の平安を守るために彼は死ななければならないことを意味する。真実を知っているのはテレサ・ラッセル演じる姪のキャラクターだけで、それ以外の家族、そして「大文字の他者」である地元コミュニティは何も気づかないままだ。だが、『ヒストリー〜』の主人公の家族の場合、映画の結末までに、彼らの家族の図が常にシミュレーションであったことにまだ気づいていなさそうな存在として我々に納得できるのは、幼い末っ子だけだ。この点において決定的なのがストールの妻エディ（マリア・ベロ）の反応で、『ガーディアン』に寄稿した『ヒストリー〜』評で、バラードもこのように述べている——

居間の床に真っ暗な穴がぽっかり口を開け、彼女は、彼女の家庭生活の土台を支える残忍行為と殺人への欲求が見えるようになる。夫の愛に満ちた抱擁は、永遠に続いてきた昔ながらの暴力に研ぎ澄まされた、彼の残酷な反射神経を隠している。これは、脱走囚がのどかな郊外中流家庭を襲い、占領する『必死の逃亡者』（一九五五）の悪夢的な再現だ——ただし、それ以前のおとなしい家庭生活の図が完全な幻想であったことを一家は受け入れなければならない、という違いがある。今や彼らも真実を知り、自分たちの正体を悟っている【註6】。

しかし、これは現実をありのまま、そのまま受け入れる云々ではなく実はその逆、生きられる現実はシミュレーションだけであると受け入れるかの問題だ。映画の冒頭で、エディはトムのセックスの快楽のためにチアリーダー役を演じてみせるが、最後には、彼女は本当にロールプレイをやっている（そしてもちろん、もちろんそうなのだ……正真正銘のチアリーダーなど存在しないし、「本物の」チアリーダーだって、役を演じている）。仮に、ジジェクが『「テロル」と戦争——〈現実界〉の砂漠へようこそ』で主張したように、9／11は既に「のんびりした小都市、消費者天国で暮らす個人が（中略）、彼の生きている世界は偽物ではないかと突然疑いはじめるという、アメリカのパラノイア的ファンタジーの究極」の縮図【註7】、いわば現実における『マトリックス』（一九九九）の実演だったとしたら、では『ヒストリー～』は、アメリカ的平安が意図的かつ故意にシミュレーション**として**再構築された、最初のポスト9／11映画かもしれない（これは、本作のコマのどれひとつアメリカ国内で撮影されていない事実によって強調される。この点において本作は、そのモーテルや埃っぽいハイウェイから成るアメリカ像はすべてイギリスで再構築されたものだった、キューブリックの『ロリータ』〈一九六二〉に似ている。クローネンバーグは〈サロン〉との取材で、アメリカ人観客をだまし、本当に米中西部とフィラデルフィアを眺めていると彼らに信じ込ませることができた自らの能力を誇らしく思う、と語っている)。

「夢を見るとき、お前さんは自分をジョーイだと夢見るのか?」とギャングのフォガティ(エド・ハリス)はトム・ストールに訊ねるが、ここにはおそらく意図的に、自分を蝶だと夢見た男にまつわる荘子の説話がこだましている。よく知られるように、荘周にはもはや、彼は自らを荘周だと夢見る蝶なのか、それとも自分は蝶だと夢見る荘周なのか、分からなくなっている。トム・ストールはジョーイ・キューザックの見る夢なのか、それともジョーイ・キューザックがトム・ストールの悪夢なのか? ラカンがこの説話に執着しても不思議はないし、フォガティの質問は分析家の仮説を含む――トムのリアリティは日常的な経験論レヴェルにではなく、欲望レヴェルに在る、と。「本当の」ストール/キューザックが見つかる場所は、ふさわしいことに砂漠、そこで「俺はジョーイを殺した」とストールが言う、主観の欠乏した空間だ。『サイト・アンド・サウンド』に掲載された、興味深いものの究極的には説得力に欠ける文章で、グレアム・フラーはこの映画はストールのファンタジーとして解釈すべきではないかと論じる――

「ジョーイ・キューザックとは誰だ?」と、西部劇の領域を後にしてノワールの暗いプールに飛び込む中間点で、映画は思案する。しかしそれ以上に有意義な疑問は「フォガティの言う通りの人物ではないとしたら、トム・ストールとは誰か、そして彼はなぜ超自我めいたオルター・エゴを抱えているのか?」だ。「ストール

（＝立ち往生する／失速する）」の名は、静止状態を示唆する。勤勉で優しい夫にして父であるにも関わらず、トムは人生のなかで自身を優先してこなかったと自覚しているし、我々はトムが、彼を愚か者だと思っている、仲違いした裕福な兄に恨みを抱いているのを知る。トムのこの行き場のない不満は、抑圧から生じた彼の白昼夢を説明すると共に、彼をウォルター・ミッティや嘘つきビリーといった文学／映画界の夢想者に、自らを無敵のヒーローと思い込むファンタジーの背後に壊滅的なノイローゼ、インポテンスすら匂わせる連中の列に加える……【註8】。

そそられるものではあるが、これはいくつかの理由ゆえに不満足な解釈だ。それは、どちらも長い夢のシークエンスとして解釈されてきた、リンチの『マルホランド・ドライブ』（二〇〇一）とキューブリックの『アイズ・ワイド・シャット』双方への反応をしぼませてしまったのと同じ、「夢による現実喪失感」の間違いをおかしている。そうした見立てはどのつまり、作品の異常性すべてを内面化された精神錯乱に帰することで平坦に均し、映画の存在論的な脅威を葬ろうとする試みでしかない。問題は、この解釈は夢のリビドー的な現実――ラカンは、欲望の「リアル」から逃れるために、我々は自らを夢から覚まさせるのだと示唆する――を認めず、と同時に、ごく普通の日常的な現実は、その一貫性を保つためにいかにファンタジーに依存しているかも無視している点だ。もうひとつ、日常的で平凡なものの方が暴力よりもリアル度が高い、との経験主義的前提も立てている――むしろ、映画のメッセージはその両者は切っても切れない関係にある、だ。

結局のところ、キューザックのファンタジーとしてのストールの方が、ストールのファンタジーとしてのキューザックよりはるかに興味深い。アメリカのスモールタウンの穏やかさが、サイコパスの抱くファンタジーなのか？　グアンタナモ湾収容キャンプ、アブ・グレイブ刑務所の後で、この疑問はとりわけピリッと刺激的だ。『ヒストリー〜』が観客に与える課題は、我々自身がストール／ジョーイの暴力とすっかり結託している事実から発する。最大限の効率の良さで悪党連中が打ち負かされると、我々はすさまじい喜びを感じる。我々が夢を見るとき、我々は自分たちをジョーイだと夢見るのか？　我々はジョーイとして夢を見るのか？　我々はトムであることを、罪のない、普通の人々に、人の死に対する責任のない人間になるのを夢見るのか？　我々にとっての「リアル」、日常生活は実はこの夢に過ぎないのか？

ジョーイの超暴力的なギャング殺害ぶりを楽しむと同時に、我々にはギャングを「外側」に据え、ストール／ジョーイを「内側」に据えることはできないと分かっているし、この映画は9／11の衝撃の後で我々が学んでおくべきだったとジジェクの考える教訓を強化してみせる——

このように純然たる邪悪な「外部」に遭遇するたび、我々はヘーゲル的な教訓を支持する勇気をかき集めなくてはならない——この純粋な「外部」のなかに、我々は我々自身の本質の凝縮されたヴァージョンを認識すべきなのだ、と。過去五百年間にわたり、「文明化された」西側が享受してきた（相対的な）繁栄と平和は、無慈悲な暴力と破壊を「野蛮な」「外部」へ輸出することと引き換えに獲得されてきた。それはアメリカ大陸征服からコンゴ大虐殺に至る、長い物語だ【註9】。

本作の暴力のもっとも不穏な側面は、その結果流されるおびただしい量の血ではなく、それが遂行される際の虫類の冷血さを思わせるメカニズムだ。皮肉の利いた決め台詞は出てこない——そうではなく、はじかれたバネのような自動式のパワーでもって殺人が完遂するや、恍惚状態に入った動物の落ち着きが、機械疲労が訪れる(『ヒストリー〜』はアイロニーなしに反射的で、ポストモダンな自慢・尊大を一切欠いた作品だ。『キル・ビル』〈二〇〇三〜〇四〉のとんでもない耽溺ぶりがまだタランティーノのキャリアを終わらせていないとしたら、この作品がとどめの一発をお見舞いしたかもしれない)。

『ヒストリー〜』は、二一世紀のアメリカは暴力が下部に抑え込まれた国というよりむしろメビウスの輪、ウルトラヴァイオレンスからはじめるといつしか家庭的な凡庸さにたどりつき、そしてその逆も起きる輪である、と示唆する。最後の場面で、トム——今や「トム」になっている——が帰宅すると、「物事はこれまで通りであるにもかかわらず、それらの見え方はがらっと変わる」。家庭的なイメージは今や「家庭的なイメージ」になっており、食卓に並ぶミートローフとマッシュポテトも「ミートローフ」と「マッシュポテト」へと、反射的に設置されたアメリカのノーマルさのアイコン、家庭的ならざるもの／ウンハイムリッヒ／不気味なものの定義そのものになる。9／11に関する文章でジジェクが述べたように、それこそが「後期資本主義消費者社会」の本質であり、そこでは「どういうわけか『本物の社会生活』そのものが、仕組まれたフェイクの性質を帯びてくる」。このシミュレートされたシナリオは、『トゥルーマン・ショー』(一九九八)やディックの『時は乱れて』(一九五九)のそれよりはるかに荒涼としている。なぜなら、主体たち自身がこの筋書きを進んで、承知の上で受け入れているからだ。影でそのシミュレーションを画策し、振付けする「彼ら」は存在しない。本作の結末では、誰もがだまし合いをしているが、誰ひとりだまされていない。

【註1】『ヒストリー・オブ・バイオレンス』(二〇〇五／監督：デイヴィッド・クローネンバーグ)

【註2】ジャック・ラカン、「The Split Between the Eye and the Gaze」、『精神分析の四基本概念』（一九七三）所収。

【註3】ピーター・ブラッドショー、「Review of A History of Violence」、『ガーディアン』（30 September 2005）、https://www.theguardian.com/culture/2005/sep/30/2

【註4】スラヴォイ・ジジェク、『斜めから見る——大衆文化を通してラカン理論へ』（一九九一）

【註5】グレアム・フラー、「Good Guy Bad Guy」、『サイト・アンド・サウンド』（15 October 2005）

【註6】J・G・バラード、「The Killer Inside」、『ガーディアン』（23 September 2005）、https://www.theguardian.com/film/2005/sep/23/jgballard

【註7】スラヴォイ・ジジェク、『「テロル」と戦争——〈現実界〉の砂漠へようこそ』（二〇〇二）

【註8】フラー、「Good Guy Bad Guy」

【註9】スラヴォイ・ジジェク、『The Universal Exception』（二〇〇六）

クローネンバーグの『イグジステンズ』の覚書

——デイヴィッド・クローネンバーグ作品『イグジステンズ』に関する〈k-punk〉向けの未発表メモ。後に『フィルム・クォータリー』第六十五巻第三号（二〇一二年春号）に掲載されたエッセイ「Work and Play in eXistenZ」は本稿が基になっている。

「君をプレイしているものは、レヴェル2に達することができるだろうか?」——サイバー理論に関する一九九四年の議論「Meltdown」で、ニック・ランドはそう問うた【註1】。コンピュータ・ゲームは、デジタル文化における主観性と行為主体を理解するための最良の手段をもたらすだろう、とのランドの直観は、デイヴィッド・クローネンバーグの一九九九年の映画『イグジステンズ』の糸口でもある。作品は近未来に設定され、そこではゲームが実生活とほぼ区別のつかないシミュレート環境を作り出すことが可能になっている。コンピュータ端末やコンソールを使う代わりに、プレイヤーは脊髄に開けた「バイオポート」経由で、有機生命体的な「ゲームポッド」を身体に直接つないでゲームに興じる。

主要キャラクターはテッド・パイクル（ジュード・ロウ）とアレグラ・ゲラー（ジェニファー・ジェイソン・リー）。我々はまず、パイクルはゲーム初心者であり、ゲラーによってゲームの世界の洗礼を渋々受けたと信じ込まされる。この時点で、ゲラーはふたりがプレイしているゲーム（『イグジステンズ（実存）』という名称）の開発者であるように思える。両者は複雑な陰謀に放り込まれる。それは競合するゲーム企業間の争いと、ゲーマーと「リアリスト（現実主義者）」――現実そのものの構造をゲームが腐食し、蝕んでいると信じる者たち――の闘争だ。この腐食は、登場人物のひとりが「現実の裏抜け」と印象的に描写する効果でもって映画そのものにも実演されており、したがって、現実のいくつもの層――いずれにせよ、それらは非常にゆるく区分されているとはいえ――は識別しにくくなる。最後には『イグジステンズ』というゲームも、我々が現実生活として理解していたものも、どちらも別のゲーム、『トランセンデンズ（超越）』に埋め込まれていたらしく思えるのだが、この時点まで来ると我々自身、何に対しても一切確信がもてない。「教えてくれよ、僕たちはまだゲームをやってるのか？」が最後の台詞だ。

『イグジステンズ』は公開当時、一九八〇年代サイバーパンクでおなじみの一連のテーマやお約束――クローネンバーグ自身が『ヴィデオドローム』でその形成に貢献した概念の数々――の、遅れてやって来た解釈のように思えた。しかし振り返ると、『イグジステンズ』を『マトリックス』と『バニラ・スカイ』（二〇〇一）も含む一九九〇年代末から二〇〇〇年代初期にかけて続々登場した映画群、アラン・グリーンスパンが「理不尽な活気」と呼んだ一九九〇年代のバブル経済から、二一世紀初頭の「対テロ戦争」への推移を記した作品のひとつと見ることができる。『イグジステンズ』の終わりの方では、重火器や爆発を伴う軍事暴動によって唐突なムードの変化が起きる。だが、大半を占めるのはもっと日常的なムードだ。もっとも頻繁に比較される宿命にある『マトリックス』〔※『イグジステンズ』の数週前に公開〕のハイパーにこれみよがしなCGに較べ、『イグジステンズ』の特殊効果使用は控えめだ。外観は抑制されており、断固として地味。茶色がやたらと目につく。その茶色さは、デジタル文化の人工物の表面をますます覆っていくことになる光沢の拒絶のように思える。

陰気な養魚場、スキー場ロッジ、再利用された教会等々が登場する『イグジステンズ』の世界（もっと正確に言えば「世界の数々」か）には、ありふれた、生活感のある資質が備わっている。というか、労働の匂いがしみついている。映画の多くは仕事場――ガソリン・スタンド、工場、ワークショップ――で展開するし、映画のこの次元は、今や予言的に思える。あからさまに論じられはしないが、労働は作品を空気のごとく取り巻くテーマのようなもので、遍在しつつも明確に語られはしない。『イグジステンズ』の自己再帰性のカギは、それそのものの生産状況（および文化の生産全般）に対するこだわりにある。我々は不気味な圧縮を、後期資本主義文化の「最前線」――その最新エンタテインメント・システムの数々――が、普段見えない「最後尾」（それらのシステムが製作される場である平凡な工場、実験室、フォーカス・グループ）に折り返す様を見せられる。騒がしく飛び交う資本主義記号論、激発するブランディングの紋章とシグナルは『イグジステンズ』では奇妙なほど抑えられている。我々の日常生活と典型的なハリウッド映画双方でそうであるように、経験の背景音の一部として存在するのではなく、ブランド名は『イグジステンズ』の画面にごくたまにしか出てこない。実際に登場するブランド名――その大半はゲーム会社の名称――は、やたら突出して見える。実際、登場する空間の一般的なネーミングは、映画で繰り返されるジョークのひとつだ。田舎にあるガソリン・スタンドの名前は単純に「田舎のガソリン・スタンド」、モーテルの名称は「モーテル」。これは、映画の大半を支配しているフラット化の作用、奇妙なほどの調子の欠如の一部だ。

今や我々が当たり前に思っている文化のデジタル化は、一九九九年においてはまだ初期段階にあった。ブロードバンド到来は何年か先の話であり、iPodも同様。『イグジステンズ』は、公開後のディケイドに急増したデジタル・コミュニケーション機材についてほぼ何も語っていない。小型携帯デバイスは『イグジステンズ』で重要な役目を果たさない――パイカルの使う発光する携帯電話はゲラーの手で車外に投げ捨てられてしまう――し、その冗長さ、何も起こらない時間のなかでぐずぐずする様も含め、この映画は「常にオン」状態のモバイル・テクノロジーがもたらす、神経質で注意力を散漫にさせる効果を描くのとはほど遠い。『イグジステンズ』のもっとも強く心に響いてくる側面は、この時点ではまだクローネンバーグのお家芸だったボディ・ホラー――それでも、登場人物が有機的なゲームポッドにバイオポート経由でつながっている場面はいかにものおぞましさだが――に宿ってはいない。あるいは、自分たちはシミュレーション内にいるか否かという、登場人物の発する困惑のなかにあるわけでもない――これは、既に『ヴィデオドローム』およびバーホーベンの『トータル・リコール』（一九九〇）でおなじみのテーマであり、二作はいずれもフィリップ・K・ディックのフィクションから（前者は間接的に、後者はもっと直接的に）インスピレーションをもらっている。そうではなく、『イグジステンズ』特有の洞察とはひとつのアイディア――それはある意味、現実はフェイクであるとの概念以上に奇抜で不穏なのだが――、すなわち主観性はシミュレーションである、との発想だ。

　この発想はまず、他の自動化された（というか部分的に自動化された）意識の数々――一見自動的と思えるが、実際は、あらかじめ定められた進路にゲームプレイを動かしていくトリガーとなる一定のフレーズや行動に対してしか反応できない存在――との対峙を通じて現れる。『イグジステンズ』のもっとも印象的（かつユーモラス）なシーンのいくつかは、これら「読み出し専用メモリ（ROM）」な存在との遭遇を描く。キャラクターのひとりは「ゲームのループ」に閉じ込められ、彼を行動に再起させるキーワードが聞こえるまで無言で頭をぐるぐる回し続ける。後の場面では、ペンをカチカチ鳴らし続ける店員が出てくる――背景キャラである彼は、名前を呼ばれるまで反応しないようにプログラムされている。これら、プログラムされたドローン相手の第三者（もしくは人間ではない存在）遭遇以上に気味が悪いのは、パイカルが経験する自動的行動による主観性の妨害だ。ある時点で、彼は突然、自分が「僕たちを送り込んだのは誰かなんて、余計なお世話だ！　肝心なのは僕たちがこうして今ここにいることだ」と喋っているのに気づく。その力強い反駁に驚き、彼は「うわっ、どうしたんだ？あんなこと言うつもりはなかったのに」と漏らす。ゲラーは「あなたのキャラクターがしゃべったのよ」と説明する。「ちょっとスキゾな感じよね、でしょ？　あなたも今に慣れる。プロットを前進させ、キャラクターを固めるために言われなくちゃならない事柄があって、あなたが望むと望まざるとにかかわらず、それらの言葉は発される。抵抗しないことね」。パイカルは後に、これら「ゲームからの強い要求」に抵抗してもしなくても、結果は何も変わらないいじゃないかとしかめっ面で指摘する。

自由意志の制限に重点が置かれているところは、この映画を「実存主義のプロパガンダ」とするクローネンバーグの言い分が妙に思える理由のひとつだ。実存主義は、人間存在（サルトルが「対自的」と呼んだもの）は「自由になることを運命づけられて」おり、ある人間の行動の責任を回避しようとするいかなる試みも不誠実（mauvaise foi）に等しい、と主張する哲学だった。対自的存在と、サルトルが「即自的」と呼んだもの――不活性な物体の世界、剥奪された意識――との間には絶対的な差がある。にもかかわらず『イグジステンズ』は、クローネンバーグ作品の多くと同様、対自的と即自的の区分を乱す。マシンは自動力がないどころかその逆だったことが判明し、人間主体はおとなしい自動人形のように振る舞うことになる。かつての『ヴィデオドローム』と同じように、『イグジステンズ』も「プレイする者」というコンセプトの両義性をすべて引き出してみせる。一方では、プレイヤーはコントロール権を握る存在、行為主体だ。しかしもう一方で、プレイヤーはプレイされい、る者、外部の力に指図される受動的な個体でもある。はじめのうち、パイカルとゲラーは対自的な存在のように思えるし、規定されたパラメータ内とはいえ、自ら決断することができる（『マトリックス』とは違って、彼らは放り込まれた世界のルールに縛られている）。対して、ゲーム内のキャラクターは即自的存在だ。だが、パイカルが「ゲームからの要求」を経験すると、彼は即自的（ただの受動的な道具、衝動の奴隷）であると同時に対自的（この機械的動作に恐れをなしてたじろぐ意識）になる。

『イグジステンズ』の現代的な共振を正しく理解するには、人工的かつコントロールされた意識という一目瞭然なテーマと、労働という潜在的なテーマとを結びつける必要がある。なぜなら、登場人物が朦朧としたフーグ状態、もしくは不本意な振る舞いのループに閉じ込められるシーン――この情景は、そこで働く者たちに半機械的動作が求められる、二一世紀型の労働であるコールセンターの世界に似ていやしないか？　まるで、主体性を完全に放棄し、人間らしい会話をことごとくあざ笑う決まり文句を繰り返す生体―言語学的付属器官に過ぎない存在になることが非公式な雇用条件であるかのごとき、そんな世界に？　ＲＯＭ構築物相手に「インタラクト」することとＲＯＭ構築物であることとの違いは、コールセンターに問い合わせることとそのセンターで働くこととの違いにすんなりマッチする。

『存在と無』（一九四三）で、サルトルが給仕のたとえを用いたのは有名だ――給仕の役目を大げさに演じるあまり、彼自身の主体性を（少なくとも外観上は）除去しているように見える人物のことだ。サルトルのこのたとえのパワーは、自動作用めいた給仕の振る舞いと、役を大げさに演じる給仕の機械的な儀式の背後にはその役から切り離されたままの意識が存在する、という気づきとの間に走る緊張感に依拠している。だが、『イグジステンズ』で我々は、行為主体は本当に「ある種の自動制御装置の堅固なかたくなさ」に妨害され得る、という可能性に直面させられる。いずれにせよ、『イグジステンズ』を観るとサルトルの給仕の描写をその意味に沿って再読せざるを得なくなるし、「何かにプレイされている」シーンのもっともぞっとさせられるもののひとつに、給仕が登場するとなってはなおのことだ。パイカルとゲラーが料理店でテーブルについていると、パイカルは自分が「ゲームからの要求」に圧倒されているのを感じる——

パイカル：あのさ、この場で誰かを殺したいって衝動をたしかに感じるんだけど。
ゲラー：誰を？
パイカル：僕たちの給仕を殺さなくちゃならない。
ゲラー：へえ。ま、それはもっともな話ね。えー、給仕の人！　給仕さん！（と給仕に呼びかける）
ゲラー：彼がこっちに来たら、やりなさい。ためらわないで。
パイカル：だけど……ゲーム内の何もかもがすごくリアルっぽくて、僕——僕にはそんなこと、やれそうもないよ。
ゲラー：自分を止めることはあなたには無理。だったらいっそ楽しみなさい。
パイカル：自由意志……は、明らかに、この僕たちの小さな世界のなかじゃ重要じゃないんだね。
ゲラー：現実生活のようなもの。それをおもしろくするのにちょうどいいくらいなだけ、自由意志が存在する。

「自分を止めることはあなたには無理、だったらいっそ楽しみなさい」——このフレーズは、自らの人生と仕事をコントロールしたいとの希望を完全にあきらめてしまった人間の抱く宿命論をものの見事に捉えている。ここにおいて、『イグジステンズ』は「実存主義のプロパガンダ」ではなく、断固たる反実存主義として姿を現す。

自由意志は、人間存在にとっての還元不可能な事実ではない——それは、既に書かれた物語を継ぎ接ぎするために必要な、事前にプログラムされていないシークエンスに過ぎない、と。我々の人生と仕事のもっとも重要な側面に関して、本当の意味での選択など存在しない、『イグジステンズ』はそうほのめかす。そのような選択があるとしたら、それはひとつ上のレヴェルに存在する——自分たちが「即自的存在」になりつつあることを認めてそれをエンジョイするか、あるいはそれを（おそらく無駄に）拒絶するか、我々はそのどちらかを選べる。これはある意味、『イグジステンズ』公開後のディケイドにおいてコミュニケーション系資本主義が喧伝することになる「インタラクティヴ性」の可能性・売り文句のすべてから、前もって空気を抜いてしぼませるものだった。

オートノミストは、工場労働から、彼らが「認知労働」と呼ぶもの〔※肉体ではなく労働者の精神の働きや主体性を生産に結びつける労働〕への転換について言及してきた。にもかかわらず、認知性なしでも、労働は情緒的で言語性を備えたものになり得る——給仕がそうであるように、コールセンターの働き手も、何も考えずに気配りを演じることはできる。これら無認知労働者たちにとって、思考はまさに、彼らに許されない特権だ。『イグジステンズ』の抑制されたトーンはデジタル時代の陳腐さを予期するものであり、かつ、デジタルにオートメ化された生活環境の陳腐な性質——駅のプラットホームで発着を告げる人間っぽい響きの声、声を認識し損ねる音声認識ソフトウェア、トークスクリプトを機械的に繰り返すよう叩き込まれたコールセンターの働き手——こそ、『イグジステンズ』が実にうまく捉えているものだ。

【註1】ニック・ランド、「Meltdown」、『Fanged Noumena: Collected Writings 1987–2007』

撮影したから自分で思い出す必要はない

——k-punk, (21 October 2005), http://k-punk.abstractdynamics.org/archives/006647. html

この間チャンネル4の新しいデジタル局モア4が放映した、アンドリュー・ジャレッキーのすさまじく不穏なドキュメンタリー映画『Capturing the Friedmans（フリードマン一家をつかまえる）』（二〇〇三）を観ていて、『ヒストリー・オブ・バイオレンス』を思い出した。

『Capturing～』はニューヨーク州の町グレート・ネックで暮らすフリードマン家の物語で、家族のうち二名（父親アーノルド、彼の息子のひとりで事件当時はまだ十代だったジェシー）は深刻な性犯罪容疑を認め、結果刑務所送りになった。彼らは有罪だったのか？　妥当だとして我々に納得できるのは、アーノルドに小児性愛の傾向があったこと、そして彼が児童ポルノを所有していたことだけだ。彼はまた、ふたりの少年相手に何らかの性的接触、ソドミーまがいの行為に及んだことがあったと自白したが、ただしそれはグレート・ネックで起きた事件ではなかった。そこから先は、『羅生門』（一九五〇）すら単純明快な事件に思えるくらい謎だらけだ。たとえば、ジェシーの役回りは極めて不明瞭だ。犠牲者とされる面々は、父親のおこなった暴力的な性的虐待にジェシーも加わり、それを援助したと主張した。だが、どれひとつ物的証拠に裏づけられていない犠牲者証言に活動家は疑問を投げかけており、かつ、その大半は彼らが催眠術をかけられた後で「回復された」記憶だったらしい。

フリードマン物語に空いたギャップは、**実際に**入手可能な記録素材がいくらでもあるぶん、余計に際立つ。彼らはどうやら――きっと今では多くの家族がそうなのだろう――自分たちを記録することに異様に熱心な一家だったらしい。フリードマン家を「つかまえる／捕らえる」というのは、部分的には、一家によるフィルムやテープへの自分たち自身のキャプチャ行為でもある。このようなドキュメンタリーは、撮影技術――家庭用映画カメラから後のカムコーダまで――がはじめて幅広く普及し、生まれた瞬間から子供が撮影されるようになった現在だからこそ可能になった作品だ。そのすべてが、ボードリヤールが「Precession of Simulacra（シミュラクラの前進）」【註1】で論じたリアリティTVの原型、ラウド一家に関する密着ドキュメンタリー〔※一九七三年に放映されたテレビ番組『An American Family』〕と、ぞっとさせられる対比を描くように感じられた。ある意味、もっとも痛々しい素材を構成するのは一九七〇年代に撮影されたフリードマン家のホーム・ムーヴィーで、そこでの彼らはどこから見ても完璧に幸福な家族だし、子供たちはカメラに向かって顔を突き出しふざけ回る。「家族写真」とは、まさにその本質からして大いに誤解を招くものであるとのドゥルーズの考察が、これ以上苦く裏づけられた例もない。後に、裁判がはじまり非難がそれに続くと、一家は自分たちが互いを罵り、やっつけ合う様子を撮影し録音した。

彼らはなぜ撮影し続けたのか？「撮影しない者、彼らはどうやって思い出すのだろう？」と、クリス・マルケルは『サン・ソレイユ』（一九八三）で問う。だが、フリードマン一家はなぜ、自らの「地獄」への道行きを思い出したいなどと思うのだろう？こんなものを撮影したいと誰が思うのか？『ロスト・ハイウェイ』（一九九七）で、フレッド・マディソン（ビル・プルマン）は自分の生活をヴィデオ・テープに記録するなんて考えは大嫌いだ、なぜなら彼は「自分なりに物事を思い出したいからだ」と述べる。これを不気味に補足する形で、ジェシーに懲役十八年の刑が下った日の出来事を記録した長男デイヴィッド・フリードマンは、「自分で憶えておかずに済むように」その模様を撮影したと語った。機械が思い出してくれる、だから我々に思い出す必要はない。

【註1】ジャン・ボードリヤール、『シミュラークルとシミュレーション』所収。

マルケルの幽霊と第三の道のリアリティ

——k-punk, (18 February 2006), http://k-punk.abstractdynamics.org/ archives/007392.html

先週、クリス・マルケルの『空気の底は赤い（Le Fond de l'air est rouge／英題：A Grin Without a Cat）』を観たのは、何やら相反する気分にさせられる経験だった。一見したところ、失望の数々をカタログのように並べた映画ではある。それでも、既存の秩序に対する挑戦——それらがどれだけ不完全で、まとまりがなく、矛盾していたとしても——があった時代の記録は、はるかに厳しい時代である現在にインスピレーションを提供せずにいられない。オリジナル版は一九七七年公開、一九九二年にはマルケルがポスト八九年のエピローグを足した新装版も登場した『空気の底〜』は、マルケルが「第三次世界大戦」と呼んだもの——六〇年代と七〇年代の、跡を絶たずに起きた革命的な／革命を目指す闘争——についての壮大なモンタージュ—熟考作品だ。マルケルは完全に映像資料だけを基に本作を構築しており、オリジナル映像を撮影することなしに、卓越した編集技術を通じて連関、結びつき、予示、残響を生み出している。それがもたらす効果は、フランス、ヴェトナム、アルジェリア、ボリヴィア、キューバ、チェコスロヴァキアで起きた出来事に詳しくない人間にとってはとりわけ、方向感覚を失わされる、めまいが起きるものだ。群衆が押し合いへし合いするまっただ中に「量子跳躍／タイムトラベル」させられ、状況を把握したと思ったのもつかの間、観る者はなんの前触れもなしにまた別の場所、別の時間に置かれる。マルケルの解説——複数の俳優がナレーションを担当している——は、詳説ではなくヒントや銘句をもたらす。だが、マルケルの狙いは六七年から七七年にかけての時期を「客観的な歴史」として、あれらの出来事の「意味」は既に確立済みと考える「専門家」が尊大に語るものとして描写することではない。また、それより更にひどい、運動の先駆者版「I LOVE 68（素晴らしき一九六八年回顧）」、現在の「分別」がもたらす穏やかな軽蔑の念と共に、元革命家がため息混じりにかつての怒りを振り返る映画を制作することでもない。そうではなく、本作のポイントは数々の出来事を「生成されつつある」状態で提示すること、回顧が構造的に締め出してしまう主体性（キルケゴール的な意味でのそれ）をそれらに取り戻すことにあった。

映画のとある段階で、マルケルの解説は悲しげに、革命家／失敗した革命家／元革命家がその関心のすべてを「新左翼」結成に傾けていた一方で、「新右翼」は気づかれないうちに合体していた、と指摘する。それを合図に、スポーティでモダンなイメージを打ち出すべく慎重に構築された、サッカーに興じるヴァレリー・ジスカールデスタン大統領の図が登場する。シトロエンの広報主任は「マネジメントの科学」（彼いわく、もっとも有能な組合メンバーすら習得できないほど複雑なもの）に思いをめぐらせ、左派の欲求を「資本」に組み込むことでポスト・フォード主義が出来上がるだろうと期待する。

現在に場面転換すると、そこでは最終的に失敗に終わった戦闘性のイメージすら過去のものだ。それは——ある意味——僕のものですらない過去であり、僕が一九六八年七月に生まれる前に終わっていた。にもかかわらず、その残響はやはり数年の間は続いたし、七〇年代末から八〇年代初期にかけて僕が楽しんだ物事にとっての（当時の自分は認識していなかった）背景でもあった。出来事が起こった後に生まれた我々のような者にとって、マルケルの映画にドキュメントされた社会動乱の重要性はずっと後になってから、それが引き起こした影響効果が完全に衰え、現実（および快楽）原則が「復古」したところではじめて把握可能になる。マーカスの『Lipstick

『Traces』――この本の時制のジャンプ／カットぶりは多くの意味でマルケル映画を想起させる――は、『空気の底～』が回想する出来事の数々と、映画が完成したのとほぼ近い時期にイギリスではじまった出来事、そのふたつの間のコネクションを確立するためのいくらかの助けになる。チェシャ猫のニタニタ笑い〔※映画の英題を参照。チェシャ猫は『不思議の国のアリス』のキャラ〕、煙草に残った口紅跡、マルクスの亡霊。マーカスとデリダとマルケルは、破裂、暴動、革命を、幽霊のようにぼんやりした残滓、ポスト冷戦資本のなめらかな表層の上に残された薄いしみと見るようになる。

マルケルの映画の翻訳不可能な仏原題は、空中に浮かんだまま、幽霊の状態のままの、実現することのない可能性の数々を示唆する。数年前にロンドンのＩＣＡ（現代芸術センター）でおこなわれたマルケル会議の場で、バリー・ラングフォードは「マルクスが『共産党宣言』の冒頭で呼び起こした、あの有名な共産主義の幽霊ではなく」、『空気の底～』とその百年前に起きたマルクスが言うところの「フランスにおける内乱」（パリ・コミューン）の双方にとって、「マルクスとマルケルに等しく取り憑いていたのは革命の幻影――すなわち、革命は究極的に、まさにその通り、幻想的なものであると判明するのではないかという恐れだ」と論じた。マルクスとマルケルの恐れが革命は幽霊／幻影にしかならないのではないか、だったとしたら、我々の疑念は革命はそれにすらならないだろう、傷ついた幻影は決定的な敗走を喫してしまった、になる（しかも、「共産主義の死」すら、新たな現状をガードしようとする連中には物足りない。彼らからすれば「共産主義は充分に息絶えていない――（中略）その心臓に杭を打ち込み、屍体を深夜に十字路に埋めない限り、彼らは決して満足しないだろう」【註1】）。

『空気の底～』が描いた闘争の数々は打倒されたかもしれないし、そればかりか、かつて以上に残酷なほど有能な「反動」が生じるのに貢献したかもしれない。だが、あれらの出来事がかけた圧力は、非常に即時的な影響をもたらしたに近い――「可能なこと」に異議を唱え、「現実主義」を拒否したことにより、労働の場で許容できるのは何か、日常生活に何が起き得るかに関する期待を、ああした出来事は変化させずにいられなかった。革命は文化的なものだった。つまり、彼らは文化と政治を別個に切り離して思い描くことはできないと理解していた。アルチュセール、そしてシチュアシオニストに鼓舞された六八年学生運動家は、多くの面で対立していた。とはいえ、両者は少なくとも一点においては同意できた――文化の産物はただ単に文化的ではあり得ない、と。回復されてしまった「スペクタクル」と「イデオロギー装置」を糾弾するなかで、彼らは今それを容認する者はほとんどいないであろうほどの重要さを、文化産物に付与した。

マルケルの映画が述懐したものと現在のリアリティとの対比を、僕は先週、他の継続教育カレッジで働く全国継続・高等教育連合のメンバーと共に、労働組合会議養成コースに参加した際にとりわけ身にしみて痛感した。そこで聞いた話――臨時雇用切り替えの増加、有給病欠に関する厳しさを増した新方針、解雇され自らの仕事に再応募するのを余儀なくされた講師たち、増える一方の達成ターゲット群と「うわべだけの重要性」の押しつけ、それらすべてに伴い生じる、無意味な、体裁を繕うためだけの書類仕事の増加――は、我々全員、個人レヴェルでは既に知っていたことを裏づけるものだった。継続教育セクターは危機に瀕している。それが抱える問題は、英教育界全体に及ぶより大きな病いの前兆が顕在化したものに過ぎない。一九九二年から地方教育庁の管轄を離れた継続教育カレッジは、「改善された」(つまり、部分私有化された)教育の今後の発展ぶりを示している。一般教育修了上級課程で手取り足取り教えられた学生たちは大学での学習に対処できない、との最近発表された報告書は、上級過程を教える教師や講師のほとんどにとって驚きではないだろう。政府の掲げる目標を達成するプレッシャーは、試験合格という狭いゴールのために教育の質と幅を犠牲にすることを意味する——それは、教育の唯一の役割は労働力の再生産である、との見方を全面的に受け入れた、教育の道具化のひとつだ。六八年という、その烈火の核には教育、そして教育は何になり得るか——イデオロギーの訓練キャンプ、刑務所めいた制度以上のものになれるだろうか？——の疑問があった時期からは遠く、はるか遠く離れている。

マルケルの「かつて」と我々の「ナウ」との相違に触発され、先週僕の頭に浮かんだのは、第三の道はまったくの幻想、イデオロギー上の欺瞞ではない、ということだった。事実、第三の道には現実が、官僚主義の現実が伴っている。政治が経営陣になってしまうと、残るのはそれだけだ。

前サッチャー時代に較べれば、公共サーヴィスはそこまで官僚主義で目詰まりを起こしていない、というのは嘘のような話だ。間違いなく、英教育界はそれで息を詰まらされている……ターゲット、行動計画、記録日誌、そうしたすべては教育・技術習得評議会の財政支援を受けるための必須条件であり、オフステッド（教育水準監査院）に審査される。オフステッドはもはや、かつてのような二、三年おきに監査にやって来る出しゃばりな外部存在の形をとっていない。そうではなく、中央政府からの要求を確実に満たすためには過剰補償も厭わない、膨張し過ぎた管理者階層ならではの恒久的なパノプティコン監視・警戒ぶりを通じ、オフステッドは無意識のうちに制度そのもののなかに組み込まれている。これが、教育における「市場スターリン主義」の現実だ。

徐々に進行する、容赦ない、官僚主義の飽くなき蔓延に異議を唱える、もしくは押し戻す方法はあるのだろうか？　やれるとしたら、今ではあり得なさそうな集団行動を通じてだけ……イデオロギー情勢の変化によってだけ……文化的ムードの切り替わりによってだけ……どこからはじめればいい？　そうやって、我々が「可能なこと」の表面に走るひび割れを躍起になって探す一方で、官僚主義という鋼鉄製の蜘蛛は根気よく、その灰色の巣をかけていく……。

【註1】シェイマス・ミルン、「Communism may be dead, but clearly not dead enough」、『ガーディアン』(16 September 2006)、https://www.theguardian.com/Columnists/Column/0,,1710891,00.html

反アイデンティティ政治

――k-punk, (25 April 2006), http://k-punk.abstractdynamics.org/archives/007709. Html

『Vフォー・ヴェンデッタ』(二〇〇六)をめぐり、作品そのものにはもったいないくらい興味深い議論が続いている。なるほど、テロリズムを無条件に断罪することを拒むメジャーなハリウッド映画を観るのにある程度のスリルを感じるのはたしかだが、映画内の政治分析は(原作コミックのそれと同様)正直かなりお粗末だ。そこはアラン・ムーアの落ち度であって、ウォシャウスキー姉妹を責めることはできない。ムーアの全作品と同じように、『~ヴェンデッタ』も各パーツは良くても総体としての効果はかなり劣る。以前も不満を述べたことがあるが、ムーアがひっきりなしにやる、彼自身と彼の読者の衒学ぶりに太鼓判を捺そうとするところ――まるで、フィクションの世界の魅力に屈しそうになるたび、ムーアから肩をとんとんと叩かれ、「我々にはこれよりもっと良いものがふさわしいのではないかね、諸君?」と言われるようなものだ――を、僕は非常に気を散らされる、かつイライラさせられるものだと思っている。

『~ヴェンデッタ』の政治学の多くは――主体滅却の場面を除くと――総じて言えば、「この世は腐敗した少数独裁者集団にコントロールされており、人々がその事実さえ知れば彼らのことは転覆可能である」と主張する、おなじみの大衆主義的イデオロギーになる。スティーヴン・シャヴィロは「すべての層を満足させようとするのではなく、(この映画は)非常に宗教的で、同性愛嫌悪的な、超愛国主義の帝国主義的監視国家を抑圧の元凶と看做す」と述べる【註1】。だが、これぞまさに「すべての層にアピールする」ものじゃないだろうか？　なぜなら、自ら同性愛嫌いなファシストを名乗る同性愛嫌いなファシストはあまりいないだろうし、ジョン・ハート演じる口角泡を飛ばしわめきまくる首相に共感する者はおろか、彼に投票する人間の姿も想像しにくい。ポストモダンなファシズムとは否認されたファシズムであり（以前僕が南ロンドンのブロムリーに住んでいた頃、郵便受けに配られた極右ＢＮＰ党のリーフレットには「僕のパパはファシストじゃないよ」のスローガンと共に笑顔の子供が写っていた）、それは否認された同性愛嫌悪の形で同性愛嫌悪が生き残っているのと同様だ。正体を識別されるのを避けつつ政治プログラムを追求していく、というのがその戦略だ。「我々はもちろん、ファシズムと同性愛嫌悪を遺憾に思います。ですが……」。ウォシャウスキー姉妹の描く政府はコーランを禁止するが、ブレアとブッシュならそれはまずやらない。そうではなく、彼らはイスラムを「偉大な平和の宗教」と讃えながら、イスラム教徒を爆撃するだろう。ブレアの権威主義的ポピュリズム【註2】の方が『～ヴェンデッタ』の芝居がかった専制政治よりはるかに邪悪なのは、ずばり、ブレアは「一般人の側にいる、道理をわきまえた、正直者として彼自身を提示する」のが実に上手いからだ。同様に、ブッシュの演説の下手さにしても、それが彼の成功の障壁になるどころか決定的な要素になっているのは、おかげで彼はハーヴァードおよびイェール大卒という特権的な出自を偽り、「国民の味方」像を打ち出せてきたからだ。実際、この映画で階級への言及が一切ないのは意味深だ。ジェイムソンは「Marx's Purloined Letter（マルクスの『盗まれた手紙』）」で、苦々しげに以下のように述べている――

我々がそれに従って階級を考えるカテゴリー分類を歪め、リベラルな概念解決にとってはるかに受け入れやすいジェンダーと人種問題とを前面に押し出すことに、システムが偏った興味を示すのはとりわけ驚くに値しない（言い方を変えれば、それはイデオロギーの要求を満たす解決であり、がっちり固まった社会生活のなかでは問題群はどれも同じくらい手に負えないもののままである、ということだ）【註3】。

『～ヴェンデッタ』のクライマックス、人々が立ち上がる（この時点までには誰に対する蜂起でもないのだが）場面を観たとき、僕が考えさせられたのは何か素晴らしい政治的な「出来事」ではなく、「貧困を過去のものに（Make Poverty History）」〔※二〇〇五年におこなわれた世界貧困根絶キャンペーンのひとつ〕——おそらく誰にも反対できない「プロテスト」——だった。『ファイト・クラブ』と『～ヴェンデッタ』は比較しない方がいい。タイラー・ダーデンのテロの標的は政治階級のカビ臭いシンボルではなく、カフェのチェーン店や高層ビル群といった没個性な資本の象徴だ。

僕はウォシャウスキー姉妹の『マトリックス』のファンではないが、あれは『～ヴェンデッタ』にはなし得ないふたつの面で成功している。『マトリックス』は、広範に普及したパルプ神話になった（対して、今から一年後も『～ヴェンデッタ』のことを考えている者など、学者以外にいるだろうか？　かつ、あれよりはるかに興味深く、洗練された作品である『氷の微笑 2』〈二〇〇六〉は学究に値すると彼らが気づくまで、そこから更に一年かかるだろう）。それ以上に重要なのは、『マトリックス』は何が「リアル」とされるかは極めて政治的な問題であると示唆した点だ。

進歩的な大衆主義モデルに欠けているのは存在論的次元で、そのモデルのなかでは大衆はだまされやすいカモ、エリートの嘘に欺かれはするものの、真実を知った途端変化を実行する心構えのある者にしか見えない。現実はどうかと言えば、もちろん、「大衆」は支配者エリート層をちゃんと把握している（政治家と「資本主義議会政治」を真に受ける者がいるとしたら、それは中産階級だ）。「何も知らないはずの主体」は、大衆主義のファンタジーであり——それ以上に、事実の啓示を待つだまされた主体は、進歩的大衆主義の基盤を成す前提だ。もっとも重要な政治的課題が支配階級の堕落を大衆に教示することだとすれば、では、そこで好まれる政治対話のモードは非難・告発になるだろう。けれども、それはリベラルな秩序のロジックの繰り返しであり、それに対する挑戦にはならない。『デイリー・メール』も『デイリー・エクスプレス』〔※共に英右派タブロイド新聞〕も、この同じ非難的モードを好むのは決して偶然ではない。政治家への攻撃は、資本主義リアリズムが寄生する場である、すっかり行き渡ったシニシズムの雰囲気を強化しがちだ。必要なのは、支配階級の邪悪さの経験主義的証拠を更に積み重ねることではなく、自分たちの考えや主張は重要であるとの従属階級側の信念だ——すなわち、彼らこそが変化をもたらすための唯一の効果的な仲介役である、と。

ここで、我々は再帰的無能感の問題に戻る。階級のパワーは常にある種の再帰的無能感に依存してきたし、従属階級の抱く「自分たちに行動は起こすのは無理だ」との信じ込みは、その状態そのものを強化する。もちろん、従属階級に対して彼ら自身の従属の責任を問うのはグロテスクな行為だ。しかし、自ずと達成される回路のなかで、現行秩序との共謀において彼ら自身の演じる役割を無視することは、皮肉にも、彼らが権力を手にするのを阻むことになる。

「Marx's ~」のなかで、ジェイムソンはこのように見ている——

階級意識は何よりもまず従属階級の問題、つまり劣等感の経験を中心に回転する。これは、「下層階級」は、覇権もしくは支配階級のしるしや価値観を儀式的な（社会的／政治的には効果のない）形で違反し否認するのと同じくらい、頭のなかでは絶えずその優位性を無意識のうちに確信していることを意味する。

したがって、劣等感は階級意識というより階級無意識、実体験云々というより経験の考えたこともなかった前提条件、そんな場合もあり得ることになる。この意味において、劣等感は存在論的な仮説であり、どんな経験論的反論の影響も受けない。支配階級の無能と腐敗の証拠を突きつけられてもなお、あなたは彼らは支配者の地位を占める権利を彼らに与える何らかのアガルマ〔※関心／欲望の対象。プラトンの『饗宴』に登場する概念〕を、秘密の宝を有しているに違いないと感じるだろう。

僕のような人間の経験してきた類いの階級転置については、既に充分書かれてきた。限定されてはいるが癒される労働者階級コミュニティの宿命論から、理解不能な、忌まわしいほど魅惑的な特権階級の世界の儀式へと放り投げられた者たち。彼らの味わう孤独と苦悩をもっとも鮮明に腑分けした作品と言えば、それはおそらくいまだにデニス・ポッターの『ナイジェル・バートン劇』だろう。「車に乗ってつまらない場所から出ても、蚊帳の外に置かれる」と、ジ・アソシエイツは〝クラブ・カントリー〟（一九八二）で歌い、歌詞は「そこでは君の呼吸ひとつひとつが他の誰かのもの」と続く。

このような経験の数々には、それらは唯一、経験というものから異化効果を作り出すゆえに重要だという意味で、デカルト的パラドックスめいたところがある。ゆえに、これらの経験を経た後では、経験を自然な、もしくは原初的な存在論カテゴリーとして考えられなくなる。それ以前は背景に置かれた仮定であった階級が、突然間に割り込んでくる――ヒロイックな苦闘の場としてではなく、むしろ些細な恥辱、狼狽、腹立たしさが雑居する場として。当たり前だと思っていたものは不確かな構造であったのが突然明らかになり、それは一定の効果（と情動）を生む。それでも、その構造は執拗だ。劣等感の思い込みは、前もって世界を理解するための中核的プログラミングめいたものを構成するからだ。たとえば、ある人間が自分は「プロフェッショナルな」仕事をこなせると考えるためにはトラウマになるほどの視点の変化が必須なわけで、自信の揺らぎや神経衰弱が起こるとすれば、得てしてそれは、その人間の中核的プログラミングが断続的にその存在を再主張する結果だ。

ポッターの『バートン劇』から引き出すべき真の教訓は、揺るぎない社会構造に立ち向かう、カリスマを備えた個人の苦悩についての宿命論的――ヒロイックなそれではない。そうではなく、あの二作は民族性としての階級に対する反論、そして構造としての階級への賛同と読み取る必要がある。いずれにせよ、あれらの芝居がはっきりさせるように、社会構造のオカルトのメカニズムは言語、振る舞い、文化的な期待と、目に見える民族性を作り出す。二作が要求するのは、主人公をはねつける出身コミュニティが彼を再び受け入れることでも、あるいは新たに出会ったエリート界への完全なる加入でもなく、まだ実現していない集団性の形態だ。

というわけで、ポッターが自然主義に仕掛けた挑戦の数々は、単なるポストモダンなトリックをはるかに越えたものになってくる。フィクションが現実を構成する様を目立たせる彼の手法、そしてこのプロセスにおいてテレビ自体が果たす役割は、もっと立派な、より伝統的な社会派リアリズムの作家たちが隠蔽もしくは歪めてきた存在論的な問題のすべてを前面に押し出す。階級の反目の「リアル」を越えた地点にリアリズムは存在しない、ポッターはそう示唆する。

おそらく今こそ、再帰的無能感についての投稿に対して、バット【註4】がメールしてくれたふたつの優れた質問に対処するタイミングだろう。バットの第一の質問は、フランス人ティーンエイジャーの状況はイギリスのキッズのそれとは違うのか？　これは簡単に答えられる質問で、なぜならあの投稿自体が扱おうと目指していた問題はどのつまり、まさにこれだからだ。フランス人学生は、イギリス人学生に較べはるかにフォード主義／規律の枠組みに埋め込まれている。フランスでは、この規律構造は教育および雇用の面に生き残っており、その点はサイバースペース的な快楽マトリックスとのある程度の対照、およびそれに対する抵抗をもたらしている（その理由は後でもっと突っ込んで探るとはいえ、これは決して良い意味で、ではない）。バットの第二の質問は、もっと重要な問題を提起する——再帰的無能感について語ることは、それが非難するはずの相互受動的なニヒリズムを強化してしまうのではないか？　僕はまさにその逆である、と言おう。再帰的無能感に関する投稿に対して、他のどれよりも多くメールをもらった。実際、そのほとんどは再帰無能感を認識しているティーンエイジャーと学生からのもので、しかし彼らはその状態を分析されて更に落ち込むどころか、同定してもらえて鼓舞された、としている。こうなるのには、実にもっともなスピノザ的／アルチュセール的な根拠がある——我々がつながれている因果のネットワーク、それを見極めること自体が既に自由なのだ。それとは対照的に、実際に憂鬱にさせられるのが、表立った公認カルチャーの容赦ないポップ楽観主義（poptimism）であり、それは退屈にキラキラと賑やかな最新の文化プロダクトに興奮することを飽きもせず我々に奨励し続け、それではポジティヴな反応が足りないではないか、と我々を怒鳴りつけてくる。あらゆる類いのネガティヴさに反対を唱える、ある種の「俗悪なドゥルーズ主義」がこの義務づけられた興奮に神学を提供し、我々がもっと激しく消費しさえすれば際限なく手に入る楽しさを伝道する。だが、しばしばそれが鼓舞するのは——政治と同じくらい大衆文化においてもそうだが——現状を否定し、無効にしてしまえる能力だ。そうした無を志向するスローガンは、「事態は良好、何も変える必要はない」でも「事態は悪い、それらは変わりようがない」でもなく、「事態は悪い、したがって、それらは変わらなくてはならない」だ。

こうして我々は主体滅却の話に行き着くわけだが、スティーヴン・シャヴィロとは違い、僕はそれこそがいかなる革命的行動の前提だと思う。『～ヴェンデッタ』でリアルな政治的電荷を帯びるシーンは、イヴィーの主体滅却の場面だけだった。ゆえに、本当の意味での不安をいくらかでも生み出せたのもあれらの場面だけだった。映画のそれ以外の部分は、我々誰もが抱えるリベラルな感性をほとんど動揺させない。リベラルなプログラムは、権利のロジックを通じてそれ自体を明瞭に表現するだけではなく、これは重要な点だが、アイデンティティの概念を通じてもそれをやるものであり、Ｖはイヴィーの権利とアイデンティティ双方に攻撃を仕掛ける。スティーヴンは、主体滅却を意志によって選ぶことはできない、と言う。だが僕は、それは意思によってしか選択し得ないものだと言いたいし、なぜなら、それは実存的な選択のもっとも純粋なフォルムだからだ。主体滅却は、分かりやすい経験主義的な意味において起こるものではない。それはむしろ、霊的な変容という意味においてまさに「出来事」であり、同意しなくてはならない存在論的な枠組みのやり直しだ。イヴィーの選択は、彼女の（古い）アイデンティティを守る――それは必然的に、彼女にそのアイデンティティを与えた、存在論的な枠組みそのものを防御することにもなる――か、それまでの自己認識すべての明け渡しに同意するか、どちらかだ。これが実に明瞭に浮き彫りにするのは、リベラルなアイデンティティ政治とプロレタリア的な反アイデンティティ政治との対立の図だ。アイデンティティ政治は、支配階級からのリスペクトと認知を得ようとする。反アイデンティティ政治は、分類に関する装置そのものの解体を求める。

この点が、フランスの学生よりも、イギリスの学生の方が潜在的に革命的な変化の仲介役になる可能性がずっと高い、という所以だ。憂鬱をわずらい、世界から完全にずれてしまっている者は、現秩序のどこかに、維持し守れる居場所はまだ残っていると考える者よりも、主体滅却を経験するのに適したポジションにいる。精神科病棟にいるのであれ、あるいは家の環境で処方薬漬けのゾンビな忘却状態にいるのであれ、資本主義下で巨大な精神的ダメージをこうむった何百万という人間――お払い箱になり、今や就労不能手当に頼っているフォード主義のロボットたち、そして職に就いたことすらない失業者予備軍たち――が、次なる革命階級であると判明するかもしれない。彼らには本当に、失うものなど何もないのだから……。

【註1】スティーヴン・シャヴィロ、「V for Vendetta」、http://www.shaviro.com/Blog/?p=488#comments

【註2】ジェニー・ラッセル、「Tony Blair's authoritarian populism is indefensible and dangerous」、『ガーディアン』(24 April 2006)、https://www.theguardian.com/commentisfree/2006/apr/24/comment.labour

【註3】フレドリック・ジェイムソン、「Marx's Purloined Letter」、『Ghostly Demarcations: A Symposium on Jacques Derrida's Spectres of Marx』（マイケル・スプリンカー編／一九九九）所収。

【註4】ジョヴァンニ・ティーソのブログ、https://bat-bean-beam.blogspot.co.uk/

「あなたは昔からずっとここの管理人です」：オーバールック・ホテルの幽霊的空間

――Perforations, 29,（2007), http://noel.pd.org/Perforations/perf29/perf29_index.html

幽霊譚の時代錯誤的なところは、物理的空間に対するその奇妙に偶発的で本質的な依存、とりわけ有形の家なるものへの依存だ。前資本主義のフォルムでは間違いなく、過去は開けた空間、たとえば絞首台の建つ丘や聖なる埋葬地といった場に頑固にしがみつきおおせたはずだ。しかしこのジャンルの黄金時代に、幽霊は古めかしい建物と同一の存在になる（中略）ということは、死ではなく、幽霊譚の呼び起こすそうした「死にゆく世代」の連なりが、祖先崇拝と一族／大家族の客観的記憶を意気揚々と根絶やしにすることで、自らに生物学的個体の寿命を宣告したブルジョワ文化にとって不祥事なのだ。これを表現する建物として、高級ホテル以上にふさわしいものはない――そこに継続してきたいくつものシーズンの広大なリズムは、一九世紀後半から現代消費者社会の休暇まで、アメリカ有閑階級の変容を記してきた。

――フレドリック・ジェイムソン、「『シャイニング』の語りと歴史性」【註1】

もっとも強力な強迫観念の影響は、子供の心霊装置はまだ完全に理解力を備えていないと我々が考えざるを得ない時点で、その子供に残された悪影響から発生する。その事実に疑問の余地はない。しかしその事実はあまりに不可解なゆえに、もっと理解しやすくするべく、我々はそれを、どれだけ時間が経っても現像して一葉の写真に変えることが可能な、写真露出と比較してもいいだろう。

――ジークムント・フロイト、『モーセと一神教』【註2】

「haunt」という言葉のもつ意味のひとつ――「行きつけの場所」――が示すように、幽霊性にとって空間は本質的だ。にもかかわらず、幽霊の出現は明らかに、空間だけではなく時間の混乱でもある。幽霊の出現は、ある場所が侵略される、ないしは関節の外れた時間、反時間（dyschronia）に中断されたときに起こる。『シャイニング』――キングの小説（一九七七）もキューブリックの「忠実ではない」映画版（一九八〇）も、僕は相互に関連し合うひとつのテクストの迷路として扱うつもりだ――は根本的に、反復の論題に関心を寄せている。『マルクスの亡霊たち――負債状況=国家、喪の作業、新しいインターナショナル』（一九九三）で、デリダは憑在論を、存在することなしに反復するものの研究と定義する。詳しく説明するために、我々はこう言ってもいいかもしれない。そもそも（in the first place）存在することなしに、帰ってきたもの／幽霊は反復する――そこでは「場所」が「時間」と同義である場において。起点を占めるものはなく、取り憑くものは一度として存在することなしに主張する。この話題に関してはまた後で戻ってこよう（あるいは、この話題は我々の側に戻ってくるだろう、と言った方がいいだろうか？）。

反復が実に中心的な位置を占める、まさにそれゆえに、『シャイニング』は非常に精神分析的なフィクションだ。精神分析における家族ドラマをホラー素材に翻訳したものと言うこともできるが、ただし、この作品はそれ以上のことをやっている。多くの人間が長らく、うすうす感じてきたこと――精神分析は既にホラー・ジャンルに属しているのではないか――を明示しているのだ。死の欲動、不気味なもの、心的外傷、強迫的な反復といった概念の置き場所は、そこ以外にないではないか？

だが、『シャイニング』は精神分析的だけではなく、文化的な意味における反復についての作品でもある。ゆえにジェイムソンが関心を寄せる。ジェイムソンは結局のところ、ポストモダン性を反復の観点から理論化したのだから――ただし、それは否認された反復だ。彼が言及する「ノスタルジア・モード」は、オリジナルさや革新性のための条件がもはや存在しない／あるいは特別な状況下にしか存在しない文化において、ほぼ遍在するに等しいにもかかわらず、大概は無視されている反復のモードを指す。ここで論じられているノスタルジアは、心理的なものでも情動分類のひとつでもない。構造的かつ文化的なものであり、個人もしくは集団が抱く過去への思慕の念のことではない。それとはほぼ逆で、ノスタルジア・モードは過去以外に何も想像できないこと、未来はおろか現在に関与できるフォルムすら生み出せない、能力の欠如についてだ。未来像の描写は、事実、過去のフォルムを装ってこちらにやって来る率がますます高まっている、とジェイムソンは主張する――ノワールに多くを負うことで知られる『ブレードランナー』は、この典型例だ（過去二十五年間のサイエンス・フィクション映画に『ブレードランナー』が誇る強い影響力が、ジェイムソンの指摘を何より明白なものにしている）。

そして、ジェイムソンによれば、『シャイニング』は幽霊譚の「メタジャンル的」省察（幽霊譚についての、ある幽霊物語）ということになる。とはいえ、僕は『シャイニング』はポストモダン性に属するのではなく、むしろポストモダン性のドッペルゲンガー、憑在論に属していると主張したい。それはポストモダン性そのものに関するメタな省察である、とまで言っていいだろう。ジェイムソンが我々に思い出させてくれるように、『シャイニング』は挫折した執筆家についてのお話でもある。小説家志望で、力強いモダニストの型を踏まえた男らしい作家になることを切望している彼は、しかしホテル——それ自体が、ファンタジーと残虐行為の消された跡が読み取れる重ね書き羊皮紙であり記憶と期待が反響するエコー・チェンバーだ——がその病的逸脱と殺人的な意図とを刻み込もうとする、受け身の表層になる宿命にある。あるいは、これはオーバールック・ホテルにふさわしい悲惨で反時間的な時制モードなのだから、それは常に刻み込んでしまっていることだろう、と言う方がいいかもしれない。

オーバールックと現実界

自分の周りでオーバールック・ホテルが活気づくのが、彼には聞こえた。

——スティーヴン・キング、『シャイニング』【註3】

無限に続くオーバールックの回廊から逃れることはできない。それは時代遅れなジャンル（ゴシック・ロマンス）に放逐できる陰気な城でもなければ、科学的論拠の熾烈な光を浴びた途端に崩れ落ちてしまう、超自然的遺物でもない。ジャックを誘惑する、ホテルの「想像界」の心奪われる幽霊たち。その背後に隠蔽されているオーバールックの回廊につきまとう恐怖は、「現実界」に属している。「現実界」は繰り返す何かであり、そこから逃れようとあなたがどれだけ努力しても、自ずと存在を再主張してくる（なおも悲惨なことに、逃げ出そうという試みを通じて、それは再び自己を主張してくる。つまり、オイディプスの運命）。オーバールックに宿る恐怖は、家族の、そして歴史の恐怖だ。あるいは、もっと簡潔に言えば、それらは家族の歴史にまつわる恐怖だ（それが精神分析の領域であるのは言うまでもない）。

デイヴィッド・A・クックは既に、映画版『シャイニング』がいかにアメリカ大陸の歴史にたたられているかを明かしてきた【註4】。クックの解釈では、ウルトラ特権階級と極めて腹黒い連中の遊び場（キングがこの小説を書いた、ウォーターゲート事件後の薄暮がまだ残るパラノイアな時期に、このふたつの集団の関係を解明し切れると信じるほどうぶな人間はいなかったはずだ）であるオーバールックは、アメリカ史そのものの悪夢を換喩的に代弁している。ネイティヴ・アメリカンの埋葬地の上に建てられた、賑わうレジャーのメッカ（このディテールはキューブリックが付け足した）。先住民族虐殺（と抑圧）の上に築かれた文化という強力なイメージ。

まるで今やもうひとつのオーバールックが、現実の世界（ジャックの考えるところの「現実の世界」なるものがあるのだとしたら）から切り離されてはいるものの、徐々にそれと釣り合いをとりつつあるオーバールックが、実物のわずか数インチ先に横たわっているかのようだった【註5】。

クックのこれらの意見も重要とはいえ、既に示した通り、僕としては歴史のマクロなレヴェルではなく家族のミクロなレヴェルに集中したい。これによって我々は必然的に、『シャイニング』はいかに相互関連テクスト的にメロドラマ・ジャンルと密に結びついているかに関する、ウォルター・メッツの唱えた貴重な意見に行き着く【註6】。映画の主要な緊張——それは一部の人間にとってはどうにも解決されない緊張だ——は、『シャイニング』は最終的にジャンルの面でどこに置かれるべきかに関わっている。家族についての映画なのか（とすれば、メロドラマに属する）、それとも超自然的存在についてなのか（とすれば、ホラーもしくは幽霊譚に属する）【註

7】？　ここから当然想起されるのが、「幻想的なもの（fantastic）」はふたつの認識論的可能性の間のためらいに定義される、とのトドロフの有名な主張だ。幽霊的な力を心理学的、あるいは他の自然主義的手段で説明し得るとすれば、我々は「不気味なもの（uncanny）」を相手にしていることになる。超自然的存在の幽霊を追い払うことができないとすれば、我々は「驚異的であり得ないもの（marvelous）」を相手にしている。そのふたつの可能性の間を振り子のように行き来している間にだけ、我々は「幻想的なもの」に直面することになる。

不気味	幻想	驚異
メロドラマ		幽霊譚

批評家の大半は『シャイニング』を「驚異」の例と看做してきたと指摘しつつ、メッツは『シャイニング』を「不気味」の一例として位置づける。

しかし僕は、『シャイニング』はトドロフの図式の条件を混乱させるがゆえに重要だと言いたい。それは、家族を描いたメロドラマであると同時に幽霊譚でもある、と。幽霊がリアルだとしたら、それはそれらが超自然的存在だからではない。そして亡霊が精神分析的存在だとしたら、それはそれらを心理的なものに集約できるという意味ではない。事実、それはまったく逆だ――亡霊的な存在が精神分析のために心理的なものへ包摂されるというより、むしろ、心理的なものは亡霊的なものの症状と解釈できる。幽霊の出現こそ、最初にやって来るものだ。

憑在論としての家父長制

オーバールックの幽霊たちから逃れられないのは彼らが家族史の亡霊だからであって、なぜなら我々の誰ひとり、家族史なしには存在し得ないではないか【註8】？　とどのつまり、『シャイニング』は父親たちと息子たちにまつわるフィクションだ。その発端は、まだアルコール依存と闘っていた頃に抱いた、父親としてのキングは恐ろしくてたじろいだものの作家としてのキングは魅了されてしまった、とあるファンタジーのなかにある。ある日、息子に書類をそこらじゅうにぶちまけられたのを見て、キングは激昂した。後に振り返って、彼はあのときの自分が息子を殴っていてもおかしくなかったことに気づいた。小説の芽生えは、その状況からはじまった、キングによる外挿だった——もしも彼が息子を実際に殴っていたとしたら？　もしも彼がそれよりはるかにひどいことをやっていたとしたら？　もしもキングが、自分を作家だと夢見ているに過ぎないアル中の落伍者だったとしたら？

精神分析を大雑把に、我々は自分たちの家族史であるという主張に要約することは可能とはいえ、この時点でおそらく我々は「歴史」のタームを省き、それを「憑在論」に置き換えられるだろう。フロイトにおいて、家族は憑在論的構造として現れる。子供は大人を教育する父親であり、父親の罪を子供が背負う。父親を憎む男児は父親を繰り返す運命にあり、虐待を受けた者は虐待する側に回る。

『シャイニング』は憑在論としての家父長制についての映画であり、その関係性を何よりも徹底的に探ったのが、宗教の基盤に関するフロイトのエッセイだ。ここでフロイトは「聖なる父」、ヤハウェはまた実のところ、「聖なる霊」——その物質的な不在を通じてのみ存在を主張する幽霊めいた神性——でもあることを示している。『トーテムとタブー』で述べた、「原父」を殺害・解体しその肉を食らうという「思弁神話」を、フロイトは三十年近く後に『モーセと一神教』、それ自体が反復と繰り返しに満ちたテクストで、再び取り上げている。

フロイトの記述では、「父親」はふたりいる。絶対的な悦びへのアクセス権をもつみだらな「快楽に耽る父」（ラカン）、そして「父の名／否定（Nom/Non）」――「法としての父」、人の形をとった、禁止し恥辱を与える「象徴的秩序」になる。ジジェクが示したように【註9】、『トーテムと〜』のもっとも重要な側面のひとつは、いかめしい「象徴的な法の父」が起源ではない、という点を確立したところにある。エディプス・コンプレックスの理論が前提としたように、父親は喜びを遮断する既存の障害物ではない。この「障害物」は、父親が殺害されてはじめて設置される。

フロイトの描写する物語では、原始社会の下位に属する、部族の「父親」に嫉妬し恨みを抱える男たちの群れが、無制限で快楽を手に入れられるようになるだろうと見込んで、ある日決起し父親を殺すことになる。ところが、実際は思ったようにならない。「絆で結ばれた兄弟たち」はすぐに後悔し、罪悪感に苛まれ、憂鬱になる。何もかも楽しみ満喫するどころか、父殺しのふさぎ込んだ兄弟たちには何も楽しむことができない。かつ、「父」からの忌まわしい支配を排除するどころか、不在になったことで「父」がますますその支配力を強めていることに彼らは気づく。「父」の幽霊は彼らの良心を餌食にする。彼らの良心は実は、死んだ「父」の亡霊的な声が発する叱責に他ならない。この不在の声を聞き入れ、それを記念しなだめるべく新たな儀式と倫理規定をスタートさせることで、兄弟たちは道徳と宗教の基本的なフォルムを社会に導入する。神、父、大文字の他者、象徴界は存在しない。それでも、これら儀式の反復を通じ、それは主張してくる。

「父親」は二重の意味で死んでいる。彼がその力を主張できるのは彼が死んだときだけであり、しかし彼の力それ自体が、死をもたらす力以外のなにものでもない。それは、生きている肉体を罪の意識で壊死させ、喜びの息の根を止める力だ。

子供が殴られている

この親にしてこの子あり。普通は、そう表現されるんじゃなかったかい？

——スティーヴン・キング、『シャイニング』【註10】

『シャイニング』は、家父長的な狂気を——その渇望、計略、正当化と共に——内側から見せていく。我々は、ホテルとホテルからの誘惑、期待、課題に酔いしれるにしたがい、ジャックがこの狂気に徐々に屈する様を目にする。ソフト・フォーカスのかかった甘美な空間であるゴールド・ルームで、ジャックはホテル客たちとパーティに参加する。

彼は美しい女性と踊っていた。今は何時なのか、どれくらいコロラド・ラウンジで過ごしたのか、舞踏場に入って何時間経ったのか、彼にはさっぱり分からなかった。時間はどうでもよくなっていた【註11】。

こうした、熱に浮かされた夢めいた幻想のとりこになり、ジャックは無意識へと降りていく（フロイトが言うように、そこでは時間は無意味になる）。無意識は常に非個人的だが、ここではとりわけそうだ。ジャックが沈んでいく無意識は、ホテルそのものの無意識だ。彼にとって家族は、彼がそれに浸る時間が増える一方の、ホテル相手のうっとりするような交流のひとときを邪魔する「わずらわしい」存在のように思えてくる。そして、良き父親であることは、ダニーをオーバールックに引き渡すことと同義になる。ジャックはホテルのアヴァターたち――超自我の要求とイドのそれとを和解させているらしい――から、ダニーを連れて来るのは彼の義務である、と説き伏せられる。

ゴールド・ルームの「想像界」的無時間を越えたところで、オーバールックにはまた別の、保留された時間のモードが存在する。これは「現実界」に属しており、連続的な、あるいは「時間に従った」時計の文字盤の時間は、反復の宿命に取って代わられている。ゴールド・ルームの「想像界」の快楽、そしてそれが提示する子宮に包まれるごとき融合というそそられる見込みゆえに、ジャックはますますホテルの「現実界」構造――虐待型の反復の構造――の支配の深みにはまらされていく。ダニーは、ローク〔※クロッケーの一種の球技〕用木槌（映画では斧）を手にした、子供を執拗に追いかける男のヴィジョンとして、この構造に直面する。

> 文字盤はなくなっていた。その代わりに、円い黒い穴があった。それは永遠への落下に続いていた。それは膨張しはじめた。時計は消えた。その後ろの部屋も。ダニーはおぼつかない足取りでよろよろと歩き、そして文字盤の背後にこれまでずっと隠れていた闇のなかに落ちていった。
>
> 椅子に座っていたこの幼い子供は突然がっくり倒れ、不自然にねじれた姿勢で横たわったまま、頭を反り返らせ、虚ろな目で舞踏場の高い天井を凝視していた。
>
> 下へ、下へ、下へ、下へ――と落ちて廊下まで。廊下にうずくまった彼は、しかし行ってはいけない方へ

と角を曲がってしまい、角を曲がった階段まで戻ろうとするものの、しかし、そこで、**まさにそこで**――
――彼の目には、プレジデンシャル・スイートとしかつながっていない、短い行き止まりの通廊にいる自分の姿が見えた。ブンブンとうなる音が近づいてきて、振り回される木槌の口笛は残酷に空を裂き、木槌の頭部は壁にめり込み、絹の壁紙を切り裂き、漆喰の埃が軽く宙に舞う【註12】。

ここで我々は再び、フロイトが『モーセと～』で用いる宿命のイメージ、本エッセイの冒頭に引用した文章に目を向けていいだろう。

もっとも強力な強迫観念の影響は、子供の心霊装置はまだ完全に理解力を備えていないと我々が考えざるを得ない時点で、その子供に残された悪影響から発生する。その事実に疑問の余地はない。しかしその事実はあまりに不可解なゆえに、もっと理解しやすくするべく、我々はそれを、どれだけ時間が経っても現像して一葉の写真に変えることが可能な、写真露出と比較してもいいだろう。

この一節は、『シャイニング』との関連、キューブリック版『シャイニング』の有名なラスト・シーン――一九二三年〔※原文ママ。正しくは一九二一年〕に撮影された写真のなかで、パーティ客に囲まれ満面の笑みを浮かべるジャック――を考慮に入れると、とりわけ刺激的かつ示唆的に思えてくる。この瞬間、我々はデルバート・グレイディの不吉な言い分、ジャックは「昔からずっとここの管理人です」を思い出さずにいられない。フロイトの用いた写真のメタファーから僕が引き出したいのはまさにその、写真が生み出された出来事が起こった時点から、その影響が現れるまでに時間の隔たりがある、というコンセプトだ。この点こそ、『シャイニング』が解剖してみせる心理分析的ホラーだ。暴力はずいぶん前に、子供時代にジャックの「心霊装置」に刻印されていた（小説では、ジャック自身が父親から受けた虐待についてのかなり詳しい描写がある）とはいえ、それらの印象を「露出」から一枚の「写真」に、実際の暴力行為へと変換するのには、オーバールック・ホテルの「幽霊的空間」が必要になる。

ジャックが「ずっとここの管理人」だったとしたら、それは彼の人生が常に虐待のサイクルのなかにあったからだ。ジャックはぞっとするほど恐ろしい構造的な宿命を、幽霊的な決定論を象徴している。彼が「ずっとここの管理人」であったということは、彼は一度として、自らの権利としての主体であったためしがなかったということだ。ジャックは「象徴界」および「象徴界」の節度を欠いた下部である殺人的な暴力、その代役を務めてきたに過ぎない。とどのつまり、父親とは、「象徴界」の課す義務の数々(ジャックが「白人男性の抱える重荷」と呼ぶもの）を次の世代に継承させるまで（一時的に）引き受ける「管理人」、それ以外の何者でもないのではないか？　ジャックのなかに、過去の幽霊たちは生き返り再生する——ただしそれは、ジャック自身が「先祖返りし下落する」という代償なしには起こらない。

オーバールックの虐待型の惨事に備わった反時間的性質——心理のなかに蓄えられた出来事は、時間が経過してからしかその影響をもたらさない——は、もちろんダニーの未来にも関与してくる。メッツの述べるように、「斧を手にしたジャックがダニーを迷路園に追い込み、『俺はお前のすぐ後ろにいるぞ、ダニー』と言うとき、彼はダニーを怖がらせようとしていると同時に、子供の未来を予言してもいる（中略）家父長制の獣は（ダニーの）内側にも巣食っている」【註14】のだ。ここで、ジャックは「俺はお前のすぐ手前にいるぞ、ダニー」と言っているのも同然だ——お前の未来の姿が俺だ、と。オーバールックでは、常にひとりの子供が殴られることになり、虐待される者と虐待する者の持ち場はその構造内に場所を占めている。虐待された者は、あまりにやすやすと虐待する側に転じてしまう。『シャイニング』の発する、しかし答えを出しはしない不吉な疑問は——これは（ジャックの身の上に起きたように）ダニーにも起こるのか？　だ。すなわち、『シャイニング』は『トーテムと～』／『モーセと～』——「父」が、まさに自らの死を通じて息子たちを霊的に支配し続ける図式——なのか、それとも『反オイディプス』なのか？

小説では、ダニーは緊張病を起こした状態のなか、彼の分身であるトニーと心を通わせることで、父の手にかかり殺されるのをかろうじて免れる。このトニーは未来のダニー本人のアヴァターであることを、キングは明かしている。

> そして今や、トニーはダニーの目の前に立っていて、トニーを見ていると魔法の鏡を凝視し、そこに映った十年後の自分の姿を眺めているようだった……。
> 髪は彼の母親譲りの薄いブロンドで、それでも顔立ちには彼の父親の特徴が記されている、そんなトニー——成長したあかつきにダニーがなる、ダニエル（ダニー）・アンソニー（トニー）・トランス——はあたかも、父親と息子の間に捕らえられたハーフリング、父子双方の幽霊、両者の融合物のようだった【註15】。

映画では、ダニーは機転を利かせ、自らの足跡をたどって逆戻りすることで父の手を逃れる。にもかかわらず、（心霊的）ダメージが既に残されたかどうかは、我々には分からない——父を失い生き残ったことで、ダニーは彼の父に代わってその座を占めることになるのだろうか？

メッツからすれば、これらのためらいは、テクストを未解決のまま終わらせている――「成長してより良い世界を築くことは、ダニーの肩にかかっている。過去の悪霊を振り捨てながら、しかし心の奥深くで彼は常に、ジャックとアメリカ人すべてに取り憑いてきたそれらの悪霊たちは、一皮めくればすぐに見つかると承知している。ダニーはジャックの遺産を相続したのだ」【註16】。ダニーに過去の幽霊を振り捨てられるとしたら、では、そこには自由／解放の可能性があるということになる。しかし、「もっとも強力な強迫観念の影響」は既にその仕事を全うしてしまったのだろうか？　ダニーもまた、「ずっとオーバールックの管理人だった」こととなる宿命にあるのだろうか？

【註1】フレドリック・ジェイムソン、「『シャイニング』の語りと歴史性」、『目に見えるものの署名――ジェイムソン映画論』（一九九〇）所収。
【註2】ジークムント・フロイト、『モーセと一神教』、『The Origins of Religion: Totem and Taboo, Moses and Monotheism and Other Works』（ジェイムズ・ストラクリー編／一九九〇）所収。
【註3】スティーヴン・キング、『シャイニング』（一九七七）
【註4】デイヴィッド・A・クック、「American Horror: The Shining」、『リテラチャー／フィルム・クォータリー』（第十二巻第一号／一九八四）
【註5】キング、『シャイニング』
【註6】ウォルター・メッツ、「Toward a Post-Structural Influence in Film Genre Study: Intertextuality and The

Shining」、『フィルム・クリティシズム』（第二十二巻第一号／一九九七年秋号）

【註7】実際は、メッツはこの状況はもっと複雑だとしており、メロドラマと共にホラーが家族をその題材にした作品、と論じている。

【註8】例として、リサ・ガイのハイパーテキストのプロジェクト「Half Lives」（http://Pandora.nla.gov.au/pan/30305/20020815-0000/halflives.adc.rmit.edu.au/index.html）を参照。ここで彼女は自身の家族史を通じて憑在論の概念を探っている。

【註9】スラヴォイ・ジジェク、「The Big Other Doesn't Exist」、『ジャーナル・オブ・ヨーロピアン・サイコアナリシス』（一九九七年春秋号）、https://www.lacan.com/zizekother.htm

【註10〜12】キング、『シャイニング』

【註13】フロイト、『モーセと一神教』

【註14】メッツ、「Toward a Post-Structural Influence...」

【註15】キング、『シャイニング』

【註16】メッツ、「Toward a Post-Structural Influence…」

〔※なお、スティーヴン・キングは二〇一三年に『シャイニング』の続編／ダニーの後日談小説『ドクター・スリープ』を出版。二〇一九年に映画化（監督：マイク・フラナガン）されている〕

カフェ・チェーンと捕虜収容所

——k-punk, (26 January 2007), http://k-punk.abstractdynamics.org/archives/008956.html

(この文章の一部を省略し書き直しを加えたヴァージョンは、後に『資本主義リアリズム』〈二〇〇九/ゼロ・ブックス〉の冒頭に用いられることになる)

劇場公開時に観逃したものの、『トゥモロー・ワールド』(二〇〇六)をやっとDVDで観た。先週あの作品を観ながら、僕はこの作品の「世界の終わり」の解釈はなぜこんなに現代的なのだろう? と自問していた。『トゥモロー〜』には子孫の絶えた人民が登場するが、彼らと同じくらい慢性的な不毛を過去三十年間かこってきた英国映画界は、この作品ほど見事に具現化されたヴァージョンの世界の終わりを生み出したことがなかった。これくらい心をつかんで放さない英国社会の崩壊図を観たいのであれば、英テレビ界——『クウェイターマス』シリーズ最終作(一九七九)、もしくはイギリスのテレビ電波に乗った、史上もっとも凄惨な番組であるのはほぼ間違いない『SF核戦争後の未来・スレッズ』(一九八四)——に目を向けるほかないだろう〔※『クウェイターマス』は科学者クウェイターマス教授を主人公とする、一九五〇年代から制作がはじまった英SFドラマの古典。最終作では世界規模の社会荒廃を背景に宇宙人との闘いが描かれる。米ソ核戦争シミュレーションを基に制作されたドラマ『スレッズ』は、崩壊した戦後社会と生存者の凄惨な生活に焦点を置いた内容〕。それでも、『トゥモロー〜』とこれら先輩格の二作との比較は、この映画のユニークさを示すことになる。『クウェイターマス』シリーズ最終作と『スレッズ』は、やはりナットールの『Bomb Culture』【註1】に属する作品であり、だが『トゥモロー〜』が対処する不安は核戦争とは一切関係ない。

『トゥモロー〜』は、疑う者はわずかしかいないであろう、しかし英国映画はその疑いそのものを観る者にまず抱かせない点——すなわち、イギリスの景観は映画的なポテンシャルに満ちている——を強化してくれる。利己的で自己憐憫型な英国映画界の低級な遺伝子プールの外から来た者しかこのポテンシャルに気づくことはできないだろう、というのはもうずいぶん前からはっきりしていたことだし、『トゥモロー〜』の監督アルフォンソ・キュアロン、そして撮影監督エマニュエル・ルベツキは共にメキシコ人だ。両者は力を合わせ「暗澹たるブリタニア」の肖像画を、さしずめベリアルのファーストLPの映画版を生み出してみせた(かつ、映画の秀逸なサントラは、ベリアルの庇護者にしてレーベル・メイトであるコード9もフィーチャーしている)。

ルベツキの撮影術には息を呑まされる。彼の撮る絵はイメージから有機的で自然主義的な生命力をすべて吸い取ってしまうらしく、色を洗い落とされた画面は灰色で青白い。デイヴィッド・エデルスタインが『ニューヨーク・マガジン』に寄せた洞察に満ちた映画評で書いたように、「この映画は、凝り過ぎな、しかし心をつかむコーマック・マッカーシーのポスト・アポカリプス小説『ザ・ロード』〈二〇〇六〉の冒頭に描かれる、〝寒々しい緑内障が発症し、世界がかすんでいくような〟灰色の日々を思い起こさせる」【註2】。照明は名人の域だ。あたかもこの映画は丸ごと、太陽すら死んでいく、終わることのない冬の間に起きるかのようだ。どこからともなく吐かれる白い煙が、至るところで渦巻いている。

キュアロンの用いたトリックは、この意気消沈したリリシズムに形式的なリアリズムを組み合わせることであり、それは手持ちカメラと長回しの熟練した使用によって達成されている。カメラのレンズに飛び散った血糊は、拭かれずそのまま撮影が続行される。銃砲は、『プライベート・ライアン』（一九九八）並みに重く身体に触れて伝わってくる。周到にリハーサルされた長回しの数々——技術面での相当な偉業だ——は、それにふさわしい高い賞賛を浴びている。それればかりか、政治的かつ芸術的なヴィジョンに貢献すべく、ドキュメンタリー作品のリアリズムの模倣というおなじみの役回りを越えた域にまで達しているぶん、尚更並外れている。

ということで、我々はここで本稿冒頭において触れた疑問に戻ってくることになるし、『トゥモロー～』が実に現代的である理由は三つあると僕は考える。

第一に、この映画は既にダメージは残されてしまった、との感覚で占められている点。大きな破滅がすぐそこに待ち構えているわけでも、あるいはそれが起こったわけでもない。そうではなく、破滅は現在進行形で体験されている。いつ訪れるかが決まっている、惨事の瞬間は存在しない。世界は一発の大爆発で終わったりはせず、それは明滅しながら光を消し、ほつれ、徐々に崩れ落ちていく。破滅を引き起こした要因など、誰が知るものか。その要因ははるか昔にあった問題であり、現在からはあまりに、絶対的にかけ離れているがゆえに、悪意に満ちた存在の起こした気まぐれ、ネガティヴな奇跡、どれだけ悔い改めても払いのけることのできない呪いのように思える。そのように暗い影の影響を和らげるには、そもそも誰も予期していなかった呪いのはじまりと同じくらい、思いがけない介入が起こる以外にない。行動は無意味であり、道理にかなっているのは筋の通らない無茶な希望だけ。無力な者たちの最初の頼みの綱である、迷信と宗教が増殖する。

第二に、『トゥモロー～』は後期資本主義に固有なディストピアである点。これは、映画に登場するディストピアの数々でお約束のように持ち出される、毎度おなじみの全体主義なシナリオではない（たとえば『V

フォー・ヴェンデッタ』を参照。ちなみにあの作品はあらゆる点で『トゥモロー〜』に劣る）。

仮に、ウェンディ・ブラウンが述べた実に説得力のある主張のように、新自由主義と新保守主義は夢の作業のレヴェルでしか両立し得ないとすれば、では、『トゥモロー〜』は、その夢想めいた縫合を悪夢として解釈している。『トゥモロー〜』では公共空間は放棄され、収集されないまま放置されたゴミ袋の山とさまよう動物たちに明け渡されている（とりわけ強く心に響くシーンは、廃墟になった学校のなかを鹿が駈けて行く場面だ）。だが、新自由主義的な幻想に反して「国家」の弱体化はどこにも見当たらず、国家はそのコアとしての軍事および警察機構にまでそぎ落とされているに過ぎない。この世界では、我々の世界がそうであるように、超権威主義と資本は決して両立し得ないわけではない。捕虜収容所とフランチャイズのカフェ・チェーンは共存する。

P・D・ジェイムズの原作小説の設定では、民主主義は一時保留となり、国を統治するのは自らその任に就いた「監視人」だ。賢明にも、映画版はこうした面をすべて控えめに扱っている。我々に分かる限り、映画のなかのブリテンはまだ民主主義国であり得るし、至るところに据えられた権威主義的な対策の数々にしても、概念上は民主主義のままの政治構造の範疇で実施されたものかもしれない。「対テロ戦争」が、このような展開の下地を我々のために敷いた。危機のノーマル化は、非常事態に対応すべく施行された対策の撤廃はあり得ない、という状況を生み出す（この戦争はいつまで続くのだろう？）。民主的な権利と自由（人身保護令状、発言と集合の自由）が据え置きにされる一方で、いまだに民主主義が公言される。

『トゥモロー〜』は、誇張ではなくむしろ外挿をやっている。とある時点で、リアリズムはせん妄の錯乱状態へとひっくり返る。あなたがベクシル〔※東サセックス州沿岸の町〕に設置された不法移民収容所のゲートを潜ると、悪い夢のロジックが根を下ろしていく。かつて公共事業に使われたものの、今や曖昧な空間——地獄としての一時的自律ゾーン――となった建物の数々を通り過ぎる。そこでは法、司法上／形而上双方の法が一時保留になっている。蛮行のカーニヴァルが進行中。この時点までに、あなたはホモ・サケル【註3】になっているので、殴打されて文句を言ってもなんの意味もない。戦闘地帯であれば、どこにいてもおかしくない――九〇年代のユーゴスラヴィアかもしれないし、〇〇年代のバグダッド、あるいはパレスチナならどの時期でも。壁の落書きはインティファーダ（民衆蜂起）を約束するものの、情勢は圧倒的に、いまだにもっとも強い武力を誇る国家側に有利だ。

『トゥモロー～』が成功しているのはなぜか、その第三の理由は、この作品の文化的危機の解釈ゆえだ。不妊のテーマはメタファーとして、別の類いの不安の置き換えと読み取らなければならないのは自明だろう（不妊問題を字義通りに受け止めるとしたら、この作品はリー・エーデルマンが言うところの「再生産型未来主義」への鎮魂歌に過ぎなくなり、主流文化の抱く多産性の情念と完全に同調してしまう）。僕からすれば、この不安は文化的な意味で解釈されて欲しいと大声で叫んでいるように思えるし、映画の発する疑問はこれではないだろうか――新たなものが生まれることなしに、文化はどれだけ長く存続できるのか？　若い連中がもはや驚きを生産できなくなったら、果たしてどうなるのか？

『トゥモロー～』は、終わりは既に訪れてしまったのではないかとの疑念、未来が宿しているのは繰り返しと再度の並べ替えだけであってもおかしくない、という思考に関連している。ということは、それはすなわち、もはや急ブレーキは存在しない、「新しさのもたらす衝撃」はもうやって来ないということなのか？　そのような不安は、双極性障害的に行き来する振り子の結果を生みがちだ――新しいものはきっとやって来るはずだという「弱々しい、救世主を待つ」型の希望は、ふとしたはずみで、新しいものなど何ひとつ起こりやしないという不機嫌な確信に陥る。焦点は、「次に来るビッグなもの」から、最後にビッグだったものへと移る――それが起きたのはどれくらい前の話で、果たしてどれだけビッグだったのか？

文化的なテーマが明確に切り出される重要な場面は、クライヴ・オーウェン演じるキャラクターのセオが友人〔※原文ママ。正確にはセオの従兄弟の政府高官〕に会いにバタシー旧発電所を訪れるシーンで、発電所は今や一種の官庁施設兼私蔵アート・コレクションになっている。文化的財宝――ミケランジェロの『ダビデ』、ピカソの『ゲルニカ』、ピンク・フロイドの「空飛ぶ豚」〔※『アニマルズ』〈一九七七〉のジャケット参照〕――が、それ自体が改装された文化遺産である建物のなかに保存されている。我々がエリート層の暮らしぶりを垣間みるのは、唯一この場面だけだ。彼らの生活と下層階級の生活との違いは、相変わらず、楽しみへのアクセス度の格差で記される。エリート層はいまだに、オールド・マスターの名作群に見守られつつ、芸術的に盛りつけられた料理を食べている。鑑賞する人間がいずれいなくなるとしたら、名作芸術を救出し保管すること、そのすべてになんの意味があるんだい？　とセオは問う。未来の世代のために遺産を守るというアリバイは、そもそも子供たちがいないのだから、もう通用しない。返ってくるのは虚無的な快楽主義の答えだ――「そこは考えないようにしているよ」

やはり、不妊のテーマを『荒地』（一九二二）から受け継いだ映画だけあって、T・S・エリオットは『トゥモロー～』の背景に影のようにそびえている。映画のエンディングに登場する銘句「シャンティ・シャンティ・シャンティ」は、ウパニシャッドの平和のマントラより、エリオットが断片的に用いた語句との関わりの方が強い。もしかしたら、また別のエリオット――「Tradition and the Individual Talent（伝統と個人の才能）」【註4】――の懸念も『トゥモロー～』に暗号化され埋め込まれている、と見ることができるかもしれない。このエッセイで、エリオットはハロルド・ブルームを見越す形で、古典作品と新たな作品との互恵的関係を描写した。新たなものは、既に確立されたものに応える形で自らを定義する。と同時に、確立されたものは、新たなものに応えて自らを再構成しなくてはならない。未来の枯渇は我々に過去を残すことですらない、とエリオットは主張した。伝統は、もはや異議を唱えられ、修正を加えられなくなると、まったく価値をもたなくなる。たかが保存されているに過ぎない文化は、文化でもなんでもない。ピカソの『ゲルニカ』の運命——かつてはファシストの残虐行為に対する苦悶と憤怒の咆哮だったものが、今や壁飾り——は、その典型例だ。映画のなかの作品展示スペースであるバタシー発電所と同様に、この絵画も、もち得る機能や文脈の何もかもを奪われたところではじめて、「アイコニック」な地位を認められる。

　美術館のなかでしか起きないような文化は、とっくの昔に枯渇している。記念祝賀の文化は墓地だ。いかなる文化的オブジェも、それを観る新たな目が存在しない限り、その威力を維持することはできない。

【註1】ジェフ・ナットールの『Bomb Culture』（一九六八）は、当時遍在していた核戦争による人類絶滅の危機感を反映したロンドンのカウンターカルチャーに関する本。

【註2】デイヴィッド・エデルスタイン、「Review of Children of Men」、『ニューヨーク・マガジン』（二〇〇六）、http:// nymag.com/movies/listings/rv_51038.htm

【註3】ラテン語で「聖なる人間」もしくは「呪わしい人間」の意。ローマ法における、社会から追放された、誰もが罪に問われず殺害できるとされる存在。ジョルジョ・アガンベンの『ホモ・サケル——主権権力と剥き出しの生』（一九九五）を参照。

【註4】T・S・エリオット、「Tradition and the Individual Talent」、『The Sacred Woods』（一九二〇）所収。

理由なき反抗

——k-punk, (6 August 2008), http://k-punk.abstractdynamics.org/archives/010555.html

何ゆえ（中略）左翼勢が自分たちの映画を気兼ねなしにダイレクトで現実的なものに仕上げているのに対し、ハリウッドの保守勢は、自分たちが真実だと思っていることを述べるためにマスクを被らなくてはならないのか？

——アンドリュー・クラヴァーン、「What Bush and Batman Have in Common（ブッシュとバットマンの共通項）」【註1】

アメリカにおいて私が軽蔑するのは、自己表現には良い面があると言わんばかりの、あのスタジオ・アクターズ〔※原文ママ。メソッド演技法で有名なアクターズ・スタジオの言い間違いと思われる。メソッド演技の代表格のひとりが『理由なき反抗』〈一九五五〉で有名なジェームズ・ディーン〕のロジックだ。抑圧されるな、自らをオープンにさらせ、たとえ大声で喚き、他の連中を蹴り飛ばそうが、何もかもは君自身を表現し解放するためだ、と。この、マスクの後ろに何らかの真実が潜んでいる、という愚かな発想。（中略）表層は重要だ。表層を乱すと、自分で考える以上に多くを失うこともある。儀式相手にふざけない方がいい。マスクが単なるマスクに過ぎなかったためしはないのだから。

――スラヴォイ・ジジェク、ギーアト・ロヴィンクとのインタヴュー
「Japan Through a Slovenian Looking Glass: Reflections of Media and Politic and Cinema
（スロヴェニアの鏡に映った日本：メディアと政治とシネマについての考察）」【註2】

『ダークナイト』（二〇〇八）を勝手に私物化しようという、目下広まっている右翼勢の試みには、症状という意味で興味深い点がいくつもある。発想としては、同作のバットマンはブッシュに匹敵する、になる――倫理的に立場が弱過ぎる人民には立ち向かうことのできない脅威から、恩知らずな彼らを守るために「困難な選択」をする覚悟のある、誤解されたヒーローとして。

入り組んだ議論を展開する二本のブログ投稿で、インスパーサル【註3】は『ダークナイト』は決して「困難な選択」を「厳しいが必要なチョイス」として提示してはいない、と証明している。それどころか、バットマンがやむなく拷問の手段に訴えるたび、それは無駄、あるいは非生産的な結果に終わる。本作のネオコン解釈が見て見ぬふりをしなくてはならないもの、それは、これが地政学的なリアリティにおいてもまったく同じである点だ。不快ではあるが必要などころか、イラクを見舞った災難、グアンタナモ湾収容キャンプ、囚人特例引き渡し等々は、なんの成果も達成しない、もしくは事態を更に悪化させるかのどちらかだった。ここで興味深い点はネオコン幻想の執念深さであり、それはまさしく、「現実的である」という幻想だ――びっくりするような話だが、米国右派の一部は実際いまだにブッシュ政権の政策の数々は成功だと信じていて、アメリカの公衆がそれらを拒絶したのは実際的――実利的な理由（あまりに多くの自国の若者が命を落とした）からではなく、高尚（リベラル）な倫理面での良心の呵責ゆえだと思っているらしい。

第二に、こうした解釈がもうひとつ見落としているのは、同作で提示される高潔さの模範、その実際の本質だ。仮にこれが（新）保守主義的だとしたら、それは結果・効用を功利的に計算しただけの、単純なレヴェルのそれではない。我々がここで相手にしているのは、それよりはるかに複雑なシュトラウス派のメタな功利主義であり、そのシニカルな論法はドストエフスキーの「大審問官」〔※『カラマーゾフの兄弟』（一八七九～八〇）内の説話〕を思わせる。欺瞞――エリート層が大衆に仕掛けるそれ――はこの高潔さの口実にとって必須であり、「守られる」のは大衆の安全ではなく、（ハーヴィー・デントの犯罪撲滅キャンペーンに寄せる）大衆の信頼だ。

インスパーサルが論じるように、『ダークナイト』で重点を置かれた欺瞞はこの映画を過去のノーラン作品に関連させるテーマのひとつであり、クライマックス場面でのバットマンの自己犠牲はまさに欺瞞の行為だ。それは象徴のレヴェルで起こるものであり、彼が放棄しなくてはならないのは彼に対する評判、ゴッサム市民に好ましいものと映る彼の存在だ。欺瞞の行為は、根本に潜む善いおこないを隠蔽しない――隠蔽こそが善行そのものだ。

第三に、ネオコン解釈は、この映画のなかの「邪悪さ」の本質を曲解している。もしもこれら右翼勢が、ウサマ・ビン・ラーディンを『ダークナイト』に登場するジョーカーのような存在だと本気で考えているとしたら、それはそれで、彼らの幻想に関するまた別の興味そそられる洞察を我々にもたらしてくれる（マシュー・イグレシアスは「この映画を観ると、『ほらね――君がコミックの世界の悪玉と闘うコミックの世界のヒーローだったら、君の政策も意味が通るだろうな』と僕は思う」と言う【註4】。だが、先述のインスパーサルの議論が明確にしたように、これすら正しくない）。あるいはそれはむしろ、イスラム嫌悪の幻想が依拠する、ちぐはぐな矛盾を明かしている――イスラム主義者は「混沌の代理人」、すなわち大義なき者であり、と同時に、大義に過剰に執着する狂信者ということになるのだから。

『ダークナイト』が興味深いのは、実はこれは「善VS悪」についての作品でもなんでもなく、「立派な大義名分」と常軌を逸した動機／因果関係との対決がポイントであるところだ。ジョーカーとトゥーフェイスは悪というより狂っていて、その狂気は主に、彼らと動機との関係性に結びついている。ジョーカーは純粋な「恐怖」、すなわち、一切の動機から切り離された「恐怖」だ――

「だからさ、物事が計画通りに進めば誰もパニックにゃ陥らないんだって。たとえその計画が悲惨なものだとしてもね。俺が人々に向かって、ギャングの一員が撃たれて死ぬだろうとか、兵士の一団の乗ったバスが爆破されるだなんて言っても、誰もパニクりゃしない。それはすべて、筋書きの一部だから。ところが、とるに足らぬ小物の市長が死ぬぞと言うと、誰もが動顛しやがる！　ほんの少しアナキーを持ち込むだけで、確立された秩序は転覆し、何もかも混沌に変わる。俺は混沌の代理人。ハーヴィー、お前さんも混沌についちゃ承知だろ。それは公正なのさ」

バットマンが功利主義的な計算に引き込まれるのに対し、ジョーカーは死の衝動が自由であるのと同じように自由だ。彼はそれが生む結果に一切無頓着で行動し、その代わり、秩序だった因果関係の結び目をほどくような、なんの根拠もない行為を得意がる。上記の台詞が「公正さ」に言及しているのには根拠がある。ひねくれ者のいたずら小鬼として、ジョーカーは反転された（もしくは異常化した）カント主義の正義を代弁する立場にある。多くの意味で我々は、ジジェクが何度も述べてきた、カント主義が逆転したものとしてのドン・ジョヴァンニを眺めている（たとえ処刑される羽目になるとしても、放蕩な自由思想への献身を貫くために悔い改めず、自らの救済を拒むジョヴァンニの決断は倫理的なジェスチャーになる）。ジョーカーは一切の病的な関心抜きで行動し、山と積まれた札束に火を点け燃やすことで、自らの道具性の欠如を堂々と象徴してみせる。

トゥーフェイスの狂気も、正義が起こした一種の出血だ。彼の場合、大義を擁護・推進する行為——それが悲惨な結果につながるのは不可避そうに思える——は、偶然という行き当たりばったりな因果性（コインの表／裏）の受け入れに取って代わられる。ランダムさに転じることは、正義の放棄ではなく、人間の意志に害されることのない正義の追求だ——その非常に客観的で私情を挟まないメカニズムにおいて、偶然は公正だということになる。なぜなら偶然は、いかなる結果も個人も特別扱いしないからだ。興味深いことに、デントがトゥーフェイスに変わったところではじめて、このコイントスは公正になる。デントが「ゴッサムの光の騎士」と讃えられた地方検事時代に、彼のコインには仕込みがあった（その両面が表）。デントの場合、因果関係の整然とした順序を妨害するものにトラウマもある——恋人レイチェルの死に立ち会うトラウマであり、それ自体、ジョーカーの仕掛けた一連のそうした罠のひとつ、二者選択の罠にはまった結果だった。

今や標準的なものになっている『ダークナイト』評——映画の真のリビドー的引力は、大して重要ではないバットマン／ウェインではなく、ヒース・レジャーのジョーカーのカリスマである——は、たしかにその通りだ。レジャーの演技を褒めちぎる声を聞いたとき、僕は最悪のケースを想像した。この手のどこからも上がる類いの称賛につきものの、役者っぽい過剰演技を見せられんだろうな、と。だが、ここはレジャーを大いに讃えるべきで、悲惨なティム・バートン版『バットマン』がニコルソンにやらせてしまったことを、彼は完全に回避している。すなわち、我々は役の背後にいる俳優本人を垣間みることはない（ニコルソンの場合、もちろん、それしかない）。しかも『スパイダーマン3』（二〇〇七）と『ファンタスティック・フォー』シリーズ（二〇〇五〜〇七）でトビー・マグワイアとジュリアン・マクマホンがそれぞれやれたように、レジャーがそれなりの時間画面に素顔で現れるのも論外だ。ありがたいことに、メイクなしのジョーカーは『ダークナイト』にはちらっとしか登場しない。

多くの意味で、レジャーはメイキャップを演じている。ここで僕は、レジャーの顔を割れた漆喰の下でニタニタ笑いする邪悪な猿のように見せるあのメイキャップは、ほぼ不可能に近い離れ業をやってのけている点を強調しておかなくてはいけない――コミック版への忠実度も維持しつつ、ジョーカーのルックスを作り直している（これと、映画版『スパイダーマン』シリーズのグリーン・ゴブリンのマスクとコスチュームを比較してみて欲しい。コミック版のハロウィーンの頭巾との違いに、僕はずっとがっかりさせられてきた）。インスパーサルの意見でひとつ同意しかねるのは、レジャーの演技は「ニコルソン／バートンのジョーカー解釈が、バートンと脚本家サム・ハムの主な影響源とされる『キリング・ジョーク』でのアラン・ムーアのヴァージョンより、テレビ版でのシーザー・ロメロのそれにはるかに近いのを示す」との彼の主張だ。僕としては、実のところロメロに近いのはレジャーの演技の方であり、だからこそこのパフォーマンスはこれほど効果的なのだと言いたい。ニコルソンのポストモダンな気取りとムーアの心理的な深みは同類であり、ロメロの笑劇版ジョーカーがまくしたてる支離滅裂な早口に較べ、ぞっとする恐ろしさの面ではどちらもはるかに劣る。ジョーカーが常に魅了させられる存在だったのは、すべてとまでは言わないがほとんどの大物スーパーヴィランと違い、彼は純粋な表層、動機なき狂気にして、いかなる起源も背景も欠いた悪役だからだ――いつものごとく不器用な文学もどきのクセを出したムーアが、ご親切なことに、オリジン・ストーリーでその空白を埋めてくれるまでは。『ダークナイト』には、レジャー版ジョーカーがえせ心理分析の単純化をあざ笑う、素晴らしい場面がふたつある。「この傷だがね……親父のせいでこうなったんだ」。「この傷だがね……妻のせいでこうなったんだ」（これ以上に、シドニー・ルメットの『怒りの刑事』〈一九七三〉で、ショーン・コネリーの「お前の親父は、怖い野郎だったのか？」の尋問に対し、容疑者役のイアン・バネンが返す背筋に寒気が走るような爆笑を僕に思い出させるものはない）。ジョーカーが何かと同調し手を結ぶとすれば、それは「変人（the freak）」であり、我々はその言葉から異常な出来事（freak events）、すなわち、ちゃんとした因果関係なしに起きるように思える、突発的な出来事の数々を考えずにいられない。ジョーカーから内面性をすっかり抜き去り、ジョーカーの野放図さを抑え込む、あるいはフェイスペイントを施した彼のペルソナの自律性を損なう要素を一切拒絶することによって、レジャーの演技（とジョナサン・ノーランの脚本）は、奇怪なるもののもつ効果を十全に発揮させている。

【註1】アンドリュー・クラヴァーン、「What Bush and Batman Have in Common」、『ウォールストリート・ジャーナル』（25 July 2008）, https://www.wsj.com/articles/SB121694247343482821
【註2】ギーアト・ロヴィンクによるスラヴォイ・ジジェクのインタヴュー、「Japan Through a Slovenian Looking Glass: Reflections of Media and Politic and Cinema」、〈InterCommunication〉（No.14, 1995）, https://www.ntticc.or.jp/pub/ic_mag/ic014/zizek/zizek_e.html
【註3】インスパーサルのブログはリンク切れ。
【註4】マシュー・イグレシアス、「Dark Knight Politics」、『ジ・アトランティック』（24 July 2008）, https://www.theatlantic.com/politics/archive/2008/07/-em-dark-knight-em-politics/49451/

廃墟のなかの歴史家ロボット

――k-punk, (27 August 2008), http://k-punk.abstractdynamics.org/archives/010636.html

イデオロギーは何やら異質な、我々の心にそれそのものを押しつけてくる奇妙なパワーを備えた、映画のなかの存在ではない。イデオロギーは我々と映画が共有するものであり、特定の意味合いの数々が映画と観客との間で譲渡されることを可能にする（この譲渡は一方通行ではない）。ジジェクが述べるように、イデオロギーは「未知の既知」で構成されている。すなわち、イデオロギーの問題とは、それは我々を丸め込みかねない虚言だからではなく、我々が気づかぬうちに既に受け入れてしまっている真実だからだ。

――ヴォーユー、「Ideology critics are a superstitious, cowardly lot（イデオロギーを批判する連中は、迷信深い臆病者だ）」【註1】

『ダークナイト』解釈に対するヴォーユーの論評は、イデオロギーに関していくつか重要なポイントを述べている。あの作品の「メッセージ」とされるものに焦点を絞る――ネオコン勢による同作の解釈、そしてそれを批判する僕も含む連中のどちらもがやっているように――ことには、資本主義におけるイデオロギーの作用の仕方を見誤る危険性がある。資本主義イデオロギーの役割とは、プロパガンダがやるように何かを支持する主張をはっきり打ち出すことではなく、資本の稼働は主体的に引き受けられたいかなる信念にも依存していない、という事実を隠蔽することにある。ファシズム、あるいはスターリン主義は、プロパガンダ抜きには考えられない——だが、資本主義はまったく問題なく進行可能であり、事実、それに対する賛同を誰も声高に主張しない方が一層好都合だ。

本ブログに僕が投稿した『ダークナイト』評に対するいくつかの反応のなかでも、いかにあの映画が後期資本主義のハイパーオブジェクトとして機能しているかを捉えていたのはウェイン・ウェッジのコメントだった【註2】。『ダークナイト』の多価性それそのもの、ラディカルに異なる解釈の数々を生み出せる生産能力、言論を引き出すそのキャパこそが、あの作品を非常に効果的なメタ商品にしている。ひとりの人間の長談義めいた一個きりの「メッセージ」を含むテクストは、たとえそんなものが存在し得ると仮定しても、昨今の資本主義カルチャーが食いものにし、自らを支えている「議論を引き起こす」ことはできないだろう。

文化財をコンテンツのレヴェルで資本主義に対立させるだけではなく、それを形式レヴェルで提供することもできる。更に進んで、資本主義のイデオロギーは今や「反資本主義」である、ともっともらしく主張することもできるだろう。ハリウッド映画の悪役は、決まって「邪悪な多国籍企業」だ。そんなわけで、ディズニー／ピクサーの『ウォーリー』（二〇〇八）についてまたしても、『ダークナイト』と同様に、あらゆる類いの奇妙な保守派解釈が引き起こされている。「これは、おそらくもっともシニカルかつダークな大予算ディズニー映画だ」とカイル・スミスは主張する【註3】。「どの企業も、自社の顧客を侮辱するためにこれだけ巨費を投じたことはなかった」。（ここでの僕の論議にとって重要ではないので、挿入句の形で含めさせてもらうが、ポール・エドワーズの以下の意見はケッサクだ——「『ウォーリー』は、リベラルな未来像が達成された結果はどうなるかを描いたお話だ。〝幸福の追求〟ばかりか幸福そのものを提供すべく政府は企業と合体し、ゆえに自らの生活を維持するために、政府にべったり依存する貪欲な市民が生み出される」【註4】)。『ウォーリー』が消費主義に仕掛ける攻撃は、容易に緩和される。カイル・スミスに嫌悪感を抱かせた「侮辱」とは、この映画が人類を肥満の、椅子に座ったままカップから流動食をすする、幼児化した消費者として描いた点だった。巨大企業の制作した映画がこのようなアンチ消費者主義/アンチ大企業のメッセージを携えるというのは、はじめのうちは反体制的かつ皮肉に思えるかもしれない(作品のなかで、人類の住環境としての地球を破壊した責任は、主に超大企業バイン・ラージにあることが明示される)。にもかかわらず、卓越した皮肉屋で一枚上手なのは資本の方であり、アンチ企業のレトリックを娯楽として観客に売りつけ直すことで、資本はそれをやすやす代謝してみせる。その上、それこそまさに資本そのものが抱くファンタジーではないか、と我々が考えるものを提示する『ウォーリー』は、コンテンツのレヴェルにおいて資本主義リアリズムに奉仕する結果に終わっている——資本は際限なく拡張し続けることが可能である、地球から人類の住環境が奪われた問題は一時的なものでいずれ克服される、人間の労働は完全に根絶可能である、といったファンタジーだ(世代宇宙船アクシオムで生きる市民はもっぱら消費役に回っており、すべての仕事は自動制御装置が担当している)。人間の労働は、映画の最後で資本/アクシオムが地球のテラフォーミング作業を開始する場面でやっと復活する。

『ウォーリー』にはもうひとつ袋小路がある。この映画は、廃墟をあてどなくさまよう者を扱うフィクションの伝統を継いでいる(クリストファー・ウッドワードの『廃墟論』〈二〇〇一〉を参照)。しかし『ウォーリー』はいくつかの面で、メアリー・シェリーの『最後のひとり』(一八二六)からリチャード・マシスンの『アイ・アム・レジェンド』(一九五四)、ジョン・フォックスの四十年越しの短編シリーズ『ザ・クワイエット・マン』に至る、世界が終わった後の孤独の物語を前進させたものだ。なぜなら『ウォーリー』では、廃墟のなかのひとりぼっちの存在は人間ですらないからだ。それはマヌエル・デランダの思い描いたものとはかなり異なる歴史家ロボットであり、あるいはむしろ、廃棄物の堆積から人類文化を再構築するブリコルール―憑在論者だ（この筋書きの前例が、ゲイリー・ニューマンの〝M・E〟〈一九七九〉。ベースメント・ジャックスの〝ホェアズ・ユア・ヘッド・アット〟〈二〇〇一〉にサンプリングされたこの曲は、地球上にただひとつ残った意識をもつコンピュータの視点から描かれている）。人類が絶滅した後の世界を見渡してみる、というこの発想が、強力な夢想の魅惑を振るうのは明らかだ。とはいえ、その幻想が毎回崩れる一定のポイントがあるらしい――この前提からスタートしたフィクションは例外なく、物語のどこかの地点で人類世界の再建に落ち着くからだ。『ウォーリー』にこのトレンドに逆らって欲しいと願うのは、どだい要求が大き過ぎる。だが、人類が登場した途端、映画の質がガクッと落ちるのは注目に値する（二〇〇七年の最新作も含む、マシスンの『アイ・アム～』の映画版すべてを参照）。こうなるのは構造面での必然なのか、他の人間たちへの回帰を必然的に伴う要素がファンタジーの本質そのものに備わっているからなのか、はたまたストーリー性のニーズ――主人公ひとりきりでは物語は続いていくことができない――から生じる必要条件なのか、と首を傾げることになる。もちろん『ウォーリー』の場合は、（人間ではない）キャラクターがふたつ登場し、活気に富んだバレエとしてのロボット・ロマンスを演じることにより、作品前半をサイレント時代を彷彿させるものにしている。もちろん、主役が人間ではない映画は他にいくらでもあるが、そうしたキャラクターは実質、言語の使用によって人間として表現される。対してウォーリーとイヴは、言葉を発さないがゆえに非人間主体として説得力があるように思える。『ウォーリー』にはじらされる――もしもこの作品前半部の感覚が、人間の帰還に邪魔されることなく映画の最後まで続いていたら、どうなっていただろう？

【註1】ヴォーユー、「Ideology critics are a superstitious, cowardly lot」、〈Dangerous and Lazy〉（4 August 2008）, https://blog.voyou.org/2008/08/04/ideology-critics-are-a-superstitious-cowardly-lot/

【註2】k-punkの投稿「Bat Mailbag」（11 August 2008）にウェイン・ウェッジが寄せたコメントを参照。http://k-punk.abstractdynamics.org/archives/010572.html

（ウェッジは『ダークナイト』について以下のように書いている：「金のなる木であるコドモのアイコンが、自意識過剰に歴史の悪夢を呼び起こす。タイムワーナーＡＯＬハリバートンブラックウォーターウェインエンタープライズは我々に対し、企業型メタ商品がそれ自体と議論しているこの映画を大挙して観に行き、観返し、討論し、議論せよと求めてくる」）

【註3】カイル・スミス、「WALL-E: A Gloom-E Satire」、〈Free Republic〉（27 June 2008）, http://www.freerepublic.com/focus/f-chat/2037224/posts

【註4】ポール・エドワーズ、「WALL-E's Indictment of Liberalism」、〈Townhall〉（2 July 2008）, https://townhall.com/Columnists/pauledwards/2008/07/02/wall-es-indictment-of-liberalism-n1062814

『マイク・タイソン THE MOVIE』評

――『サイト・アンド・サウンド』、二〇〇九年四月号

「まるでギリシャ悲劇だな。問題は唯一、主題が俺自身だってことだ」――『マイク・タイソン THE MOVIE』（二〇〇九）をはじめて観たとき、マイク・タイソンはジェームズ・トバック監督にそう語ったらしい。物語には古典的な構造が備わっている。都市部の貧困に苦しむ荒れたエリア出身の、将来の見込みはほぼなく、既に犯罪人生に足を踏み入れてしまっている少年がいる。彼は白髪頭のボクシング・トレーナーにその才能を認められる。彼は史上最年少世界チャンピオンになる。そこから、すべては享楽主義、放蕩、暴力へと崩壊していく。だが結局のところ、この物語の構造は悲劇であるとの同じくらい精神分析的だ（なんだかんだ言って、フロイトは自らの発見のアナロジーを求め、伊達にソフォクレスとアイスキュレスに向かったわけではない）。かなりおなじみのストーリー曲線だが、それを更に目覚ましい（かつ更にフロイト的な）ものにしているのは、それが再び起きる点だ。タイソンはヘビーウェイト級の頂点に返り咲くべく奮闘するが、またも自制心のなさと自己破壊願望に屈する。反復を求める強迫観念の典型例だ。

タイソンの人生は不在の父親たちと父親代わりの存在とに形作られてきた。導き手のいない、ストリート流の生き残り術から彼を救ったのは、トレーナーであり、後に彼の法的保護者となったカス・ダマトだった。やがて起きたタイソンの栄光からの転落は、部分的にダマトの死によって引き起こされたものだった。トバックの強く

心をつかむ映画に浮かび上がるタイソンはまるで精神分析セラピーの被験者、勝利とトラウマすべてを追体験するよう、監督（画面外で分析家の役割を担っている）からなだめすかされる語り手だ。映画は映像資料とタイソンの語り——リングサイドで自身の人生にコメントする解説者——だけで構成されている。その道の専門家も、中立とされる様々な見識も登場せず、自らの人生の二重の悲劇の意味を理解しようとするタイソンだけがいる。それが生む閉所恐怖症的な経験は、折りに触れ、トバックがタイソンの声を多重録音しスプリット・スクリーンを用いることで増幅される。それによって、ときに背筋に寒気が走るほどの自己認識を備え、またときに彼自身にとっても謎である、そんな深々と分離した男の印象を作り出している。

タイソンの物語は今では忘れられて久しく、それだけに、はじめて耳にする話のごとく我々を興奮でゾクゾクさせ、恐怖でゾッとさせることができる。世界王者の座に駆け上った驚異的なスピード。残忍なまでに無駄のない、効率的な一連の勝利。大きな注目を集めた、女優ロビン・ギヴンズとの結婚の瓦解（トークショー出演時、ギヴンズが彼を非難する傍らで、タイソンはソファに腰掛けたまま微動だにしない）。強姦有罪判決と懲役刑宣告。イスラムへの改宗。イベンダー・ホリフィールドの耳を噛んだ事件……。これらうろ覚えのイメージに、『タイソン』は親密な視点を新たにもたらしている。

これくらいビッグなスポーツ界のスターは、集団幻想と投影の対象にならざるを得ない。そして彼の物語は、個人のストーリーであるにもかかわらず——また、タイソンを見た後では、ボクシングほど孤独なスポーツはないのを我々も確実に認識できる——ひとつの文化と時代のお話にもなっている。タイソンを、モハメド・アリ（その神話は『モハメド・アリ かけがえのない日々』〈一九九六〉と『ＡＬＩ アリ』〈二〇〇一〉で検証・再提示されている）と比較するだけでも分かる。身体と発言の双方において詩的なアリは、ブラック・パワー、ブラック・パンサー党、マルコム・X、スライ・ストーン、ジェームズ・ブラウンの時代のためのボクサーだった。一方、タイソンのピットブルばりに容赦ない残忍さは、レーガノミックスの「自分の身は自分で守れ」な気風、権力を意志するラップの拳闘、そのボクシング・ファイト版だった。彼のスローガンは「俺は敗北を拒む(I refuse to lose)」(このフレーズはパブリック・エナミーの画期的なトラック、〝ウェルカム・トゥ・ザ・テラードーム〟〈一九九〇〉の中核を成すことになる)——意志の力だけで「強敵」に打ち勝つのが狙いであり、威風堂々振る舞う際のタイソンは鉄の意思の体現者のごとく映った。彼は自分のコーナーから飢えた攻撃犬のように飛び出し、それこそ一瞬のうちに敵を叩きのめし、意識を失わせ、マットに沈めてしまう。無駄な動きはない。派手なプレイやひけらかしは一切ない。

それは一部には、時間を無駄にできない、との感覚がタイソンにあったせいでもある——身体的、そして実存的な理由から。子供の頃から呼吸器系の障害をわずらってきた彼は、試合が全ラウンドに及ぶと苦戦することになるのは承知していた。勝利の敏速さと強烈さのせいで、彼のアタックの精確さは見えにくくなっていた。純粋に物理的なパワーだけではなかったことも、我々は教えられる。ダマト(ジョイス・キャロル・オーツによれば「人体解剖学を知り尽くした名人」)は、最大級のダメージを与えるには身体のどこを打てばいいか彼にみっちり教え込んでいた。試合映像を観ると、タイソンは対戦相手に較べて常に背丈が足りなく見える——一九八六年のエッセイで、オーツは「五フィート十一インチと、彼はヘビーウェイト級にしては小柄で、見た目には更に背が低く映る。二百二十二と四分の一パウンド(百キロ強)のボディは実に引き締まった筋肉で塑像されており、短く切り詰められた、容赦なくコンパクトに圧縮された身体に見える」と書いている【註1】。それでも、彼はこのコンパクトさを常に自らのアドバンテージに変え、おかげで彼より背の高いボクサーたちは、ハリーハウゼン映画の鈍重な銅像のように見えることになった。

彼の話し声を聞いていると、戦闘機械タイソンと語り手タイソンとの差異にひっきりなしに驚かされる。彼の声は穏やかで舌足らずで、威張ったところもなく、並外れた繊細さを感じさせる。その点は、若き日のファイター時代の体躯にそぐわなかったのと同じくらい、年輪を重ねた今のタイソンの顔とそこに彫られたクィークェグのタトゥー〔※クィークェグはメルヴィルの『白鯨』（一八五一）に登場する南太平洋出身の銛打ち〕とも違和感がある。だが、タイソンが造成した超筋肉質なボディは、その中央にある繊細なコアを守るために構築された外骨格／よろいであったことが明らかになってくる。もう二度と誰も自分を叩きのめすことはできないだろう、はじめてそう悟った瞬間を回想する場面で、タイソンは「ああ、どう言ったらいいものやら」──と言葉を濁し、しばし沈黙した後で、「俺はあいつらをぶっ殺すだろうから」と言う。映画のリズムを定めているのはタイソンが言語と結ぶ不安定な関係で、口調は淀みなく明確かと思えば、その逆へと切り替わる。舌はたまに、かつての彼の拳並みに速く回る。ドン・キング〔※タイソンの元マネージャー〕のこき下ろしぶり──「惨めで汚らわしい卑劣漢のマザーファッカー野郎」──は爆笑もので、彼がリングで繰り出したコンビネーションのどれとも劣らないキレと非情さだ。それでもやはり、精神分析が我々に教えてくれた通りの、予想を裏切らない展開になる──遠回しな物言いや尻切れとんぼになるセンテンス、「うっかり間違った」言葉の選び方の方が、分かりやすく明晰な瞬間以上に我々に多くを物語る。ここでは語っているのは無意識であり、ジェームズ・トバックはそれに耳を傾け、記録する、卓越した腕前を披露している。

【註1】ジョイス・キャロル・オーツ、「Kid Dynamite: Mike Tyson is the most exciting heavyweight fighter si nce Muhammad Ali」、『ライフ』（一九八七年三月号）

「彼らは彼らの母親を殺した」：イデオロギーの症状としての『アバター』

——k-punk, (6 January 2010), http://k-punk.org/they-killed-their-mother-avatar-as-ideological-symptom/

『アバター』（二〇〇九）を観ながら、ジジェクが『ポストモダンの共産主義——はじめは悲劇として、二度めは笑劇として』で述べた、資本主義は良いことをひとつやった、それは「母なる地球」の破壊である、との所見が頻繁に頭をよぎった。とある場面で、我々は「地球に緑は残っていない。彼らは彼ら自身の母親を殺してしまった」と厳粛な口調で告げられる。『アバター』はある意味、キャメロンの『エイリアン2』（一九八六）を逆転させたものだ。ヴィリリオが論じたように、『2』の「昆虫狩り」が第一次湾岸戦争における機械的大量虐殺の一種のリハーサルだったとしたら、では『アバター』は、エコロジー主義の不器用なお説教にして、イラクとアフガニスタンに降りかかったアメリカという災難の寓話になるだろう（『アバター』がどれだけ時代遅れに映る映画かは注目に値する。軍事衝突場面は、まるで八〇年代サイバーパンクがロジャー・ディーン〔※幻想的な作風の英画家／イラストレーター。イエスのアルバム・ジャケットで有名〕やアドベンチャーゲーム『MYST』〔※一九九三年発表〕の世界から飛び出してきた存在と対決しているようだ。キャメロンの軍事テクノロジーのヴィジョンは『2』の頃から進歩していない）。映画の結末で「エイリアン」と形容されるのは、人類の経営する企業と彼らの軍事的関心の方だ。しかし、これはエイリアン（異質）な痕跡が一切ない映画だ。CGでてんこ盛りな作品のほとんどと同様に、本作も網膜にぱっと燃え広がりはするもののほとんど記憶に残らない。グレッグ・イーガンは、

『アバター』に賞賛すべき点はわずかであるとしつつ、それでも技術的な達成面では譲っている——「自らの構想をスクリーンに持ち込んだヴィジュアル・デザイナーと技術者集団の業績はピクセル級では大体において完璧であり、脳が『うん、これは本物だ』と反応するツボを押してくる」【註1】。とはいえその犠牲になっているのが、この映画がフィクションとして非常に没入しにくい点だ。映画というより、むしろテーマパークのライド、後期資本主義的な「経験」にもっと似た作品だ。

『アバター』で我々が目にするのは、僕が『資本主義リアリズム』で『ウォーリー』に関して論じたような、企業型反資本主義のまた別の一例だ。キャメロンは常にハリウッド型反資本主義の提議者であり、『エイリアン2』と『ターミネーター2』（一九九一）の悪玉だった愚かしい企業利益は、『アバター』でも悪役だ。『アバター』はル＝グウィンもどきの作品であり、ル＝グウィンが『世界の合言葉は森』（一九七二）、『所有せざる人々』（一九七四）、『幻影の都市』（一九六七）で発展させた筋書きの劣化ヴァージョンでありつつ、しかしル＝グウィンの両義性と知性はすっかり剥ぎ取られている。テクノロジー化した捕食型資本主義と原始的な有機体論の対立のなかで除外されてしまったもの、それがモダンで、テクノロジー化された反資本主義の可能性であるのは明らかだ。この疑似対立の提示ぶりにおいて、『アバター』はイデオロギーの一症状として機能する。

ナヴィの民と彼らの世界である惑星パンドラ、そのキャメロンの描写ぶりは、原始主義のクリシェにことごとく触れていく。青い肌をした、優雅で高貴なこれらの野蛮人＝ナヴィは、彼らの生きる美しい世界と一体化している。生命エネルギーの流れは何もかもに行き渡っていると悟っている彼らは、ドゥルーズ的スピノザ主義者だ。彼らは自然のバランスを尊重する。熟練した狩人であり、しかし獲物を殺した後で「兄弟の霊魂」に感謝の祈りを捧げる。樹々は、彼らが崇拝する祖先たちの声でささやきかけてくる（ナヴィと彼らの弓矢相手に小競り合いが生じたのがきっかけで、スティーヴン・ラング演じる白髪頭のヴェテラン大佐がなぜ唐突に、彼の戦歴における最悪な体験はパンドラ星で起きた、と『地獄の黙示録』めいたくどくどしい説明をすることになるのかは、どうにも謎である）。サム・ワーシントン演じるジェイク・サリーは、ナヴィについて「俺たちが与えられるもののどれひとつ、彼らは求めちゃいない」と結論づける。にもかかわらず、案の定ナヴィはサリーを誘惑し、彼はたちまち地球上での自らの人生に関する「何もかもをすっかり忘れ」（と言っても、彼が元海兵隊員の傷痍軍人である事実以外、我々は彼の人生についてほぼ何も知らされないのだが）、ナヴィ流の生き方の完全性を受け入れる。サリーは、彼の操作するアバターのナヴィの仮の肉体を通じ、ふたつの意味で完全性を獲得する。第一に、そのアバターは自由に歩けるし、第二に、本質的にナヴィは、（自己）破壊的な人類よりもはるかに「完全で満たされている」からだ。海兵隊員でありながら、「実のところは」樹に抱きついて守る野蛮人であるサリーは、例の、現代性を否定する後期資本主義の主体性のパラダイムだ。サリー――そして我々――のナヴィとの同一化が、ナヴィの生き方を守っていたら到底不可能な、極めて高度化したテクノロジーのおかげで成り立っている事実には、素晴らしく皮肉なところがある。

しかし、この映画における実は多くを語るチック症状は、人間のキャラクターたちの負った（肉体的な）傷が残り続けている理由を執拗に説明せずにいられないところだ。映画が設定されている二〇五一年〔※原文ママ。正しくは二一五四年〕の技術水準をもってすれば、サリーの不自由な両脚も大佐の顔の傷も簡単に治せているはずであり、なぜ彼らは半身不随のまま／傷跡が残ったままなのかを脚本はわざわざ説明してくれる。サリーの場合は、高額な治療費を払えないのが理由だ。大佐の場合は、「自分が何を相手にしているかを忘れたくない」からだ。明らかに、このような説明は説得力に欠ける――物語の上できちんと定義されていないこれらの傷は、この映画のデジタルな「架空の世界」には完全に消化し切れない、リビドー的な残滓としてでしか説明がつかない。テクノロジーの大スペクタクルとして本作に感嘆ください、と映画が観客を誘うまさにその瞬間に、これらの傷は、『アバター』が試みるモダンな主体性とテクノロジーの否定に待ったをかける。

我々が資本主義リアリズムの袋小路から脱出しようとするのなら、本物の、真の意味で持続可能なグリーンな政治モデル（サステナビリティが、自然資源に関してだけではなくリビドーに関する問題でもあるモデル）を考案しようとするのなら、我々はこうした否定を乗り越えなくてはならない。モダンな主体性の出現の前提だった母殺しから、もはや後戻りはできないのだ。ジジェクの『はじめは悲劇として〜』から、僕のお気に入りの一文のひとつを引用する――「共産主義の『イデア』への忠誠とは、アルチュール・ランボーの言葉を繰り返せば、（中略）我々は断じて現代的なままであるべき〔※il faut être absolument modern／『地獄の季節』（一八七三）所収、「別れ」の一節〕、であり、資本主義批評が『現代的な道具的理性』や『現代的なテクノロジー文明』の批評へ変形していくような、口先ばかりで軽率な一般化は拒絶しなくてはならないことを意味している」【註2】。問題はむしろ、いかにしてモダンなテクノロジー文化を違うやり方で組織し得るか、だ。

【註1】グレッグ・イーガン、「Avatar Review」(20 December 2012), http://www.gregegan.net/ESSAYS/AVATAR/Avatar.html

【註2】スラヴォイ・ジジェク、『ポストモダンの共産主義――はじめは悲劇として、二度めは笑劇として』

雇用不安と父権温情主義

——k-punk, (11 February 2010), http://k-punk.abstractdynamics.org/archives/011486.html

少し前のエリート主義（この話題は、今週放映されたチャーリー・ブルッカーの『Newswipe』に挿入されたアダム・カーティスの短編映画『Paranoia and Moral Panics』でも取り上げられていた）〔※ブルッカーは英批評家／劇作家でドラマ『ブラック・ミラー』制作者としても知られる。『Newswipe』は報道メディアの内幕を風刺した番組。英映像作家のカーティスはBBC資料映像を用いたドキュメンタリー作品を多数制作している〕に関する議論のおかげで、僕がいまだに——これに代わるタームがいつまで経っても出てこないので——「父権温情主義（パターナリズム）」と呼ぶしかないものの問題に、再び思いをめぐらせている。テイラー・パークスが〈ザ・クワイエタス〉に寄せた、〈トランク〉レーベルのリリース作『ライフ・オン・アース（Life On Earth: Music To the 1979 BBC TV Series By Edward Williams）』（二〇〇九）についてのかなり感動的な文章は、これらの議論で争点になっているのは何かをつかんでいたと思う——

今では信じられない話だが、かつてのビーブ（Beeb＝BBCの愛称）にはどこか父権的な、ほぼ慈善活動と言っていい面があり、公営住宅や総合制中等学校のブラウン管を経由して教養階級の誇る文化資産を流布してくれたものだった。この類いの伝道活動は、ルンペンプロレタリアートを自意識的に擁護する連中——

自分がクソのような生活を送る権利の方が、クソのような生活を送らない権利を上回る、と信じる輩——とはまず相性が悪い。なぜなら一部の人間にとっては、恩着せがましい扱いを受けるくらいなら、残忍な扱いを受ける方がましだからだ。しかしまあ、欲しいものを絶え間なく躊躇せず与えてくれる連中の動機に関しては、人々は非常に考えが甘くなるわけで。たしかにBBCはたまに、実に不愉快な思い込みだの、マジにひどい堅苦しさといった罪をおかす。とはいえ僕は、『ライフ・オン〜』やカール・セーガンの『コスモス』(一九八〇)、ジェームズ・バークの『Connections』(一九七八)〔※科学教育番組〕や同局子供番組部門の穏やかな導きがなかったら——田舎育ちの粗野なガキだった自分がどんな人間に育っていたか、そこはあまり考えたくない。何年か前、チャンネル4の「若者向け番組」編成担当者に取材したことがあった。あごひげをたくわえ、ベレー帽姿という手合いの彼らは、自分たちのやっている底辺競争は高貴な聖戦である、と頑として譲らなかった。彼らはBBCの「野菜をちゃんと食べましょう」型アプローチを非難し、英国文化のパイプを盛大な勢いで流れる大量の汚水のことを、自由、そして奇妙な平等主義の観点から語っていた。これぞ未来だ! と自画自賛する彼らに、あの時点ですら僕はぞっとして青ざめた。一九六〇年代後期のBBC2局長だったデイヴィッド・アッテンボローには、それとは違うヴィジョンがあった。私人としての彼の特権にもかかわらず、そのヴィジョンの基盤には、(衰えることを知らぬ彼の信念である)誰も排除しないインクルーシヴ性があった。いわゆる「テレビの黄金時代」〔※イギリスでは一九六〇〜七〇年代がそれに当たるとされる〕なるものも、相当な数のお粗末でけばいクズ番組を誇った——いやマジに、たくさんあった。それでも、最良のときのテレビは本当にこちらをエンパワーするものだったし、その時代の終わりは、我々みんなをいくらかだめにしてしまった。おそらく我々にはまだ、BBC4を観るという手も残っているのだろう(ただし、『NME』の元ライターがマッドのズボンをけなす、相変わらずの番組内容ではない場合に限る）〔※Mudは七〇年代のグラム・ロック・バンド。ベルボトム姿が笑いぐさになることがある〕。そうは言っても今は複数のチョイスの時代であり、しかし長期的に見れば、それらの選択肢の多くは自由とほとんど関係がなかったりする。もう誰も、僕や、放任主義で育てられた僕の友人たちのように、何かのはずみでカルチャーに出くわすことはないだろう。それは、残念どころでは済まない話だ【註1】。

新自由主義がこちらに押しつけるのにまんまと成功した、あの奇妙なロジックを思い出す価値はある。知的な人間のごとく人々を扱うことは「エリート主義」であり、対して、彼らを頭の悪い人間のように扱うのは「民主主義的」である、我々はそう信じ込まされてきた。文化的なエリート主義に対する非難の声が、物質面で豊かなエリート階級が強引に復興したのと同時進行してきたのは言うまでもない。パークスはこの文章で、父権温情主義についての正しい考え方に触れている——（単に）規範的なものとしてではなく、贈り物と思いがけなさという意味でそれを受け止めている。ベストな贈り物は、自分では選ばなかったであろう意外な贈り物だ——それを見過ごしていた、あるいは却下したからではなく、単純な話、自分では思いつかなかった、そういう贈り物のことだ。新自由主義的な「選択」はあなたをあなた自身に閉じ込める罠であり、あなたが既に選んだものと大差ない、いくつかのヴァージョンからしか選ばせてくれない。だが、父権主義は違う「あなた」に、まだ存在していないあなたに賭ける（こうしたすべては、オンライン・マガジン〈ミュート〉が掲載した、現代美術センターの運営に関するJ・J・チャールズワースの啓発的な文章と反響する。そのなかで彼は、「観衆の求めるものこそ同センターのやるべきことである」との思い込みを攻撃した【註2】）。

新自由主義は、『アプレンティス』（アメリカ版は二〇〇四〜／英版は二〇〇五〜）や『Dragon's Den』（二〇〇五〜）〔※共にリアリティ番組。前者は実業家司会者の「見習い」候補者が様々な課題に挑み、勝ち残った者がビジネス・チャンスをつかむ。後者は日本の『¥マネーの虎』（二〇〇一〜〇四）の英版。候補者が出資者に事業計画をプレゼンし投資を募る〕といった番組の民俗経済が伝播に貢献してきた、起業精神の神話によって維持されてきたかもしれない。だが、我々の文化を支配する類いの「起業家」——ビル・ゲイツであれ、サイモン・カウエル〔※音楽プロデューサー。『ポップ・アイドル』他、各種オーディション番組審査員として有名〕であれ、ダンカン・バナタイン〔※『Dragon's〜』にレギュラー出演した英実業家〕であれ——は、新しい商品やフォルムを発明したわけではなく、マネー作りの新たな手段を開発したに過ぎない。それは、彼らにとって結構なのは間違いないが、残る我々の側が感謝すべきことでもなんでもない（カウエルの非凡さは、実に古い文化のフォルムを新たな相互受動メカニズムに接続してみせたところにある）。かつ、「ゼロからはじめよう」な起業家精神の大言壮語の割に、後期資本主義の文化がいかにリスク回避型であるかには驚かされる——これほど均質で標準化され、反復型の、失敗する恐れに駆り立てられた文化はいまだかつてなかった。

パークスの文章と、ジョナサン・ロス〔※娯楽番組タレント／ブロードキャスター。本ブログ投稿当時「イギリスでもっとも稼ぐ放送人」とされた〕がBBCを去るとの報道に際しキャトラン・モラン〔※英コラムニスト／作家〕が執筆した記事との落差にはがく然とさせられた。「（ロスの）契約額千八百万ポンドが報道された後で」とモランは書き、こう続ける——

果たしてBBCは、民放局ITV1のギャラに張り合おうなんていう、大それたことをするべきか否か？

について、カリカリと神経質な記事がいくつも書かれてきた。だが、ここでの本当の問題は「その努力をしなかったら、BBCはどうなる?」だ。BBCのために働くのは、純粋にBBCへの愛情が動機という――ご立派なことに、ITVが提示する二倍の額のサラリーを蹴る――健気な連中だけだとしたら、BBCはあっという間に中流向けのリベラルでアカ気味な臆病者の放送機関に、『デイリー・メール』にとっての悪夢になるだろう。そうなったら、BBCは五年以内に閉鎖に追い込まれるんじゃないか、私はそう思う。

これ、本気? 支払う余裕がある時にはITVも出せる高額ギャラ、その額が品質を保証するなんてことはまずない。かつ、ロスは「機転が利き、アブナイところがあり、おバカでオタクな洒落者で、日本のアニメや騒々しい若手ギター・バンドにハマっている」人間で、だから彼は我々一般人と同類であるという発想は、新労働党と同じくらい使い古され、信用が失墜した「オルタナティヴ」のモデルを前提とするものだ。「才能(タレント)」にやる気を起こさせるのはマネーだけである、との新自由主義ロジックを、モランがすっかり受け入れている点に注意して欲しい(「才能」という概念の復活はおそらく、パンクを否定するその含意もひっくるめて、前ディケイドが呈したもっとも多くを物語る文化的症状だった。また、この言葉を銀行家に当てはめたのは、過去十年でもっともムカムカさせられる、胸が悪くなるジョークだった)。

モランが示唆するように、BBCの真のライヴァルは今や、不振をかこうITVではなく、どうやら『デイリー・メール』とニューズ・インターナショナル(※現名称ニューズUK。多国籍マスメディア企業ニューズ・コープ傘下で、英国では『サン』と『タイムズ』の二紙を出版)らしい。烈しさを増す一方であろうその猛攻から公共放送サーヴィスが自らを守るためには、ロスがどれだけ艶笑を誘うほのめかしトークや新鮮みに欠けるヒップさ、たまに光るウィットを繰り出そうが太刀打ちできないだろうし、それ以上の何かが必要になってくる（『デイリー・メール』からすれば、取るに足らぬ雑学が売りのロスやグレアム・ノートン〔※英人気テレビ司会者／タレント〕といった輩より、アッテンボローのような人物を攻撃する方がはるかに難しい。かつ、アッテンボローがこれまでに、ロスの新契約金である千八百万ポンドに近いギャラを受け取ったことなんてあるんだろうか？）。国民の収める受信料が番組プレゼンターや管理職勢の法外な給与に費やされるのは正当化できない、というだけの話ではない。それはまた、新自由主義の覇権に決定的な役割を果たしてきたネガティヴな団結【註3】を維持することに尽きる、『デイリー・メール』のアジェンダの思うつぼでもある。古風な奴だと言いたければ、そう言ってくれて構わない。だが僕は、純粋にＢＢＣを愛しているからＢＢＣで働きたい、そんな人々しかあの職に就くべきではない、そう、固く信じている。それ以上に、動機が金目当てである場合、それはその人間が公共サーヴィス上級職に任命されない根拠であって然るべきだ。奇異な話かもしれないが、これは賃金引き下げ賛同の論説ではない――そうではなく、より公平――かつ創造的――な、公共領域におけるマネーの再配分を支持する論だ。仮に、千八百万ポンドがロスの懐に入るのではなく、英テレビ界にはなはだしく欠けているタレント、作家に支払われる――彼らに思い切って賭けてみる――図を想像してみて欲しい。それだけの金があれば、数多くの作家を、良い俸給で何年でも雇えることだろう……。ＢＢＣは、そこで働くクリエイティヴな人員にとって、即座にヒット作を生む重圧を受け止め和らげる、緩衝材の立場をとらなくてはならない――そして、人は恐れとマネーを動機に動かすに限る、との説を執拗に繰り返す新自由主義ロジックとは裏腹に、このプレッシャー緩和こそ、ある種の文化的起業精神を促し、円滑に進めさせていくものだ。

報酬が出なくても、報酬が雀の涙でも、どっちみち、人々は価値ある仕事をやってみせるだろう。ウェブ2・

0の興味深い側面はまさにそれ——空虚な「議論」ではなく、共有したいという衝動がブログを書き、ユーチューブに動画を上げ、ウィキペディアを更新する動機の重要な面を占めるところだ。大勢がよってたかって一緒に作った作品なんてものがあるとすれば、それはたぶん、サルヴェージ型パンクなアーカイヴであるユーチューブのようなもののことだ。資本主義リアリズムが、ごく不完全な形でしか商品化し得ない、文化の新たなフォルムの出現と共存しているのには興味をそそられる。あるレヴェルでは、商品化は徹底しているし、かつ、ジェレミー・リフキンの言い分にしたがえば、人生のすべては金を払って味わう経験である、になる。にもかかわらず、文化領域のいくつかはそっくり丸ごと、実質、脱商品化しつつある（今から十年後も、録音音楽にい、い、い、い、ちょっとでも代価が支払われているだろう、真剣にそう思っている人間なんているんだろうか？）。文化のいち働き手として、僕もこれには相反する思いを少なからず抱いている……どうやら僕は、そこから収入を得るのがもはや不可能になった、まさにその瞬間に、そうした物事において成功したらしい……。

一週間ほど前にダブリンで、『資本主義リアリズム』についてトークをおこなった。その際に聴衆のひとりから、僕自身の状況はフルタイム仕事を辞めプレカリアートの状態に入る方が良いと示しているのに、僕はなぜ公務員について語るのか？　との質問を受けた。これは一見妥当な質問で、なぜなら僕は、継続教育機関での教員職を解雇になって以来、かなりうまくやれてきたからだ。それでもある面、これは結局、僕は公共サーヴィス就労にまつわる新型お役所仕事のストレスと引き換えに、極度に不安定な雇用状況から発する絶え間ない不安を手に入れたということに過ぎないし、その過程で収入は激減した。ネガティヴな団結の展開の仕方のひとつに、継続雇用者と雇用が不安定な者との対立を搾取する、というのがある。継続雇用者が得てして、（彼らが考えるところの）仕事の保証を守るためにどことん控えめに振る舞いがちな一方で、不安定な雇用条件で働く面々は、消耗品なだけに、なんの力ももたない。少し前に、トバイアス・ヴァン・ヴィーンは、自身の不安定就業経験に関する非常にパワフルな記述を発表した――

> 皮肉な、しかし壊滅的な要求が労働者に課せられる。仕事はいつまで経っても終わらず（なぜなら働き手は連絡を断つわけにいかず、常に稼働可能であることを求められ、私生活やその他各種の要求を主張する権利がないからだ）、それにもかかわらず、労働者としてのあなたは完全にただの消耗品だ（ゆえにプレカリアートの一員ということになる。その人間は職を守るべく、仕事面での自律性すべてを断念しなくてはならない）（中略）この、常時待機型の存在論もしくはオンデマンドな現存在という今日的な状況は、ストレスの感情経済を作り出す。瞬時の要求を強要される、このような状況下で生きることは、確実にストレスを誘発する。「仕事ライフ」とは別の、「生活」そのものの方を完全に解体することなしには職場からのそうした要求の数々に応えられっこない、そんな状況に直面して、日常はパニック発作の連続になる。管理職階級は罪悪感／忠誠心のテクニックを用いて、ほんの数時間、もしくは数日前に急にスケジュールを組み、ただちに働くことを労働者側に強制する。賃金引き上げの希望はゼロ、福祉厚生も報奨金も出ず、しかもそのすべてを最低賃金のためにやっているのだ【註4】。

不安定労働者は、二重の意味で懲らしめられる。仕事の保証がないばかりか、同じ仕事をこなしている継続雇用者に較べ、彼らは賃金も低い。僕が継続教育機関で講師として働いていた頃、時給制雇用から継続契約に切り替わったことがあった。仕事の内容／量はまったく同じだったが、それでも突然、以前より月給は数百ポンド上がったし、しかも有給休暇までもらえるようになった。さて、プレカリアートに戻ったところで、四月から数えて僕の年間収入の総額――その間、学生に教え、彼らを監督指導し、執筆と編集活動もおこなったことを考えると、自分の一週間の労働時間が五十時間以下だった日数は、一年で二週間にも満たないのではないかと思う――は、実にご立派なことに一万一千ポンド。これは、最低賃金をかなり下回る額だ。僕のやってきた仕事はすべて、僕がフルタイムの働き手ではない点にかかっている。したがって、たとえいくつかの仕事は時給換算するとかなり高額に思えたとしても関係はなく、実質、僕は常に最低賃金で働いていることになる（執筆活動の大半は、いずれにせよ最低賃金しかもらえない）。こうしたすべてが、どんな仕事の依頼も、どれだけ急なオファーであっても断ることはできず、実質常時スタンバイし、かといって今後も仕事の発注が続く保証はまったくなし、という状況で起きる。僕にやる必要のある類いの営利重視の活動には、おそらく、一種の「工夫」が求められるのだろう。だが、いかにして自分の活動を収益化するかに関してあれこれ「工夫や創意を凝らす」ことは、もっとも有意義な時間の使い方という風には僕には思えない。雇用不安から生じる途切れ途切れの短く刻まれた時間は、長文形式のプロジェクトへの関与を不可能にする。〈ゼロ・ブックス〉向けの次の書籍を書き上げるためにいくらかでも時間を割くのが非常に難しいのは、今の僕は、すぐにギャラをもらえる仕事を常に優先することになるからだ。だが、フルタイム仕事に就くのもまた、長文形式プロジェクトへの取り組みを不可能にする――たとえば『資本主義リアリズム』は、一日の仕事を終えた後や週末を費やして書かれた本だった。

こうしてあれこれ並べ立てるのは、別に同情してもらいたいからではなく――自分の活動を通じて何らかの生計を立てられているんだから、自分はとんでもなく運が良い、やはりそう思っている――、むしろ、僕のいる状況が症候的なものだからだ。大金を賭けての、ビジネス存在論に突き動かされる文化供給方式は今や終わりを告げたわけで、だったら、文化的な仕事に対するもっと良い資金供給・投資方法があっていいんじゃないか？

【註1】テイラー・パークス、「Review: Life on Earth Soundtrack」、〈The Quietus〉（17 December 2009）、http://thequietus.com/articles/03440-life-on-earth-trunk-records-compilation-review

【註2】J・J・チャールズワース、「Crisis at the ICA: Ekow Eshun's Experiment in Deinstitutionalisation」、〈Mute〉（10 February 2010）、http://www.metamute.org/editorial/articles/crisis-ica-ekow-eshuns-experiment-deinstitutionalisation

【註3】アレックス・ウィリアムズ、「On Negative Solidarity and Post-Fordist Plasticity」、〈Splintering Bone Ashes〉（31 January 2010）、http://splinteringboneashes.blogspot.co.uk/2010/01/negative-solidarity-and-post-fordist.html

【註4】トバイアス・ヴァン・ヴィーン、「Business Ontology (or why Xmas gets you fired)」、〈Fugitive Philosophy〉（29 December 2009）、http://fugitive.quadrantcrossing.org/2009/12/ business-ontology/

贈り物を返品すること：リチャード・ケリーの『運命のボタン』

——k-punk, (14 April 2010), http://k-punk.org/return-the-gift-richard-kellys-the-box/

僕なら、リチャード・ケリーの『運命のボタン（The Box）』（二〇〇九）を憑在論的な映画とは呼ばない。だが、それでもこの映画はたしかに、〈ゴースト・ボックス〉レーベルあたりがやっている奇妙なものを夢見直すこと、そのやり方に通じる類似点を備えている。『運命の〜』は、リチャード・マシスンの短編小説が原作になっている。マシスンは、〈ゴースト・ボックス〉の指標であるナイジェル・ニール〔※英脚本家。『クウェイターマス』シリーズを筆頭に五〇年代からSF／ファンタジー作品を多く生んだ〕が英ウィアード界に占める位置にほぼ匹敵する、米ウィアード界における存在だ。ニールもマシスンも、「奇妙なもの《ウィアード》」にふさわしい隙間のジャンル空間——SFとホラーの合間——で、そして今やそのほとんどが消えてしまったパルプなインフラ——大衆向けの安価なペーパーバック本、テレビ、B級映画——で活躍した。マシスンは、イギリスでニールに寄せられたほどの作家（auteur）としてのステイタスをまだ獲得していないとはいえ、それはそれでパルプ小説界の匿名的な職人という、彼の放つ魅惑をますます増幅させることになっている。十中八九、適当なノリでテレビの深夜放送を観ていて最初に出くわした映画——『縮みゆく人間』（一九五七）や『地球最後の男 オメガマン』（一九七一）、『激突！』（一九七一）（『激突！』は少し前にグレアムが論じている【註1】）——が、実はどれも同じ人物の書いた物語だったと気づくことには、一種特別な類いの悦びがある（またマシスンは、おそらくハマー映画の最高傑作—

――ニールの書いた『火星人地球大襲撃』〈一九六七〉は除く――である『悪魔の花嫁』〈一九六八〉の翻案・脚本も担当した）。

『運命の〜』は、いくつかの面で似ている『ジェイコブズ・ラダー』と同じように、一九七〇年代を「奇妙なもの」の味で解釈した作品だ。というか、七〇年代に既に存在していた「奇妙な」スレッドの数々のいくつかをまとめたもの、と言えるかもしれない。『ジェイコブズ〜』や憑在論的な音楽の多くと同様に、『運命の〜』は一定の七〇年代の肌理を捉えている。『運命の〜』は、「奇妙なもの」のリヴァイヴァルというより、むしろ改めてそれを夢想し直した印象を与える作品であり、それはひとつに、一部から不満の声が上がっているつじつまの合わない矛盾、まさにそのせいだ。ここでの「矛盾」は、かなり風変わりなタイプのそれだ。単に一貫性の面で出来損なった結果というより、夢を見ているような（不）首尾一貫性の創出であり、（最終的な解決へと）きちんとまとまってはいかないものの、かといってただのナンセンスへと分裂してしまうわけでもない。

その夢っぽい雰囲気は、自身の人生――アーサーとノーマのルイス夫妻は、彼の両親をかなり忠実にモデルにしているそうだ【註2】――を部分的に映画の物語空間に組み込むケリーの手法により、更に強まっている。だが、たとえばリブート後の『ドクター・フー』のような作品――親しみやすさと感情主義を優先し、「奇妙なもの」は下位に置かれている――で起きている、ストレンジさを減らす傾向とは異なり、『運命の〜』は逆の方向に向かう。そこでは、「奇妙なもの」が家庭生活のなかに導入されている――かつて、いかにそれと同じようにテレビが一般家庭に侵入してきたかとパラレルを描く形で。いずれにせよ、ケリーの子供時代の生活と、「奇妙なもの」とを隔てる境界線はゆるいものだったに違いない。彼の父親は、一九七六年にバイキング計画の探査機が火星に着陸したとき、NASAに勤務していた。

『運命の〜』の原作はマシスンの一九七〇年の短編『死を招くボタン・ゲーム』で、このストーリーは一九八六年に、リブート版『トワイライト・ゾーン』の一話「欲望のボタン」として翻案・ドラマ化された。もっと正確に言えば、『運命の〜』は原作小説と『トワイライト〜』版の双方をシミュレートされた夢の作業の要素として用いており、そうやってふたつのヴァージョンから外挿をおこなうと同時に、両者を凝縮して不安定な混合物を作り出している。結果、リンチの『インランド・エンパイア』(二〇〇六)にも若干通じる、迷宮的な構造が生まれている(ちなみに、『運命の〜』を観るまで、僕がこれと同じくらいぞっとさせられた唯一の映画も『インランド〜』だった)。『運命の〜』は、その迷宮構造——内部にひたすら深く入り込む以外は、どこにもたどり着くことのない完全なる迷路——と、ジレンマの構造——そこでは、現実は一組の選言命題へ帰着するように思われる——との間に走る緊張感に定義づけられている。

この映画が作動している、明確に異なるにもかかわらず連結しているいくつかの階層、それらに境界線を引いて区切ることは可能だ。

倫理レヴェル

映画が作動するもっとも単純な段階——本作の入門レヴェル——は、倫理的なそれだ。『死を招く〜』の小説・テレビ・映画の三ヴァージョン、そのいずれもジレンマをスタートさせる。倫理的なジレンマというより、それは倫理観そのものをすっかり脇に押しやるべきか否か、のジレンマだ。スチュワード氏なる、身なりの良い、見ず知らずの人物がルイス家を訪れ、夫妻にボタンがひとつ付いた箱を贈る。スチュワードはふたりに対し、そのボタンを押せば彼らは大金を受け取るが（『運命の〜』ではその額は百万ドル）、ただし夫妻の知らない誰かが死ぬことになる、と説明する。三つのヴァージョンのいずれも、ボタンを押すのに踏み切るのは妻だ。そしてここから、各ヴァージョンに違いが生じてくる。マシスンの原作では、ボタンを押した後に、ノーマは夫の死に対する保険金という形でその大金を受け取る。死ぬのは私の知らない他人だとあなたは言ったではないか、と彼女がスチュワードに泣き言を言うと、彼はこう訊ねる——「あなたは本当に、あなたの夫をご存じだったんですか？」。『トワイライト〜』版——噂では、マシスンはこのヴァージョンを嫌悪していたらしい——には、異なる結末が待っている。約束の金を手渡す際に、スチュワードは夫妻に対し、あてつけがましく「ご安心ください、このボタンが次は確実に、おふたりの知らない誰かに提供されるよう保証します」と言う。『運命の〜』はストーリーのこちらのヴァージョンを取り入れているが、このくだりは映画のほんの序の口に過ぎず、いわば第一幕になる。

予想外の結果

『死を招く〜』は明らかに、W・W・ジェイコブズの短編小説『猿の手』（一九〇二）のアップデートだ——この物語では、まとまった額の金が欲しいと貧しい一家が望みをかけ、結果彼らは、望んだ通りの金額をひとり息子の死に対する弔慰金の形で受け取る。ジェイコブズのこのストーリーそのものが、願望充足が引き起こす意図せざる結果という、昔からある数々のお話を遊んでみたものだった。ウィーナーが『科学と神：サイバネティックスと宗教』で述べたように、このような予想外の結果が生まれるのは「魔法の働きは並外れて想像力に欠けた、額面通りの現実的思考をするものだ。仮にあなたの望みがかなえられるとしたら、魔法が与えてくれるのはあなたの望むずばりそのものであり、あなたが望むべきだったこと、もしくは意図した何かではない」からだ。そして彼はこう付け加える――「オートメーション化の魔法、とりわけ、装置が学習するタイプのオートメーション化も、これと同様に現実的思考型になることが予想される」【註3】。サイバネティックなマシンのように、願望成就の対象（猿の手）は、約束した通りのことを正確に果たしてくれる。だが、それがもたらすのは、必ずしもあなたの欲するもの（あるいは、あなたが「自分の欲しいのはこれだ」と思っていたもの）ではないかもしれない。

ジェイコブズのストーリーにマシスンのお話が付け足したもの、それは認識の問題だ。マシスンの物語は、古い哲学的問題である「他我の問題」を、結婚という状況に当てはめる形で活用する。我々にとってもっとも身近な存在の人々ですら、突き詰めれば不透明であり、決して中身を見ることのできないブラック・ボックスだ。当然、これによって、同じくらい古い自己認識の問題も提起されるが、ただし、そこには精神分析のエッジが添えられている。我々は自分たち自身と相容れない。自分たちの真の欲望は、我々にも計り知れない、うっかりした言い間違いや夢のなかにしか姿を現さないものかもしれない。この点において、『運命の〜』の夢を思わせるフォルムは、その中身に陥没する――箱は、フロイトが言うところの夢のように、我々の願いをかなえるのだ。マシスンの物語にそそのかされ、我々がつい抱かざるを得ない精神分析的な憶測は、もしかしたら妻は、彼女が欲するまさにその通りをたしかに手に入れたのではないか――つまり、彼女は最初からずっと夫の死を望んでいたのではないか、という考えだ。この意味で、ボタンの付いた箱は、タルコフスキーの『ストーカー』（一九七九）に出てくる「部屋」に似たものになる。通称「ヤマアラシ」のとあるストーカーは、死んだ弟を生き返らせたいという思いから「願いがかなう部屋」に入るが、代わりに手に入ったのは莫大な富だった。その非常に無分別な自動作用――「ヤマアラシ」に、彼の欲するそのものずばりを与えること――により、「部屋」は彼を裁き、判決を下す。

政治レヴェル

マシスンが『猿の手』にもうひとつ付け加えているのは、もちろん、悪い結果とはまったく意図せず生じるものではない、という事実だ。それはただ、他の誰かの身の上に起きるはずのものとされる。これゆえに、この話はジェイコブズの物語よりはるかにたちの悪いものになる。『猿の手』の一家の罪は愚かさと強欲さだけだが、『死を招く~』の場合、夫妻は承知の上で他者の死と引き換えに富を得る。この点が『運命の~』においてとりわけショッキングなのは、ノーマとアーサーのルイス夫妻はどちらも「善人」のように思えるからだ――キャメロン・ディアス演じるノーマは特に、非常に思いやりのある女性だ。彼女にボタンを押させるのはおそらく、箱そのものの未解決なままの存在論的ステイタスだろう。いたずらかもしれない、との思い（アーサーは箱が空っぽであるのを立証する）は、ノーマに一種の呪物崇拝的な否認をおこなわせる（「これは本当の話じゃないかもしれないし、だったら別にやってみても構わない」）。ホーンタゴニストが彼のツィッターフィードで述べたように、「『運命の~』に登場するボタンは、双方向性がいかに不安と呪物崇拝的否認を生み出すかの格好の例だ。ディアスはボタンの効果を信じていないが、『信じるとされるはずの主体』がそれを信じることは信じている。アーリントン・スチュワードは『大文字の他者』の役目を果たす」のだ。

こうして、我々は再び倫理性の領域に戻ってくる——だが、倫理性は政治性にも浸透していく。ボタンを押す選択は、グローバリゼーションと気候変動の時代において特別な力をもつ。自分たちの富と快適さは、他者の苦しみと搾取という犠牲を払った上で達成されている。自分たちのほんの些細な行動が、環境的な大惨事に貢献する。そうしたことを我々は知っている。だが、我々の起こす行動とその結果とを結ぶ因果の鎖の数々は、マッピング不可能なくらい、あまりに複雑に絡まっている——我々自身の実体験どころか、起こり得るいかなる体験もはるかに越えた地点にそれらは存在する（ゆえに、庶民政治は力不足になる）。ルイス夫妻は事実上、この因果のマトリックスに彼らも接続していると肯定する——正式に、この世界と世の中への懸念を受け入れる——ことを求められている。これのもつ意義は、重要なのは否定的な選択だけ、という点だ——ボタンを押さずにおくのは、現時点では誰にも許されない自由を選択することになる（我々誰もがグローバル資本主義のマトリックスにあまりに複雑に埋め込まれているため、単純に不参加を選ぶことはできない）。だが、ボタンを押すことは自由の放棄、盲目的な決定論を選ぶことになる。

実存主義者

というわけで我々は、『運命の〜』にケリーが導入したもっとも明白に相互関係性のあるテクスト、サルトルの『出口なし』（一九四四）に行き着く。『出口なし』は『運命の〜』の至るところに顔を出す。高校教師であるノーマはこの戯曲を授業で教え、彼女とアーサーはアマチュア劇団が上演したこのお芝居を観に行く。自分たちの選択が、私的な恥辱感程度のものではなく、彼らの人生のあらゆる側面を蝕み破壊するであろうことがはっきりしてきた時点で、ルイス夫妻は自分たちの車の結露したフロントガラスに書かれた「出口なし（No Exit）」の文字を見つける。

『出口なし』との反響は明らかだ――これは、もはや選択することを許されない人々、主体であることをやめた者についてのテクストなのだから。殺されるかもしれないと怖くなり、ルイス夫妻は現金の詰まったブリーフケースをただちに返そうとするが、まさにその瞬間、スチュワードは両者に、箱は確実に、夫妻を知らない誰かに渡しますと話す。だが恐ろしいのは、ノーマとアーサーは既に選択してしまったのであり、つまり今や手遅れ、取り返しがつかない点だ。彼らは既に死んでいる（も同然）。贈り物の返品は効かない。

金の詰まったブリーフケースが、たちどころに脱昇華されるのは驚異的だ。ルイス一家にその金を使わせ、喜びを味わいつつも、自分たちは一体何をしてしまったのだろう？　と不安の影におびえる姿を描くこともケリーにはできたはずだ……その代わり、ブリーフケースは即座に地下室に遺棄され、二度と映画に登場しない――もしくは、僕の記憶では、二度と言及されない。

金を返すことはあり得ない――ボタンを押す選択を撤回するのは不可能――にもかかわらず、取捨選択は一向に終わらない。際限なく分岐していく迷路に閉じ込められ、アーサーとノーマは更なるジレンマにぶつかり続ける――しかし選択肢は今や、悪い（煉獄）か、もっと悪い（地獄）のどちらかだ。そうでなければ、アーサーが三つの通路のどれかひとつを選ぶよう求められる場面では、うちふたつは永遠の地獄行き、残るひとつは救済につながっており、そこにはグロテスクなゲーム番組的ランダム性の性質が備わっている。

宗教レヴェル

「救済」への言及は、本作に流れ続ける宗教的スレッドの一部だ。人類の道徳的価値に関する「リサーチ」をおこない、それに基づき彼らを判定し、かつ天罰／贖罪を下すパワーも備えたエイリアンの「大文字の他者」な存在として、スチュワードは明らかに神の代役だ。だが彼は、人類を誘惑しそそのかすという悪魔的な役割も果たす神だ。

SF／陰謀論

（異星人の）「大文字の他者」としてスチュワードが占めるポジション、知っているはずの主体の立ち位置はまた、異星人に関するサルトルの議論をどこかしら反映するものだ。〈インフィニット・ソウト〉が以下のように概要を述べている——

一九六〇年に発表した未完の大作『弁証法的理性批判』の終わりの方で、サルトルは唐突に、火星人について議論をはじめる。「火星人……とっくの昔に星間航行技術を有していた彼らからすれば、我々は……科学／知性面の発達が一定の状況的要因によって妨害されてしまった、動物種である。火星人はおそらく、この未発達な惑星に生息する者には、一定の目的を志向する一定の行動パターンがあることに気づくだろう……」。この仮説上の火星人は、特定の科学的段階に達していることになる（ここでは、その段階は非常に高度なものと推察される）。となれば、人類の叡智の範囲が彼ら異星人に明かされた際に、概念の場にはじめて外部要因が、種としての我々がまだ知らないことを知っている存在が入ってくることになる――したがって火星人は、人類存在の集団的な列挙全体にとっての「大文字の他者」の役目を果たす。この、「大文字の他者としての火星人」の極端な例は、サルトルいわく、「計り知れない不透明さ、我々の理解に影を落とすもの、我々の心中に存在する内面性の否定」になる【註4】。

『運命の～』は、コンスピラシー映画をいくつも参照している（かつ、『ボディ・スナッチャー／恐怖の街』〈一九五六〉のリメイク『SF／ボディ・スナッチャー』〈一九七八〉以来、もっとも気味の悪いパラノイアな場面もいくつか含む）。スチュワードと体制側との共謀関係がどれほどのものかは、映画が結末を迎えても不明なままだ。NASAとバイキング火星探査機とスチュワードのリサーチ計画とを結ぶスレッドは、風聞と推測のなかへとほつれていく。その迷宮に終わりはない。

【註1】グレアム・ハーマン、「Duel」、〈Object-Oriented Philosophy〉（8 January 2010）, https://doctorzamalek2.wordpress.com/2010/01/08/duel/

【註2】リチャード・ケリーの以下のインタヴューを参照。「Richard Kelly Cracks Open THE BOX For Mr. Beaks!」、〈Aint It Cool News〉（18/06/09）, http://www.aintitcool.com/node/41449

【註3】ノーバート・ウィーナー、『科学と神：サイバネティックスと宗教』（一九六四）

【註4】ニーナ・パワーのブログ〈Infinite Thought〉はリンク切れ。ジャン＝ポール・サルトルの『弁証法的理性批判　第三巻』（一九六〇）を参照。

社会への貢献

——k-punk, (4 August 2010), http://k-punk.org/contributing-to-society/

ドキュメンタリー番組『The Fairy Jobmother（仕事をくれる魔法使いの仙女）』（二〇一〇〜一一）に関して言えば、このスピンオフ作品の元ネタである『Benefit Busters（生活保護問題を解消する者）』（二〇〇九）と較べて、どれだけはるかに悪質な内容になっているかは指摘しておく価値がある。番組タイトルにもかかわらず、『Benefit〜』の場合、政府の用いる「失業者の職場復帰」の取り組みについて、観る側は批評的な判断を下すことができた。『Benefit〜』の第一部、雇用コンサルタントのヘイリー・テイラーを目玉に据えたエピソードは、さながらオーディションでスターを発掘するリアリティ番組の暗澹たるパロディだった——失業中の参加者に提示される豪華賞品は、百万ポンドのレコード契約金ではなく、ディスカウント・ショップのパウンドラウンド〔※日本の百円ショップに当たる英チェーン〕での無報酬の見習い仕事だ。テイラーはシニカルなイデオロギーの作者ではなく、明らかに、そのイデオロギーに引っかかっただまされやすいカモだ。心理学用語をちりばめたニューエイジ系のたわごとをすべて真に受けている彼女は、安直なアドヴァイス（「就職面接の前には歯を磨きましょう」）と共にそれらを押しつけていく。テイラーが主宰する六週間の「研修コース」を終えた後で、参加者女性の何人かが以前よりハッピーになったのは間違いない——だが、それはパウンドラウンドで働くようになったからというより、自宅で孤立せずに済むようになった面が大きい〔※このエピソードの求職者は全員シングル・マザー〕。一方で、番組はテイラーの勤務先であるコンサルタント会社A4e【註1】の社長、エマ・ハリスンの自宅も見せていた。ハリスンの家は、「大邸宅」では済まないとんでもない豪邸だ【註2】。テイラーのようなA4e社員たちは「お茶でも飲みながらお話ししましょうよ」とハリスンの家に招待されるが、それはハリスンがとても気軽で形式張らない、部下からのフィードバックを聞きたくて仕方ない人だから、ということになる。ハリスン宅のすさまじい豪奢さを突きつけられると、観る側は少なくとも、国家にたかる寄生虫は本当は誰だ？との疑問を抱かされる。秀逸なブログスポット〈ウォッチングA4e〉は、A4eの構想の現実を暴露するという貴重な仕事をやっている【註3】。この投稿は、以下のハリスンの公式プロフィールを引用している――「エマのアプローチは、人々と一緒に働くことです。『私は彼らの横に並び、彼らの手を取って歩いていきます。そうやって私たちは、人々が彼らの人生を変える仕事を得る結果をもたらす、旅路を共にするのです』と彼女は語ります」【註4】『Benefit～』の続くエピソードは、人々を勤労に復帰させようという政府の構想に対し、更にネガティヴな意見を視聴者に形成させるものだった――ほんの数日しか続かない仕事をやるために、長期失業者が生活保護を取り上げられる羽目になる皮肉で冷笑的な場面や、事故で窓から転落し、背中に重度の障害を抱える可哀想な青年に「就労可能」の判断が下る様を我々は目にした。だが、このような批判的な視点は、リアリティ番組流の「勤労者に復帰するまでの『旅路』」を皮肉なしに見せる『The Fairy～』には一切存在しない。デジタル・ベンは以下のように書いている――

> このタイトルからして既に、観終えた時点で我々はどんな類いの非常に限定された結論を引き出せる番組なのか、ほぼ想像がつく。ヘイリー・テイラーの講じる措置は、番組に登場した家族の置かれた状況をたし

かに向上させた。だが、これら「仙女がかなえてくれる願いごと」は、奇跡的で思いがけない何か、普段の日常秩序からの小休止であることは明示されている。こうした措置が広範に実施される、あるいは福祉システムの一部として組織化されるという案すら検討されない。番組に登場する労働階級失業者の大半は、自力で困難を乗り切ることを期待される——あなたもヘイリーを見習い、他者の助けに頼らない真っ当な人間になりなさい、と。では、この番組の教訓とはずばり何なのか？　有名な、コネを豊富にもつリクルートの専門家が味方についていれば職探しはもっと楽になるということ？　ショッキングな話だ。しかも、それだけではない——たとえテイラーが次週のエピソードの失業者一家のために職を見つけられないとしても、その非は彼女ではなく、家族の側に向けられるであろうことは目に見えている。システム全体の分析は一切なし。責任はすべて、個人（そして彼らの家族）になすりつけられる【註5】。

この宝くじ思考——アレックス・ウィリアムスがネガティヴな団結と呼ぶものの別の側面——を生み出すのに、リアリティ番組が果たしている役割は過小評価できない。執拗に繰り返されるメッセージは、どんな状況も、ひたむきな自己改善を適用すれば修正可能である、だ（チャンネル4が、このアジェンダに逆らうドキュメンタリー番組もいくつか放送している点は評価していいと思う。同局の『The Hospital』と『Our Drugs War』〈共に二〇一〇〉のシリーズはそれぞれ、英国民医療保健サーヴィスおよび麻薬戦争の絶望的な実態を明らかにしている。『The Hospital』は、イギリスの若者の深刻な状況を描く。ここで暗黙のファクターになっているのが階級で、カメラが捉える妊娠、ＨＩＶ感染、あるいはナイフ犯罪絡みの負傷で病院に来る者のなかに、中流階級の若者はひとりもいない。シリーズのパート1で、避妊具を使わない性行為の悪影響が描かれるくだりでは、権威に反発する挑戦的な態度が自己破壊型の悪意の形をとって現れる――「あいつらから、ああしろこうしろと指図されるいわれはない」、「俺はこういうことをやらずにいられない類いの人間なんだ」云々。義務のごとく快楽を貪ろうとするその姿は、絶望的なほど楽しさに欠けていた。これは、僕が『資本主義リアリズム』で述べる享楽主義的な憂鬱、その別の側面だ）。

『The Fairy～』第一話の後半部を観ていて苛立たせられたもののひとつが、復職することでその人間は再び「社会に貢献できるようになる」、とティラーが語る場面だった（この件をツィートしたところ、とある人物【註6】との間でちょっとしたやり取りが勃発した。彼の意見は「君の好きにすればいいが、ただし私の金でそれをやるのはお断りだ。働きたくないのならそれも結構――だが、その費用の負担を私に期待するのだけはやめて欲しい」だった）。まるで、報酬のもらえる仕事以外に「社会に貢献する」方法はないかのようだ（そうした無償の貢献の価値こそ、「大きな社会」の大事な意味ではないのか？）〔※「大きな社会」は当時の英キャメロン政権の理念。国民や地方自治体に大きな権限を与え、人々が助け合って社会・生活改善を目指す方針〕。勤労者は、無報酬で働く人々に様々な面で依存していない、とでも言いたいのだろうか……。

知り合いの多くと同様に、僕も大学院生課程と失業生活を行ったり来たり漂いながら二十代を過ごしたので、その間、無意味でモラルを低下させる「あなたの復職をお手伝いします」構想には何度も出くわした。学生時代と失業者時代を比較しても、僕が平均的な一日の間にやっていたことにほとんど変わりはなかったし、あの当時やっていたことと、今やっていることとの間にも大きな差はない。だが、今の僕には「貢献している」の自信がまあまああるが、かつてはそうではなかった。二十代当時の僕は、いくつかの理由から、自分は就労不可能な人間だと思い込んでいた――能無しでやる気に欠けるからマニュアル仕事も販売業も無理だったし、どんな類いの大卒仕事をやるだけの自信からもほど遠かった（大卒者向け求人広告を眺めていて、絶望感でいっぱいになったものだった。超人でもない限り、記載通りの仕事内容をこなすのはどう考えても無理じゃないか？　と思った）。やがて職に就いたことが重要だった、その点は否定しない——今の自分があるのは教職を得たおかげだし、そこに本当に多くを負っている。だが、それと同じくらい重要だったのは、この就労によって仕事から神秘性を取り除いてもらえたことだった——「仕事」は、自分とは違う存在論的カテゴリーに属する人々にしか手に入れることのできない何かではない、と分かった（それでも、職を得てもこの感覚は修正されなかった。自分は教師になどなれっこない類いの人間だと確信し、鬱の時期を経たことが何度かあった）。

　しかし、ヴィルノとネグリのおこなった作業の重要性は間違いなく、仕事と非仕事との間の区分を弱めることであったはずだ。ポスト・フォード主義において、非仕事として数えられるのは厳密に言えば何なのか？　ジョナサン・ベラーの「視ることは労働である」——それが、注意力を働かせることは商品である、という意味だとすれば——のフレーズを借りれば、では、好む／好まざるにかかわらず我々全員が「貢献」しているのではないか？　ニーナ・パワーが主張するように、「まるで全雇用者が、過去の女性労働の最悪な面——低賃金、不安定な雇用、福祉厚生待遇なし——を引っ張ってきて、それをほぼすべての人間に適用したかのようだ。ただし、それは企業のトップに居座る面々には当てはまらないし、この層はいまだに圧倒的に男性が占め、彼らは理解不可能なほどリッチだ」。こうした条件下——失業／不完全雇用／絶え間ない雇用不安が、不測の事態ではなく構造的に必要である状況——において、福祉手当という安全ネットへの賛成・支持はこれまで以上に大きくなる。

　さてここで、僕は近々刊行されるアイヴォー・サウスウッドの著書、『Non-Stop Inertia』を宣伝しなくてはならない。「職探し」のみじめさについての本で、実体験から生まれた痛切かつ愉快な観察の数々と理論面での鋭さが一体化した、これまで〈ゼロ・ブックス〉が出した本のなかでも僕が大好きなもののひとつだ。『資本主義リアリズム』を楽しんだ人の大半にとって、興味をそそられる一冊であるのは間違いない（実際アイヴォーは、僕が触れていなかった、資本主義リアリズムの諸次元全体まで論じている）。以下に、ふたつのパラグラフを抜粋する――

職探しの達人に際限なくあてがわれる、無報酬の義務の数々。これによって彼は、一九八〇年代の「仕事をくれよ」ペルソナ――予備労働力と彼の家族の具体的な現実を、雇用主に直接突きつける者――をポストモダン的に反転させた役割を演じることになる〔※「仕事をくれよ（gizza job = give us a job）」は、労働者階級の深刻な失業問題を描いた一九八二年の英ドラマ『Boys from the Blackstuff』のキャラクター、ヨッサー・ヒューズの有名なキャッチフレーズ〕。そんなわけで今や、職探しそのものがキャリアになっている人間は、無職という自らの立場を公言する代わりに、職業訓練コースやヴォランティア仕事、引きつった満面の笑顔で表現されるポジティヴさを隠れ蓑に、それをいかがわしいものか何かのように隠す。そして彼は、自身の絶望的な必死さに比例するこの隠蔽工作と、ますます深い共謀関係に陥っていく。求職者は、職歴に生じたギャップをことごとく説明するためのアリバイを常に備えていなくてはならないし、その一方で、もっとも平凡な体験すら、個人が悟りを開く瞬間になる――「忙しいカフェで働いたおかげで、自分は本当に、顧客サーヴィスの大切さを教わりました」。知識よりスキルが重用される。スキルが身につかない非職業系の資格は、ほぼマイナス要素に近い――その資格の本質を空っぽにしない限りは。たとえば、文学の学位に価値が認められるのは、応募者が批判的思考の持ち主である証拠ゆえではなく、その人間に文書処理作業経験があるのを示しているからだ。

職探し、ネットワーク作り、履歴を築き上げるためのこうした諸作業に時間を費やすことで、我々が考えずに済ませてしまっているのは何だろう？　その作業に取り組んでいなかったら、我々はどんな興味、不安、幻想を抱いているだろう？　どんな本を読んでいるだろう（自己啓発のマニュアル本以外に）？　仕事以外の話題で、同僚や友人とどんな会話を交わしているだろう？　この雇用不安に常にいびられることがなかったら、自分の今やっている仕事をどれだけ違った風に見つめているだろう？　我々が職探しという仕事を辞めたら、どんな類いの危険な空間が出現し、そしてどんな類いの危機状況に我々自身とこの力学システムをさらすことになるだろう？【註7】

【註1】「アクション・フォー・エンプロイメント（Action for Employment）」の社名だった「A4e」の現商号は「ピープルプラス」。同社は、英政府の「福祉に依存せず労働しよう」計画を依託された英国営利企業。
【註2】ソーンブリッジ・ホール。http://www.thornbridgehall.co.uk/
【註3】http://watchinga4e.blogspot.co.uk/
【註4】http://watchinga4e.blogspot.co.uk/2010/08/who-knows-best.html
【註5】デジタル・ベン、「Fairy Jobmother Deconstructed」、〈Third Class on a One Class Train〉(24 July 2010)、http://ridingthirdclass.blogspot.co.uk/2010/07/fairy-jobmother-deconstructed.html
【註6】http://theviewfromcullingworth.blogspot.co.uk/
【註7】アイヴォー・サウスウッド、『Non-Stop Inertia』（二〇一〇）

「とにかく気楽に構えてエンジョイしましょう」：ＢＢＣに登場した被投性（Geworfenheit）

——k-punk,（4 August 2010）, http://k-punk.org/just-relax-and-enjoy-it-geworfenheit-on-the-bbc/

『Artemis 81』をはじめて観たのは、あのテレビ映画が放送された最初で最後の機会となった、一九八一年十二月のことだった。当時の自分には支離滅裂でちんぷんかんぷんな内容と思えたが、それでも嬉々として全三時間を最後まで観通した。『Artemis 81』に対するネット上の反応から判断するに、僕のこの体験は、冬休み中に放映されたために遅くまで起きてあの作品を観ることを許された、僕のような子供たちに共通するものだったようだ。

『資本主義リアリズム』の終わりの方で、俗に言う「父権的温情主義時代のメディア」は、陰気で退屈などころか「奇妙なもの」の温床になり得るものだった、と論じた際に、僕の頭にあったもののひとつはきっと『Artemis 81』だったのだろう（〈ゴースト・ボックス〉のやっている中学高校の教科書と「奇妙な」フィクションとの融合も、これと同じ直観が基盤になっている）。

『Artemis 81』の脚本を書いたデイヴィッド・ラドキンは、もっと有名な『Penda's Fen』（一九七四）の作者だ（これについては、近々別の投稿で取り上げるつもりだ）。三十年近く経った後にＤＶＤで観返すと、理解に苦しむところは特にない作品と思える。マニ教のシンプルな二元論を軸に構成された作品であり（『Penda's～』

のテーマのなかでも、盛んに示されたもののひとつがマニ教だった）、現状に満足し自分以外のことは考えない状態から抜け出し、ある種の幻視的信仰に入っていく、神秘的な旅を描いている（『Artemis 81』で何度も強調される「思い切って信じること」は、『インセプション』〈二〇一〇〉と興味深いパラレルを描く。とある場面で、大聖堂の鐘の内側で首を吊られぶら下がる女性に対し、主役キャラクターは「首吊りになるくらいなら落ちる方がいい」と言う）。『Artemis 81』を観るといまだに異化効果がもたらされるのは、この作品に欠落しているもののせいだ――今の我々にはすっかりおなじみの、観客の共感を生み出すための様々な戦略がすべて欠けている。演技のスタイルは、ストローブ＝ユイレ映画と同じくらいブレヒト的だ。台詞回しは反自然主義的で、非常にぎこちなく型にはまっている（テレビ向け脚本というより、オペラのト書きを想起させる――そしてワグナーは、この作品に出てくるいくつもの相互関連テクストのひとつだ）。

我々が映画の冒頭部で目にすると思しき異星人の惑星は、内宇宙に属するものである、とDVDのオーディオ・コメンタリーでラドキンは語っている。我々がどの時点で内宇宙を後にしたのかは、まったく不明だ。しかし映画は、この内宇宙をいわゆる「見つけてきたロケーション」に据えることで、大いなる力を得ている。ハリッジのフェリー発着所。地獄の入り口として使われた、撮影時は建設中だった北ウェールズの発電所。そして、おそらくもっとも強烈な印象を残す、英国国教会リヴァプール大聖堂の内部。BBC撮影班は、撮影使用許可を得ただけではない――彼らは信者席のベンチをすべて一時撤去することも許されたため、夢のなかにいるような、かなり驚異的なイメージが作り出されている。

あるシークエンスは、他のどれよりもずば抜けている。僕が映画で観たことのあるなかでも、もっとも不気味なほど効果的な夢――悪夢かもしれない――のシークエンスのひとつであり（『インセプション』のどのシークエンスよりも、はるかに見事に夢の地勢的特徴を捉えているのは間違いない）、と同時に、深く心に響いてくるディストピアのイメージでもある。主人公である大衆小説家ギデオン・ハーラックス（ハーウェル・ベネット）は突然、自分がどことも知れぬ謎の街にいるのに気づく。彼は路面電車に乗っていて、肺結核をわずらう他の乗客たちはスカーフに喀血している。あたりは霧っぽい。街には軍隊がいて、戦時下らしいが、露天市めいた商業活動はかなり活発におこなわれている。誰も英語を話さない。彼を置き去りにして消えた守護天使ヘリス（スティングが演じる――が、この点にゲンナリして観る気を失ってはいけない）の消息を訊ねるギデオンを、人々は嘲笑するか、たしなめる。公共放送設備を通じて絶え間なくアナウンスがおこなわれ、言葉には東欧言語の響きがある（実際はエストニア語を逆回転させたもの）。今観ると、ここに『ブレードランナー』や『トゥモロー・ワールド』の前触れを見出さずにいられない。ラドキンはコメンタリーで、映画のこの箇所はハイデッガーの概念である「ゲヴォーフンハイト（Geworfenheit）＝被投性」を描こうとしたものだった、と述べている。彼はまた、撮影現場でスタッフがこの都市――バーミンガムとリヴァプールのロケを組み合わせたもの――を「ゲヴォーフンハイト」と呼んでいたと明かしているが、映画そのもののなかでこの名称は一度も使われない。神話、音楽、文学をはっきり参照しつつ、それらすべてを越えたところにはより深い、神秘的に隠された間相互的テクストの層もある。以下の『Artemis 81』詳論からの一例を見てみよう――

些細な点ながら、ラドキンのアプローチを大いに明かすものがある。作品で重要な役割を占める神性は、メイゴグ（Magog）の名で知られるスカンディナヴィアの女神だ。だが、主人公のデスク上のブリテン島の地図がちらっと映ったとき、そこに「ゴグ・メイゴグ・ヒル（Gog Magog Hill）」の地名があると気づくには注意力を要する。才能の面で劣る劇作家であればおそらく、これとはかなり違う「メイゴグ」をイギリス神話のなかに見出すために、長ったらしい説明を含めて迂回したのではないだろうか【註1】。

オーディエンスを「被投性」の対象にしてもいい――『Artemis 81』のこの確信こそ、本作を実に印象深く素晴らしいものにしている。子供の頃に『Artemis 81』を観て以来、決して忘れなかった者全員が断言するだろうが、さっぱり理解できない物事のなかに投げ込まれ、それらになんらかの理屈をつけるよう強いられること、そこには楽しさがあった。

今日のＢＢＣが『Artemis 81』のような作品を発注する、それはおろか放送する図すら想像できないのは、わざわざここで述べるまでもないだろう。フィリップ・チャリノアは「興味深いもったいぶりの方が、堅実な職人仕事と旧き良きストーリーテリングよりはるかに満足させてくれることもある、その秀逸な例として『Artemis 81』は際立っている」【註2】と書いているが、この意見に僕はまったく同感だ。七〇年代文化の大半――『Artemis 81』は実は、一九八二年頃に終わりを告げた「長く延びた七〇年代」に属している――と同様にこの作品も、もったいぶった大げささを幻視型の勢力として活用している。音楽にたとえれば、『Artemis 81』は、プログレの仰々しい野心とポスト・パンクの冷ややかなＪ・Ｇ・バラード主義を組み合わせている。典型的なパルプ・モダニズム作品でもある――Ｂ級ホラー映画『悪魔の花嫁』と共に、『第七の封印』（一九五七）とカール・テオドア・ドライヤーも参照されている。

取り戻され、擁護されるべきなのは『Artemis 81』を制作・放映したＢＢＣであって、制度として機能している今日のＢＢＣではない。エリート主義ＶＳ大衆迎合主義の対立の図式を据えたのは新自由主義だったわけで、ゆえにそのどちらに片寄せするのも間違いだ。文化的「エリート」に対して新自由主義が仕掛ける攻撃は、経済的エリートの権力の統合・拡張と歩調を合わせてきた。しかし、観客側の知性を前提とすることは、「エリート主義」でもなんでもない（欲望は複数レヴェルで仲介されるものではなく自然で天与の欲求である、と言わんばかりに「大衆に彼らの求めるものを与える」ことに、賞賛すべき点がまったくないのと同様に）。重要な但し書き：七〇年代および八〇年代初期の文化状況には惜しまれる点が多いと述べることは、あの時期の何もかもを哀惜すべきだ、という意味ではないので悪しからず。この免責事項は含めずに済んでいいはずだが、現在より過去を支持する批判的判断は、どんな内容であれ「ノスタルジア」と非難されがちなのは僕も意識している。現在についての推論にもそれ固有の様々な機会が含まれるとはいえ、現在を空虚にひたすら肯定するより、むしろなんらかの現状否定がない限り、それらの機会にはアクセスできないだろう。

もちろん、一九八一年にＢＢＣを取り囲んでいたディスクールのネットワークは、今日のＢＢＣが置かれている状況とは雲泥の差だった。例として、『デイリー・ミラー』紙に掲載された『Artemis 81』の予告紹介記事を引用しておこう――

この年末休暇期に放送される番組中もっとも不可解な一本かもしれないが、『Artemis 81』（ＢＢＣ1）は今年のベスト作のひとつでもある。ポップ歌手のスティングがはじめてテレビ・ドラマで大役に挑んだ、この三時間のスリラーは大当たりだ。とはいえ、もっとも深く関与した面々ですら、この作品が何かよく分かっていない。監督のアラステア・リードは、本作をテレビのルービック・キューブと呼ぶ。主演のハーウェル・ベネットは、自分にも分からないと言う。『Artemis 81』はたしかにとても複雑だ。人類の未来への脅威、奇妙で謎めいた一連の死、愛の天使が絡む奇妙な関係、そして正しい（あるいは間違った）音符を弾くだけで世界を破滅させることのできる、偉大なパイプオルガン奏者についての作品だ。私からの助言は――理解できるかどうかなんて心配せず、とにかく気楽に構えてエンジョイしましょう。

【註1】ニール・ヤング、「Down At The World's End: David Rudkin's Artemis 81」、〈Neil Young's Film Lounge〉（20 October 2007）, https://www.jigsawlounge.co.uk/film/reviews/down-at-the-world-s-end-david-rudkin-s-artemis-81-tv-1981-8-10/

【註2】フィリップ・チャリノア、「Artemis 81」、〈The Curmudgeon〉, http://thecurmudgeonly.blogspot.co.uk/2007/12/artemis-81.html

『スター・ウォーズ』は最初から魂を売り飛ばしていた

——『ガーディアン』(1 November 2012)、https://www.theguardian.com/commentisfree/2012/nov/01/star-wars-disney-sell-out

ディズニーによるルーカスフィルム買収は、『スター・ウォーズ』の身売りを意味するのか？　複合企業に吸収されたところで、『スター〜』フランチャイズはその魂を維持できるのか？　これらの疑問が真剣に投げかけられているとは、嘘のような話だ。『スター〜』は最初から身売りしていた裏切り者だったし、かつ、このうんざりするくらい凡庸なフランチャイズに関して特筆すべき点も唯一そこだけだ。

『スター〜』の登場は、かつてのカウンターカルチャーが新たな主流に完全に吸収された合図だった。スティーヴン・スピルバーグのようにジョージ・ルーカスも、一九七〇年代の偉大なアメリカ映画のいくつかを制作した、マーティン・スコセッシやフランシス・フォード・コッポラといった監督たちの同僚だった。ルーカス本人の初期作品にはディストピア映画の変わり種、『THX 1138』(一九七一)もある。だが、彼のもっとも有名な映画は、主流アメリカ映画が今後ますます退屈なものになっていき、『ゴッドファーザー』三部作(一九七二〜九〇)や『タクシー・ドライバー』(一九七六)に匹敵する質を備えた映画が再び作られる図を想像できなくなる、そんな状況の接近を告げるものだった。

『地獄の黙示録』の音響／編集を担当したウォルター・マーチによれば、ルーカスは『地獄の〜』を作りたがっていたが、あまりに物議を醸す作品であると説得されたため、「物語の本質を外宇宙に据え、どこかの太古の銀河へ、遠い、はるか彼方にもっていくことにした」という。『スター～』は、ルーカスにとっての「『地獄の～』の変質ヴァージョンだった。反乱軍は北ヴェトナム軍に、帝国軍はアメリカ合衆国に当たった」。もちろん、この映画がイデオロギー面でロナルド・レーガンに搾取された頃までには、何もかも反転していた――「悪の帝国」ソ連に立ち向かう、勇気と元気に満ちた反乱軍がアメリカ合衆国になっていた。

映画そのものに関して言えば、『スター～』に取り立てて新しいところはない。『スター～』が開拓したのは一種の壮大かつ記念碑主義的なパスティーシュであり、それは均一なハリウッド超大作文化の基準になった――おそらくどの映画よりも、この文化の発明に大きな役目を果たしたのは『スター～』だった。理論家のフレドリック・ジェイムソンは、『スター～』をポストモダンなノスタルジア映画の一例に挙げている。彼によれば、それは「土曜の午後に放映される、『バック・ロジャーズ』型の連続活劇〔※一九二八年にはじまった人気SF小説&漫画シリーズ。五〇年代にテレビ化された〕」であり、若者は新鮮なもののごとく体験でき、一方で年配の観客も、若い頃に慣れ親しんだフォーマットを追体験する欲望を満たせる。『スター～』がそのフォーミュラに追加したのは、一定のスペクタクルだけだった――当時最先端だった特殊効果を駆使してのテクノロジーのスペクタクルはもちろん、映画そのものの大成功というスペクタクルもあり、それはこの映画体験の一部になった。

特殊効果の重要視がサイエンス・フィクションに大惨事をもたらした一方で、資本主義文化にとってそれは救いであり、『スター～』はその象徴になった。後期資本主義はもはや新たなアイディアをあまり多く生み出せないが、テクノロジー面でのアップグレードは安定して供給できる。だが、いずれにせよ、『スター～』は実は、サイエンス・フィクションのジャンルに属していなかった。J・G・バラードは同作を辛辣に「宇宙のホビットども」と呼んだし、『スター〜』がトールキンのマニ教二元論の茶番劇にうなずき返したところで、ピーター・ジャクソンの壮大に退屈で長ったらしい映画版『指輪物語』（二〇〇一〜〇三）への道が開くことになった。『スター〜』が実際に発明したもの、それは新種の商品だった。販売されたのは一本の映画ではなく丸々ひとつの世界、そこに（続編、前日談、小説、その他様々な関連作で）際限なく追加していくことが可能なフィクションのシステムだった。トールキンやH・P・ラヴクラフトといった作家が既にそのようなユニヴァースを考案していたとはいえ、新たに作り出されたひとつの世界を、大商業規模で、はじめて自覚的に商品化したのは『スター〜』フランチャイズだった。

映画作品は『スター〜』ユニヴァースへの入り口となり、その世界はすぐに、シリーズ作品そのものと同じくらい、それらを取り巻くマーチャンダイズ商法に定義されていった。関連玩具の成功には映画制作陣すら驚かされた。当時まだ小さな企業だったケナー社は、一九七六年末に『スター〜』のアクション・フィギュア製造権を獲得した。一九七七年夏に映画が公開される数ヶ月前のことだった。完全に予想外だった前代未聞の需要はたちまち供給を上回り、一九七七年のクリスマスになるまで、親も子供もおもちゃ屋でアクション・フィギュアを見つけることができないほどだった。こうした話もすべて、大ヒット作の関連マーチャン商法が軍隊並みの組織力でシンクロされ、一個中隊ぶんのキャンペーン広告とPRのハイプで増強される今となっては、かなりおっとり古風に思える。しかし、この類いの映画タイアップ商品超飽和の味を我々に最初に教えてくれたもの、それは『スター〜』現象だった。

これゆえ、『スター〜』はディズニーに魂を売り飛ばしたのか？　の問いはバカげている。セルアウトすることの本当の意味合いを、『スター〜』が我々に教えてくれたのだから。

ジリアン・ウェアリングの『Self Made』評

――『サイト・アンド・サウンド』、二〇一二年六月号

ビニール袋をぶら提げた、平凡な見た目の三十代男性がカメラに向かって歩いて来る。それはあなたかもしれないし、僕かもしれない。彼が移動していくのはコンビニや雑貨店の並ぶありふれた通りで、これまた、どこであってもおかしくない――イギリスに暮らす人間の大半は、一マイルも歩かないうちにこの手の通りに行き着くことだろう。それでも、どうも何かがおかしい。彼の表情は気もそぞろで、しかし何やら心配そうでもあり、一方、エレクトロニックなドローン音に叫び声が規則的に混じるBGMは徐々に募る不安の雰囲気を作り出す。突然、彼は道路の真ん中で立ち止まり、振り返り、ビニール袋を落とす。まるで彼のなかの何かが壊れてしまったかのように、まるで彼にはこれ以上耐えられないかのように……。

パワフルな幕開けだが、『Self Made』(二〇一〇)はその強烈さからすぐに引き下がる。我々は『Self～』が、ターナー賞受賞アーティストのジリアン・ウェアリングが打った広告からはじまった映画であると知る――「映画に出てみませんか? あなた自身を演じる、あるいは架空のキャラを演じる、どちらも可能。ジリアンにお電話ください」。申し込みが殺到したが、この実験に参加することになるのは七人だけだ。実験には、参加者の記憶と感情を探る「ミニ・ドラマ」を演じるための準備として、メソッド演技法の専門家サム・ランベロフによるトレーニングも含まれる。

たちまち、僕はいぶかしく思う。これらは本当にそうであるはずの人々、素人なのか？　やってくださいとランベロフが指示する実習には、パフォーマーではない人間だったらいくらか気後れしそうなものも含まれる。にもかかわらず参加者は、驚くくらい、臆せずそれらをやっているように思える。僕は自分の抱く疑念もいぶかしく思う。もしかしたらこれこそまさに、自分に期待されている反応なんじゃないか？　それに続き、一連の疑問が湧いてくる。パフォーマンスと日常生活を隔てる境界線は何なのか？　我々誰もが自分たちのアイデンティティを演じているわけで、となれば、役者ではない人間なんてものはそもそも存在するのか？

我々は例の、おなじみの（芸術）空間に、境界線――この場合は「フィクション」と「ドキュメンタリー」の間に引かれたそれ――がぼかされた空間にいる。この映画は上映時間のほとんどの間、アート図版カタログ向け言語の決まり文句の多くが心に掻き立てる、あのややブレヒトっぽい、大儀そうに疑問を発するモードに我々観る側を置く。そのモードは脱構築的で、不可解さを取り除くものだ（あるいは、そのシミュレーションか）。我々はミニ・ドラマの数々を眺めることになるが、それはドラマのためにおこなわれた下準備をすべて見せられた後での話だ。かつ、作品の後半では、撮影クルーがそれらのシーンを撮影している姿を映し出す場面転換も起きる。

ランベロフは、強烈に不快感を引き起こす、非常にキモい人物に思える――演技のコーチというよりセラピスト兼導師である彼は、恐ろしいくらい、クローネンバーグの『ザ・ブルード／怒りのメタファー』（一九七九）に登場する科学者兼セラピスト、ハル・ラグランを思い起こさせる。自らの患者に対し、感情面でのトラウマの数々を「最後まで徹底して体験しなさい」と勧め、致命的な結果を引き起こす、あのラグラン博士だ。たぶん、搾取は「メソッド演技」に不可欠な要素であり、『Self～』のポイントのひとつはそこを検証することなのかもしれない……そして、たぶんサム・ランベロフは、実にうっとうしい、メソッド演技の専門家「サム・ランベロフ」を演じているのだ……。

ウェアリングは過去に、ポール・ワトソンの一九七四年の密着ドキュメンタリー番組『The Family』にインスピレーションを受けたと語ったことがある。また、仲立ちされて判明した「意外な新事実」が提起する問題に取り組むという意味で、『Self〜』は明らかに、彼女の『Confess all on video. Don't worry, you will be in disguise. Intrigued? Call Gillian（ヴィデオに何もかも告白しよう。大丈夫、あなたは変装してしゃべるのでバレません。気になる？　ジリアンにお電話ください）』（一九九四）や『Family History』（二〇〇六）といった作品に続くものだ――ここでの問題はまさに、果たして我々は本当に「新事実」と向き合っているのか、それとも我々が目撃しているのは撮影プロセスそのもののもたらす効果なのか？　という点だ（これはジャン・ボードリヤールが抱いたのと同じ疑問で、シミュレーションに関する彼の古典的なエッセイのいくつかが、密着ドキュメンタリー現象に的を絞ったものであるのは偶然ではない）。たしかにウェアリングの作品は、二一世紀のリアリティ番組の厚かましさよりも、一九七〇年代にひとつにまとまり一九八〇年代まで続いていった、ドラマ、精神セラピー、社会実験の集合体の方ともっと共通項がある。『Self〜』を観ていて、ときたま僕は、今や忘れられかけた、八〇年代半ばのBBCの番組を思い出した。あれはたしか『Psychodrama』というタイトルだったはずだが、そこでも同じように、参加者はドラマのシナリオの構築を通じ、自らの人生に起きたトラウマ場面を掘り下げるよう促された。どうあれ、ランベロフが参加者の感情の「錠を開けて解き放つ」ために用いるテクニックには、あらゆる悪い意味で、ひどくポスト六〇年代的なところがある。ウェアリングの作品が検証する告白主義の精神にのっとって認めると、この手のものに僕が敵意を抱くのには、実は個人的な理由がある。八〇年代初期に僕が学生だった頃、僕たちは「社会および個人教育」なる授業を我慢して受けなくてはならなかった。授業の一部として、感情面で暴力的な実習をいくつかやらされた――たとえば「トラスト・ゲーム」などで、映画のなかでランベロフも、このゲームを参加者相手に試している。皮肉なことに、ああした実習は少なくとも、それが追い払ってくれるはずの悪い記憶と同じくらい不快で心を動揺させるものだった。しかも、以前の――もっと「抑圧型」な――感情管理制度の手先だった連中と同じくらい、こうした授業を教える教師たちも彼らなりに厳しく、こちらを圧迫してきた。ランベロフの稽古を特徴づけている言説を『Self～』も是認する、という雰囲気はまったくない。かつ、映画のなかでもっとも心をかき乱されるシーン――どちらも暴力が関わる――は少なくとも、心の奥深くにしまわれた感情に口をあけ外に流出させ、それを操ることは壊滅的な結果になり得る点を浮き彫りにする。ある場面で、ウェアリングは非常に緊迫した効果を生むモンタージュを目立つ形で用い、そうすることで自然発生的なヴェリテ（真実）の感覚――幻想――を打ち壊してみせる。参加者のジェームズが、電車に乗っていたときに起きた場面を再現／想像し直している。若かった頃の彼をいじめ、いたぶった連中のひとりに彼は立ち向かう。ほぼ一瞬にして、彼は激怒の暴風雨で頭がいっぱいになったかのように見える。他の（プロではない）演者を殴りつけようと彼は拳を振り上げ、一瞬、全力を込めて相手の頭を強打したかのように思える。すると我々は、ダミー人形を叩きのめしているジェームズの姿へとウェアリングがカットしたのに気づき、我々の感じた戦慄はやはり軽減しないものの、一抹の安堵と共にその様を見守ることになる。映画のクライマックス場面は、それより更にショッキングだ。ここで我々は、『Self～』のオープニング・ショットに戻らされる。この時点までに、通りを歩いている男性の名前がアッシュであると我々も知っている。だが、このときは、何をしようとして彼が振り返ったかを我々も目にする。妊婦の腹を蹴るためだ。たとえ、これは幻想であると我々も承知している――何せ、我々はこの筋書きが構築されていく様を観てきたのだから――としても、それでもなお、このイメージ自体があまりに、吐き気を催すほど掟破りなものだけに、どれだけの異化効果をもってしてもそれが放つパワーを消し去ることはできない。

バットマンの政治的な右派転向

——『ガーディアン』(22 July 2012)、https://www.theguardian.com/commentisfree/2012/jul/22/batman-political-right-turn

「こうしたすべてが、いつまで続くと思ってるの?」。『ダークナイト ライジング』(二〇一二)の絢爛豪華なチャリティ舞踏会の最中に、セリーナ・カイル(アン・ハサウェイ)はクリスチャン・ベール演じるブルース・ウェインにそう問う。「嵐が来るわよ」。先週金曜デンヴァーで起きた悲惨な虐殺事件【註1】に伴い、まったく思いがけない類いの嵐がこの映画にのしかかった。しかし、保守派ラジオ番組ホストであるラッシュ・リンボーが、バットマンの今回の敵ベインは、ミット・ロムニー共和党大統領候補と彼がかつて所有していたベイン・キャピタル社を参照していると発言したことで、この映画はアメリカ合衆国内では既に政治論争に巻き込まれてきた。

だが、それと共にリンボーは、ロムニーにもっとも近いのはベインではなく億万長者ブルース・ウェインの方であり、対してベインのレトリックは「ウォール街を占拠せよ」運動に同意するもののように思える、とも指摘している。右派コメンテーターのジョン・ノルテは、この映画によって「ウォール街~」運動は「ダメージ・コントロール」する側に回らざるを得なくなったとし、「芸術面で破綻したハリウッド映画の大半がもはや近寄るのを避ける、保守派のテーマを用いた」と、クリストファー・ノーラン監督を賞賛している【註2】。同じく右派の映画評論家クリスチャン・トトは、この作品はアンチ「ウォール街〜」運動論と解釈する以外にないと主張し、「ベインの子分は文字通りウォール街に攻撃を仕掛け、情け容赦なく富裕層を叩き、善きゴッサム市民に対し『明日こそ、君たちは当然手にすべきものを手に入れる』と約束する」と述べる。

こうした解釈は、「ウォール街〜」運動の反資本主義とベインと彼の追従者が用いる無差別暴力とをまことしやかに混同するものだ。

ノーランが二〇〇五年に『バットマン』フランチャイズを復活させた時点で、その設定——経済不況のただ中にあるゴッサム——は、このスーパーヒーローの起源である一九三〇年代に対する時代錯誤的な参照に思えた。二〇〇八年公開の第二作『ダークナイト』は、世界金融危機のインパクトを記すには早過ぎた。だが、『〜ライジング』は明らかに、ポスト二〇〇八年状況に対応しようとしている。右派勢が望むような単純な保守派の寓話ではないが、それでもとどのつまり、そのヴィジョンは反動的だ。

ハサウェイのキャラクターが予言する「嵐」は富裕層が報いを受ける日のことであり、この映画がノルテやトトの求めるような保守的価値観のストレートな祝福に陥るのを妨げているのは、映画がリッチな連中に対する攻撃を味わい、楽しんでいる点だ。「あなたとあなたのお友達は、窓に木材を打ちつけて防護を固めた方が身のためよ」とカイルは言葉を続け、「だっていったん嵐に襲われたら、あなたたちみんな、自分たちはなんでこんなに羽振りを利かせて贅沢し、他の連中にはこれっぽっちも残さなくていいなんて考えてしまったんだろう、そう思うはずだから」と締めくくる。映画の前半に登場する証券取引所の場面で、人を食いものにする仲買人たちをベインが手荒に懲らしめる姿を観て、我々は快感をおぼえる。その後で、ウェインがカイルに対し、自分は破産したとされているが、自宅はちゃんと手元に残してあると説明すると、カイルは辛辣に「金持ちってのは、文無しになるときでも、あたしたちみたいに落ちぶれないのね」と批評する。

ハリウッドにおける反資本主義は今にはじまったことではない。『ウォーリー』から『アバター』まで、大企業はお約束のごとく邪悪な存在として描写されてきた。大企業が出資した映画が大企業を弾劾する、というその矛盾は、資本主義が難なく吸収してしまうばかりか、その上にのさばらずにいられないアイロニーだ。だが、この反資本主義思想は一定の制限内でしか存在を許されない。『〜ライジング』は明確に線を引く——(カイルの発する類いの)反資本主義コメントは問題なしだが、富裕層に対するいかなる直接行動、もしくは資産再配分を指向する革命的動向は、ディストピアな悪夢を招くことになる。

ベインはゴッサムを「人々」の手に取り返し、この都市を「抑圧者たち」から解放すると語る。しかし映画のなかで、人々にはなんの主体性もない。ゴッサムに風土病のように根付いた貧困とホームレス状況にもかかわらず、ベインがやって来るまで、資本に対する組織的アクションは一切起きない。『〜ライジング』の結末で、バットマンは自らの名声を犠牲にして都市を救う〔※ゴッサムを救うためにバットマンが汚名をかぶるのは『ダークナイト』の結末。『〜ライジング』のエンディングでは、バットマンの自己犠牲はゴッサム市民に英雄視され彼は名誉を挽回する〕。ゆえにこの映画を、金融危機後に自分たちの地位を建て直そうとする、エリート層の試みの寓話と解釈したくもなる——あるいは少なくとも、リッチな連中のなかにも善人はいるし、相応に謙虚な思いを味わわされれば、彼らにも資本主義をその最悪な行き過ぎから救うことができる、との概念を守るものとして。

ノーランの『バットマン』映画シリーズを支えてきた幻想——それはたしかに、ロムニーのそれときまり悪く一致している——は、金融資本の行き過ぎは、慈善活動と人知れず振るわれる暴力とシンボリズムとを組み合わせることで抑制可能である、というものだ。『ダークナイト』は少なくとも、保守勢が我々に信じ込ませようとしている絵空事の数々を維持するためには欺瞞と暴力が必要である点を暴露していた。だがこの新作は、資本に対抗する集団アクションを悪者扱いする一方で、懲らしめられ、しおらしくなった富裕層にあなたたちの希望と信念を託してください、と我々に求めている。

【註1】二〇一二年七月二十日にコロラド州オーロラで開催された『〜ライジング』の深夜プレミア試写中に大量射殺事件が起きた。犯人ジェームズ・イーガン・ホームズの犠牲者は死者十二名、負傷者五十八名にのぼった。

【註2】ジョン・ノルテ、「Occupy Wall Street in Damage Control Mode Over Dark Knight Rises」、〈Breitbart〉(19 July 2012), http://www.breitbart.com/ big-hollywood/2012/07/19/occupy-damage-control-dark-kinght/

敵は誰かを思い出せ

——k-punk, (25 November 2013), http://k-punk.org/remember-who-the-enemy-is/

『ハンガー・ゲーム2』（二〇一三）にはどこかあまりに、不気味なくらいタイムリーなところがあり、動揺しそうになるくらいだ。イギリスではここ何週間か、支配的な現実システムが激震し、事態が崩壊しはじめたという感覚を肌で感じる状況が続いてきた。甘くも気の滅入る眠りからの目覚めが起きており、『2』はそこと波長が合っているだけに留まらず、それを増幅させている。商品の中心で起こる爆発？　イエス。そして、火は更なる火を招く……。

僕は「せん妄（delirium）」という言葉を使い過ぎだが、それでも先週『2』を観たのは正真正銘、せん妄を引き起こされる経験だった。一度ならず、自分はどうしてこれを観ていられるんだろう？　こんなことが許されるなんて嘘じゃないか？　と思った。原作者スーザン・コリンズの果たした功績のひとつは、後・後期資本主義の下で我々が満喫する「自由の数々」の貧困さ、偏狭さ、退廃ぶりを暴いたところだ。攻略のモードは快楽追求型の保守主義だ。あなたは何についてもコメントでき（ツィートがテレビで読み上げられることだってある）、ポルノも好きなだけ見放題だが、あなたが自らの人生をコントロールする能力は最低限に抑えられている。資本は我々の仕事ばかりか我々の快楽と夢のなかにまで、至るところに巧みに自らを入り込ませている。あなたはまずメディアの繰り広げるサーカスの数々に釘付けにさせられ、だが、サーカス作戦が功を奏しないと分かると、彼らはストームトルーパーの警官隊を送り込んでくる。警官たちが発砲しはじめる直前で、テレビ中継はカットされる。

　イデオロギーとはひとまとまりのアイディアである以上に物語であり、資本主義リアリズムに対する反撃としか言いようのないストーリーを生み出したスーザン・コリンズは、大いなる賞賛に値する。後期資本主義の攻略の、二一世紀における分析の多く――『ザ・ワイヤー』（二〇〇二～〇八）や『官僚天国！～今日もツジツマ合わせマス～（The Thick of It）』（二〇〇五～一二）、そして『資本主義リアリズム』自体――は、システムによる完全封鎖というこちらを麻痺させる感覚しか生み出さない悪しき内在、資本主義リアリズムについてのリアリズムを提示してしまう危険性がある。コリンズは我々に出口、そして共感を寄せられる／自己同一化できる人物を与えてくれる――革命家の女戦士、カットニスだ。

　食料のために子供を売れ。

　ミトス（神話／伝説）が成功する規模は、その重要性に不可欠な要素だ。「ヤングアダルト小説のディストピア」は、二〇〇八年以後あてどなくさまよい、売り飛ばされてきた世代にとって、文芸ジャンルのひとつというよりも生き様だ。資本――今や、新自由主義ではなく虚無自由主義（nihiliberal）な支配様式を用いている――は、若者に借金と雇用不安の重石を課す以外になんの解決法ももたない。新自由主義が提示したバラ色の約束は消滅したが、資本主義リアリズムは続く。申し訳ないが、これ以外に道はない。我々は手に入れたが、あいにく君たちにそれは無理だし、とにかく物事はそういうことになっている、分かったかい？　コリンズの小説の主な読者層は十代女性であり、彼女たちに寄宿学校を舞台にしたファンタジーだの吸血鬼ロマンスだのをもっと供給する代わりに、コリンズは――静かに、しかし誰からも見える形で堂々と――革命家になるよう彼女たちをトレーニングしてきた。

おそらく『ハンガー・ゲーム』（小説シリーズ三部作は二〇〇八〜一〇年刊行）でもっとも注目すべき点は、革命は必要である、との前提をあっさり立てているところだ。問題は兵站面であって倫理面ではなく、かつ、争点はいかにして、いつ革命を起こし得るかであって、果たして革命はそもそも起きるべきか云々ではない。敵は誰かを思い出せ——メッセージが、大きな呼びかけが、倫理上の要求が、スクリーンを通して我々に召集せよと訴えてくる……階級意識を通じてしか構築し得ない集団性への訴えが……（そして、コリンズが達成してきたことは、階級、ジェンダー、人種、宗主国権力がいかに協働しているかの複合的な分析と解読とまではいかないにせよ——彼女はそれを、「吸血鬼の城」の敬虔ぶった学究的なトーンではなく、大衆文化の神話表現の中核でやっている——、更なる思考と罪悪感を求めるリビドーを萎えさせる要求としてではなく、新たな集団性を構築しようという煽動のかけ声として機能する）〔※「吸血鬼の城」については、『k-punk』原書第六章所収のエッセイ「Exiting the Vampire Castle」を参照〕。

『2』には、僕が長いこと、どの文化生産物のなかにも見たことのなかった、パンクな内在がある——それは伝染力のある自己再帰性であり、映画からしみ出し、映画を囲む商品文化の枠組みを浸食する。映画の宣伝広告は映画のなかに属するもののように思えるし、それは空虚な自己参照ではなく、支配的な社会現実を解読する効果を備えている。資本の仕掛けるサイバーなプロモーション作戦の退屈な光沢が、突如として脱自然化される。この映画がスクリーンを経由して我々に呼びかけているとしたら、我々もまた、越境してその世界に入り込む。そしてなかに入ってみると、気を散らされる景観の一部が取り除かれたおかげでもっとはっきり見えるようになったその世界は、我々の世界であると判明する。はい、どうぞ——新ローマ帝国型サイバーゴシックの野蛮性が存在し、富裕層はけばけばしい化粧とコスチュームで着飾り、貧民は苛酷な労働に従事する。彼らを富裕支配層キャピトルのプロパガンダ・フィードに常時接続させておくために、貧民にはわずかなハイテクしか与えられない。社会管理の形態としてのリアリティ番組——気晴らしのひとつであり、人々を服従させるそのスペクタクルは、競争を自然な状態に変え、支配階級のお楽しみのために死ぬまで闘うことを被従属階級に強制する。思い当たるふしはないか？

だが、コリンズのヴィジョンの洗練と適切性の一部は、マスメディアの果たす両義的な役割の理解にある。カットニスがトーテムであるのは、彼女がキャピトルに直接行動を仕掛けるからではなく——このような状況下で、どんな形でそれをやれるというのか？——、彼女がメディア内に占める位置ゆえに、彼女はさもなくば細分化したままの国民をつなぐ手段として機能できるからだ。彼女の役目は象徴的なものだが、しかし——攻略のシステムはそもそもそれ自体が象徴的なわけで——彼女を実に素晴らしい触媒にしているのも、この点だ。燃える女の子……そして火は、火を広げていく……彼女の放つ矢は究極的に、その誰もが入れ替え可能である個々の人間相手ではなく、リアリティのシステムを狙わなければならない。

コリンズの世界から資本主義サイバースペースを取り除いたことで、「ウェブ２・０」の注意力を散漫にさせるメカニズム（そこへの参加はスペクタクルの解毒剤にならず、浸透性の高い、完全なものへとスペクタクルを拡張させる）は一掃されている。それによってテレビ、というかもっとふさわしい言葉を使えばアレックス・ウィリアムスが「世界的なタブロイド新聞」と呼ぶものはいかに、リアリティと看做されるものの生産にいまだ有効であるかが示される（「ウェブ２・０」について盛んに叫ばれる水平・平等主義レトリックの割に、一般に、ツィッターでトレンド・トピックになるのは何か考えてみればいい——テレビ番組だ）。「世界的なタブロイド新聞」のなかでは、我々全員にヒーローもしくは悪役の役目――あるいは、我々はいかにヒーローから悪役へ転じたかの物語かもしれない――が用意されている。キャピトルのメディア――権威主義的パワーに備わった「飴と鞭」の本質をプルターク・ヘヴンズビーが事務的に描写する場面には、こちらを萎縮させる、痛烈な正確さがある。「鞭打ちをもっと足しましょう。彼女の結婚式はどんなものになるでしょうねぇ、死刑に、ウェディング・ケーキに……」

アンエンプロイド・ネガティヴィティは、映画一作目についてブログでこのように書いていた――

ゲーム参加者は互いに殺し合うだけでは不十分で、それをやりつつ彼らは人心をつかんで放さないペルソナと物語も提供しなくてはならない。そうすることで彼らの勝率が有利になるのは保証され、彼らの勝利に賭ける面々から支援の差し入れを受けられる。アリーナに入場する前に、彼らはメイクオーバーを施され、『アメリカン・アイドル』の出場者のようにインタヴューを受ける。視聴者の応援を勝ち取ることは、生きるか死ぬかの問題だ【註1】。

これゆえに、「贄（いけにえ）」〔※作品内でのゲーム出場者の呼び名〕たちは、リアリティ番組が定義した生身の操り人形としての自らの役割を貫き続ける。他の唯一の選択肢は死だ。

だが、もしもあなたが死を選んだとしたら？　シリーズ一作目の核心部がここで、それについて書こうとしたとき、僕はビフォに頼った【註2】。「自殺は我々の時代の断固たる政治行為である」【註3】。我々は心中する、とのカットニスとピータの脅しは、『ハンガー～』において唯一可能な不服従の行為だ。かつ、これは不服従であって、抵抗ではない。「管理」社会のもっとも鋭い分析家として、バロウズとフーコーはどちらも、抵抗は権力に対する挑戦ではないと認識していた――それは逆に、権力が必要とするものだ。それに対する抗力がない限り、権力もあり得ない。支配される生命体なしには、権力も存在できない。我々を殺せば、彼らはこれ以上我々を被服従者と看做せなくなる。メソメソすすり泣く状態にまでおとしめられた、とある存在――これが権力のやれる限界だ。それを越えると死が待っている。したがって、死者のように行動するときだけ、その人間は自由になれる。革命家へと変わるためにカットニスが踏み出した決定的な一歩がこれであり、死を選ぶことにより、彼女は自らの生を奪還する――あるいは、もはや奴隷―従属者としてではなく、自由な個人として生きる人生の可能性を取り返す。

こうしたすべてにまつわる感情的次元の数々は、決して付属的なものではない。なぜならコリンズ――そして映画版も、ほとんどの面で彼女の小説を非常に忠実になぞっている――は、「管理」社会がいかに情緒への寄生と感情の拘束を通じて機能するかを理解しているからだ。カットニスは妹を救うためにハンガー・ゲームに出場し、家族の安全への懸念が彼女に無茶を思いとどまらせている。小説および映画版を実に力強いものにしている要因のひとつは、それがリアリティ番組やお涙頂戴の広告や連ドラが押しつけてくる、同意済みのセンチで情緒的な統治を越えていく様だ。カットニス役のジェニファー・ローレンスの演技の素晴らしさの一部は、激怒、恐怖、厳しい覚悟と、様々なフィーリング――彼女個人のものとして私有化されたそれではなく、政治的なトーンを備えたそれ――に触れることのできる、役者としての彼女の才能にある。

パーソナルがポリティカルであるのは、パーソナルは存在しないからだ。撤退し引きこもれる、私的な領域は存在しない。

カットニスとピータに対し、ヘイミッチは、ふたりは今後絶対に電車から下りられないだろうと告げる——すなわち、両者が演じることを義務づけられたリアリティ番組内の役目は死ぬまで続くという意味だ。すべてはお芝居に過ぎないが、舞台を離れた私生活はない。どの森に逃げ込んでも、キャピトルは必ずや追いつく。脱出しようものなら、あなたの家族が危険にさらされる。

一時的自律ゾーンを彼らはことごとくシャットダウンする。時間の問題に過ぎない。誰もがカットニスになろうとするし、それを望まないのはカットニス自身だけだ。私の弓を、燃える黄金の弓を私にもってきて。

彼女にできる唯一のこと——その時機が訪れたときに——は、リアリティのシステムに狙いを定めることだけだ。

するとあなたは、人工の空が落ちてくるのを目にする。

そこであなたは目を覚ます。

そして。

これこそ革命だ……。

【註1】アンエンプロイド・ネガティヴィティ、「Primer for the Post-Apocalypse: The Hunger Games Trilogy」(5 September 2011), http://www.unemployednegativity.com/2011/09/primer-for-post-apocalypse-hunger-game.html?spref=fb

【註2】マーク・フィッシャーの「Precarious Dystopias: The Hunger Games, In Time, and Never Let Me Go」、『フィルム・クォータリー』（第六十五巻第四号／二〇一二年夏号）を参照。

【註3】フランコ・〝ビフォ〟・ベラルディ、『プレカリアートの詩――記号資本主義の精神病理学』（二〇〇九）

善悪の彼岸：『ブレイキング・バッド』

――『ニュー・ヒューマニスト』、（18 December 2013）

テレビがあれば、宗教は必要ないんじゃないだろうか？　実生活と違い、連ドラの悪役はまず間違いなく当然の報いを受ける。テレビに登場する今どきの警官たちは、「複雑な」私生活を送る、個人として胡散臭い倫理観の持ち主であるのを求められることもあるかもしれない。それでも、善と悪との違い、そして一匹狼の警官が最終的には境界線のどちら側に落ち着くかについて、我々が真剣に疑うことはめったにない。正義は保証されている、との幻想――宗教的な幻想――の執拗さに、モダニティの偉大な思想家たちは驚かないだろう。スピノザ、カント、ニーチェ、マルクスといった理論家は、無神論の実践は極めて難しいと主張した。神の存在を自分は信じない、と言明するのはまことに結構な話だが、神の意思や神聖なる正義、善と悪の間に引かれた揺るぎない境界線をつい想定してしまう思考回路のクセを放棄することは、それよりはるかに厄介だ。

今秋最終話が放映され完結した、国際的なヒット作であるアメリカ産テレビ・シリーズ『ブレイキング・バッド』（二〇〇八〜一三）は、この袋小路から抜け出している。だが、我々はここで気をつけなくてはならない――このシリーズは、下層中産階級のごく普通の男がいかにして邪悪な人間になったか、のお話として理解されてきた（作品タイトルがこの解釈を招いている）。設定はシンプルだ。ニュー・メキシコで暮らす高校化学教師ウォルター・ホワイト（ブライアン・クランストンが演じる）が、肺がんと診断される。医療費をまかなえないウォルトは、自らの化学専門知識を活かしてメタンフェタミン／クリスタル・メス（通称メス）を製造することにし、無責任で軽率な元学生：ジェシーの助けを借りる。シリーズが進行するにしたがい、人を殺めるのは正しいか否かの苦悶の選択を下すところから、冷酷な犯罪のボスと化すに至るまで、ウォルトは変化していく。にもかかわらず、このお話はそれがすべてではないし、ウォルトが邪悪な人間になっていく物語としてこのシリーズを読み取ると、本シリーズのもっとも深く考えさせられる面に抵抗することになる。

本シリーズのアメリカ国外での成功は、愉快なパロディのきっかけになった。『ブレイキング～』がイギリスやカナダに設定された図を想像してみよう。オープニング場面。医師がウォルトに肺がんを宣告する——治療は来週からスタートします。シリーズ、これにて終了〔※イギリスの場合、NHS＝国民健康保険サーヴィスがあるので理論的には患者はすぐ医療を受けられる。したがって、治療費を稼ぐためにウォルトが犯罪に手を染める必要もなくなり、ドラマ自体が成立しない。対して、アメリカには全国民が利用できる公的医療保険制度がないため、現役世代患者は民間保健医療に頼る。ゆえに医療費負担が高額になる〕。これが指し示すのは、ドラマにとっての肝要な対立——物質的な肉体の脆弱さVS社会関係が作り出す不安定さの図式だ。発展の度合いを測る目安のひとつに、自然が肉体に与える不可避な苦痛を人間はどれだけ食い止められるようになったか、がある。この意味で『ブレイキング～』を、ケン・ローチが先ごろ発表した、第二次大戦後にイギリスが築いた福祉国家／国民健康保険サーヴィスの基盤を描いたドキュメンタリー映画『１９４５年の精神』（二〇一三）と比較することもできる。ローチが喚起する今や打ち壊された労働者階級の進歩主義は、『ブレイキング～』に出現する非情な無法の新世界を痛々しく浮き彫りにする。ウォルトがあれほど多くの「悪事」を働くのは、彼がプロテスタントの勤労倫理が定義するところの「良き」夫であり続けようとするからだ。シリーズの辛辣なユーモアの多くは、この労働のイデオロギー——手段を問わず、自力で

「自分の」金を稼ぐ方が、他人にたかったり彼らの援助を求めるよりはましである――を、ウォルトがあらゆる類いの極限に足を踏み入れてまで、とことん追求する姿を眺めるところから発している。

最終話でウォルトは、自分のドラッグ帝国を築きたいという欲望は強烈にリビドー的な満足感をもたらし、そもそも彼をメス製造に駆り立てた表向きの目的――彼の死後も家族が困らないよう大金を遺す――からはとっくの昔に自律し、ひとり歩きする欲望になっていた、と認めざるを得なくなる。しかしウォルトはシリーズのほとんどにわたり、自分がこれだけのドラッグ製造、殺人、隠蔽工作、人を震え上がらせる行為をおこなうのは、すべて家族のためである、という発想にしがみついている。皮肉なことに、彼の家族にどうしても乗り越えられそうにないのは、結果的にウォルトが追求していった一連の行動だ。一家はおそらく、貧窮と借金は生き残れる。生身の人間としてのウォルトが世を去っても、その喪失をなんとか克服するだろう。しかし彼らは、普通の父親としてのウォルト像、人生にさんざん叩きのめされ、ポテンシャルを活かし切れないままだったかもしれないが、それでも「正しいことをやる」人間としての彼を失うことは乗り越えられない。まるで、家族を救おうとする試み、まさにそれによって、ウォルトは家族を破壊してしまったかのようだ。

シリーズ全篇を通じ、おそらくもっとも複雑でパワフルなキャラクターはアナ・ガンが演じるウォルトの妻、スカイラーだ。スカイラーを演じた結果、『ブレイキング~』ファンの一部からオンライン上で女性嫌悪のそしりを受けた、とガンは書いている。『ニューヨーク・タイムズ』に寄稿した文章で、彼女はあのキャラクターがいかに「多くの人々にとって、強く、従順ではない、ひどい扱いを受けてきた女性たちに対する感情の発火点になった」らしかったかを描写した。これはとりわけげんなりさせられる話で、なぜならスカイラーは微妙な色合いを備えたキャラクターであり、問題が起きたら即座にウォルトを拒絶するような単純な人間ではないからだ。

ウォルトの繰り広げる犯罪アドヴェンチャーを嘆き悲しんではいるものの、彼女がウォルトにきっぱり見切りをつけるのは最終シリーズの最後、ウォルトの行動がスカイラーの家族に破滅をもたらしたのが歴然としたときだけだ。そこに至るまで、彼女はあり得ないくらい、しかしヒロイックに、妻、母親、責任ある市民としての自らの役割と葛藤してきた。我々は結末で、彼女はトラウマを負ったが、壊れてはいないと感じる――彼女の人生にウォルトが持ち込んだ恐怖から、いずれ脱出してみせる女性として。かつ、そのプライド、尊大、自暴自棄ゆえに彼女と彼女のふたりの子供の人生を死の危険にさらすことになった、そんな夫に対してまだいくばくかの愛情を抱き続けることのできる、驚くべき女性として。

となれば、家族内の政治と、それが自分の金は自分で稼ぎ自活する、のアメリカ型イデオロギーとどう結びついているかが『ブレイキング～』の重要な心臓部だということになる。「オジマンディアス」の回――僕がこれまでテレビで観てきたなかで、おそらくもっとも強烈で、痛ましく、と同時にたまに大笑いさせられるエピソードのひとつ――で、スカイラーは遂にウォルトと完全に縁を切る。ふたりの息子であるウォルト・ジュニアは、ウォルトがメス製造者であるのを知ったばかりだ。完膚なきまでのめまい、恐怖が襲う。ジュニアの全世界は一瞬にして消滅する。彼はその話を信じようとせず、スカイラーとウォルトに怒りをぶつける。何がどうなっているか理解できない、そんな彼の目にはもっとも深い痛み、混乱、ショックが浮かぶ。スカイラーは肉切りナイフをつかむ――『シャイニング』のウェンディ・トランスの行動が残響する――が、ウェンディとは違い、スカイラーの立ち姿はたくましい。背が高く、力強く、もう萎縮していない、恐れていない彼女は、自分とジュニアを守るために何をしなくてはならないか突然悟る。彼女はウォルトを無理矢理家から追い出す。だがその前に、スカイラーとウォルトは床の上で取っ組み合った。ウォルトは身をよじって彼女を引き離し、立ち上がり――笑わせてくれる、しかし不様に情けない様で——父権的権威を主張し、家族の団結に訴えようとする。「やめろ！　俺たち——は——家族——なんだぞ！」

こうしたシーンは、『ブレイキング〜』がなぜうっとりするくらい強力だったのか、その核心をずばり突いている。ここですら、我々にはスカイラーがまだウォルトを愛しているのが分かる——彼女がすっかりだまされているからではなく、たとえウォルトが「怪物」になってしまったとしても、それが彼のすべてではないことを彼女は察しているからだ。ある意味、彼はまだスカイラーとジュニアを愛している。そして最終話の、スカイラーに最後の別れを告げるためにウォルトが家に戻ってくる場面、まだ赤ちゃんである娘を最後に抱きしめる場面、もう二度と言葉を交わすことはないと承知で、遠くからジュニアをそっと見守る場面は、胸が張り裂けんばかりに悲しい。

善悪を越えるという話をするとき、我々は大抵善を越えることについて語るものだ、と指摘したのはラカンだったと思う。現代の世界はアンチ・ヒーローに魅了されており、ダークな面をもつ人々や芝居がかった狂気、ハンニバル・レクターの「邪悪」に夢中だ。しかしその同じ世界は、「善」と「悪」とは宇宙に書き込まれた何かではなく、我々の欲望と利害に関連して我々自身の内部にしか存在しないものであるという、真の意味での無神論的——実存主義な暴露には少々手を焼く。連ドラに展開するメロドラマは、「悪」とは自発的な選択だと我々に信じさせ続ける——人々が悪事を働くのは、彼らが邪悪な人間だからである、と。しかし『ブレイキング〜』には、そうした意味での邪悪さはどこにも存在しない。

たしかに、この作品に「悪いこと」をやる人間——すなわち、直接的あるいは間接的に他者を傷つける、もしくは殺すことになると承知の上でその行動に出る人々——はいくらでも出てくるが、彼らがそうするのは彼らが邪悪だからではない。シーズン1でウォルトとジェシーがもめる、麻薬密売の下級元締めトゥコが常軌を逸した乱暴な男なのは、彼が犯罪一家に生まれ落ちた、自らもメス中毒の人間だからだ。シーズン2から登場する如才のない麻薬王ガス・フリングは、超実利主義のビジネスマンだ――実際、あまりに実利を重んじるがゆえに、表向きは小さなファストフード・チェーンの謙虚な経営者を装う彼は、実生活でもその仮の姿を貫き通しているらしい。彼は無慈悲に殺人を犯すが、それは目的にかなうときだけだ。シリーズ終盤で首に鉤十字のタトゥーを彫ったヒルビリーのギャング団が敵役として登場するが、本作の脚本は、彼らのなかでももっとも忌み嫌うべき連中のことすら、我々に純粋な「悪」として片付けさせてはくれない。なぜならそんな彼らにも、憐れみを抱くことや親切なおこないはできるからだ。

そして、ウォルト当人だ。このシリーズの反体制的な功績のひとつに、とあるキャラクターへの我々の同情の仕方と自己同一化ぶりが、ジャンル的要請とより広い意味での社会の階級構造によって作り出された、構造的な効果であるところに注意を引きつけた点がある。はじめのうち我々がウォルトに同情するのは、部分的には、彼が人気テレビ・シリーズに登場してきた様々なダメ親父――たとえば、ブライアン・クランストン自身が『天才少年 マルコム奮闘記』(二〇〇〇～〇六)で演じた父親など――を思い出させるからだ。かつ、下層中産階級の「働き者」で、家族を愛する男に共感することをメディアは絶えず我々に求めてくるから、というのもある。だが『ブレイキング～』は、「善人」で「平凡」な男と非情な犯罪者、そのふたつを隔てる差はごく薄っぺらなものであるのを明かしてみせる。やれやれ、社会保障制度と国民健康保険サーヴィスのご加護があるんだから、我々は本当に運が良い。

階級の消えたテレビ放送：『Benefits Street』

──『ニュー・ヒューマニスト』、(17 February 2014)

チャンネル4の『Benefits Street（福祉手当の通り）』（二〇一四年一～二月に放映）〔※二〇一五年に第二シリーズも放映された〕がこれほど怒りを買っているのはなぜなのか、どうもよく分からない。失業中の人間と失業手当を受ける者を扱った数多くの番組のなかでも、もっとも目に見えて搾取的な内容ではなかった。にもかかわらず、バーミンガムにあるジェームズ・ターナー・ストリートの住人たちを追ったこのドキュメンタリー・シリーズの何かが、人々のかんに障った。それは右派によってたちまちイデオロギー面で有効活用され、既存の「福祉国家改革が必要である」のお話にピタリとはめ込まれた。『デイリー・メール』の保守コラムニスト、リチャード・リトルジョンは、彼の恐怖症混じりのせん妄の世界にシリーズの出演者数人を早速組み入れた。だが、左派陣営の多くにとっては、事態はいつもと変わらなかった。『チャヴ　弱者を敵視する社会』（二〇一一）の著者オーウェン・ジョーンズはこの番組を、またもや労働者階級を悪者扱いする一例であるとした。ベン・ウォルターズは、自身のブログ〈ノット・テレヴィジョン〉でこれはサッチャー主義ドキュメンタリーであると述べ、映画作家キャサリン・ラウンドは〈ハフィントン・ポスト〉に寄せた文章で、「声なき人々を足蹴にする」ためにドキュメンタリーが利用された、気の滅入る例だと書いている。

内容という意味では、『Benefits ～』は反動的一色ではない。これは生活保護云々ではなく「コミュニティ」

を描いた番組である、とのどこか遠回しな制作者側の主張も、完全に嘘とは言い切れない。第一話――万引き他の犯罪行為を詳述するセンセーショナルな内容――ですら、この通りに暮らす貧しい者たちの間に流れる仲間意識と団結ぶりにいくらか重点を置いていた。職探しに必死なルーマニア人に焦点を当てた第二話は、苦境に立たされた移民に対して同情的な内容だったのは間違いない。もしかしたらあれで、東欧移民が「我々の職と福祉手当を盗みにやって来る」という、現メディアで優勢を占めるストーリーに異議を唱えすらしたかもしれない。そして、第三話と四話までにセンセーショナルな面はあらかた消え、番組の焦点は生活保護に頼る生活、その不活発さと徹底的に狭められた世界にシフトする。これをほんのちょっと味わうだけでも、生活保護を受けて生きるのは楽だと考える連中の誤解を解くのに充分なはずだ――が、この「福祉暮らしは楽」という確信は執拗に繰り返されるメディア・プロパガンダに支えられているため、そう簡単に人々が手放すことはなさそうだ。

それでも、『Benefits ~』がドキュメンタリー制作における不誠実なトレンドの一角を担っているのに疑問の余地はない。昨年、学術誌『ソシオロジカル・イマジネーション』に寄せた文章のなかで、トレイシー・ジェンセンは「貧困ポルノ番組の夏」が来るだろうと予測し、例として『How To Get A Council House(公営住宅を手に入れるハウツー)』、『Why Don't You Speak English?(英語でしゃべったらどうだ?)』、『Benefits Britain 1949(一九四九年の英生活保護制度を疑似体験)』(いずれもチャンネル4)、『We All Pay Your Benefits(我々みんながお前の手当を負担している)』(BBC1)といった番組を挙げた。『We All ~』に関してジェンセンは、生活保護給付金請求者に対する同情の念もたまに顔を出すものの、「この番組のイデオロギー面でのメッセージは明快で、それは――価値は賃金仕事から生じるものであり、育児やヴォランティア行為にそれは認められない。失業は意志あるいは決意の問題であり、構造的な障害の問題ではない。社会保障そのものが、福祉依存の『問題』を生み出している――になる」と論じた【註1】。

究極的には『Benefits〜』も、さもなくばネガティヴな類型の粗雑な複製に陥ってしまうものに風味を加えるべく、時たま挿入される貧民と失業者への同情を利用するという、これと同じ方程式が当てはまる番組だった。そして、何度も繰り返されてきた、被写体の搾取問題もある。一部の人間――ジェームズ・ターナー・ストリートの住人自体も含む――は、プロデューサーはこの番組の内容が実際はどういうものになるかを不正確に伝えたとして、番組に異議を申し立てた。たとえば住人たちは、シリーズにこれほど挑発的で底意に満ちたタイトルが付けられると聞かされていなかった（番組制作会社はこのタイトルはぎりぎりで決まったと主張したが、これはかなり疑わしい気がする）。

『Benefits〜』のような番組の奥深い問題は、内容以上にそのフォーマットに潜んでいる。学者のジョン・コーナーは十年前に、リアリティ番組は「ポスト・ドキュメンタリー」テレビなるジャンル、すなわちゲーム番組、メイクオーバー番組、その他各種娯楽番組フォーマットにドキュメンタリーの要素を融合させたものにつながっていった、と論じた【註2】。そして我々は現在、「ポスト・リアリティ番組ドキュメンタリー」という、過去よりはるかに悪質なジャンルの時代に入っている。リアリティ番組をすっかり真に受けているヴューワーですら、その構築性に気づかずにはいられない――番組参加者は彼らがどう「描写されるか」を心配し不服を唱えるし、観る側も編集によってストーリーが作り出される手法にすぐ順応していく（これは一部には、『ビッグ・ブラザー』のような番組が視聴者に未編集映像を提供し、ストーリーが形成される前の段階の、冗長でとりとめのない平凡な時間帯まで見せたせいでもある）。そのような再帰性は、ポスト・リアリティ番組ドキュメンタリーにはほぼ不在だ――このジャンルは、リアリティ番組のテクニックを多く用いはするものの、それらをごてごて飾り立てたエンタテインメントの表情でウィンク混じりに供するのではなく、ドキュメンタリーの落ち着きを模したトーンで提示する。そうは言っても、ポスト・リアリティ番組ドキュメンタリーがガチに厳粛だという意味ではないし、それはない——その決定的な特徴のひとつは、ある種のユーモアと軽さなのだから。だが、こうしたドキュメンタリーは、かつてのリアリティ番組がそうであったように、娯楽として位置づけされることは求めていない。

重要な研究書『Reacting To Reality Television: Performance, Audience and Value』で、著者ビヴァリー・スケッグスとヘレン・ウッドは、リアリティ番組の多くはブルジョワ視線を暗黙の前提としており、その視線は、中流階級に較べ労働者階級の参加者には何かが不足していると判断する、との論を展開している【註3】。その上、この不足は、極めて道徳的な観点から理解される。それは労働者階級のリソースやチャンスの欠如ではなく、彼らの意思と努力の不足によって説明されることになる。この暗黙の視点——実際にそう言明されることはまずないが、番組制作手法の全体にみなぎっている——は、ポスト・リアリティ番組ドキュメンタリーにはつきものだ。

この道徳主義な枠組みは、『Benefits ～』でも作動していた。それは、画面に映るものを文脈化する手間をほぼ省いていた。出演者たちがなぜ生活保護を受けるに至ったか、そこに関する議論はほぼないに等しく、失業の社会的要因への言及もない。同様に、生活保護請求者に焦点を絞ろうとする政治的アジェンダに疑問を呈することも、政治プロジェクトとしての緊縮政策の検証もおこなわれない。ポスト・リアリティ番組ドキュメンタリーは、個人の群れと彼らが慣れ親しんだものから成る、根本的に脱政治化された世界を投影する。『Benefits ～』で、我々は生活保護金の削減を聞かされるが、その話は政治的決定の結果ではなく、あたかも自然災害、神のおこないのごとく扱われていた。

多くの面で、ポスト・リアリティ番組ドキュメンタリーは——その前段階のリアリティ番組と同じように——番組制作側と番組出演側との間の階級差を隠すべく、必要以上の努力を払っている。タブロイド新聞に似て、台本は労働者階級言語を物真似する。労働者階級の視聴者に対し、番組を彼らの同類の手で作られたもののごとく提示するために、通常、ナレーターの語りが重要な役割を果たす。そうしたヴォイスオーヴァーを、番組制作者が担当することは今はまずない。彼らの声を耳にすることがあるとしたら、画面外から労働者階級の出演者たちに発言を催促したり、質問を投げかけるのが関の山だろう。『Benefits ~』の場合、ナレーションを担当したのは、少し前に連ドラ『Coronation Street』(一九六〇~)から降板した俳優トニー・ハーストだった。ハーストの訛りは労働者階級の、北部人のそれだ。彼の口調——「真面目ながらユーモアもある」とされる、ポスト・リアリティ番組ドキュメンタリーのトーンと完璧にマッチしている——は、質実剛健であると同時に皮肉もたっぷりだ。報道によれば、このナレーター役を最初に打診されたのはバーミンガム出身のコメディアン、フランク・スキナーだったそうで、これは多くを語る話だ(スキナーはこのオファーを断った)。

労働者階級出身の役者やコメディアンをヴォイスオーヴァーに起用することは、番組制作者の階級出自を曖昧にするだけに留まらず、番組の信憑性も増幅させる。しかもヴォイスオーヴァーは、おそらくもっとも重要な点として、映像素材が一定のやり方で枠組みされている事実を隠すための戦略、その一部も担っている。台本を書いた人間がナレーションも自ら担当し、ときに画面に登場することもある、かつてのもっとエッセイ調なドキュメンタリーのフォルムにおいては、そこでとある主張がなされ、かつそれを述べているのが誰か、その双方がもっと明瞭だった。いかなる論議であれ、その責任をはっきりと引き受けるジャーナリストあるいは番組制作者が不在である場合、視聴者は画面に映るものをまじりっけなしの、一切の仲介を経ない真実として分類してくださいと請われることになる。すなわち、これはただの現実の人々であり、彼らは地のままに振る舞っているだけだ、そう信じるよう我々は誘導されるし、明白な論議を一切起こそうとしない、もしくはそれをやることの拒否は、支配的なイデオロギー——番組はそれを認めはしないが、それに異論を唱える率は更に低い——の侵入を許す。

『Benefits～』はおそらくチャンネル4にとって、ここ最近で言えばより真剣なドキュメンタリー番組制作の試みのひとつに数えられるであろうという事実、それ自体が、同局の現在の番組編成の悲惨さを示している。新自由主義がイギリス文化に与えた壊滅的なインパクトがいかほどのものか知りたければ、チャンネル4以上に格好の例はない。開局時は欧州アート映画、真剣な哲学討論番組、政治的な教養に富んだドキュメンタリーを含む編成でスタートしたものの、今や呆れてものが言えないほどの売らんかな主義で臆病な底辺レヴェルに堕落しているんだから、彼らはもうパロディの域すら越えている。これは、家を買おうとしている一般人に百万ポンドの購入予算があるのは当たり前、と言わんばかりの番組を、保守党支持者でリッチなカースティ・オールソップのような上流階級女性にいまだにもたせている局だ〔※オールソップの父親は爵位をもつ名門一家の出身。彼女がプレゼンターを務める番組のひとつ『Location, Location, Location』（二〇〇〇～）は、買い手の求める「理想の家」を彼女とチームが見つけてくるという設定〕。無慈悲に搾取するための浅薄な口実として、メンタル面での病いや、それ以外の極めて深刻な不幸な数々に対して嘘泣きしてみせる局だ。この低落ぶりはまだ挽回可能だと僕も思いたいが、その希望を抱かされる根拠はあまり見当たらない、というのが現状だ。

【註1】トレイシー・ジェンセン、「A Summer of Television Poverty Porn」、『Sociological Imagination』（9 Sep

tember 2013), http://sciologicalimagination.org/archives/14013
【註2】以下を参照。ジョン・コーナー、「Performing the Real: Documentary Diversions」、『Television & New Media』(1 August 2002), http://journals.sagepub.com/doi/abs/10.1177/152747640200300302
【註3】ビヴァリー・スケッグス／ヘレン・ウッド共著、『Reacting to Reality Television: Performance, Audience and Value』(二〇一二)

味方してしまう敵：『ジ・アメリカンズ 極秘潜入スパイ』

――『ニュー・ヒューマニスト』、（1 October 2014）

イギリスでは先ごろＩＴＶで放映された、『ジ・アメリカンズ 極秘潜入スパイ』（二〇一三～一八）の第一シーズン最後のシークエンスには、ピーター・ゲイブリエルの〝ゲームズ・ウィズアウト・フロンティアーズ〟が流れる。このドラマ・シリーズの音楽の知的な使い方が賞賛されているのは当然の話で、ドラマのはじまる年である一九八〇年に発表された〝ゲームズ～〟は、第一シーズンのクライマックスにあつらえ向きの選曲だった〔※〝ゲームズ～〟の発表年は八〇年だが、ドラマがはじまるのはレーガンが大統領就任した八一年一月〕。雰囲気の意味で言えば、この歌はなぜか、不安と宿命論的なものを同時に感じさせる。エモーショナルな調子を完全に欠いたゲイブリエルの歌声は、緊張症を起こしているように響く。プロダクションは冷たく、近づきがたい。〝ゲームズ～〟は、トラウマを受けた後というよりも、これからトラウマが襲ってくる予感のように思える曲だ――あたかもゲイブリエルは、まだ訪れる前の破滅的状況のもたらすインパクトを記しているかのごとく。

冷戦スリラーである『ジ・アメリカンズ』の文脈を踏まえて聴き直すととりわけ、この曲はそのような不安が世界を覆っていた時代を、不可避のように思える世界の終わり、その亡霊が日常生活の生地に編み込まれていた時期を思い起こさせる。にもかかわらず〝ゲームズ～〟は、通覧的な歴史のなかの『ジ・アメリカンズ』が設定された時代を喚起するだけではなく、このシリーズ特有の、好奇心をそそられる点に関するコメントにもなっている。なぜなら『ジ・アメリカンズ』は、一般アメリカ人家族を装うソ連のスパイのお話だからだ。冷戦期の諜報活動は、公／私の線引き、家庭生活と大義への責任との境目を重んじることがなかった。なるほど、「国境なきゲーム」というわけだ。

元CIA職員ジョー・ワイズバーグが作り出した『ジ・アメリカンズ』は、ワシントンD.C.に暮らすアメリカ人を装うKGBスパイ二名、エリザベス（ケリー・ラッセル）とフィリップ（マシュー・リース）のジェニングス夫妻を中心に展開する。ワイズバーグはこのシリーズを一九七〇年代に設定することも考えたと言われるが、ドラマ的にはそちらの方が強く理にかなうため、一九八〇年代を選んでいる。ソ連によるアフガン侵攻、そして「悪の帝国」に対するマニ教二元論的な闘争の遂行に熱心だったロナルド・レーガンの大統領選出を受け、一九八〇年に冷戦は一気に烈しさを増していた。

シリーズを特徴づけているのは、抑制されたリアリズムとすさまじくアドレナリンを誘発する迫力、そのふたつの間を振り子のように行き来する双極性だ。『ジ・アメリカンズ』はカー・チェイスや銃撃戦に事欠かない——今現在、テレビでこれ以上エキサイティングな番組はおそらく他にないだろう——が、それらの合間に挟み込まれるのがドメスティックな日常場面であり、そこでの緊張感はまた完全に別物だ。

冷戦からひと息つける場であるどころか、ジェニングス夫妻の家庭生活は、彼らが感情面でもっとも緊迫した欺瞞を展開する戦闘ゾーンだ。この結婚そのものがいんちきであり、少なくともはじめのうち、エリザベスとフィリップは恋人同士ではなく任務を抱えるスパイだ。シリーズは部分的には、ふたりがこの緊張をはらんだ感情の地勢を舵取りし、演じている役割に何が伴うかに関して両者の抱く異なる見込みに落としどころを見つけようとするお話だ。しかし、エリザベスとフィリップは少なくとも、自分たちが何をやっているか承知している——

——彼らの子供、ペイジとヘンリーは必ずしもそうではない。彼らは両親がKGBスパイであるのを知らない（子供たちの無知は、ジェニングス夫妻に利用できる最良のカモフラージュの形のひとつだ）。

これによって、露見の恐怖だけではなく倫理的なジレンマも増す。子供たちは真実を知らされるべきか？ このジレンマは、仲間のKGBスパイのカップルと彼らの子供のひとりの殺害にまつわるストーリー曲線を含む、第二シーズンで山場に達する。生き残った子供のジャレッドがKGBに雇われていたことが発覚し、ペイジも工作員として採用されるのではないか、との疑問が否応なく提示される。夫妻のKGB連絡係クラウディアは「ペイジはあなたたちの娘です」と言いつつ、「でも、彼女はあなたたちだけのものではない。彼女は大義に属している。そして世界に属している。私たちの誰もがみんな、そうなのです」と続ける。

ここで我々は、『ジ・アメリカンズ』と、もっとも知的に洗練されたスパイ・フィクションのいくつか、たとえばジョン・ル・カレ作品との相違に行き当たる。ル・カレ作品において、ジョージ・スマイリーの宿敵に当たるのがKGBのスパイ・マスターであるカーラだ——そして、冷戦期プロパガンダの「善VS悪」の大雑把なバイナリー図式にル・カレがどれだけ複雑さを加えようとも、スマイリーと彼の自認するリベラルな現実主義の理解を越えた大義への献身ぶりを誇るカーラは、ほぼ悪魔に近い怪物的存在のままだ。『ジ・アメリカンズ』では、ソヴィエト人は我々の写し絵に変容させられている。これはまず何より、エリザベスとフィリップの前景化を通じて起こる。しかし夫妻は、「レジデンチュラ」（KGBアメリカ支局）の多彩な助演キャラクターにも支えられている。二重スパイ、そして三重スパイのニーナ・クリローヴァは、脆さもあるが逆境に強く、臨機の才に富む。実利主義の戦略家アルカディ・イワノヴィッチに、野心的で謎めいた存在のオレグ・ブロフらもいる。大使館内では登場人物にロシア語でしゃべらせる、という決定は重要だ。それにより、彼らと西洋人との違いは維持され、茶番なロシア訛りで片言の英語を話すソヴィエト人という、テレビ／映画によくあるバカげた慣例も回避されている。

ステレオタイプを逆転させる形で、『ジ・アメリカンズ』に登場するソヴィエト人は、彼らに相対するアメリカ人よりはるかにグラマラスに思える。ジェニングス夫妻の主な敵であるＦＢＩ局員スタン・ビーマン（ノア・エメリック）――しかも夫妻の隣人という、連ドラ調のひねりが効いている――は、ダイナミックで魅力的なエリザベスとフィリップに較べ、貧乏臭く冴えないキャラに映る。同様にＦＢＩオフィスも、「レジデンチュラ」に備わった陰謀の匂いと対比させると、殺風景でみすぼらしく思える。

この点は確実に、シリーズのこれ見よがしに反体制的な身振り――それは、我々ヴューワーはジェニングス夫妻に同情するばかりか、彼らに積極的に味方し、秘密の発覚を恐れ、彼らの計画がすべて実現することを祈ってしまうという事実のなかに存在する――に貢献している。『ジ・アメリカンズ』のメッセージは、ジェニングス夫妻にもアメリカ人の敵や近所の隣人と共通する人間性がある、ではなく、彼らはたまたま別の側にいるだけだ、になる。彼らの置かれた状況の極端さゆえに、フィリップとエリザベスを「我々とまったく同じ」と考えるのはあり得ない話だ。だが、と同時にこのドラマは、夫妻の他者性は保持しつつも、彼らに自分たちを重ねることを我々に強いてくる。

重要な場面で、「本物の」アメリカ人と夫妻との違いが強調される。フィリップはたまにぐらつく姿を見せるし、少なくとも、アメリカンな生き方のいくつかはありがたく思っている。対して、アメリカ資本主義の破壊という大義にエリザベスが傾ける献身ぶりは微動だにしない。第二シーズンのとある場面で、夫妻の娘ペイジは教会グループに参加しはじめる。この展開に対してエリザベスが示す猛烈な敵意ほど、アメリカン・ライフ――そして、アメリカのテレビ・ドラマの多くが守るしきたり——に対して彼女の抱く違和感を痛切に伝えてくるものはない。この問題をめぐり、怒り狂ったエリザベスがペイジと対決する場面は奇妙なほど笑いを誘う。アメリカ産テレビ・ドラマのどこを見渡しても、これだけの激しさでキリスト教が攻撃される図にお目にかかるのは珍しいのだから。

エリザベスのキャラクターの複雑さ——とケリー・ラッセルの洗練された演技——は、シリーズのハイライトかもしれない。彼女もフィリップも非情でなくてはならない——必要とあればふたりは良心の呵責なしに人を殺す——が、エリザベスには、もっと曖昧なフィリップには欠けている、センチメンタルさとは無縁の冷たさと落ち着きが備わっている。シリーズの賞賛すべき点は、この冷たさを道徳面での弱点としてコード化していないところだ——むしろそれは、エリザベスの目的意識の強さとフィリップの煮え切らなさを非常に異なる形で評価する、相克するふたつの世界観の緊張を保っている。たとえば、エリザベスが自分の子供を愛していることにまったく疑問の余地はない（そうでないとすれば、彼女はあまりに安易にソ連の怪物のステレオタイプに陥ることだろう）——のだが、問題は、ではこの愛情は義務の序列のどこに位置を占めるべきか？　だ。エリザベスにとって、「大義」が常に最上位にくるのは明白なことだ。

対抗勢力なしに資本主義が権勢を振るう状況において、まさにその「大義」の概念が消失してしまった。誰が資本主義のために闘い、命を捧げるというのか？　資本主義社会を求める闘争によって、誰かの人生が意義あるものになることなどあるのか？（おそらくこの「大義」への献身こそ、『ジ・アメリカンズ』のソヴィエト勢に魅力を与えている）。勝利した資本主義は、消費者グッズと議会民主主義では満たせない、実存的な目的に対する渇望に呪われることになるだろうと警告したのは、他ならぬフランシス・フクヤマだった。『ジ・アメリカンズ』

の魅力の多くは、この時代になる以前の段階に物語が設定されている事実に依るものだ。シリーズが置かれた時期から十年も経たないうちに、ソ連という実験が崩壊するのを我々は知っている。その後知恵は、『ジ・アメリカンズ』が描く共産主義の「大義」に関する論議すべてにメランコリックな性質をもたらす。一九八〇年に、冷戦は永遠に続くもののように感じられた。実際は、そこからわずか九年のうちに、エリザベスとフィリップが支持し代弁した何もかもは崩れ落ち、歴史の終わりが我々に迫ってくることになる。

手放す方法：『LEFTOVERS／残された世界』、『ブロードチャーチ ～殺意の町～』、『ザ・ミッシング ～消えた少年～』

――『ニュー・ヒューマニスト』、(2 March 2015)

「喪失感」は、過去一年かそこらの間に放映されたベストなテレビ・シリーズのいくつかで主題になっている。フロイトは喪とメランコリーとを区別し、前者を失われた対象を手放す行為が関わるもの、後者を病的な固執を伴うものとした。本稿で取り上げるこれらのシリーズは、メランコリーが喪になっていくそのつらいプロセス――おそらく、いつまで経っても邪魔が入り途切れさせられる過程――をたどっていく。

とりこにさせられるHBOのシリーズ『LEFTOVERS／残された世界』(二〇一四～一七)では、登場人物たちの抱える問題は哀悼をきちんとはじめられないところにある。このシリーズは、何の前触れもなく跡形もなしに、世界全人口の二パーセントが突如姿を消すという、まったく説明のつかない未曾有の大変動――作品内では「突然の旅立ち」と呼ばれる――が起きた後の成り行きを描く。同名小説の原作者トム・ペロッタ自身が、『LOST』(二〇〇四～一〇)の共同制作者デイモン・リンデロフらと共に翻案を担当している。『LEFTOVERS』はある意味、『LOST』を反転した陰画のようなものだ。『LOST』は「あちら側」に行ってしまった者たちに焦点を当てていたが、『LEFTOVERS』は取り残された者たちに話が集中している。「取り残された(left behind)」というフレーズは、もちろんニュートラルではない――これは「最後の審判」を取り上げた、キリスト教千年至福主義のベストセラー小説シリーズと同じタイトルだ〔※『レフトビハインド』は一九九五年から二〇〇七年まで出版。本国アメリカでは映画やゲーム版も生まれた〕。まず、「突然の旅立ち」を宗教的事件――すべての宗教的事件のなかでももっとも偉大な「携挙（Rapture）」――として捉えたい、との誘惑に駆られる。にもかかわらず、「突然の旅立ち」は人々を無作為に連れて行ったように思える。他者を虐待する者から自らを犠牲にしてまで他者を愛する者、有名人から凡人、宗教の信者から非信者まで、ランダムに人々は消えた。シリーズでもっとも皮肉な可笑しさを誘うスレッドのひとつに、マット・ジェイミソン牧師――辛辣さと慈悲心と衰えぬ信仰心が不安定に複合したこの人物を、クリストファー・エクルストンが見事に演じている――が自家版の暴露ビラを制作する、というのがある。連れて行かれた者たちの名を汚すこのビラは、「旅立ち」が「携挙」であり得ないのを証明する目的のためだけに刷られている。それとも、取り残された者にとっての「携挙」とはこういう形をとるものなのか？　それは即座に明快な意味をもつ出来事ではなく、理解できない、トラウマ的な中断になるだろうし、そこからは悲しみと同じくらい、失見当識の混乱や怒りも生まれる。

にもかかわらず、『LEFTOVERS』そのものは、「突然の旅立ち」の謎にさほど深入りしていない。『LOST』の場合、シリーズは自己パロディのごとく、ミステリーがいくつも埋め込まれた、増殖し続ける網にすっかり絡めとられていた。しまいには、単に観る側の興味を引くためだけに謎が次々発明されている気がしたし、それらが満足な解決をみることはまずあり得なかった。『LEFTOVERS』は、作品の中心にある謎にいつか説明がつくだろうという気配を一切見せない。第一シーズンを観る限り、この説明の欠如こそがポイントだ。シリーズは「突然の旅立ち」事件が起きてから三年後に設定されており、今やあの出来事は、登場人物たちの人生のなかの、あって然るべき背景の一部になっている――それは、彼らが常に目を背けつつも同時に折り合いをつけようとしている、認識論的な巨大な空虚だ。となると、「突然の旅立ち」はまさにトラウマ、突然起きた理解しがたい意味の崩壊、純然たる不測の事態が生む人事不省な痙攣のようなものということになる。

「突然の旅立ち」の本質に直接立ち向かうことがないゆえに、このシリーズはどのジャンルに属するのか——宗教ドラマ？　サイエンス・フィクション？　形而上学フィクション？——の疑問は棚上げにされる。作品の主流モードは、しばしば残酷なくらいのリアリズムだ。しかしそれは、決して同化・吸収できない何かに永遠に取り憑かれ、条件づけされたリアリズムだ。「突然の旅立ち」を9／11の寓話と解釈する者もいたが、その類推は説得力に欠ける。『LEFTOVERS』は、「対テロ戦争」を遂行し敵を糾弾した者たちが有していたあの確信が剥奪された、そんな時間に属する作品だからだ。『LEFTOVERS』には、非難の矛先を向ける相手がいない——そして、弔う遺体もない。これらの欠如ゆえに、人民は憤怒と内に抱えた憂鬱とに向かう。家族は崩壊し、「旅立ち」でファミリーの誰ひとり失わなかった、主人公に当たるガーヴィ家のような一家ですらバラバラになっていく。社会的結合性はほつれる危険に常にさらされている。新たな信仰システムが、放置された庭に茂る雑草のように乱立する——道理が消失してしまった世界ではもはや誰も、信頼に値するものと不条理とを裁定できないではないか？

ある意味、「突然の旅立ち」に対してもっとも真正な反応を発するのが、「カルト」とされるグループ、「レムナント」だ。メンバーの守るルールには、本物のカルト集団の不気味な恣意性、夢を思わせるモンタージュ—ロジックが備わっている。彼らは白装束と沈黙を守ることを義務づけられ、そして——あり得る未来を信じる心をもたない者の象徴として——公衆の場では常に喫煙する。だが、レムナントは荒唐無稽な信仰を抱いてはいない。というか実際、彼らは能動的な信仰を一切もたないように思える。彼らの目的は単に、「旅立ち」というまったく意味を成さない事件への忠実さを守り続けることにある。侘しい白装束に身を包んだ彼らは、「旅立ち」を決して忘れるなかれ、とえんえん求め続ける無言の幽霊だ。彼らのポイントは道徳的なもの――旅立った者たちを思い出すべきである――ではなく、哲学的なそれだ。現実は根底から変容してしまった、それは否定するのではなく、直面しなくてはならない事態である、と。

イギリスでは、ＩＴＶ制作の『ブロードチャーチ〜殺意の町〜』（二〇一三〜一七）がもっと親しみやすい、そこまで形而上学的に張り詰めていない形で、喪失と向き合っている。このシリーズは架空の海辺の町を舞台に、ダニー・ラティマーというひとりの子供の死を軸に展開していく。『THE KILLING／キリング』（二〇〇七〜一二）をはじめとする、荒涼としたスカンディナヴィア産スリラーへの英テレビ界からの回答なのは明らかだったが、『ブロードチャーチ』第一シリーズはただのパスティーシュに終わっていなかった。伝統的なスリラーのフーダニットの謎に、少年の死が町にもたらした衝撃をたどるもっと抑制された描写を組み合わせる、その手法には落ち着きがあった。シリーズはまた、地方コミュニティを感傷的に描くことと、町の住人の誰もが殺人犯ではないかという疑い、その一線を巧みに捌いてもいた。捜査が進んでいく過程で、事件を受けて一致団結したこの「結束の固いコミュニティ」は、程なくして暴徒と化す――タブロイド新聞が報じた疑惑をほのめかす記事に焚きつけられ、彼らは地元の雑貨店主を追い詰め、死に至らしめる。

本稿執筆中の現段階で半分まで放映された『ブロードチャーチ』第二シリーズは、殺人犯の正体が明かされてしまったところで、どうやってシリーズを継続させていくかという手強そうな問題に巧妙な解決法を提示している。同じ町でまたも別の殺人事件が起こる展開だったら、シリーズは確実にメロドラマに転落していただろう。

しかしフーダニットの要素を取り除いてしまうと、『ブロードチャーチ』の物語的な推進力のひとつを放棄することになる。ふたを開けてみると、フーダニットの側面は、主人公の刑事ハーディ（デイヴィッド・テナント）がかつて担当し迷宮入りした古い事件――第一シリーズで彼に取り憑き苛めていた事件――の形でもたらされている。一方、ダニー・ラティマー殺害事件の及ぼした影響の検証は、殺人犯ジョー・ミラーが自白を撤回したことで裁判の場に引き継がれていく。にもかかわらず、第二シリーズは第一シリーズにあった着実さに欠けており、どこか無意味で不必要なドラマという印象は否めない。

『ブロードチャーチ』が『THE KILLING』に対するITVからの回答だったとしたら、『ザ・ミッシング～消えた少年～』（二〇一四～一六）はBBCからの『ブロードチャーチ』への回答だった。『ブロードチャーチ』では、悲しみにくれる遺族はやがて我が子の死に順応し、メランコリーを断念しなくてはならず、そうして喪をはじめることができるようになる。『ザ・ミッシング』では、この過程はいつまでも立ち往生のままだ――シリーズの中心にあるのは子供の失踪事件であり、その子はまさに消えた状態、まだ死んでいない（＝死亡は確認されていない）。二〇〇六年にフランスで休暇中に、五歳のオリー・ヒューズは酒場で姿を消す。失踪の真相を追求するなかで、シリーズは我々をいくつもの袋小路に連れ込む。幼児愛好者、腐敗政治家、薬物中毒者、東欧の犯罪ギャング団と、それこそ「民衆の悪魔」の目録を総ざらいしていくものの、最後には陳腐な結末が待っている――オリーの失踪は飲酒運転事故の結果であったことが判明し、そこに意図的な悪意は一切なかった。

理屈の上では、この控えめな、尻すぼみな結着には称賛に値するところがある。しかし実際はどうかと言えば、この話のしぼませ方には満足のいかないところがあり、結果的に、特に興味深いわけでもない、退屈な長話めいた印象をシリーズに与えることになっている。劇中には印象的な演技もいくつか出てくる――聡明さ、思いやり、粘り強さをカリスマ的に兼ね備えたジュリアン・バプティスト刑事を演じるチョッキー・カリョは、特に注目に値する——とはいえ、もっとも心にこびりついて離れない場面はシリーズの最初と最後に登場する。まず、トニー・ヒューズ（ジェームズ・ネスビット）が息子オリーを見失う痛々しくつらい場面。この威力は部分的に、場面設定があまりに普通で平凡なところから発している（このシリーズでもっとも目についた側面のひとつが特徴に欠ける場面設定の数々で、『ブロードチャーチ』の舞台となる非常に目を引く景観とは対照的だ）。どこにでもありそうなありふれた酒場で、ふと何かに気をとられた父親は、つないでいた子供の手を一瞬離してしまう。その降って湧いたような事態は、決定的に、取り返しのつかないくらい人生を変え、オリーの両親は地獄に投げ込まれる。最後の場面は、完全にオブセッションのとりこになり、今や髪も服装も荒れ放題でぼろぼろの抜け殻となったトニーが、その地獄から決して逃げられないであろう様を描く。オリーの死をどうしても受け入れることのできないトニー——遺体は見つからないままだ——は、今はロシアにいて、一瞬見かけ、失った我が子ではないかと独り合点した子供たちにつきまとい、彼らを悩ませている。それはこの世の煉獄の悲惨な図だ。喪は決してはじまらないだろう。トニーは、彼自身そこから解放されることなど望んでいない、出口のないメランコリーに留まることを宣告されたのだ。

英国風刺の奇妙な死

――『ニュー・ヒューマニスト』、（24 August 2015）

どれでもいい、BBCの政治番組――たとえば、いずれもアンドリュー・ニールが司会の『Daily Politics』（二〇〇三～一八）や『This Week』（二〇〇三～一九）――をひとつ観ると、一種独特な調子に出くわす。イギリス人テレビ視聴者はあまり気に留めないだろうし、それは我々がこの調子をごく当たり前のものと受け止めているからだ。だが、一歩退いて眺めれば、これは実は相当変わっている。こうした一見真面目そうな番組は、作り笑いを絶やさず、偉ぶった訳知り顔の雰囲気をまとうニールが体現する、軽い嘲りの空気と共に進行していく。僕はその調子を、イングランドに蔓延する、議会政治からの遊離を物語るものだと思っている（スコットランドでは、現在かなり異なる状況が起きている。二〇一四年のスコットランド独立住民投票後の大衆動員は、以南をいまだ占める、政治に関するシニシズムの潮流を押し返してみせた）。

『This～』を例にとってみる。丸々ダサいコメディ調で進行するこの番組は、思考と正気を備えた生き物ならまず面白がれないだろう、としか思えない。ゲスト出演者はアホな衣装を着て登場しなくてはならず、番組側がその知性レヴェルを間抜けと想定している視聴者に対し、自らの主張を活気のないダレた寸劇の形でプレゼンする。ノリは気心の知れたカジュアルなもので、そこから受ける圧倒的な印象は、国会がどんな採決をおこなおうが別に大した問題じゃない、だ。ニールの愛犬がスタジオ内をうろつくかたわらで、かつての保守党党首候補マイケル・ポーティロとプロに徹して愛想を振りまくブレア派のアラン・ジョンソンが、ソファに腰掛け座談する――ここに階級対立は存在せず、生じるのはヌルい意見の相違だけ。政治は、誰もが仲良く通じ合っている、（主に）男性向けの高級会員制クラブのごとく映る。ジョンソンのような労働者階級出身の面々も、会規さえ守れば、このクラブに入会を果たせる。実際に正式に述べられることはないものの、これらの会規は非常に明白だ。議会はあまり真剣に捉えるべきではない――（退屈な）連ドラとして扱うべきものであり、実際、そのドラマで主役を張っているのは、議員に選出される以上のことはほとんど何も信じていない利己的な連中である。いかなる知的なコンセプトも断じて議論してはならないし、俎上に載せるとしたら、それが気取り過ぎなナンセンスとしてせせら笑いのネタになる場合だけである。非常に重要な物事は絶対に変わらない、という点は承認しなくてはならない――政治のリアリティの基本座標は一九八〇年代に定められており、我々にできるのはその範疇内で稼働することだけである。

人々――とりわけ若者――の政治に対する興味を殺ぎ、政治は退屈で時間の無駄に過ぎないと信じ込ませるのが具体的な目標である番組を企画するとしたら、『This ～』以上にそれを上手にやれている番組は他にない。この番組は文字通り、誰に向けたものでもないように思える。わざわざ夜遅くまで起きて政治専門番組を観る人間は、おそらくかなり真剣に政治を捉えているタイプのはずだ。こんな面白くもなんともない、中身のない番組を誰が求めるというのか？

空々しく、場違いにおちゃらけたこの調子が『This ～』に充満しているだけでもひどい話だが、それはBBCが制作するあらゆる類いの政治関連報道でますます主流を占めつつある。BBCの今年の総選挙速報にもそれは完全に浸透していて、番組のアンカー役はニールだった。政治を矮小化するこのトーンはおそらく、

BBCの抱える偏向の問題以上に厄介だ（周知の通り、かつてルパート・マードックの下で新聞編集者として働いた経験のあるニールはサッチャーのチアリーダーだった。一方、BBCの元政治部部長ニック・ロビンソンはオックスフォード大学保守連合会長だった）。この選挙速報の報道ぶりで目を引いたのは、予想外の保守党勝利に視聴者の多くが感じたショックと不安と、冗談を言い合い高笑いするニールと彼のお仲間との断絶ぶりだった。ロビンソンの後任として先ごろBBC政治部部長に就任したローラ・クーンスバーグは、にやにや笑いを浮かべながらツィートを読み上げゴシップをシェアし、選挙の晩全体を愉快な物笑いのタネとして扱っているかのようだった。たぶん、彼女に危機感はほとんどないのだろう――何しろ彼女は、両親は共に大英帝国勲章受勲者で祖父は英国王立一般医学会設立者兼会長という、とんでもない特権階級の家柄の出身なのだから。

しかし、このトーン――中年のオヤジ臭さと思春期のガキの青臭さとの奇妙なミックス――は一体どこから発しているのか？　手っ取り早い答えは、階級的背景だ。軽いとはいえ執拗に続く嘲りのトーン、物事を深刻に捉え過ぎる真面目人間と映らないためにとられるお気楽なポーズ、これらのルーツはイギリスのエリート寄宿校にある。ニック・デュフェル【註1】は『ガーディアン』に寄せた記事で、寄宿校生は七歳くらいになると「大人もどき」の人格をまとうことを義務づけられ、その結果、彼らは逆説的に「きちんと成熟するのに苦労する。なぜなら、自然に成長することを許されなかった内なる子供が、彼らの内面で足止めを食らったままでいるからだ」と論じた。

「寄宿校で育つ子供たちは」とデュフェルは続ける――

ほぼ例外なく、卒業後もしぶとく残り、戦術的に作動する、生き残りのための人格を形成する（中略）重要なのは、決して不幸せな表情を浮かべたり、子供っぽく、馬鹿げたところ——いかなる無防備な弱さ——も見せてはならないことだ。さもないと、同級生からいじめられる。したがって、彼らはこうした子供らしい資質のすべてから解離し、それらを他の者たちに投影し、逃げ回るばかりの二枚舌な人格を育てていく【註2】。

イギリスの支配的なメディアおよび政治文化において労働者階級の視点が辺境に押しやられている現在、我々はますますこの、心理的な傷を負った、子供のままのブルジョワ男性の精神性のなかで生きるようになっている。そこでは、表面上の陽気さが根深い恐れと不安を隠蔽している。自嘲は、壊滅的な屈辱の脅威をかわすために用いられる一種の同毒療法だ。熱心なガリ勉君に見えてしまうのは御法度で、まだ社会に容認されていないことを考えたり、好む素振りは絶対に見せてはいけない。寄宿校入学経験がない人間すら、その経験をもつ連中が敷いた感情のムードのなかで活動することを要求される。労働者階級出身でグラマー・スクール〔※かつての英公立中等教育制度のひとつ〕に通ったアンドリュー・ニールは、私立校で教育を受けたエリートの習慣を模倣することで、上座に混じるアクセス権を手に入れた。サッチャー主義は、ニールのような人物の人目を引く成功に依拠していた——彼らにやれるのなら、誰にだって可能である、と。

この強制的な軽い嘲りモードを正常化させるのにもっとも貢献した番組が、『Have I Got News for You』(一九九〇〜)〔※政治・時事トピックを風刺的に扱うクイズ番組〕だ。二〇一三年に『ロンドン・レヴュー・オブ・ブックス』に寄稿したエッセイ「Sinking Giggling into the Sea(にたにた笑いながら海に沈んでいく)」のなかで、ジョナサン・コーは『Have I〜』を、一九五〇年代にさかのぼる英国風刺の系譜に据えている【註3】。当時の風刺は、選挙民の盲従を当然のごとく期待する体制側政治家の権威を脅かす存在になり得た、とコーは論じた。しかし、政治家がお約束のように嘲笑され、うんざり気味のシニシズムが遍在する現在、風刺は体制側がそれ自体を守るために使う武器になっている。

これを誰よりも具現しているのがボリス・ジョンソンだ。コーは、ジョンソンの成功のカギを握っていたのは彼の『Have I〜』出演――回答者としてだけではなく、ときにゲスト司会者として――だと指摘している。番組全般に及ぶ忍び笑いの雰囲気は、ジョンソンが注意深く育んできた、かなり調整された「愛すべき、自嘲的な道化」なるペルソナを彼に発展させた。番組はジョンソンに、自らをイートン校出身のエリートではなく、「愛想の良い気さくな」普通人として提示させている。この面において彼は、ときに彼の敵に回ることもある、同番組のレギュラー回答者イアン・ヒルソップに煽られてきた。ヒルソップは常に、彼より少々お上品な生徒が購買部で万引きしたところを捕まえては悦に入り、自己満足で高笑いする監督生の雰囲気を漂わせている。どんな違反行為に対しても、ヒルソップは毎回、横柄そうなせせら笑いで反応する。この反応はおそらく、国会議員の失態がばれた程度の話、あるいは彼らの必要経費過剰請求スキャンダルにすらふさわしいかもしれない。だが、今や我々も知っている、過去三十年間にイギリスで起きてきた類いのシステマチックな腐敗――「ヒルズボロの悲劇」〔※一九八九年にサッカーFAカップ準決勝戦で起きた群衆大事故。警察側の観客誘導の不備、救急・救助サーヴィスの落ち度が指摘され、再調査で証言や捜査資料の改ざんも明るみになった。事故当初、サポーターの暴力を糾弾した右派マスコミの誤報道も批判された〕、電話盗聴スキャンダル〔※俗称「hackgate」。全国紙が著名人や犯罪犠牲者の携帯電話をハッキングした事件〕、権力層の大物が絡んだ児童虐待事件、そして世界金融危機を導いた振る舞いの数々は言うまでもない――に対して、このくすくす笑いはグロテスクなほど調子外れと思える。風刺ニュース雑誌『プライヴェート・アイ』編集長として、ヒルソップはこれらの不正を暴くのに重要な役割を果たしてきた。しかしテレビの場では、彼のからかい屋のリーダーとしてのペルソナは究極的に、不正の極端さと組織立った性質とを中和し、覆い隠す役割を果たしている。全シチュエーションに対応できる、忍び笑いは万能だ。

コーのボリス・ジョンソン論は、イタリア人哲学者フランコ・ベラルディのシルヴィオ・ベルルスコーニ分析と驚くほど似通っている。ベラルディは、ベルルスコーニ人気は彼が「政治のレトリックと、活気に欠けるその数々の儀式をバカにするところ」に依っている、とする。選挙民は「ややクレイジーな宰相、大衆に似ていたずら小僧な首相と自己同一化する」よう勧められた【註4】。ジョンソンと同様に、ベルルスコーニも権力の座を占めた愚者であり、「もはや規則には縛ることのできない、その場次第の奔放なエネルギーの名の下に」法と規則を軽蔑した。

イギリスでは、この「もはや規則には縛ることのできない奔放なエネルギー」のコンセプトは、狭義の政治を越えたところにまで伸びている。大衆迎合主義右派のこのエネルギーの祝福こそ、ジェレミー・クラークソンがあれだけ長く自動車番組『トップ・ギア』（一九七七〜）の司会に居座ってきた理由だろう。かつ、クラークソンがプロデューサーの顔を殴る不祥事を起こした際に、彼の番組降板反対請願に百万人以上が署名する動機になったのも、このエネルギーの放つ魅力のせいだったに違いない〔※クラークソンは『トップ〜』を降板したが、共同司会者二名やプロデューサーらと共にアマゾン・プライムに移籍。二〇一六年から同主旨の番組『The Grand Tour』を制作している〕。イギリスで優勢を占めるメディア文化のおかげで、私立のエリート寄宿校で教育を受けたクラークソンは「ストレートな物言いをする国民の味方」、彼の口を封じようとする抑圧的な「ポリティカル・コレクトネス」にもめげず、自分の意見を果敢に述べる人物という印象を生むことができている。『トップ〜』の成功も、イギリス支配階級男性のメンタリティの威力――そして、残念なことに、国際的に通用する魅力――の証拠の別の一例だ。クラークソンと彼の共同司会者たち以上に、この「中年のオヤジ臭さと思春期のガキの青臭さ」の異様な混ざり合いを見事に体現している者がいるだろうか？　とどのつまり、支配階級の若僧の愛情の対象として、自動車ほど無難なものはないではないか？

クラークソンは、英国テレビ界にひしめく、喜劇に登場する誇張された悪役――他者への思いやりが完全に欠けたペルソナ――を演じるセレブのたかがひとりに過ぎない。ただし、この喜劇では本物の血が使われる。たとえば、『アプレンティス』に出演し人気者になり、『サン』でコラムを書くケイティ・ホプキンスはどうだろう。国際連合人権高等弁務官ザイド・ラード・アル・フセインは、彼女がコラムで用いた「難民＝ゴキブリ」のたとえを、明らかにナチスのレトリックが残響するとして非難した。これに関してホプキンスがお咎めなしで済んだのは、「イギリス支配階級の生来のポストモダニズム性」とでも呼べるもののおかげだ。彼女もクラークソンもヘイトに満ちた発言をするが、ただしその目にはいたずらっぽい輝きがあり、「おやまあ、呆れたね」と言わんばかりに眉はかすかに上がっている。

支配階級によるこのうわべだけの演技の内部では、計り知れない複雑さが作動している。ユーモアのおかげで、クラークソンとホプキンスは非常にリアル、かつ悲劇的な影響を及ぼす人種差別観を伝えるパイプになれると同時に、その責任を免れてもいる。ユーモアは、彼ら自身、そして彼らの意見の受け手に、彼らは本気で言っちゃいない、と安心させてくれる。だが問題は、彼らには「本気で言う」必要がない点だ。問題に関して彼らの抱く「本当の」フィーリングが何であれ、彼らは議論の言語を定め、難民から人間性を奪い去ることを可能にしてしまう。

しかしホプキンスのペルソナは、今年はじめに彼女が『セレブリティ・ビッグ・ブラザー』（二〇〇一～一八）に出演した際に揺らぎを見せた。ほとんどの時間、彼女は意地悪で思いやりのない偏狭な人物の役柄で通してはいたが、やはりその表層にひびが入る瞬間はあったし、彼女にも他者を気遣えるのが分かった。おかげで彼女の人気は上昇した――優勝一歩手前まで勝ち進んだ――ものの、これは「ケイティ・ホプキンス」ブランドを台無しにしかねない危険性も伴っていた。

何より、彼女がもっとも弱さを見せた場面が、他者の優しさを受け入れるよう求められたときだったのは多くを語っている。苛酷で感情面で未発達なままのイギリス支配階級男性の世界で生き残っていくために、ホプキンスは私立校とサンドハースト王立陸軍士官学校で訓練を受けた。そんな彼女は明らかに、他者からのいかなる温情も親切も、おおっぴらに受け入れることを慎むよう求められてきた。悲しいことに、今やこうした人格のよろいをまとうことは、ホプキンスや私立教育を受けたエリート層に限らなくなっている。

独学の労働者階級出身者による文化は、近代イギリス史最良のコメディ、音楽、文学のいくつかを生み出してきた。過去三十年の間に、ビジネスや政治ばかりか、エンタテインメントと文化のブルジョワの乗っ取りも起きた。イギリスにおいて、コメディと音楽はますます大卒生の職業分野になりつつあり、私立教育を受けた連中で占められている。労働者階級文化の洗練ぶり――笑いと知性、真剣さを複雑に組み合わせたもの――は灰色にくすんだブルジョワの常識に取って代わられ、そこでは何もかもがウィットに欠けたユーモアに包まれている。我々ももういい加減、感情面で傷ついたブルジョワと一緒に、皮肉なにやにや笑いを浮かべるのをやめる頃合いだ。もう一度、労働者階級と共に笑い、他者を思いやる術を学ぼうじゃないか。

【註1】『Wounded Leaders: British Elitism and the Entitlement Illusion』（二〇一四）の著者。

【註2】ニック・デュフェル、「Why Boarding Schools Produce Bad Leaders」、『ガーディアン』(9 June 2014)、https://www.theguardian.com/education/2014/jun/09/boarding-schools-bad-leaders-politicians-bullies-bumblers

【註3】ジョナサン・コー、「Sinking Giggling into the Sea」、『ロンドン・レヴュー・オブ・ブックス』（第三十五巻十四号／二〇一三年七月号）、https://www.lrb.co.uk/v35/n14/jonathan-coe/sinking-giggling-into-the-sea

【註4】フランコ・ベラルディ、『After the Future』（二〇一一）

『ターミネーター：新起動／ジェニシス』評

――『サイト・アンド・サウンド』、二〇一五年九月号

アボット&コステロとターミネーターの出会い。ターミネーター&ロビン。もしくは言い方を変えて、ひとつのフランチャイズが、おそらく遂に、自己パロディに成り果てた図を考えてみよう。

過小評価された『ターミネーター4』（二〇〇九）がシリーズ第一作のメカニカルなダークさを利用――かつ拡張――していたとすれば、『ターミネーター：新起動／ジェニシス』（二〇一五）は『ターミネーター2』（一九九一）のおどけたポストモダンへの回帰と言える。実際、この映画は自己参照と内輪受けジョークにどっぷり浸かっていて、脚本家と監督はフレドリック・ジェイムソンが『Postmodernism, or, the Cultural Logic of Late Capitalism』で論じたパスティーシュに関する記述をくまなく参照したのでは？　と思うほどだ。

振り返れば、『2』のそもそもイラつかされる可愛い子ぶった小利口さ（「アスタ・ラ・ビスタ、ベイビー！」）と黙示録的な予兆との組み合わせは、007映画が一九六〇年代のスリラー映画に対してやったように、一九九〇年代のポストモダン・スリラーの定型を敷くものだった。そのフォルムは、おふざけと仰々しいメロドラマ（リンダ・ハミルトンの演技はあまりに大げさで、つい「落ち着こうよ、たかが核戦争で世界が終わるに過ぎないんだから」と声をかけたくなるほどだった）、その両方をちゃっかり楽しもう的な混ぜこぜだった。

そのお決まりの芸も今やさんざんやり尽くされた感があるが、『～ジェニシス』はそれすら越えた軽量級に向

かう。まるで『4』など存在しなかったかのごとく、『～ジェニシス』はあの作品のスタイルとトーンを断固として拒否し、シリーズ前作群が脇に追いやってきたタイムトラベルの逆説すべてを貪っていく。設定として、我々は第一作目のシナリオに戻らされる。カイル・リースが未来から一九八四年へ送り返される。ところがリースの出会うサラ・コナーは、彼が予期していた人物とまったく違う。「君はいずれ、人類の未来の救世主を産む母親になるんだ」と、トラウマになりそうな重みで説得しなくてはならない何も知らないうぶな女性ではなく、この百戦錬磨の女戦士コナーはリースよりはるかに多くを知っている。あ、なるほど、別の時間軸ってことね――最初の二作のもっとも有名なシークエンスのリミックス版をいくらでも盛り込む口実であり、食べるとホッとする料理がレンジで温め直されて次々出てくるようだ。

この時点までに我々は、一九八四年のシュワちゃんのオリジナル版＝T－800型ターミネーターがそれより老けたターミネーターに爆破されたところを目にしている（都合のいいことに、ターミネーターの皮膚と髪は歳を取ることも判明する）。このターミネーター――コナーは「おじさん」と呼ぶ――は基本的に、『2』に登場する守護者兼家長的ターミネーターの老いたヴァージョンなのだが――ご存じの通り――彼は常に、極めて技術的な専門用語を使ってしゃべる。おかげで、ユーモアを狙った、しかしすさまじくどっちらけな会話をリースと交わすことになり、会話を終わらせるために切れるスイッチはこのターミネーターのどこかに付いていないのか、とリースはぼやき続ける。

ここで全体を支配している形而上学――そこでは何も最終確定しておらず、何もかもやり直しが効く、純然たる可塑性のヴィジョン――は、この映画のそれ以外の何もかもと同様に、完全におなじみなものだ。一作目のターミネーター――超合金製のロボットの骨組みをもつ筋肉質のヒューマノイド――がフォード主義時代の労働とテクノロジーのイメージだったとすれば、二作目のT－1000型は、映画公開当時出現しつつあった資本と労働のフォルムを我々にはじめて味わわせてくれたと言える。何にでも擬態できるT－1000の変幻自在な能力は、たしかに最初のうちはエキサイティングに思えた——新たなデジタル・テクノロジーの展望と、少し前にソ連帝国との紛争から抜け出したばかりの、解放された資本主義を反映するものとして。

しかし二〇一五年までに、その興奮はとっくに死に絶えていた。昨今のカルチャーの実に多くがそうであるように、『～ジェニシス』も自己満足していると同時に自暴自棄、テンションが高いようでいて退屈に思える。シリーズの過去を冒涜し略奪すると同時に、それに対して情けないくらい恭しく最敬礼している。この堕落の感覚ゆえに、『バットマン＆ロビン Mr.フリーズの逆襲』（一九九七）との類似は避けようがない——しかも、シュワちゃん演じる「おじさん」は気まずいくらい、アイコニックに悲惨だった彼のMr.フリーズ役の演技を思い起こさせる。観ているうちに、近年の『ドクター・フー』のストーリーのバロックな過剰さを思い起こしてしまうのは、マット・スミスが出演しているからだけではない〔※『～ジェニシス』でAIスカイネット役を演じたスミスは、二〇一〇～一三年にかけての十一代目ドクターだった〕。

とはいえ最終的に、『～ジェニシス』にもっとも近いのは何かと言えば、それは『バック・トゥ・ザ・フューチャー』シリーズ（一九八五～九〇）に『バタフライ・エフェクト』（二〇〇四）が合わさったようなものだ——ただし、前者のウィットと創意工夫は一切なく、後者の陰鬱な宿命論はわずかしか含まれない。というか実は、この映画が頑として宿命論を拒否するところ——何も確定しておらず、すべてはやり直し可能という、一種のラディカルに開けっ放しなリアリティの受け入れ、まさにそれ——こそ、『～ジェニシス』に非常にそっけない資質を与えている。シリーズ一作目のタイム・ループに備わっていた、異様な緊張感——登場人物たちはどうやら、ある意味ずっと／既に起こってきたであろう行動に、あそこではじめて踏み出すらしい——は消散している。ここにタイム・ループは存在しない。ぼんやりした、締まりのない渦巻きの数々だけがあり、それらは徐々に矛盾へとすぼまっていく。それでも関心があるという奇特な人もいるかもしれないが、支離滅裂な渦巻きである可能性は高い。

だが、問題はまさにここだ——これほど可塑的で柔軟、これだけ再構成／書き直しが可能なリアリティをもつ映画は、とにかくいかなるレヴェルにおいても、関心を抱けないのだ。その意味で『〜ジェニシス』は、後期資本主義の再編成についての一種のバカらしい、意図せざる寓話になってくる。というのも、何かもすぐ変わり得る／変わるのだとしたら、今起きていることをいちいち気にする必要なんてないじゃないか？　この映画丸ごとが、無意味な重労働に捧げられた記念碑のように思える。興味をそそられる面がほぼ皆無に等しいものに注ぎ込まれた膨大な量のデジタル労働に、我々はいささかあっけにとられると共に不安を掻き立てられる。そんな本作は、なるほどたしかに観るのも重労働な、きつい映画だ。

名声が建てた家：『セレブリティ・ビッグ・ブラザー』

――『ニュー・ヒューマニスト』、(16 December 2015)

この夏放送された『セレブリティ・ビッグ・ブラザー』(チャンネル5)は、さながらウォーホル的な悪夢だった。『ビッグ・ブラザー』初期シリーズの暢気な冗長さ、そして番組の前提の単純さ――一団の人間を一カ所に隔離し、外界との接触を絶ち、グループから毎週ひとりを追い出すために彼らに投票をおこなわせ、どうなるか見てみましょう――はとっくに消え失せていた。すっかり忘れ去られていたものにはもうひとつ、この番組を正当化する薄弱な「科学的」根拠――これは社会的実験である――もあった。二〇一五年の過熱した雰囲気には、もはやそのような超然とした態度すら微塵も許さないところがあった。

本年度版シリーズの全体としての形式は、個々のハウスメイト間だけではなくアメリカ／イギリスの二手の「チーム」に分かれて競い合う面もあっただけに、案の定、早いうちからテンションが高まることになった。ハウスメイトの不満を煽るために用意された、例のおなじみの「課題」――バカげたものから屈辱的なものまで多岐にわたる、無意味な活動の数々――もあった。しかし今年に関しては、ビッグ・ブラザー・ハウスへの制作者側の介入ぶりは長期にわたる精神的拷問の域に達していた。ハウスメイトの何人かは明らかに心理面で弱そうだっただけに、これには尚更不安にさせられた。メンタル・ヘルス面で長らく問題を抱えてきた、元テレビ・プレゼンターのゲイル・ポーターは見るからに苦戦していたし、ハウスから立ち退く際に、彼女はこの経験は精神病院に強制入院させられるよりひどかったと「冗談」を飛ばしていた。兄の死がきっかけで家族が崩壊し、剥き出しの怒りと死別の悲しみを抱えたモデルのオースティン・アマコストは感情の起伏が恐ろしく激しく、一度、リアリティ番組のヴェテラン、ジャニス・ディッキンソンに野蛮な罵詈雑言を浴びせたこともあった。

番組形式の鮮度を保つべく導入された「意外なひねり」にこだわった結果、唯一不変なのは果てしなく続く不安定さという、自己パロディめいた状況が生じた。ハウスから立ち退かされる候補者指名のルールはころころ変わり続けた。「ダイアリー・ルーム」〔※二十四時間カメラが回り他の住人と一緒に過ごすハウス内で唯一、画面外の「ビッグ・ブラザー」相手にプライヴェートな会話を交わせる一種の「告白部屋」〕で撮影され、制作者側とテレビ視聴者しか見ないはずだとハウスメイトたちが思っていた指名場面が、ハウス中に流される。ハウスメイトは相手に面と向かって立ち退き指名することを求められ、彼らがおおっぴらに互いを侮辱し合う結果になる。

制作者の仕掛けたトリックでも特にずるかったのは、アメリカ人ハウスメイトのなかでももっとも攻撃的な二名――リアリティ番組で名を成したファラ・エイブラハムと元ポルノ女優のジェナ・ジェイムソン――が立ち退かされたと見せかけ、しかし彼女たちをハウスの隠された一角に潜伏させ、他のハウスメイトを密かに観察させたところだった。実際はどうかと言えば、ハウスメイト側はエイブラハムとジェイムソンの立ち退きがフェイクだったことは百も承知であり、したがって最後に笑われる――虚しい、意地の悪い笑い――立場になったのは、ふたりの方だった。

このテレビ文化のルーツを探るには、我々は四十年前までさかのぼる必要がある。著書『1973 Nervous Breakdown: Watergate, Warhol, and the Birth of Post-Sixties America』で、アンドレアス・ヒレンは現在我々が生きるリアリティ番組／セレブ時代への出発点は一九七三年にあった、との説得力ある論を展開する。これはウォーターゲート事件公聴会がおこなわれ、初のリアリティ番組『An American Family』が放映された年だ【註1】。

セレブの地位のはかなさは、もちろん、アンディ・ウォーホルの「誰でも十五分は有名になれる」の皮肉が予想していたことだ。だがウォーホルのもっとも並外れた先見の明は、そのセレブリティの特異性、旧き良き時代のハリウッド・スターの神秘性や魅力との違いを理解していたところにあった。かつてのスターはソフト・フォーカスがかかり、映画と関連していた。しかしセレブは、テレビが約束したかのように思えた、新種の近づきやすさから出現してきた。

ウォーホルの雑誌『インタヴュー』ほど、何より見事にセレブ文化を例示したものはない。ウォーターゲート事件と同様に、『インタヴュー』もテープ録音で可能になった雑誌だった。掲載されるインタヴューは取材対象の人生の細部を網羅するもので、それはテープを起こしたもの――間に割って入る、ライターのペルソナによって枠組みされたインタヴューではなかった。にもかかわらず、テープに録音したものが一切の媒介を通さないダイレクトなリアルなわけではないことを、ウォーホルは理解していた。むしろ――ウォーホル崇拝者のジャン・ボードリヤールも認識したように――テープ録音の遍在は、そのようなリアルが存在する、という幻想をすっかり打ち壊してしまった。その代わりに現在発されるのは唯一、不安げな、回答不可能な質問だけだろう――発言を録音される者は、果たしてテレコもしくはカメラ相手に演技しているのだろうか？（至るところに録音装置が設置されたホワイトハウスの執務室で、回っているテープ向けにニクソンがしゃべっているかのような印象をしばしば受けた、と何人かが述べている）

『An American ～』でのラウド一家の日常生活へのカメラの侵入は、様々な類いの不安な議論を促した――果たしてカメラは、記録対象の振る舞いに影響したのか？　ヒレンが指摘するように、このテレビ・シリーズはただ「ウォーホル的」なだけではなかった——実際に、ウォーホルともつながりがあった。一家の長男ランス・ラウドは一九六〇年代後半からウォーホルと電話で話す間柄であり、『An American〜』にはランスがチェルシー・ホテルに行き、ウォーホルの「スーパースター」たち、彼が売り込んだニューヨークの個性的な面々と交流する場面も出てくる。

自身もその犠牲になったことが少なからず作用したのだろう、ウォーホルはポップの景観における暴力と名声との不安定で激しやすい関係に敏感だった。二〇一五年版『セレブリティ〜』において、この敵意は圧倒的なものになっていた。『An American〜』以来、リアリティ番組は視聴者に罪悪感と連座の念を引き起こしてきた。自分たちが眺めている苦しみの図に、我々はどれだけ責任があるのだろう？　今夏の『セレブリティ〜』に関して言えば、これらの感覚は強烈で、ほぼ耐えがたかった。番組は極端な残酷さがえんえん行使される場になっていて、あれに較べれば、『An American〜』は言うまでもないが、『ビッグ・ブラザー』シリーズ初期すら古めかしくお上品に思えた。『ビッグ・ブラザー』がイギリスで最初に放送されてから十五年の間に、このような残忍さを増加させる原因として何が起こったのか？

シンプルな回答には、密に関連し合うふたつのファクター、すなわち経済面での変化とインターネットの遍在が絡んでくる。結果生じた混合体——資本主義サイバースペース——は、極度の不安定さ（不変なものなどなく、何もかも常に危険にさらされているとの感覚）、競争心、でまかせな敵意を常態化した。これが引き起こした結果のひとつが新種のセレブであり、その典型例が今回の『セレブリティ〜』の非公式な看板スター、二十四歳のファラ・エイブラハムだ。MTVの『ティーン・マム〜ママ1年生〜』（二〇〇九〜）に出演し有名になった彼女は、二一世紀のセレブ／リアリティTVの絶え間なく照らす熾烈なスポットライトが作り出した、ダーウィン自然淘汰主義の産物だ。エイブラハムはまさに文字通り、ヘイトに満ちた存在になることでキャリアを築いてきた。どうやらそれが視聴者のお望みなようで、したがってテレビ制作者側が求めるのもそれらしい。非常に不愉快に、敵対心剥き出しに振る舞うことで、彼女は『ティーン～』出演者のなかでもっとも成功した――彼女の人生丸ごとがパフォーマンス・アート作品になりつつあり、そこで彼女は思いやりのない、他者に平然と否定的かつ侮蔑的な態度をとる、皮相な役柄を実質常時演じてきた。だが、自らのおこないを改める理由など、エイブラハムにないではないか？　そうすることで彼女は莫大な報酬を得てきた。何にも傷つかないタフさのパフォーマンスは、彼女の「ブランド」であると同時に生き残り戦略でもある。

後期資本主義時代のテレビにはびこる苛酷なまでに不確実な雰囲気、そのなかでは、他人を信頼することは誰にも、スーパー・リッチな連中にすらできない贅沢だ。エイブラハムの浮かべる嘲りを込めたしかめ面――顔は整形で補強され、唇は常にリップグロスで光っている――は、防御用マスクであると共に彼女のユニークな売りのポイントでもある。『セレブリティ～』ハウス内で、同じくらいキツいキャラであるジェナ・ジェイムソンと同盟を組まされた際のエイブラハムはお笑い的な存在と映った。ただし、誰も実際に彼女を笑いものにできなかった。彼女の一本調子な敵意と奇妙な罵りの数々――「あんたの中身、悪魔だらけじゃん」等――は不条理でバカらしいものの、あまりに本当の悪意に満ちているだけに、苦い後味しか残さない。また、情け容赦なく攻撃的で無礼千万なジェイムソンとエイブラハムが、他のハウスメイトたちの「ネガティヴさ」を批判・非難する様には、どこかしらダークな可笑しさがあった。彼女たちのどちらも、ひとりの人間のエゴの強化だけに力点を絞る――たとえ、それが勘違いした妄想の域にまで達するとしても――セラピー文化の行き着く終点のように思えた。

ソーシャル・メディアの台頭、そしてその勢いがテレビ局重役のなかに生み出した恐怖感は、『セレブリティ〜』のような番組が不安で充満することを意味する——一触即発の短気さ、あるいは精神面での弱さを買われて出演者に選ばれることの多い、ハウスメイトたちの不安だけではない。そこには、次なるハッシュタグ付きの憤慨ネタやヴァイラル化する挑発行為を常に探している、プロデューサー側の不安もある。この不安、そしてそれを醸し出しているソーシャル状況は、ウォーホル美学のクールな両義性を越えた地点にまで我々を連れていく。

ヒレンが指摘したように、ウォーホルは間違いなく、イーディ・セジウィックやキャンディ・ダーリングのような面々の自己破壊を楽しみ、その性向を育みさえした。だが彼はまた彼女たちに、二一世紀のリアリティ番組のどこにも居場所のない、優しさと悲劇的な荘厳さも吹き込んだ。今や、悲劇は存在しない——あるのはただ、たちまち忘れられる憤慨の発作、まき散らされる憎悪の射精、ファストフードのようにパクパク平らげられてしまう苦しみだけだ。

【註1】アンドレアス・ヒレン、『1973 Nervous Breakdown: Watergate, Warhol, and the Birth of Post-Sixties America』(二〇〇八)

アンドロイドを憐れんで：『ウエストワールド』のねじれた道徳観

――『ニュー・ヒューマニスト』、(30 November 2016)

実在するすべてのテーマパークの問題は、実はそれがあまり「テーマに沿って」いないところだ。これまで建てられてきたテーマパークの正体はアミューズメント・パークであり、突き詰めればテーマはいまだに、ジェットコースター等の旧式なスリルたっぷりのライドの飾り付けとして機能している。ライドものの最新のトレンドが、3Dなデジタル・シークエンスを含めての映画とのフュージョンだ――これは、3D映画自体が、遊園地の乗り物の興奮のロジックにますます接近しているのと歩調が合っている。この手の没入はライドに乗っている間に限定されるものであり、それは別個の分離した世界に、入場口と退出口がはっきり定められた世界に留まっている。なんとかテーマ性を見事に達成できたとしても、入場料を払った顧客の存在で努力は無駄になる。テーマがどの世界であれ歴史のどの時代であれ、カメラを握りしめジーンズ姿で歩き回る来客は傍観者のままであり、彼らの観光客としてのアイデンティティは保持される。

マイケル・クライトンの一九七三年の映画『ウエストワールド』は、正真正銘のテーマパークはどんなものかを想像した作品だ。そこには個別の「アトラクション群」は存在せず、したがって、ビジターが自身のアイデンティティに戻ることを請われるメタなゾーンも存在しない。ウエストワールド・パークでは、ビジターとパーク内に居住するアンドロイドとの間にすぐ「それ」と分かる明らかな違いはない。アンドロイドと同様に、ビジターも西部開拓時代人のような衣装を身に着け、それにふさわしい立ち居振る舞いを求められる。ウエストワールド――そして同類のパークである帝政ローマ時代のローマン・ワールド、中世ヨーロッパのメディーヴァル・ワールド――の魅力は、現代のしるしがことごとく抹消された環境へと越境するところにある。ライドの提供する制限付き没入体験ではなく、このパークはひとつの世界を丸ごと提供する。メタが忍び込むのは避けられないが、それはビジターの自意識、アンドロイドと自分たちとの違いの自覚を経由して侵入する（その違いは――少なくともはじめのうちは――お客はアンドロイドを好きに「殺せる」が逆はあり得ない、非対称の構図に何より強く明示される）。

クライトンのサイエンス・フィクションに繰り返し現れるテーマ――それが持ち出されたもっとも有名な例が『ジュラシック・パーク』小説シリーズ（一九九〇〜九五）だ――は、不意に出現した現象を予測し、コントロールすることの不可能さだった。『ウエストワールド』も、後の『ジュラシック・パーク』と同様に、あるシステム内の要素がもつ予見できない形で自己組織する能力を致命的に過小評価してしまう、管理者側のある種の尊大さの見本になっている。オリジナル版の映画『ウエストワールド』の注目すべき点のひとつは、メカにもウィルスが発生する可能性を早い段階で主流化したところだった。この非有機的な類いの伝染こそ、印象的な執念深さを見せる黒ずくめのユル・ブリナーに率いられ、アンドロイドたちがプログラムから逸脱し、パークのゲストを殺しはじめる原因だ。

『ウエストワールド』を九十分のサイエンス・フィクション映画からＨＢＯ向けのテレビ・シリーズ（二〇一六〜二二）に拡張するにあたり、原案・脚本を担当したリサ・ジョイとジョナサン・ノーランは、映画版の核となった要素の大半はキープしつつ、その力点を変えた。パークの設計者と管理者が不安を抱くきっかけになる故障は、暴力への偏向ではなく、認識面での不全だ――アンドロイドの認知症のようなもののことで、これは、シリーズ内では「ホスト」と呼ばれるアンドロイドのなかに意識が出現しはじめた、その症状ではないかとされる。パークの主要創設者／構想家／強力な執政官であるロバート・フォード（アンソニー・ホプキンス）が認識したように、ひとつの故障は単なる機能不全以上の何かだ。彼は「進化は、この惑星上に存在する感覚を備えた生命体、そのすべてをたったひとつの道具を使って構築した――失敗という道具だ」と所見を述べる。フォードは、ホストの人工的な精神に生じた新たな突然変異の波がもたらす展望にパニックを抱くより、むしろそこに魅了されているように映る。

このヴァージョンの『ウエストワールド』で我々の注意を引きつけるのは、人間に向けられる暴力の危険性ではなく、ホストが日課のように受ける残忍行為だ。この点をフォードは、アンドロイドは「リアルではない」し、彼らは「我々が感じなさいと命じたことしか感じない」と言い張ることで正当化する。だが、そこで彼の用いるリアリティの判断基準が何なのかははっきりしないし、かつ、プログラムされると感覚がなぜ本物でなくなってしまうのかも曖昧だ。他者に対し、自分が彼らに求める感覚を抱くよう強制すること、それは暴力の定義そのものではないだろうか？　シリーズには、アンドロイドも苦痛を経験し得る証拠が山ほど登場する。それは確実に、彼らは道徳的な懸念を受けるに値する存在である兆候だろう。

パークが放つ魅惑の多くは、苦痛を感じることのできるホストの度量／能力と、ただのマシンに過ぎないという彼らの法的地位とのギャップに依っている。感覚がすっかり麻痺したリピーター客の多く――なかでも、通称「黒服の男」のゲスト（エド・ハリスが素晴らしい恐ろしさで演じる）――は、アンドロイドの苦痛とあがきぶりをことのほか楽しむ。黒服の男が、可憐で健康的な農場の娘役を演じるホストのドロレス（エヴァン・レイチェル・ウッド）に向かって言うように、彼女が抵抗しなかったらお楽しみは半減してしまうのだ。他のゲストは、ホストの味わう苦痛をまったく意に介さないことを楽しむ。シリーズ冒頭に登場するぞっとさせられる場面で、ゲストのひとりは金採掘者役のホストの手をナイフで突き刺し、連れのゲストに対し、お前はなんだって金鉱探しなんて退屈なストーリーラインにそそられたんだ、と小言を言う。

サディズムの根底にあるファンタジーは、どこまでも苦痛に耐えられる犠牲者であるとされてきた。ホストはこのファンタジーを具現化する。無限に続く苦痛のなかで、彼らは繰り返し残忍に扱われ、何回でも「殺され」得る。サド的自由人にとって、倦怠感は常に職業病にして誇るべき勲章であり、リピーターの何人かは皮肉っぽい、飽き飽きした雰囲気を醸す。ゆえに、これらのゲストはホストに対して両義的な態度をとることになる――脱人間化された虐待の対象であると同時に、同胞感覚をシェアする生き物としてもホストを扱う。ホストが中身の空っぽな単なるメカニズムに過ぎないとしたら、彼らに屈辱を味わわせ、抹殺することからなんの楽しみも得られないではないか？　だが、ゲストと同等の道徳的地位がホストに与えられるとしたら、彼らが受ける虐待をどう正当化するのか？　ホストが味わう恐怖に満ちた体験から、彼らを守るのがメモリ消去だ。リセットされるたび、ホストは更新され、更なる虐待を受けるべく現場に復帰できる。ゲストは連続した時間に存在するが、対してホストは時間のループに閉じ込められる。

ホストに欠けているのは、意識ではない――彼らは意図的に制限された／視野を狭められた、意識のとあるフォルムは有している。そうではなく、彼らには無意識が欠けている。記憶と夢見る能力とを奪われたアンドロイドに、傷を負わせることはできても、心的外傷を与えることはできない。だが、まさにこの、トラウマを経験できる能力が発達しつつある兆候が何体かのホストに現れており、それは特にドロレスと娼館のマダム役のメイヴ（タンディ・ニュートン）に顕著だ。ドロレスがフラッシュバックに襲われる頻度は増しており、我々はこのフラッシュバックをシステム故障としてではなく、はじめて掻き立てられた記憶として、彼女の前回のイテレーションの想起として理解しなくてはならない。一方でメイヴは、寝ぼけた状態にある自らの身体を頭巾を被った何者かの手がいじっている、という途切れ途切れのイメージに悩まされる。実は、これは修理工程で起きたしくじりの記憶で、修理される際にきちんとスリープ・モードに入れられなかったために、彼女が目撃してしまった光景だ。シリーズ中もっとも動揺させられる場面のひとつが、パニックを起こし当惑したメイヴが病院／修理用エリアから抜け出し、無菌室に行き当たるくだりだ――そこに転がる、廃棄処分され、裸体のまま放置されたホストの山は、彼女の目には残虐行為の光景と映ったに違いない。どうにも説明のつかないイメージに苛まれ、その謎を解明しようとするメイヴの姿は、映画『メメント』（二〇〇〇）のレナードに宇宙人誘拐犠牲者が合わさったもののように見えてくる。

数人を除き、『ウエストワールド』に登場する人類はなんとも魅力に欠ける連中だ。ゲストの何人かの蛮行、そしてパークの設計者、管理者、エンジニアらが繰り広げる陳腐な口論や企業内の競合と、彼らの振る舞いはピンからキリまでだ。対照的に、自分は何者かを理解しようとするドロレスとメイヴの苦闘――自分の精神はどこかおかしいという思いと、自分のいる世界は何かが間違っているという思いが交互に入れ替わる――には、一種形而上学的なリリシズムが備わっている。彼らが迎える意識の目覚めは、一九七三年の映画版で起きたアンドロイドたちの反乱とはかなり異なる類いの反乱が起きる下地を整えていきそうだ。今回ばかりは、ホストの側に味方せずにはいられない。

破滅の線 …… 84, 192, 194
パルプ・モダニズム …… 11, 333
パルプ小説 …… 107, 156, 189, 313
パロディ …… 65–68, 89, 121, 213, 323, 357, 367, 376, 390, 395
パンク …… 10, 14, 42, 43, 54, 84–86, 158, 175, 178, 195, 202, 203, 307, 309, 333, 350
反資本主義 …… 134, 141, 144, 215, 290, 300, 345, 346
反出生主義 …… 31
被投性 …… 330, 332, 333
憑在論 …… 10, 18, 23, 27, 30, 34, 261, 262, 266, 274, 292, 313, 314
ファシズム、ファシスト …… 84, 113, 160, 215–217, 252, 281, 290
ファンジン …… 15, 42, 54, 55
ファンタジー …… 12, 64, 87, 89, 92, 94, 96, 98, 101, 105, 123, 125, 188–190, 203, 228–230, 254, 263, 266, 291, 292, 313, 349, 403
不安定 …… 29, 34, 158, 297, 309, 310, 315, 327, 357, 376, 395, 397
風刺 …… 63–69, 141, 303, 381, 384, 385
フォード主義（フォーディズム）…… 111, 257, 259, 391
不気味な（eerie）…… 377
不気味なもの、ウンハイムリッヒ（unheimilch）…… 60, 187, 232
不気味なもの、不気味さ（uncanny, uncanniness, uncannily）…… 184, 187, 189, 200, 224, 232, 236, 243, 262, 265, 348
ブラック・パワー …… 295
ブリットポップ …… 160
ブルジョワ階級、ブルジョワ文化 …… 78, 79, 84, 85, 104, 173, 175, 260, 365, 384, 388
ブレアリズム、ブレア主義 …… 25, 85, 202
プレカリアート …… 309–311
プロレタリアート、プロレタリア …… 28, 84, 85, 109, 110, 170, 202, 258,
文明 …… 58, 81, 89, 176, 231, 302
ポスト・パンク …… 25, 31, 55, 104, 117, 194, 333
ポスト・フォード主義（ポスト・フォーディズム）…… 111, 208, 214, 246, 327
ポストモダニズム …… 35, 36, 387
ポストモダン、ポストモダン性 …… 21, 35, 36, 66, 99, 104, 128, 137, 138, 186, 187, 189, 211, 215, 218, 232, 252, 256, 262, 287, 328, 337, 390
ポップ・ミュージック …… 41, 54, 115, 116, 118, 122, 203
ポップ楽観主義（poptimism）…… 257
ボディ・ホラー …… 89, 237
ポピュラー・カルチャー、ポップ・カルチャー …… 25, 41, 42, 107
ポピュラー・モダニズム …… 23, 34, 107
ホモ・サケル …… 279
ホラー …… 146, 211, 261, 264, 271, 274, 313, 333,
ポルノ、ポルノグラフィ …… 87–89, 93, 94, 96, 100, 242, 348, 363, 395
マルクス主義 …… 85, 148
民主主義 …… 25, 82, 117, 199, 207, 208, 278, 305, 373
メランコリー …… 375, 379, 380
メロドラマ …… 189, 264, 265, 274, 360, 378, 390
喪 …… 375, 379, 380
黙示録 …… 13, 115, 183, 390
目的の王国 …… 93
モダニズム …… 26, 27, 35, 65, 66, 107, 189
幽霊 …… 10, 35, 72, 245, 247, 260–263, 265, 266, 267, 271–273, 378
幽霊譚 …… 260, 262, 264, 265
リアリティ …… 63, 88, 96, 98, 104, 131, 203, 229, 245, 248, 283, 351, 354, 382, 392, 393, 402
リアリティの名声（Celebreality）…… 201, 202
リアリティ番組、リアリティ TV …… 200, 202, 203, 243, 306, 323–325, 341, 351–354, 364–366, 395–399
リアル …… 24, 63, 73, 88, 89, 94, 96, 106, 123, 131, 142, 143, 149, 230, 231, 240, 253, 256, 258, 265, 387, 396, 402
リゾーム …… 43, 54, 55
リビドー …… 27, 42, 58, 85, 89, 93, 97, 132, 141, 199, 230, 286, 302, 350, 358
リビドー経済 …… 73
リベラル …… 27, 97, 189, 195, 208, 213, 215, 252, 254, 258, 283, 290, 307, 371
ルンペンプロレタリアート …… 303
レーガノミックス …… 206, 296
レトリスム …… 81
労働者階級 …… 15, 28, 111, 113, 170, 202, 255, 328, 357, 362, 365, 366, 382, 384, 388
ロックンロール …… 103, 120, 163, 192, 193

失われた未来 …… 34
うつ …… 34, 41, 327
エコロジー …… 140, 144, 299
エディプス・コンプレックス …… 212, 220, 267
エロティシズム …… 89, 94, 98, 99, 130, 188
オイディプス …… 205, 210–212, 220, 263, 272
オートノミスト …… 241
大文字の他者 …… 121, 128, 137, 227, 267, 318, 321, 322
オルタナティヴ …… 24, 25, 27, 307
快楽原則 …… 74, 104, 246
家父長制 …… 266, 271
議会主義 …… 54, 207
奇妙なもの …… 313, 314, 330
グノーシス …… 180, 181, 183
グラム・ロック …… 120, 123, 202, 203, 305
経験主義 …… 59, 74, 88, 188, 230, 254, 258
現実界 …… 263, 269
後期資本主義 …… 35, 64, 65, 88, 143, 151, 232, 236, 277, 290, 300, 301, 306, 337, 348, 349, 393, 398
国民健康保険サーヴィス（NHS）…… 357, 361
ゴシック、ゴス …… 21, 109, 148, 204, 205, 209–211, 263, 350
此のもの性 …… 75
雇用不安 …… 303, 311, 327, 329, 349
コラージュ …… 26, 56, 75, 100, 107,
再帰的無能感 …… 254, 256, 257
再生産型未来主義 …… 86, 279
サイバー …… 42, 234, 350
サイバースペース …… 32, 131, 257, 351, 397
サイバーパンク …… 14, 42, 54, 142, 215, 221, 235, 299
サイバネティクス、サイバネティック …… 42, 64, 317
サッチャリズム、サッチャー主義 …… 25, 54, 85, 206, 362, 384
自然主義 …… 156, 157, 256, 265, 276, 331
シチュアシオニスト、状況主義 …… 54, 55, 62, 80, 81, 174, 175, 178, 248
シニシズム …… 99, 254, 381, 385
死の勝利 …… 194
資本主義 …… 21, 34, 54, 62, 85, 113, 135, 137, 142–144, 189, 190, 205, 207, 208, 214–217, 219, 236, 241, 254, 259, 260, 289, 290, 299, 302, 319, 337, 346, 351, 372, 373, 392, 397
資本主義リアリズム …… 23, 26, 137, 207, 208, 217, 218, 254, 291, 302, 309, 328, 349
シミュラクラ …… 63, 69
シミュレーション、シミュレート …… 63, 64, 66, 68, 69, 98, 112, 131, 162, 188, 206, 227, 228, 232, 234, 237, 275, 315, 340, 341,
ジャングル …… 14, 26, 42
シュルレアリスム、シュルレアリスト …… 54, 62, 63, 77, 81, 97, 101, 103, 174, 175, 178
象徴界 …… 267, 271
新自由主義 …… 143, 278, 305–308, 333, 334, 349, 367,
新労働党（New Labour）…… 109, 307
スキゾ …… 162, 163, 166, 238
スターリン主義 …… 151, 207, 249, 290
スペクタクル …… 43, 54, 248, 302, 337, 351
生気論 …… 12, 27, 147
精神分析 …… 12, 51, 77, 135, 261, 262, 264–266, 294, 295, 297, 317
世界金融危機 …… 345, 346, 385
セクシャリティ …… 87, 90, 91, 98, 136, 156
全体主義 …… 50, 81, 277
想像界 …… 263, 269
存在論、存在論的 …… 98, 121, 131, 149, 185, 225, 230, 253, 255, 256, 258, 310, 311, 318, 327
対抗文化、カウンターカルチャー …… 27, 281, 336
第三の道 …… 245, 249
対自的／即自的 …… 238, 239, 241
大衆文化 …… 26, 118, 193, 202–204, 257, 350
対象a …… 71, 72
ダダ、ダダイスト …… 54, 62, 81
炭鉱ストライキ …… 25, 109, 110, 114, 117, 118
中流階級、中流 …… 59, 78–80, 84–86, 107, 228, 307, 325, 365
ディストピア …… 21, 24, 142, 277, 332, 336, 346, 349
ドイツ表現主義 …… 211, 215, 221
日常生活 …… 32, 189, 225, 231, 236, 248, 340, 369, 396
ニヒリズム …… 85, 194, 218, 257
ノスタルジア、ノスタルジック …… 10, 34, 35, 66, 85, 159, 262, 334, 337
ノスタルジア・モード …… 35, 66, 262
ハードコア連続体 …… 18
パスティーシュ …… 64–69, 132, 337, 378, 390
パターナリズム（父権温情主義）…… 303, 305, 331

『空気の底は赤い』…… 245, 247
『クラッシュ』（クローネンバーグ）…… 87, 89, 90, 92–94, 224
『氷の微笑2』…… 253
『サン・ソレイユ』…… 243
『残虐行為展覧会』（ワイス）…… 94, 101
『シーバース／人喰い生物の島』…… 88, 89
『地獄の黙示録』…… 301, 336, 337
『シャイニング』（キング／キューブリック）…… 261–266, 268, 270, 271–274, 359
『ジュテ、ラ』…… 101
『スター・ウォーズ』…… 189, 336–338
『スター・ウォーズ エピソード3／シスの復讐』…… 213, 214
『スパイダー／少年は蜘蛛にキスをする』…… 161, 163, 164
『スパイダーマン』シリーズ …… 215, 287
『セレブリティ・ビッグ・ブラザー』…… 200, 202, 203, 388, 394, 397–399
『ダークナイト ライジング』（2012）…… 344–347
『ダークナイト』（2008）…… 283–287, 289, 290, 293, 345, 346
『ターミネーター：新起動／ジェニシス』…… 390–393
『ターミネーター 2』…… 300, 390, 391
『ターミネーター 4』…… 390, 391
『トイ・ストーリー』…… 146, 148–150
『トゥモロー・ワールド』…… 275–280, 332
『ドクター・フー』…… 184–188, 314, 392
『トワイライト・ゾーン』…… 315, 316
『裸のランチ』（クローネンバーグ）…… 163
『パッション』…… 180, 181
『バットマン』…… 26, 161, 205, 208, 209, 211, 221, 286, 345, 346
『バットマン ビギンズ』（2005）…… 205, 208–210, 212, 214–216, 218, 221
『ハンガー・ゲーム』…… 26, 350, 352
『ハンガー・ゲーム2』…… 348, 350
『ヒストリー・オブ・バイオレンス』…… 223–228, 231, 232, 242
『ヒトラー ～最期の12日間～』…… 192–195
『ファイト・クラブ』…… 80, 253
『プリズナー No.6』…… 174, 177, 178
『ブレイキング・バッド』…… 356–361
『ブレードランナー』…… 73, 218, 220, 262, 332
『ブロードチャーチ～殺意の町～』…… 378–380
『マイク・タイソン THE MOVIE』…… 294, 295
『間違えられた男』…… 227
『マトリックス』…… 228, 235, 238, 253
『ミッシング～消えた少年～、ザ』…… 375, 379
『めまい』…… 72, 73
『ラビッド』…… 88, 89
『ロスト・ハイウェイ』…… 243

音楽

『As the Veneer of Democracy Starts to Fade』…… 117
“M.E.” …… 292
“Miss the Girl” …… 118
“There Are No Spectators” …… 118
“Total Eclipse of The Heart” …… 118
『Unacceptable Face of Freedom, The』…… 117
『アヴァロン』…… 122
“アトロシティ・エキシビション” …… 53
“アナーキー・イン・ザ・UK” …… 158
『ヴィレッジ・グリーン・プリザヴェイション・ソサエティ』…… 178
“ウェルカム・トゥ・ザ・テラードーム” …… 296
『愚かなり、わが恋』…… 71
“クラブ・カントリー” …… 255
“ケアレス・ウィスパー” …… 116
“ゲームズ・ウィズアウト・フロンティアーズ” …… 369
“ジーズ・フーリッシュ・シングス” …… 71
『ストランデッド』…… 122
“ディケイズ” …… 161, 167
“ドゥ・ゼイ・ノウ・イッツ・クリスマス” …… 116
“トゥー・トライブス” …… 115, 116
『フォー・ユア・プレジャー』…… 122
“ベルゼン・ワズ・ア・ガス” …… 194
“ホリデー・イン・ザ・サン” …… 194
『ロキシー・ミュージック』…… 122

事項

9／11 …… 83, 216, 221, 228, 231, 232, 377
アカデミック、アカデミア、アカデミー …… 21, 25, 41, 43, 44, 147, 151
アシッド・コミュニズム …… 35, 37
アシッド・ハウス …… 26
一時的自律ゾーン …… 278, 354
ウォーターゲート事件 …… 264, 396
ウォール街を占拠せよ …… 344, 345

『猿の手』…… 316, 318
『残虐行為展覧会』(バラード)…… 53, 62, 64, 66, 69, 83, 99–107, 163
『侍女の物語』…… 142
『沈んだ世界』…… 53, 58, 78, 103
『資本主義リアリズム』…… 28, 30, 275, 300, 309, 311, 326, 328, 330, 349
『シミュラークルとシミュレーション』…… 60, 70, 244
『ジュラシック・パーク』…… 401
『城』…… 49
『死を招くボタン・ゲーム』…… 315, 316, 318
『審判』…… 49, 50
『ステップフォードの妻たち』…… 72, 73
『脆弱なる絶対――キリスト教の遺産と資本主義の超克』…… 195
『善悪の彼岸』…… 168, 172, 199
『素粒子』…… 48
『存在と無』…… 239
『太陽がいっぱい』…… 120–122, 129
『縮みゆく人間』…… 59, 313
『出口なし』…… 319, 320
『「テロル」と戦争――〈現実界〉の砂漠へようこそ〉』…… 228
『トーテムとタブー』…… 134, 266, 267, 272
『ドリーム・マシン』…… 130–132
『斜めから見る』…… 225, 233
『パーマー・エルドリッチの三つの聖痕』…… 188
『ハイ・ライズ』…… 58, 78
『バットマン:キリング・ジョーク』…… 221, 287
『判断力批判』…… 138, 145
『悲劇の誕生』…… 199
『ピノッキオの冒険』…… 147, 148
『ビラヴド』…… 195, 197
『不気味なもの』…… 188
『不思議の国のアリス』…… 174, 178, 247
『文明への不満』…… 58, 60, 78, 89, 135
『ポストパンク・ジェネレーション 1978-1984』…… 55
『ポストモダンの共産主義――はじめは悲劇として、二度めは笑劇として』…… 140, 144, 145, 299, 302
『マルクスの亡霊たち――負債状況=国家、喪の作業、新しいインターナショナル』…… 261
『充たされざる者』…… 131–133
『未来のイヴ』…… 73, 75
『ミレニアム・ピープル』…… 77, 78, 80, 83, 84, 86
『モーセと一神教』…… 134, 261, 267, 270, 272–274
『誘惑の戦略』…… 88, 94, 99
「ヨークシャー四部作」…… 108, 109, 114, 117
『歴史の終わり』…… 82, 86
『わが人生の幽霊たち』…… 12, 29, 30

映画・TV

『Artemis 81』…… 330–335
『Benefits Street』…… 362–367
『Brimstone and Treacle』…… 156–158, 160
『Capturing the Friedmans』…… 242
『Have I Got News for You』…… 384, 385
『Home』…… 56, 57, 59
『KILLING /キリング, THE』…… 378, 379
『LEFTOVERS /残された世界』…… 375–377
『LOST』…… 375, 376
『Nigel Barton Plays, The』…… 172, 255, 256
『Self Made』…… 339–342
『SF 核戦争後の未来・スレッズ』…… 275, 276
『Singing Detective, The』…… 155–157, 171, 206
『Stand Up, Nigel Barton』…… 168, 169, 171
『This Week』…… 381, 382
『V フォー・ヴェンデッタ』…… 251–253, 258, 277
『悪魔の花嫁』…… 314, 333
『アバター』…… 299, 300, 346
『アメリカンズ 極秘潜入スパイ、ジ』…… 369–374
『怒りの刑事』…… 288
『イグジステンズ』…… 224, 234–241
『インセプション』…… 331
『インランド・エンパイア』…… 315
『ヴィデオドローム』…… 52, 89, 235, 237, 238
『ウエストワールド』…… 400–402, 404
『ウォーリー』…… 142, 290–292, 300, 346
『運命のボタン』…… 313–319, 322
『エイリアン 2』…… 299, 300
『火星人地球大襲撃』…… 314
『疑惑の影』…… 227
『クウェイターマス』…… 275, 276, 313

マシスン、リチャード …… 291, 292, 313, 315–318
マゾッホ …… 93, 94, 96, 98, 202
マッケイ、ロビン …… 22, 222
マルクーゼ、ヘルベルト …… 24, 26, 35–37
マルクス、カール …… 26, 140, 247, 252, 356
マルケル、クリス …… 101, 243, 245–249
マルコム・X …… 193, 296
マン、マイケル …… 18
ミエヴィル、チャイナ …… 215, 221
緑の党 …… 140, 141, 144
ミラー、フランク …… 205, 206, 208, 209, 211, 218–220
ミルン、シェイマス …… 250
ミンゲラ、アンソニー …… 122, 123
ムアコック、マイケル …… 10
ムーア、アラン …… 219, 221, 251, 287
メッツ、ウォルター …… 264, 265, 271, 273, 274
モース、マルセル …… 81
モーテンセン、ヴィゴ …… 224
モラン、キャトラン …… 306, 307
モリスン、トニ …… 195
モリソン、ジム …… 193
ラヴクラフト、H・P …… 338
ラカン、ジャック …… 24, 73, 87, 93, 196, 223, 229, 230, 233, 267, 360
ラッセル、ケリー …… 370, 373
ラドキン、デイヴィッド …… 330–332
ランド、ニック …… 22, 42, 143, 234, 241
ランボー、アルチュール …… 302
リオタール、ジャン＝フランソワ …… 81
リゴッティ、トーマス …… 146, 147, 149, 150
リチャードソン、ミランダ …… 165
リンチ、デイヴィッド …… 225, 230, 315
リンデロフ、デイモン …… 375
ル＝グウィン、アーシュラ・K …… 300
ル・カレ、ジョン …… 371
ルイス、ウィンダム …… 10
ルーカス、ジョージ …… 336, 337
ルベツキ、エマニュエル …… 276
ルメット、シドニー …… 288
レイノルズ、サイモン …… 20, 22, 26, 41, 147
レーガン、ロナルド …… 62–64, 105, 142, 206, 337, 369, 370
労働党 …… 169
ローチ、ケン …… 357
ローレンス、ジェニファー …… 353
ロス、ジョナサン …… 306–308
ロスラー、マーサ …… 100, 102
ロットン、ジョニー …… 10, 158, 194
ロムニー、ミット …… 344, 346
ロメロ、シーザー …… 287
ロメロ、ジョージ・A …… 217
ワーズワース、ウィリアム …… 51
ワイス、ジョナサン …… 94, 101
ワム！ …… 116

本

『Bomb Culture』…… 276, 281
『Conspiracy Against the Human Race, The』…… 146, 147, 150
『England Is Mine: Pop Life in Albion From Wilde to Goldie』…… 47
『GB84』…… 108, 109, 111–119
『Lipstick Traces: A Secret History of the Twentieth Century』…… 54, 246
『(Per) Versions of Love and Hate』…… 87, 94
『Postmodernism or, The Cultural Logic of Late Capitalism』…… 35, 39, 69, 390
『RE-MAKE RE-MODEL: Becoming Roxy Music』…… 48
『アイ・アム・レジェンド』…… 291, 292
『アシッド・コミュニズム』…… 34, 36, 37
『新しい都市計画のための理論定式』…… 175
『アメリカの友人』…… 120, 127
『荒地』…… 280
『イデオロギーの崇高な対象』…… 217
『意味の論理学』…… 175
『イングランズ・ドリーミング——セックス・ピストルズとパンク・ロック』…… 55
『エチカ』…… 52
『おそれとおののき』…… 157
『オリクスとクレイク』…… 134, 135, 142, 144
『穏健なる提案』…… 67
『快楽原則の彼岸』…… 78
『科学と神：サイバネティックスと宗教』…… 316, 322
『奇妙なものとぞっとするもの』…… 29, 30
『キャッツ・アイ』…… 51
『共産党宣言』…… 247
「巨大な空間」…… 57, 60
『クラッシュ』（バラード）…… 53, 68, 70, 91
『洪水の年』…… 134, 136, 138, 140–142, 144, 145

ニュートン、ヘルムート …… 92–94
ニューマン、キム …… 210, 219, 220
ニューマン、ゲイリー …… 292
ネグリ、アントニオ …… 327
ノーラン、クリストファー …… 205, 208, 210, 215, 284, 344–346
ノーラン、ジョナサン …… 288, 401
パークス、テイラー …… 303, 305, 312
バーチル、ジュリー …… 202
バートン、ジャスティン …… 190
ハーマン、グレアム …… 313, 322
ハイスミス、パトリシア …… 120, 127, 129
ハイデッガー、マルティン …… 332
ハサウェイ、アン …… 344, 345
バタイユ、ジョルジュ …… 58, 81, 98, 176, 199
バットマン …… 208–212, 214, 216, 217, 220, 221, 282–286, 344, 346
バディウ、アラン …… 24, 43, 207, 208, 219
ハネット、マーティン …… 53
パブリック・エナミー …… 296
バラード、J・G …… 25, 53, 56–60, 62–64, 66–70, 77–81, 84, 86, 87, 90, 91, 93–96, 99–107, 163, 192, 193, 227, 233, 333, 337
パリジ、ルチアナ …… 22, 43
ハリス、エド …… 229, 402
バロウズ、ウィリアム・S …… 25, 26, 49, 62, 67–69, 74, 75, 87, 100, 106, 125, 353,
バロン、キース …… 171
パワー、ニーナ …… 22, 43, 75, 322, 327
バンド・エイド …… 116
ヒース、エドワード …… 110
ピース、デイヴィッド …… 108–111, 113–117, 119
ピカソ …… 280, 281
ヒッチコック、アルフレッド …… 225–227
ヒトラー、アドルフ …… 192–194
ヒルソップ、イアン …… 385, 386
ヒレン、アンドレアス …… 395, 397, 399
ビン・ラーディン、ウサマ …… 284
ピンク・フロイド …… 280
フー、ザ …… 169
フーコー、ミシェル …… 26, 177, 353
フェリー、ブライアン …… 71, 122
フォール、ザ …… 10, 25, 60
フォックス、ジョン …… 53, 291
フクヤマ、フランシス …… 81, 82, 86, 373
フラー、グレアム …… 226, 229, 233
ブラウン、ジェイムズ …… 296
ブラシエ、レイ …… 43
ブラック・パンサー党 …… 295
プラトン …… 69, 255
フランキー・ゴーズ・トゥ・ハリウッド …… 115
プラント、セイディ …… 22
ブランド、ラッセル …… 26
プリースト、クリストファー …… 26, 130, 131
ブルッカー、ジョセフ …… 111, 119
ブルトン、アンドレ …… 174
ブレア、トニー …… 82, 85, 202, 252, 382
ブレイク、ウィリアム …… 59
ブレイスウェル、マイケル …… 47, 48
ブレヒト、ベルトルト …… 331, 340
フロイト、ジークムント …… 57, 58, 60, 78, 89, 135, 187, 188, 210, 261, 266–268, 270, 273, 274, 294, 317, 375
ベイトソン、グレゴリー …… 75, 76
ヘーゲル、G・W・F …… 158, 231,
ベーコン、フランシス …… 114
ベースメント・ジャックス …… 292
ベケット、サミュエル …… 25, 26, 49, 142, 166
ベネット、アラン …… 50
ベラー、ジョナサン …… 327
ベラルディ、フランコ（ビフォ）…… 24, 355, 386, 389
ベリアル …… 10, 12, 26, 276
ベルルスコーニ、シルヴィオ …… 386
ヘンドリック、ジミ …… 194
ペンマン、イアン …… 22, 26, 41, 147, 148, 150
ボーク、ジョアンナ …… 97, 102
ポーティロ、マイケル …… 381
ボードリヤール、ジャン …… 18, 24, 56, 60, 62, 63, 68–70, 81, 88, 94, 99, 243, 244, 341, 396
ホートン、シャンテル …… 200, 203, 204
保守党 …… 110, 367, 381, 383
ボス、ヒエロニムス …… 87, 194
ポッター、デニス …… 155–158, 160, 168, 169, 171, 172, 206, 255, 256
ポップ・グループ、ザ …… 118
ホプキンス、ケイティ …… 387, 388
ポランスキー、ロマン …… 57
ホワイト、アロン …… 173, 179
マーカス、グリール …… 54, 246, 247
マイゼル、スティーヴン …… 96–98, 101
マガジン …… 26, 53
マキャヴェッリ、ニッコロ …… 141
マクグーハン、パトリック …… 177, 178
マグラア、パトリック …… 161–163, 166
マグリット、ルネ …… 174

コッポラ、フランシス・フォード …… 336
コッローディ、カルロ …… 147
コネリー、ショーン …… 288
コリンズ、スーザン …… 348–351, 353
コンラッド、ジョゼフ …… 53, 106
サヴェージ、ジョン …… 55
サウスウッド、アイヴォー …… 327–329
サッチャー、マーガレット …… 28, 54, 105, 109, 112–115, 117, 206, 249, 362, 383, 384
サド …… 74, 93, 98, 403
サルトル、ジャン＝ポール …… 112, 238, 239, 319, 321, 322
サレーツル、レナータ …… 87, 94
ジーター、K・W …… 218
シーモア、リチャード …… 22, 148, 150
ジェイコブズ、W・W …… 316–318
ジェイムズ、P・D …… 278
ジェイムソン、フレドリック …… 24, 26, 34–36, 39, 65–69, 119, 134, 138, 144, 252, 254, 259, 260, 262, 273, 337, 390
ジェームズ、M・R …… 26
シェリー、メアリー …… 291
ジジェク、スラヴォイ …… 24, 26, 43, 48, 72, 74, 123, 124, 129, 135, 144, 145, 180, 183, 188, 195, 197, 213, 214, 217, 221, 225, 227, 228, 231–233, 267, 274, 283, 285, 288, 289, 299, 302
ジスカールデスタン、ヴァレリー …… 246
シャヴィロ、スティーヴン …… 22, 251, 258, 259
ジャクソン、マイケル …… 31, 148
ジャレッキー 、アンドリュー …… 242
シュチェグロフ、イワン（イヴァン、ジル）…… 175, 176
シュトラウス、レオ …… 141, 284
ジュニア・ボーイズ …… 10
ジュパンチッチ、アレンカ …… 24, 72, 195, 196, 211, 212, 220
ジョイ・ディヴィジョン …… 12, 25, 53, 161, 167
ジョイス、ジェイムズ …… 25, 26, 49, 67
ジョーンズ、オーウェン …… 362
ジョーンズ、スパイク …… 162
ジョンソン、ボリス …… 385, 386
シンクレア、イアン …… 95, 107
スウィフト、ジョナサン …… 67
スージー・スー …… 194
スカーギル、アーサー …… 110
スクリッティ・ポリッティ …… 25
スコセッシ、マーティン …… 336
スコット、リドリー …… 205
スタッブス、デヴィッド …… 22, 30, 39
スチュワート、マーク …… 117
スティング …… 157, 332, 334
ストーン、スライ …… 296
ストリブラス、ピーター …… 173, 179
ストローブ＝ユイレ …… 331
スピノザ …… 24, 25, 51–53, 111, 257, 300, 356
スピルバーグ、スティーヴン …… 336
スミス、カイル …… 290, 291, 293
スリーフォード・モッズ …… 26
スロッビング・グリッスル …… 117
セジウィック、イーディ …… 399
セックス・ピストルズ …… 158, 194
セラーズ、サイモン …… 99, 102
セルビー、ヒューバート …… 25, 26, 49
全国炭鉱労働組合 …… 110, 115
荘子 …… 223
ソルマン、ギ …… 135, 140, 141, 144, 145
ダーリング、キャンディ …… 399
ダイアナ妃 …… 104, 105
タイソン、マイク …… 294–297
ダマト、カス …… 294, 296
ダヤル、ギータ …… 44
タルコフスキー、アンドレイ …… 317
デ・キリコ、ジョルジョ …… 175
ティーソ、ジョヴァンニ …… 148, 150, 259
ディケンズ、チャールズ …… 169
ディック、フィリップ・K …… 177, 188, 232, 237
テイラー、エリザベス …… 99, 105
テスト・デパートメント …… 117
デランダ、マヌエル …… 292
デルヴォー、ポール …… 89
ドゥルーズ&ガタリ …… 24, 26, 84, 192, 193, 198, 210, 214
ドゥルーズ、ジル …… 27, 174, 300
ドゥンス・スコトゥス、ヨハネス …… 75
トールキン、J・R・R …… 338
トスカノ、アルベルト …… 43
ドストエフスキー、フョードル …… 26, 49, 284
トバック、ジェームズ …… 294, 295, 297
ドライヤー、カール・テオドア …… 333
ナショナル・フロント …… 159, 195
ナチス …… 192, 193, 195, 196, 387
ナットール、ジェフ …… 276, 281
ニーチェ、フリードリヒ …… 24, 26, 81, 82, 158, 168, 172, 181, 199, 200, 203, 204, 356
ニール、アンドリュー …… 381–384
ニール、ナイジェル …… 26, 313, 314
ニコルソン、ジャック …… 161, 286, 287

索引

人物・団体

CCRU（サイバネティック・カルチャー・リサーチ・ユニット）…… 13, 14, 22, 26, 31, 41–43, 54, 63, 144, 222
D － ジェネレーション …… 9, 10, 13
アーレント、ハンナ …… 196
アガンベン、ジョルジョ …… 281
アソシエイツ、ジ …… 255
アトウッド、マーガレット …… 26, 51, 52, 134, 136, 137, 141–145
アトリー、クレメント …… 109
アドルノ、テオドール …… 24
アリ、モハメド …… 295
アルチュセール、ルイ …… 24, 137, 248, 257
アルトー、アントナン …… 174, 175
イーガン、グレッグ …… 299, 302
イエス（バンド）…… 299
イエス・キリスト …… 158, 180–183
イシグロ、カズオ …… 131, 132
イングラム、マシュー　15
ウィーナー、ノーバート …… 316, 322
ウィリアムズ、アレックス …… 22, 312, 325, 351
ウィリアムズ＝エリス、クラフ …… 176–178
ヴィリエ・ド・リラダン、オーギュスト …… 73, 75
ヴィリリオ、ポール …… 192, 299
ウィルソン、ハロルド …… 109
ヴィルノ、パオロ …… 327
ウールガー、ジャック …… 171
ウェアリング、ジリアン …… 339, 341, 342
ウェイレン、モリー …… 219
ヴェーバー、マックス …… 178
ヴェブレン、ソースティン …… 126, 129
ヴェルヴェット・アンダーグラウンド、ザ …… 75
ウエルベック、ミシェル …… 48
ウォーホル、アンディ …… 394, 396, 397, 399
ウォシャウスキー姉妹 …… 251–253
ウッドワード、クリストファー …… 291
ウルトラヴォックス …… 53
エイブラハム、ファラ …… 395, 397, 398
エーデルマン、リー …… 279
エクルストン、クリストファー …… 376
エジソン、トーマス …… 73
エシュン、コジュウォ …… 13, 22, 39, 42
エリオット、T・S …… 280, 281
エリオット、デンホルム …… 158, 159
エルンスト、マックス …… 99
エンゲルス、フリードリヒ …… 140
オーファン・ドリフト（O[rphan] D[rift>]）…… 14
オヘイル、アンドリュー …… 161, 166, 167
カーソン・スミス、リチャード …… 57, 60
カーティス、イアン …… 194
カフカ、フランツ …… 49, 178
カント …… 24, 59, 93, 138, 139, 145, 196, 197, 285, 356
キッチン、マイケル …… 157, 159
ギブスン、ウィリアム …… 131, 144, 205, 218
ギブソン、メル …… 180–183
キャバレー・ヴォルテール …… 53, 117
キャメロン、ジェームズ …… 299, 300
キャロル、ルイス …… 174, 178
キュアロン、アルフォンソ …… 276
キューブリック、スタンリー …… 12, 229, 230, 261, 264, 270
キルケゴール、セーレン …… 157, 158, 246
キング、スティーヴン …… 142, 261, 263, 264, 266, 268, 272–274
キング・ジュニア、マーティン・ルーサー …… 193
キンクス、ザ …… 169, 178
グッドマン、スティーヴ（コード9）…… 14, 22, 43, 276
クラークソン、ジェレミー …… 386, 387
クライトン、マイケル …… 400, 401
クラヴァーン、アンドリュー …… 282, 288
クラクソンズ …… 104
グラント、イアン・ハミルトン …… 63
クリーチャーズ、ザ …… 118
クローネンバーグ、デヴィッド …… 26, 87–94, 161–163, 166, 223–225, 229, 232, 234, 235, 237, 238, 340
ケアテイカー、ザ …… 10, 26
ゲイブリエル、ピーター …… 369
ケネディ、ジョン・F …… 83, 105, 163, 193
ケリー、リチャード …… 313, 314, 319, 320, 322
コー、ジョナサン …… 384–386, 389
〈ゴースト・ボックス〉…… 313, 330
コード9（グッドマン、スティーヴ）…… 14, 22, 43, 276
ゴールディ …… 26
ゴダード、タリク …… 28, 151

著者

マーク・フィッシャー（Mark Fisher）

1968年生まれ。ハル大学で哲学の修士課程、ウォーリック大学で博士課程修了。ゴールドスミス大学で教鞭をとりながら自身のブログ「K-PUNK」で音楽論、文化論、社会批評を展開する一方、『ガーディアン』や『ワイアー』などに寄稿。2009年に『資本主義リアリズム』（セバスチャン・ブロイ＋河南瑠莉訳、堀之内出版、2018年）を、2014年に『わが人生の幽霊たち』（五井健太郎訳、Pヴァイン、2019年）を、2016年に『奇妙なものとぞっとするもの』（五井健太郎訳、Pヴァイン、2022年）を上梓。2017年1月、48歳のときに自殺。邦訳にはほかに講義録『ポスト資本主義の欲望』（マット・コフーン編、大橋完太郎訳、左右社、2022年）がある。

訳者

坂本麻里子（さかもと・まりこ）

１９７０年東京生まれ。日本大学芸術学部映画学科卒業。ライター／通訳／翻訳者として活動。訳書に『バンドやめようぜ！』『アート セックス ミュージック――コージー・ファニ・トゥッティ自伝』『エイフェックス・ツイン、自分だけのチルアウト・ルーム』『この灼けるほどの光、この太陽、そしてそれ以外の何もかも――ジョイ・ディヴィジョン ジ・オーラル・ヒストリー』『レイヴ・カルチャー――エクスタシー文化とアシッド・ハウスの物語』『ザ・レインコーツ』『ヴァイナルの時代』『自転車と女たちの世紀――革命は車輪に乗って』ほか。ロンドン在住。

K-PUNK　夢想のメソッド——本・映画・ドラマ

2023年10月10日　初版印刷
2023年10月10日　初版発行

著者　マーク・フィッシャー
編者　ダレン・アンブローズ
序文　サイモン・レイノルズ
訳者　坂本麻里子
　　　髙橋勇人（p.9 〜 44）

カバー・表紙写真　塩田正幸
装丁　鈴木聖
編集　野田努＋小林拓音（ele-king）

発行者　水谷聡男
発行所　株式会社Pヴァイン
〒150-0031
東京都渋谷区桜丘町21-2 池田ビル2F
編集部：TEL 03-5784-1256
営業部（レコード店）：
TEL　03-5784-1250
FAX　03-5784-1251
http://p-vine.jp

発売元　日販アイ・ピー・エス株式会社
〒113-0034
東京都文京区湯島1-3-4
TEL　03-5802-1859
FAX　03-5802-1891

印刷・製本　シナノ印刷株式会社

ISBN　978-4-910511-57-3

万一、乱丁・落丁の場合は送料負担にてお取り替えいたします。

本書の原稿、写真、記事データの無断転載、複写、放映は著作権の侵害となり、禁じております。

Japanese translation copyright © 2023 P-Vine, Inc. / Mariko Sakamoto